The Organization Man

William H. Whyte

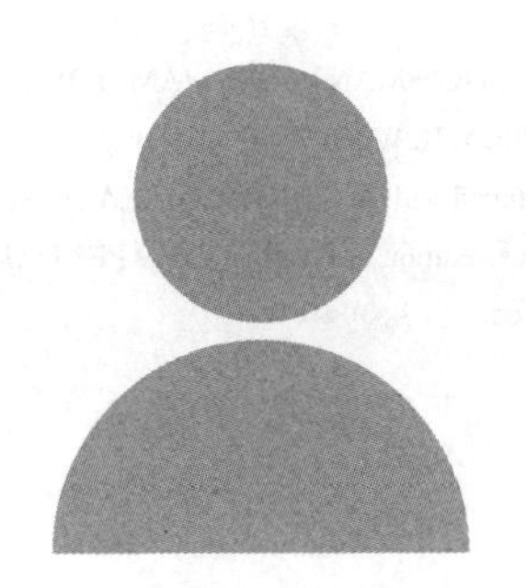

组织人

[美] 威廉 · 怀特——著
徐 彬 牟玉梅 武 虹——译

北京大学出版社
PEKING UNIVERSITY PRESS

著作权合同登记号　图字：01-2019-0437

图书在版编目（CIP）数据

组织人 /（美）威廉·怀特（William H. Whyte）著；徐彬，牟玉梅，武虹译 . —北京：北京大学出版社，2020.7

ISBN 978-7-301-31120-2

Ⅰ. ①组… Ⅱ. ①威… ②徐… ③牟… ④武… Ⅲ. ①企业管理—组织管理学—研究 Ⅳ. ① F272.9

中国版本图书馆 CIP 数据核字（2020）第 029605 号

书　　名　组织人

ZUZHIREN

著作责任者　［美］威廉·怀特（William H. Whyte）著　徐彬　牟玉梅　武虹　译

责任编辑　徐文宁　于海冰

标准书号　ISBN 978-7-301-31120-2

出版发行　北京大学出版社

地　　址　北京市海淀区成府路 205 号　100871

网　　址　http://www.pup.cn　新浪微博：@ 北京大学出版社　@ 培文图书

电子信箱　pkupw@qq.com

电　　话　邮购部 010-62752015　发行部 010-62750672

编辑部 010-62750883

印 刷 者　天津光之彩印刷有限公司

经 销 者　新华书店

660 毫米 ×960 毫米　16 开本　27.75 印张　400 千字

2020 年 7 月第 1 版　2020 年 7 月第 1 次印刷

定　　价　68.00 元

目录

第一部分

组织人的意识形态

01 简介

本书讨论的主题是“组织人”。如果大家觉得这个词有些含糊不清，那是因为我实在无法想出一种更好的方式来描述我所谈论的这种人。他们既不是工人，也不是我们平常所说的白领人士。他们是只为**组织**而工作的人。而且，我所讨论的这些人也**属于**组织。他们是我们国家中产阶级里那些在精神上和身体上都脱离了家庭、誓言要过组织生活的人，他们是我们那种伟大的自我延续体制的精神和灵魂。他们中只有少数人算是或是能够成为高层管理人员。在一个使得“庸官”这种模糊的术语在人们的心理上变得必要的体系中，他们既是职员，也是升职队伍中的一员；而且，他们中的大多数人都是注定要在中层度过一生，日复一日地耐心等待一个能够让他们满意且听上去不错的头衔。但是，不管怎样，他们都是我们社会的主要成员。虽然他们目前并没有团结起来形成一个可以让人辨识的精英阶层（我国历史不够悠久，尚未出现这种局面），但是，来自他们这一群体的人已经成为我们领导阶层的第一梯队和第二梯队中最多的一批，而也正是他们的价值观决定了美国社会的态度。

在这方面，公司人可以说是一个最显著的例子；然而，他也只不过是一个例子而已，因为公司中存在的集团化是如此明显，以至于它几乎影响到了人们实际工作中的方方面面。准备加入杜邦公司的业务培训生的同宗兄弟，既有可能成为一位神学院学生并进入教会等级序列，也有可能进入大公司的诊所去当一名医生，或者是成为一家政府实验室里的一位物理博士，或者是成为某个基金会赞助的一个团队项目中的一位知识分子，或者是成为洛克希德公司那个巨大的新员工招募大厅里的一位工科毕业生，或者是成为华尔街众多法律事务所里的一位年轻学徒。

用他们自己的话来说就是，他们都在同一条船上。如果你能听到他们在其郊区住所前的草坪上相互之间进行的对话，你会惊讶地发现，他们对把彼此维系在一起的共同点的把握有多么精准。无论他们自身在与组织之间的关系上有何具体差异，他们关注的焦点都是其在集体工作中面临的那些共同问题；当杜邦人与研究所里的化学家进行谈话时，或者是当研究所里的化学家跟军人进行谈话时，这些问题才是最重要的。虽然他们中的大多数人都不愿意使用“**集体**”这个词（除非是用来描述他们不为之工作的外国政府或组织），但是，他们都清楚地意识到，他们要比自己的长辈对组织抱有更多的感恩之情。可以肯定的是，他们对此不免也会有些耿耿于怀。他们经常慨叹自己无法控制自己的前进方向，把社会竞争比喻成为“一台跑步机，你一旦踏上去就再也停不下来”，或者是一场“你死我活的竞争”。但是，他们却并没有强烈地感觉到自己陷入了一种困境；在他们自己和组织之间，他们相信自己看到了一种最大限度的和谐，而且有一点是他们的长辈大都没有认识到的，那就是，他们正在创立一种意识形态，这种意识形态能够确保他们自身与组织之间的这种信任持久存在下去。

我在本书中准备依循的主线，正是这种意识形态的发展及其产生的实际效果。美国社会非常重视大型组织产生的经济和政治后果，例如，大公司的权力集中，公务员官僚机构的政治权力，以及可能主宰我们其他人的管理阶级出现的可能性。虽然这些也都算得上是一种合情合理的关切，但是，与之同等重要的是，组织生活对置身其中的个人所产生的重大影响。

这一碰撞其实早就发生过了（实际上已经发生了不下数十万次），而且，总的来看，我认为，正是这一碰撞使得美国社会的意识形态发生了一种重大的转变。

在正式场合下，我们是坚持新教伦理的人。由于“新教伦理”这个词带有一些宗派含义，所以许多人都会否认与其有相关性；但是，且让他们去颂扬他们那高尚的“美国梦”，事实上，他们等于是重新界定了新教伦理。无论社会上有多少种五花八门的观点，人们几乎总是会认为：通过勤奋工作、节俭和竞争来追求个体救赎，是美国式功成名就的核心所在。

但是，组织生活中那些严酷的事实与这些规则根本就不相符合。当然，这种冲突并不是一种只有美国才有的现象。像德国社会学家韦伯和法国社会学家涂尔干这样的欧洲人，很多年前就在他们自己的国家预言过这种变化；尽管欧洲人现在喜欢把他们遇到的麻烦看成是美国输出给他们的，但是，他们所说的问题其实是来自于社会官僚化，后者已经影响到了每个西方国家。

然而，旧伦理与当下现实之间对比最为明显也是最为尖锐的地方还是美国。在当今世界上所有的民族中，是美国人引入了公众对个人主义的崇拜。一百年前，法国人托克维尔在游历美国时就注意到，尽管我们有一种特殊的天分（和弱点）就是善于与人进行合作，但是，我们却是比其他任何民族都在更多地谈论个人独立和自由。直到20世纪20年代，这时大型组织早已成为社会现实中的一部分，我们仍然在坚持这种旧信念，就像什么事情都未发生改变一样。

在我们国家，今天仍然有许多人在进行这种尝试；而且，在这方面进行了最大限度的尝试的，恰是对变革负有最大责任的组织的成员：公司。正是那些公司人所在机构制作的广告发出了最响亮的声音，呼吁美国人在城镇市政会议上踊跃发言；宣称美国人是这个世界上最好的发明家，因为他们丝毫不在乎他人的嘲笑；宣称美国人是这个世界上最好的士兵，因为他们积极主动且天生聪明；宣称那些在街角卖报的男孩子是我们商业社会形成的雏形。那么，他对集体主义又有何看法？简言之，他对集体主义深恶痛绝；他在攻击福利国家主义时所引用的那些理念，就是来自那些未被改变的新教伦理：财产神圣不可侵犯，个人安全会产生积极效应，节俭、勤奋和独立是人的一种美德。他会说，感谢我们还有一些人（例如，商人）在坚持捍卫"美国梦"。

在这一点上，他绝对不是在虚伪行事，而只是忍不住要这么去做。他真诚地相信：他是在遵循他所颂扬的原则，而且，只要他反复不断地赞美这些原则，就可以让他抛开那种不断在他耳边响起的猜疑："尽管他是这一信仰的最后捍卫者，但是，就连他也不再是纯粹的。"只有用个人主义的语言来描述集体，才能让他撇开下面这种想法，即"他自己也处于一个无所不在的集体中"——这种无所不在的集体正是一些改革者、知识分子和乌托邦式幻想家所梦想的，他经常告诫自己的身边人要对这类人多加警惕。

虽然老一辈人可能仍然会尽力说服自己，但是，年轻一代已经不会再这样去做了。当一个年轻人说，"要想在当今社会谋生，你就必须去做别人希望你做的事情"，他并不仅仅是把这当成一种必须被接受的客观事实，事实上，他还认为这是一种很好的观点。对他来说，如果"美国梦"不支持这一观点，那么应该改变的就是"美国梦"，不管那些年龄比他更大的监护人会如何去看这个问题。对于那些与实际情况相去太远的神话，人们越来越感到焦躁不安；随着越来越多的人都被组织的生活方式所包围，人们感受到的随之就应发生意识形态上的转变这一压力也在不断增加。群体给个体带来的压力，个人创造力遭受的挫折，个人成就变得无足轻重：对于这种种缺陷，我们是应该与它们积极进行抗争，还是应该认为它们之中也蕴含着某些好处？组织人寻求重新定义他在地球上所处的位置——这是一种将会使他感到满意的信仰，这一信仰指出，他所必须忍受的东西具有比表面看上去更深层次的含义。总之，他需要一种能够代替新教伦理的东西。慢慢地，几乎是在不知不觉之中，一种思想逐渐凝聚形成，开始起到了这样的作用。

* * *

我打算把这种思想称为“社会伦理”。当然，我们也可以把这种思想称为“组织伦理”或“官僚伦理”，因为它比其他东西更能使“组织要求个体对它保持忠诚”这一要求变得合理，并让那些对组织竭尽忠诚之人认为自己这是在为集体做出奉献——当然，你很可能会说，在紧要关头，这种思想会将一部“无权利法案”，变成一种从法律上对个人主义进行的重述。

但是，在这种思想背后确实存在一种道德需求；而且，不管人们是否相信，他们都必须承认：正是这种绝非权宜之计的道德基础，是它的力量之源。对那些必须在大型组织中工作的人来说，这也不仅仅是一种精神鸦片。它所代表的那种世俗信仰在我们的社会中可以说是随处可见，事实上，就连那些宣称自己永远不会涉足公司或政府部门的人也抱有这种信仰。虽然它对组织人最为适用，但是，它的思想基础却并不是源于组织人，而是来自他对其知之甚少的知识分子，而且，他对那些知识分子也往往是半信半疑。

英国哲学家怀特海说过，“任何抽象的规范都必然无法充分地描述现实”，在这一点上，“社会伦理”这一概念也是如此。这一概念试图说明，那种在事实上绝非井然有序的思想体系具有一种潜在的一致性。没有人会说，“我相信社会伦理”；尽管有许多人都表示，他们衷心拥护构成社会伦理的各种观点，但是，这些观点却仍然未能组成一个和谐的综合体。不过，那种一致性则确实已经存在。

在研究组织社会中的不同方面时，我想着重强调的一点，正是这种一致性的重要性。例如，要求管理人员变得“专业化”和追求一种更具实用性的教育，就是同一现象的组成部分；就像学生们现在觉得技术比内容更重要，管理人员也相信：管理本身就是最终目标所在，是一种与管理的内容相独立的**专业知识**。在我们社会中的其他部门，情况也是如此；尽管在具体细节上可能会有所不同，但是，那种占据主导地位的思想都是要求人们日益适应社会的需求，以及一种想要证明人们这样去做是合理的强烈欲望。

* * *

现在，我来给“社会伦理”下一个定义。我所说的社会伦理是指当代的一种思想体系，它使得社会对个人施加的压力变成一种合乎伦理的正当行为。社会伦理这一思想体系有以下三个主要观点：一是相信团队是创造力的源泉，二是相信归属感是个人的最终需要，三是相信可以借助科学的力量来帮助个人得到这种归属感。

在后面的章节中，我会逐一深入地探讨这三个观点，不过，在这里，我认为可以先这样解释一下其要点：个人作为一个社会单元而存在；他自己一个人孤立无援，毫无意义；只有在与他人进行合作时，他才能够体现出其自身价值，这是因为在集体中他可以升华自我，创造出一个整体大于各个部分之和的强大整体。就此而言，人与社会之间应该没有冲突。我们认为，冲突就是沟通中出现了误解和故障。如果我们能够用科学的方法去处理人际关系，我们就可以消除这些误解和故障，达成一致，进而创造出一种均衡状态，在这种状态下，社会需求与个人需求完全一致。

就本质而言，这是一种乌托邦式的信仰。表面上看，它主要针对的是组织生活中的那些实际问题（其支持者经常称他们的方法为“硬”方法），但是，（创造出一种均衡状态）这一长期目标仍然在激励着它的追随者，因为它将科学技术与一种可以实现的、有限的和谐联系到了一起。这与19世纪40年代那些带有乌托邦色彩的社区所抱有的信仰十分相似：例如，欧文的新和谐公社，它认为人们的性格几乎总是由其所处的环境决定；再如傅立叶的公社，它坚信个人愿望与公社愿望之间没有冲突，因为这二者同义，而且，这是一种自然定律。

与那些乌托邦公社一样，它对社会也是持有一种相当狭隘的理解。人们相信人人都有社会责任并且个人必须为社区做出贡献，而不认为集体和谐是对它的一种考验。然而，我所描述的社会伦理则强调，个人在当下就应承担责任；个人并不是要对一个广义上的社区负责，而是要对一个与他有着切身利益的、真实存在的社区负责；而且，“即使置身事外（或是积极反抗它）他可能最终也会履行更大的职责”这一点极少被考虑到。在实际生活中，那些热切赞同社会伦理的人们，几乎从来都不会去担心那些长期存在的社会问题。并不是他们不关心那些问题，而是因为他们认为组织和道德的目标是一致的，所以他们就把社会福利等问题全权交由组织去处理。

* * *

我可能是有些过于关注那些虚幻神化的东西了。那些比我更乐观的人们认为，这种观念在某些关键问题上与现实并不相符；而且，由于它无法做到长久地对组织人掩盖生活的竞争本质，所以它必然会难以自圆其说。他们还认为，社会伦理只是一个盛产反趋势的社会中出现的一种趋势。他们相信，钟摆摆动得越远，它最终必然会摆动得越厉害。

然而，我并不赞同他们的这一观点。我们确实是一个容易受到他人影响的民族，但是，社会并不是一座时钟；而且，在反趋势上押下这么大的赌注，会给上帝带来一种相当沉重的负担。在正式进入正题之前，我要先举两个顺势与逆势的例子。第一个例子就是高度职业化导向的工商管理专业课程上出现的长期摇摆。最近七年来，我每年都在收集商人、教育工作者和其他人就这一话题所做的所有演讲，而每年他们演讲的主旨都是，这个特别的钟摆已经摆动得太远了，很快情况就会出现逆转。许多学者也都对此抱有同样乐观的态度，他们宣称这是一种回归人文学科趋势的开始。第二个例子则是社会上进行的各种人格测试不断增多。每年都会有许多社会科学家跟我说，心理学的这种大众化是一种当代社会中出现的偏差，这些测试很快就会被人们抛在身后，一笑置之。

与此同时，组织世界仍在照常运转。选读工商管理专业的学生逐年增多，以至于到了 1954 年，这一专业已经成为高校中最大的本科教学领域。人格测试方面的情况也是一样，每年参加测试的人数都在增加，而对这些测试的批评则主要使得组织更善于粉饰它们进行这些测试的目的。没有人能够断定这些趋势是否会继续超过逆势，但是，我们也无法相信一个具有平衡意识的上帝会使这些过头的做法互相抵消。逆流趋势确实存在。在人类思想发展史上，一直以来都存在一些无效的思想，其中有许多都已经被历史扫除。

没错，社会伦理是有些类似于一种神话，而我们都知道，神话与实践可谓大不相同。严格而自私的个人主义，就像打着新教伦理名义宣扬的那样，永远都不会被容忍；实际上，与那些 19 世纪的演讲者所呼吁的相比，我们的前辈们要更加善于进行协作。社会伦理的对立面也是成立的；完全否定个人主义是行不通的，事实上，就连集体中那些最忠实信徒的内心或多或少都会有所疑虑，即在其内心深处也会对他们试图加以神化的群体压力做出一些潜在的对抗。

但是，相比之下，社会伦理的力量也是一样强大，这是因为虽然它可能永远都无法让个体做到应有的内心平和，但它对未来的探求却也对个体自有帮助。尽管个人主义的旧教条与当今现实背道而驰，但却很少会有人否认，它在其盛行时期也曾有过非常强大的影响力。因此，我在本书中将会按照这个思路去讨论社会伦理；你当然可以称它为一种神话，但是，它正在慢慢变成一种主流思想。

* * *

在本书的第一部分，我将会探究社会伦理产生的渊源。我这样做并不是想要撰写一部思想发展史，而只是为了说明它有一种深厚的渊源，而并不是新政、二战或当今经济繁荣所引发的一种短暂现象。

然后，我将会讨论大学里的组织人，追踪他最初在组织生活中被灌输的教育，并探索集体对他产生的影响。虽然我会比其他人更多地谈论公司人，但是，我却希望表明，社会伦理具有普遍性。相应地，我也会研究实验室和学术领域的组织生活，并说明合作想法在这些领域同样会产生一些重大的影响。我还会以通俗小说为例，进一步说明社会伦理的普遍性。然后，我们将会分析下一种现象，我认为这是看到社会伦理未来走向的最佳途径。

这种现象就是新郊区，这里已经成为新一代组织人的聚集地。虽然它们并不属于那种典型的美国社区，但是，由于它们提供了一个关于年轻组织人状态的横切面，所以我们可以看到：全世界组织人现在和未来可能有的需求，在那里要比在其他地方显得更为鲜明。我将会透过新郊区来分析过渡性这一特点对组织人产生的巨大影响，并将会探究他们的宗教生活、政治因素和待人方式如何体现他们寻求的新的归属感。全书最后一部分则是关于社会伦理的道德寓意，关于这一点，我将会从组织人如何向他们的孩子们（下一代组织人）解释它们去加以分析。

* * *

虽然本书的性质主要是报道性的，但是，我要首先声明一点，我会向读者阐明我所依据的假设。为此，下面我要首先说一下我不会在本书中谈论什么。

本书并不是要求人们变得特立独行，卓然于世。虽然类似这样的托辞偶尔也会对人们起到一些心理治疗作用，但是，作为一种抽象事物，它只不过是一个空洞的目标；仅仅因为流行就去反对流行这一做法不应该受到赞扬，但却应该得到默许。事实上，一个宣称自己特立独行的人经常是在掩饰其内心深处的懦弱，没有什么事物会比通过否定外在差异来安抚懦弱的内心更可悲的了。

因此，我并不是在谈论美国生活的表面一致性。在本书中，我既不会去批判“大众”（作者从未见过此人），也不会去苛评农场主、电视观众或者是穿灰色法兰绒西装的传统人士。他们与书中的主要问题一概无关，而且对社会也没有害处。当然，我也不希望走向另一个极端，即认为这种一致性本身是好的，事实上，人们由于缺乏意愿或想象力而愿意随大流，这并不是什么新出现的缺点；我认为，除了我们所遵从的事物的性质发生了改变，在其他方面并没有发生什么明显变化。除非人们认为贫穷是高尚的，否则我们很难将三扣式西装看作紧身衣而非外套，或者将牧场的房子看作老式的出租屋。

这种一致性对个人主义的核心问题究竟产生了多大程度的影响呢？我们绝对不能被外在形式所欺骗。如果个人主义就是随心所欲地追求自己的梦想，那么我们大多数人的梦想都能实现，而对游戏规则了然于胸既是个人主义的前提，也是对个人主义的制约。开着别克轿车、住着牧场房子的人可能会宣称，他能像波希米亚人一样勇敢地反抗其所处的社会。事实上，他通常都不会这样去做；但是，如果他真的这样去做了，那么那种表面上的一致性也能保护他。善于控制环境而非受制于环境的组织人心里十分清楚，只要采取那种附和他人对他人以示尊敬的做法，他人就不太容易将其与他们自己区分开。这也是他们善于控制环境的原因之一。他们能够巧妙地化解社会的怨气。

我并不认为社会伦理就可以等同于从众，我也不认为那些拥护社会伦理的人希望事情会是这样，因为他们中的大多数人都深信，他们做出的努力对个人有利而非有害。虽然我认为他们的想法与时代的需求之间显得有一些脱节，但是，我要质疑的是他们的想法，而不是他们自身所抱有的那种良好愿望。至于组织里那些阿谀奉承之辈和江湖骗子则不值得我们一提。

我也不打算在本书中谴责组织社会。虽然今天我们遇到了相当多的问题，但是，我们却并未把那些问题与那种错位的怀旧情绪混为一谈；而且，旧意识形态与新意识形态之间的对比，也非乐园与失乐园之间的对比，以及田园牧歌的18世纪与人性丧失的20世纪之间的对比。我们的时代是否要比以前的时代更加缺少自由，这个问题我们大可交给未来的历史学家去进行评判，但是，为了本书的目的，我有一个很乐观的预设，即在我们这个时代，和在别的时代一样，个人主义都是同样存在的。

我所说的个人主义是指组织生活中的个人主义。这种个人主义并不是个人主义唯一的表现形式，或许有一天组织外的神秘主义者和哲学家会确认出其中的关键人物。但是，即使这些关键人物也会受到社会中心的影响；除非他们能够抓住社会主流的本质，否则他们绝对不会对其他人有任何帮助。虽然依照那种不可能实现的崇高理想去斥责组织人的失败有可能会起用，但是，这样做却无法给他提供任何指导。组织人有可能会认为，是工业化破坏了社会的道德结构，我们需要找回农耕时代的美德，或者是需要把企业拆分成一系列小组织，或者是需要把政府分解成许多小组织，等等。但是，他会继续走自己的路，对自身困境放任不管。

我打算说服他：他应该与组织进行对抗。当然，这并不是想要让他走向自我毁灭。虽然他有可能会选择辞职，但是，他会遇到一个新的老板；而且，他也无法做到像小说里的英雄那样金盆洗手，退隐江湖。如果他对其所在组织施加给他的压力感到心烦意乱，那么他就必须在这些压力面前屈服，或者是抵制它们，或者是试着改变它们，或者是离开现有组织去往另一个组织。

每当个人与权威之间发生冲突时，他都会进退两难。解决问题的关键并不是直接与暴政进行一场无所畏惧的斗争，或者是开辟一条反对专断愚蠢行径的新路。想要这样去做很容易——至少在智力上是这样。真正的问题要比这微妙得多。真正困扰他的并不是组织生活的弊端，**反而是它的益处**。他被困在那种紧密相连的兄弟情谊中。由于他的活动范围太小，他遇到的陷阱又是如此不起眼，他自身也缺少那些英雄人物的谋略，这就使得他的斗争变得与其前辈们一样艰难。

* * *

所以，我的观点是：我认为，对他来说，强调社会伦理是错误的。没错，人们确实必须与他人进行合作；而且，运作良好的团队的整体力量也确实要比各个部分之和更为强大。但是，现在我们需要赘述这些事实吗？正是因为现在是组织时代，我们才更应该去关注它的另一面。我们确实需要知道应该如何与组织进行合作，但是，我们更需要知道应该如何去抵制它。如果我们断章取义地来看这个观点，那么我们很可能会认为这是一种不负责任的言论。时代和地点背景至关重要；而且，历史早就告诉我们，哲学上的个人主义看重冲突而看轻合作。然而，现在的时代背景又是什么呢？如今我们距离另一个极端已是越来越远，我认为，我们没有必要担心强调它会引发那种极端个人主义。

我们不应该贬低美国人对集体和社会做出的那些贡献；毕竟，除非我们已经学会了去适应这个集体化程度越来越高的社会，否则我们永远都不会去讨论这个问题。在我们这样的社会，不承担社会责任这一个人主义理想显然不会实现；值得称赞的是我们的智慧，我们一方面大力宣扬要承担社会责任，另一方面却又从未完全做到这一点。

但是，在寻求那个让人难以捉摸的平衡点时，我们已经偏离了目标；而在我们努力使组织正常运作时，我们又将它神化了。我们把组织的缺点也称为美德，并否认个人与组织之间存在冲突，甚至认为这二者之间不应该有冲突。否认冲突的存在，不仅对组织自身来说不利，而且对个人来说情况则更为糟糕：它使个人逐渐丧失亟需的理智来达到内心的平静。事实上，组织对他的影响越大，他就越需要弄明白，在哪些情况下他必须坚持自我。但是，我们想要做到这一点则很难，因为我们过着一种非常平稳的组织生活。

说“我们必须认识到组织社会的困境”，这与“组织社会与个人可以像在先前社会中一样相容”这一充满希望的假设并不矛盾。这是因为，我们并不是那种被社会控制、无能为力的倒霉蛋；而且，对社会抱持全盘批判态度，只会让组织变得更加神秘。既然是人类创造了组织，人类自然也能改变它。不可改变的历史进程并未像人格测验那样限制个人。是组织人自己造成了那些限制，也只有他自己才能去破解它们。

简言之，错误不在于组织，而在于我们对组织的那种崇拜。这种崇拜表现在我们徒劳地追求一种乌托邦式的均衡，如果这一均衡真的实现了，那将会是一件非常可怕的事情；这种崇拜还表现在，我们软弱地否认个人与社会之间会有冲突。事实上，个人与社会之间的冲突时有发生；而且，个人必须面对这些冲突，这是个人需要付出的一种代价。他无法逃避冲突，而那种想要找寻某种道德伦理从中获得虚假的心灵安宁的做法，则只不过是在自己欺压自己。

在组织生活中，个人能够掌握自己命运的时候并不多——如果他不进行抗争，他就必须屈服，然后等到日后回想起来他就会嘲笑自己。但是，在什么时候他需要掌握自己的命运？一旦时机出现，他是否会第一时间知晓？他应该依照一种什么样的标准去进行判断？他确实认为自己应该对集体负责，并确实也意识到组织对自由意志有一种道德上的约束。如果他选择与组织对立，他的这一做法到底是一种勇敢之举，还是一种固执之举？是一种对组织有益之举，还是一种追求自利之举？他这样做是否就像他经常想的那样是正确的？我认为，应对诸多这样的困境，是解决如今个人主义问题的关键所在。

02

新教伦理的衰落

现在，让我们暂时回到19世纪与20世纪之交。我们会发现，新教伦理在当时明显是一种风尚。不过，我们也会发现，它是一种受制于现实的道德规范。当时整个国家都在变化，但是，新教伦理却没有发生改变。

这里我们借用一下银行家亨利·克卢斯（Henry Clews）在1908年给耶鲁大学学生提出的一些忠告，他认为，最纯粹形式的新教伦理就是：

> **适者生存**：你既可以去经商，也可以选择其他职业，这时你的脚踏在梯子的底部；能否到达梯子的顶端，取决于你是否能够获取力量。如果你能够得到意愿和力量的支持，你就能爬升到梯子的顶端。顶部总是会有更加充足的发展空间……努力争取成功的人终会成功。在莎士比亚戏剧《裘力斯·恺撒》中，卡修斯这样对布鲁图斯说道："亲爱的布鲁图斯，如果我们受制于人，那么错不在命运，而在我们自己。"
>
> **节俭**：一旦参加工作，你就要养成节省出部分收入的习惯。比如，每挣十美元就强迫自己从中留出一美元。有了积蓄，日后你就可以用它来掌控全局，否则你就只能受到环境的控制。

请注意新教伦理中对“爬升”“强迫”“控制”等主动词汇的使用。像以前一样，新教伦理仍然要求人们与环境作斗争——这种实际的斗争不仅能够给人们带来实实在在物质上的回报，还能让人们在精神上也得到一定的回报。当然，只看到新教伦理中那些冷酷无情的部分是不完整的，因为我们无法保证这样得来的成功既是道德的，也是现实的。下面我们继续引用克卢斯先生的讲话：

> 依托那种自由的政治体制，个人可以自由地谋生或追求财富，而这通常都会引发竞争。显然，竞争的真正含义是产业自由。因此，任何人都可以自由地选择其想要从事的行业或职业，或者如果是不喜欢其所从事的行业或职业，他还可以选择换一份工作。他可以自己决定，自己是否要努力工作；他可以讨价还价，并依据自己付出的劳动或生产的产品去定价。他可以自由地获取财产的全部或部分。如果他付出更多努力或者拥有出色技艺或者利用其自身智慧就能获得更高的收入（这样他可以生活得更好），那么，他的邻居也可以仿效他的做法并最终超越他。如果一个人有赚钱和理财的天赋，他就可以自如地运用这种天赋，就像另一个人能够灵活地使用工具一样……如果一个人能够享受通过自身的不懈努力和成功而获得的金钱，他的邻居们就会更加努力地工作，这样他们和他们的孩子们就也有可能获得同样的享受。

新教伦理是一种能够给人们带来无限希望的伦理。如果每个人都相信“寻求个人利益自然而然地就会改善所有人的处境”，那么每个人辛勤工作的结果就应该是可以创造出一个人间天堂。有些人，比如喋喋不休的克卢斯先生就认为，这个人间天堂已经存在于世。

> 美国就是一个人间天堂。它是世界各地被压迫人民的希望之地和庇护所。这是美国最鼓舞人心之处，而且，正是它在逐渐淡化此前那种根深蒂固的贵族意识。在美国，功绩是唯一的证明。出生并不能代表什么。唯有适者才能生存。拥有功绩是获得成功的唯一条件。人世上最高的智慧掌控着世界和世界体系。在人类社会，特别是在美国，人人畏惧的君主是无限的空间。在这里，人们只承认那种自然的贵族秩序，它看重的是"智慧和正直"，而不是用来向人炫耀的门第。[1]

没有新教伦理，资本主义也就不可能存在。无论新教伦理是先于资本主义发展起来，还是资本主义发展的结果，诚如韦伯所言，它都使人们在他们主观上想怎么做，以及他们认为自己应该怎么做，这两个方面获得了一定程度的一致性；如果没有这种意识形态，那么社会对企业家来说也就未免会显得太不友好了。如果没有新教伦理给人带来的那种慰藉，他不可能逃脱那些贪得无厌的做法——不仅因为其他人不允许他这样去做，而且他自己的良心也不允许他这样去做。但是，现在他则坚信自己是在履行一种对上帝应尽的义务；而且，在不久之后，崛起的中产阶级就会把几百年来最卑鄙的贪婪视为是上帝意志的一种世俗表现。

* * *

然而，新教伦理最终引发的工业革命却击败了它。这些不一致之处一直过了很长时间才显露出来。虽然 19 世纪的新教徒创造了一个日益集体化的社会，但是，他们却坚决否认集体社会的含义。现在回过头去看，19 世纪与 20 世纪之交是一个个人主义盛行的时期，但是，还在 19 世纪 80 年代，大公司的发展情况就已经展现出它最终要走向官僚主义。组织规模的不断扩大及其内部等级的日益分化，使得以前被忽略的那些不一致之处

---

[1] Henry Clews, *Fifty Years in Wall Street*, New York: Irving Publishing Company, 1908.

变得日益明显。新教伦理有一个非常重要的假设，那就是，成功既不是因为运气好，也不是因为外界的作用，而只是因为人自己本身——这也就好比是在说，如果人们生活富裕，那么那是他们应得的。然而，大型组织的出现，成了对这种个人成功梦想的一种嘲讽。因为事情很明显，在大型组织中发展得最好的人，并不一定就是那些最能适应组织生活的人，而在更多情况下都是那些出身好、人脉广的人。

* * *

随着组织的规模不断扩大，新教伦理所倡导的那些理念与组织中的实际情况越来越不相符。虽然管理者坚决否认发生了这一变化，但是，他们和员工一样都受到了这一变化的影响。今天，在我们的社会中仍然有一些人在否认这种不一致，或者是把这种不一致归咎于社会主义在全世界的蔓延；然而，对那些年轻一代的管理者来说，他们已经很难摆脱这种不一致。

就拿节俭来说。组织人如何才能做到节俭？其他人在为他节俭。虽然他仍然会为自己购买人寿保险，但是，他却寄希望于其所在组织的财务和人事部门来为他储备应急积蓄。而且，节俭已经开始变得有些不符合美国人的行事风格。一个引用 18 世纪富兰克林的话提倡节俭的店家，实际上却是非常担心消费者真的会节俭度日，把钱更多地用于储蓄而减少分期付款购物。事实上，他再也不能尽情地去谴责公众挥霍无度，至少在公共场合他不能这样去做。他要做的是想尽一切办法说服人们去多花钱，并要让他们在按照他的建议花钱时不会产生任何内疚感。今天，对经商来说，最需要的一点就是，把那些偏离新教伦理的做法粉饰为是在重申新教伦理。[2]

---

[2] “动机研究”的主要内容对完成这项任务有所帮助。动机研究者欧内斯特·迪希特（Ernest Dichter）在一份商业公告中表示：“我们现在面临的问题是让普通美国人，即使他在调情，即使他在盲目消费，即使他没有积蓄，即使他每年度两次假，即使他买第二辆或第三辆汽车，也会觉得自己道德高尚。想要实现这个愿望，我们首先要获得人们的支持和认可，证明享乐主义生活方式是合理的，而不是不道德的。”

智威汤逊广告公司推出的一则广为流传的广告，直接回应了这一在消费心理上让人们得到赦免的问题。它引用富兰克林的话来说明消费的好处："难道不是追求购买、享受奢侈品这一愿望，极大地刺激了劳动力和产业发展吗？……如果没有这一刺激，奢侈品就会供过于求，而人们自然也就会变得懒惰散漫。"这则广告在一段别有意味的旁白中说道，这种想法"似乎是一种后知后觉，呼应了他（富兰克林）早期著作中那些更为人熟知的有关节俭重要性的文字"。

* * *

"为什么我们要努力工作？"资本主义的目标又是什么？除非是把生产力变成更多的享乐和更美好的生活，否则我们将会经常在心底生出这个疑问。这个问题对组织人来说非常有意义，组织人担心过度劳累就像他的祖先担忧懒惰散漫一样。但是，他的内心又是矛盾的。一方面，他想要追求享乐，而另一方面，他也信奉努力工作和克服私欲的清教教义——可是，唉，一天只有 24 个小时。那么，我们如何才能做到两全其美呢？我们现在知道的那种两全其美状态，其实是把工作与享乐和生活中的其他部分隔开。不过，任何能够做到这一点的组织人，都不会在事业上有太大的发展。简言之，他仍然在努力工作，但是，现在他却会对此感到有些内疚。

想要自立？最近，公司在资本上的扩张变得非常迅猛，以至于就连管理层都认为自己已经不再属于领导阶层。虽然没有人知道这种想法到底是什么时候出现的，但是，在谈到自立和冒险时，二战后那些年轻一代的管理者已经不再像他们的前辈们那样严肃深沉。

通往成功的道路绕不开管理层的最终决策。不管人们把这个过程称为什么："宽松管理"也好，"多重管理"也罢，或者是"管理的艺术"亦可，这种委员会决策的方式都不同于此前一直被认为是商业真谛的那种坚定的个人主义。年轻人之所以不再去大胆追梦，并不是因为他们没有那种远大的抱负；事实上，他们缺乏的是一种感觉，一种认为自己能够继续发扬那种伟大的创业精神的感觉。尽管不能叫他们“官僚”，但却可以用一个大家都在用的术语去称呼他们，那就是“管理者”（其实这个词的含义与“官僚”并没有什么明显差别）。正如那些初级管理人员认为的那样，未来，人们将不再是个人主义者，而是被管理、为别人工作的人。

* * *

这里请让我暂停一下，强调一个很有必要指出的区别。在企业内部，仍然有很多人坚决拥护新教伦理，但是，他们却很少有人是组织人。在那些拥护旧信条的人中，除了一少部分人是从事金融业者，大多数人都是小商人；虽然将他们划归“商界”是一种很方便的做法，但是，那样一来也就意味着，他们在一定程度上与大企业之间存在某种意识形态上的亲缘关系，而这种关系实际上则并不存在。

习惯上，小企业经常被誉为一颗橡子，日后有可能长成一棵高大的橡树；同样，一个人也可能发展起来一家大企业。然而，我们只要仔细观察那些员工少于50人的企业就会看到，这种思想掩盖了某些更深层面上的差异。你会在那里发现那些传统意义上的企业家（他们会开发新产品，有新的目标或新的分销体系），其中一些企业最终会不断发展成为一种能够自我延续的机构。不过，这种企业可谓少之又少。

小企业大都无法与大公司保持联系。一方面，它们很少会去涉足第一产业；它们中的大多数都是洗衣店、保险机构、餐馆、药店、装瓶厂、木场、汽车经销商等。它们的存在当然也很重要，但从本质上来说，它们都是在为经济服务；它们不会在自己的领域内创造新财富，它们最终都要依赖那些能够创造新财富的产业。

在这种依赖关系中，它们对大公司的反应与其说是一位盟友，不如说是一位对手。显然，大公司会不断地扩大其自身规模——这种扩大对小商人的生意而言永远都是一个威胁。大公司本能地会选择垄断和限制。当药商们反对通过“公平交易法案”时，他们反抗的不仅是生产商（和顾客），还有整个20世纪的大规模经济运动。

这种情况可以说是时有发生。大公司日益壮大，这再次表明神话可以凌驾于现实之上。在经济上，许多小商人都反对革命，他们反对大公司就像反对新政或“公平交易法案”一样。大公司人仍然坚信，大公司与小企业是一种坚不可摧的同盟；而且，在某些特殊情况下，他经常会依照这一信念来制定政策（例如，“公平交易法案”），而事实上这么做则有损大公司自身的利益。

但是，变革并不会因为人们感情用事就不发生。如今，许多与时代格格不入的事物仍然存在；比如，在个人收入方面，在小镇上经营一家镇上所有人都用得上的物品的分厂，能够挣到当地汽车经销商或可口可乐特许经销商收入的一半就应该算是很走运了。然而，经济自有办法解决这些矛盾，因为当地商人也和其他人一样能够预见未来。组织派到镇上管理分厂的年轻人作风温和，几乎毫无侵略性；他没有租用山上的老房子，而是租下一间较小的房子；他出行开的是奥兹车，而不是凯迪拉克；在每周四的午餐会上，他很少发言，多数时候他都是坐在一旁静静地聆听。但是，他仍然是组织的未来。

* * *

到目前为止，我一直都在谈论组织对新教伦理产生的影响；然而，知识分子对新教伦理的批判也同样重要。反传统主义运动始于19世纪末20世纪初，心理学家威廉·詹姆斯、教育学家约翰·杜威、历史学家查尔斯·比尔德、社会学家索尔斯坦·凡勃伦、“黑幕揭发者”，以及众多改革者，都在不断地抨击新教伦理不适应当时的社会，进而则为社会伦理的产生奠定了基础。想要组织人将这些新思想联系到一起还需要很长一段时间，直到今天，许多商业领域的实用主义者都拒绝与知识分子为伍（反之亦然）。然而，这两场运动实际上密切相关。虽然关于知识分子在多大程度上是变革的原因这一点谁也说不准，但是，知识分子比组织人要更有先见之明，他们抓住了追求理性、不屈不挠的个人主义旧观念与个人不得不生活其中的世界之间的对立。他们不是在反抗社会，而是在反对社会权力；他们构建了一个理论框架，这一理论框架可以促进而不是抑制大型组织的发展。

本书不会去评判杜威、詹姆斯和其他实用主义者提出的那些观点。现在我觉得有必要就历史上的一个问题做一下说明。许多人至今仍然把新教伦理的衰落视为我们自身的堕落，认为我们偏离了美国主义，他们把我们的这一堕落归咎于实用主义、伦理相对主义、弗洛伊德主义等思想运动。这些思想运动对社会伦理产生了深远的影响，不过，其中有许多想法都与被它们取代的那些想法一样不可靠。就这一点而去批评这些思想运动是合理的；但是，如果就此批评它们颠覆了美国的观念，则无疑会具有一种极大的误导性。

无论是实用主义的批评者还是追随者，他们都应该考虑到人们最初提出实用主义观点时的那种时代背景。虽然今天或许我们已经不再需要那种实用主义的社会效用观点，但是，它最初并不是在心理学中的“调适”（人应调整自身去适应社会）观念成为热门话题之时提出的，而是在保守主义者认为没有什么事物需要调整的时候提出的。很明显，这一反抗是合理的。组织社会的发展要求人们认识到，人并不是完全由自由意志决定；国家确实需要一个更能满足人们需求的教育工厂。社会上确实需要出现一种新风尚，而且，即使没有詹姆斯或杜威，也一定会有人发明出某种形式的实用主义。不信哲学的美国人也认为变革是合理的；实用主义哲学家所做的就是给予他们恰当的指导，用那种负责任的话语告诉他们，他们的这种感觉是正确的。

此外，实用主义重视社会和实践，这一点完全符合美国传统。从一开始起，美国人就对教条和制度有很大的不满；比如，许多清教徒就是因为反对自身受到教条的束缚才漂洋过海来到美国；虽然他们需要努力适应美国这个新环境，但是，只要教条阻碍了实践，他们就会不再遵循教条。而且，不管是神学还是科学的基础理论建设，都从未让美国人变得过度兴奋。早在詹姆斯明确提出“它是否有效？”这一问题之前，它就是人们一直喜欢讨论的一个问题。如果说人们不喜欢抽象思维是一种缺陷，那么它也是一种美德的缺陷；这种美德，不论你怎么称呼它，一直都非常接近杜威和詹姆斯定义的实用主义。他们通过定义它，在它需要得到维护时，给了它一种连贯性和力量；不过，那种倾向于实践的思想却是先于实用主义而产生，它并不是实用主义的产物。

* * *

变革无处不在。到一战爆发时，新教伦理落得一败涂地，再也没有恢复其昔日的荣光；正如人们所说，坚定的个人主义和刻苦工作的精神改变了人们，对他们而言，上帝自会以其无穷的智慧去控制社会。然而，这种信念对那些不信奉新教伦理的人来说却并不奏效，现在他们和知识分子都意识到了这一点。

总之，时机已经成熟；尽管遭到人们反抗的那些保守主义观点在社会生活中可以说是根深蒂固，但是，美国的基本价值取向如此偏向另一个方向，即强调社会的重要性，以至于这成了美国的主流思想。在那个探索的好奇心尽情迸发的时代，人们开始探索起以前哲学否认的环境对个人施加的压力。就像弗洛伊德对人类潜意识的发现一样，起初，这样的探索得到的结果很是让人沮丧，然而，最终，凭借美国人特有的活力，他们得到了许多重要发现。虽然人终究是不完美的，但是，现在看来，还有一个比较实际的梦想，那就是：**社会**是可臻完美的。

03

科学主义

在本书中，我不会去讨论（我在上一章最后提及的）那些变革的潮流如何演变成为美国思想史上的那些正统观念。无论在什么情况下，争论哪位思想家的观点更可靠，都可以说是一种徒劳无功之举，因为是人们自己选择相信哪种思想更重要；而且，那些经常被人们曲解的思想，也不能因为它们遭到曲解就受到批判。例如，弗洛伊德就曾说过他并不是人们口中所说的那种“弗洛伊德主义者”，因为他并不认为人会永远生活在童年创伤的阴影下；相反，他认为，决心和智慧能够让人正视自己受到的创伤，并有可能让人逐渐摆脱其影响。詹姆斯和杜威也没有说过，社会的便利性是对道德的一种关键考验；而且，他们坚决否认“人完全由其所处的环境决定”这种看法。

我所讨论的主流思想既具有高度的灵活性，又具有高度的统一性。在美国社会，大多数人都认为组织生活有许多不同的分支，他们依然没有意识到，这些看似独立的分支其实是相互关联的。然而，如果我们能够换种思路，顺着组织内部的层级来看，我们就会发现，许多教育学家所开出的那些信条，正是组织内部那些负责人事的人所倡导的，而且它们也是那些研究项目的负责人所倡导的。

在接下来的三章中，我将会讨论把它们联系在一起的三个主要特征。这三个特征中的每一个都很重要，我主要想说明的是它们彼此之间的关系。除非人们认识到这种一致性，否则只是单纯批判某个领域采用的那些错误的技术根本于事无补；事实上，我们别无选择，必须承认这种一致性。

* * *

第一个特征是科学主义。我们也可以说它是社会伦理的实践性部分，因为它承诺：使用在物理科学中起作用的同样技术，我们最终可以创造出一门精确的人类科学。[1] 然而，在现实生活中，无论它以何种形式存在，它都因其一直收效甚微而让人沮丧；而且，科学主义的支持者也承认，这种做法有很大问题。但是，这却丝毫没有动摇人们对科学主义的信仰，因为从本质上来说，科学主义是一种带有乌托邦色彩的信仰，而不是一种技术理念。

信徒们的开场白总是一样的，那就是：我们处境艰难，想要补救，为时已晚。我们早已将科学应用于外界事物，但是，直到现在，我们才开始将它应用于人类自身。如今，我们已经掌握了一些有用的社交技巧；我们能够测评人们的人格，能够找出妨碍人们进行良性群体互动的因素，能够提前预测人们在社会交际中会有何反应。然而，这些统统都只是一些再基础不过的东西，只要我们肯花时间和肯投资，要不了多久，我们就能够用一种统一的人类科学去全面认识我们自己。

以下是我从若干会议论文中提取出的一些综合信息：

---

[1] 注意，这只是一个粗略的定义，大多数使用这个术语的人都会用不同的方法来分析它的基础。哲学家哈耶克在《科学的反革命》一书中说它基于三种谬误：客观主义、集体主义和历史主义。他的意思是：它试图摆脱主观知识；它把抽象的整体（如“社会”）当成一个明确的目标；它试图使历史成为一门科学，而且是唯一的一门社会现象科学。埃里克·沃格林（Eric Voegelin）也将科学主义分为三个部分：“（1）假定数学科学是所有其他科学都应该遵循的模型科学；（2）所有存在的领域都是现象科学的方法所能探究的；（3）现象科学所不能探究的一切实在，要么是不相干的，要么是虚幻的。”

我们应该吸引更多具有脚踏实地精神并且精通数学运算的学生加入团队，只要我们有足够的信心和胆量，我们就能建立一种人类科学理论……科学方法可以决定人类的幸福，而科学方法则是可以被我们发现的，所以这一幸福也是能够实现的……当今世界最需要的是研究人类关系的科学，和以这一科学的原理为基础的人类工程学。坦白说，我们应该首先关注我们所遇问题的科学方面，而不是哲学方面……虽然人际关系问题非常复杂，但是，科学会将这些问题逐步简化，进而将其变成单纯的因子，这样我们也就能够直接、简单地去处理那些错综复杂的人际关系。

不可避免地，在这里也会提到原子弹的例子作为一个类比：

虽然这个话题早就是一种老生常谈，但是，事实确实如此：如果我们能够把在制造原子弹和研制化学武器或细菌武器上所花费的40亿美元用于社会科学（假定把这些钱一半用于研究，另一半用于进行大众教育），那么人们对原子能的首次利用就可能是为了人类和平。

这一切听起来是多么古老啊！大多数初次听闻人类统一科学这一愿景的人都会认为，这是一种全新的思想；实际上，它不过是几个世纪以来就有的一种陈词滥调。自从牛顿那个时候以来，许多自然科学家都把他们的目光转向自然科学领域之外，提出了人类科学存在的可能性；而荷兰哲学家伊拉斯谟则在《愚人颂》中写道：甚至在此之前，一些学者就已经持有这种观点。自然科学家会有这一梦想是可以理解的。法国哲学家和数学家笛卡尔甚至坚信，人们可以用数学原理来处理与人有关的事情。他认为，最终将会出现一种“统一数学科学”，解决所有的社会问题——只要我们有足够的资金和时间去支持这一工作。

后来，其他人还尝试了一些几何方法：英国哲学家托马斯·霍布斯用一套完整的代数方程去诠释道德。英国小说家劳伦斯·斯特恩宣称，他的方程式“一加一减，便是天堂地狱……除了数学家，没有人能和圣彼得算清账”。1725年，道德哲学家弗朗西斯·哈钦森设计出了一种更加精细的数学方法来计算道德；虽然在他那个年代还不具备现在那些技术官僚所拥有的优势，但是，他却也设计出了一个其复杂性能与今日公式相媲美的公式。

18世纪末法国中央公共工程学院（即日后的巴黎综合理工大学）的成立，推动了科学主义的发展；圣西门和孔德的实证主义，为其中一个强大的学院注入了发展的活力。如果人类只需借用自然科学原理之力就能认识人类自身，那么只要多下点功夫，多花点钱，多费点心思，也就能够让他进入一个美好社会。

“只要……”上述前提可以说是多种多样，而且它们一直都在发生改变。然而，目前的训道词表明，一切仍然是在从头开始。当今文学作品中充满了发现新事物的类比：巴尔博亚发现太平洋，牛顿看到苹果掉落发现了万有引力，等等。而也正是这种思想，这种比较前沿的想法，使得科学主义显得如此吸引人。

对商界和学界中人来说，“‘第二次工业革命’在生产、营销和销售领域引发了一场重大变革”，《广告时代》（1953年10月5日）上的大标题这样写道。韦斯（E. B. Weiss）可以说是当今最著名的营销顾问，他向读者解释道，电子计算机工厂和自动化工厂改良技术的出现，并不只是为了提高我们的生产效率。他说，一门全新的科学正在形成；针对科学主义信徒经常把身体控制和**精神**控制混为一谈这一点，他宣称，“第二次工业革命不会用机器取代那些普遍的，甚至是某些特殊的人类思维”。他认为，“机器人并不会取代人类**所有的**工作”，但是，它将会取代人类几乎所有的工作。在取得初步成功之后（例如，在零售中分离出个人元素，使存货盘点变为自动化操作），机器就会进入那些人类神圣不可侵犯的领域。

他还异常欢喜地引用了一位科学家的预言：假以时日，机器将会具有人的推理能力，“下周开讲本系列第二课：控制论原理在工厂、办公室和仓库中的应用”。

公共关系特别容易受到科学主义的影响。例如，《公共关系期刊》上就这一话题发表了如下评论：

> 现在，不管公关人员是否意识到，他都是一位工程师：一位社会工程师。他在社会中发展新关系，开展新业务，构思新的组织和机构，建立并完善人际关系，好让人们完成工作。在我们这个时代，人们面临着社会工程的挑战，就像我们在50年前面临着技术工程的挑战一样。如果说20世纪上半叶是一个技术工程师的时代，那么20世纪下半叶可能就是一个社会工程师的时代。

如果你仔细研究当下的人物杂志和广告期刊，你就会发现同样的问题。虽然其中有很多都不过是在说大话，但是，我认为，这也在很大程度上表明，人们对科学主义这一信仰抱有一种无比真诚的渴望。

虽然我们总是在谈论工人无法从其工作中得到满足感，但是，那种对连续性和目标的渴望，同样也在影响着管理人员。随着组织的规模日益扩大并变得越来越官僚化，产生了众多不同的职能部门，而身处这些部门中的人们则经常会觉得自己的身份有些不伦不类：说是知识分子吧，又不像是知识分子；说是管理者吧，又没有什么权力或威望。根据专家的说法，科学主义是一根救命的稻草，它能够让那些感到沮丧的人们跨过组织和职业的界限找到目标。我认为，他们完全能够感觉到科学主义所具有的那种连贯性。因为无论人们身在社会工程中的哪个部门：“大众”传媒、“认同的工程学”（公共关系）、广告、人事咨询，他们都能感受到自己属于一个更大的部门。

他们那种发自内心的善意让人难以抗拒。梭罗曾经说过，如果你看到有人带着明显对你好的意图接近你，你就应该赶快转身逃命；人们很难抑制住自身那种与社会工程师进行交谈的冲动。他们并不只是想要用一些科学的方法来帮助你；事实上，他们是想要用一种无所不包的、独有的方法来帮助你。科学并不只是一种工具；那些不信科学主义的人已经失去了他们的理智，在这个世界上，科学是他们获得救赎的唯一途径。一位社会工程师愤怒地写道，人们没有任何理由去“伤害社会科学家，因为他们正在化解那些让人感觉无望的文明危机”。如果说技术有误，那么他们会认为，这是因为细节不够完整和资金不足，而非因为理论错误；所以，任何人都不应该批评科学主义。

人们不应该把社会工程等同于社会科学。虽然也有一些社会科学家认可社会工程，但是，更多的社会科学家都不相信它；而且，某些人打着社会科学旗号发表的言论，更是让他们觉得很是尴尬。我们有充分理由相信，如果能把社会工程称为“社会**研究**”，那么它将会收到更大的成效。虽然研究人和社会的工作具有极高的价值，但是，它并不需要为此就要设定一门有限的、具体的科学，绝对真理并不是检验社会科学家特定研究方式的最终标准；事实上，只有那些傲慢的人或愚蠢的人才会这样去想。

问题的一部分在于，我们在精确测量研究上能力不足；而且，把自然科学领域取得的成功归因于客观研究对象这一观点也在困扰着社会工程师。当然，我们能够做到准确地去研究某些人类行为，并能从这种研究中学到很多东西。但是，人类的总体行为则更加让我们着迷！由此看来，我们最终就可以摆那些脱价值观念的束缚。一百个城市工业区家庭的收入中位数与人口密度的相关性为76%——既不是78%，也不是61%，而不多不少就是76%，事实就是如此。接下来，我们就可以顺理成章地得出推论：既然我们在这方面能够研究得这么细致 我们自然也就可以对其他所有事物都进行这种研究。通过进行这种研究，我们可以消除所有的偏见，由此得出的研究成果也就有利于我们最后提出一种可以描述一切事物的理论公式，就像物理学中的那些公式一样。

在一个正宗的科学主义案例中，心理学家詹姆斯·米勒（James Miller）描述了科学研究最终实现这种整合的方式。

> 在构建理论时，我们可以使用物理科学模型。从本质上来说，所有的心理现象都是自然主义的——也就是说，最终我们都可以把它们转换为物理原理……不同学科的科学家们在理论和研究方面紧密合作，可以极大地促进跨学科交流……如果存在一种普遍原理，那么它更可能是由不同领域的团队密切沟通共同发现，而非由个体独立完成……另一种可能是，所有理论工作都会用到的贝塔朗菲的“一般系统论”。自从统一科学运动出现以来，人们认为，每个系统（不管是干电池、汽车之类严密的物理系统，还是单个神经细胞或器官之类的生物系统，或者是一个有机体，或者是大到整个社会），都具有特定的形式特征，使它与其他系统区分开。因此，对所有的系统进行高度概括是一种完全可行的做法……也许一种全面的行为理论与我们就近在咫尺。

现在，假设我们能够发现精确的人类科学而且我们正在不断探索，但是，有一个棘手的问题出现在我们面前，那就是：我们如何去分辨善与恶和对与错？科学主义者承认，这个问题值得我们认真思考。伦理相对论让我们丢掉了那种狭隘的观点，即“只有我们自己群体的价值观才是正确的”，他们对此感到很高兴。显然，关于人的科学不能拘泥于一种单一的伦理。可是，既然这种科学想要管理我们，它就必须要有某种伦理作为支撑。那么，我们应该如何去确定这些伦理呢？

社会工程师们大胆地去寻求问题的最终解决方案。他们说，我们将会**科学地定义伦理**。而这则在一定程度上需要通过“均衡”这一概念来实现。“我们如何才能……确定某一类行为是正确的和好的呢？”人类学家埃利奥特·查皮（Elliot Chappie）问道。“在我们看来，这可以通过‘均衡’这一概念来实现……因此，好与坏、对与错，都可以与健康和医学领域的概念相提并论。”

虽然我已经见过许多关于“均衡”这一概念的定义，但是，我依然无法确定它是什么意思，我觉得它的创造者也不确定它是什么意思；我觉得自己唯一能够确定的一点就是，这是那种模糊的词语，专门用来对那些矛盾之处含糊其辞的。正如瑞典经济学家缪达尔在《美国的困境》一书中解释他自己的理论模型时指出的那样，在借用物理学中的“均衡”这一概念时，大多数社会科学家都只考虑了一种均衡，即**稳定**均衡。这通常都会导致人们认可并接受社会和谐（无论是现状还是未来的社会和谐），而与其相伴的术语，如“不和谐”“不均衡”“失调”“无序”，人们则会认为它们是一种“不好”的东西。

这一点也有助于我们去解释，为什么大多数社会科学文献中都会存在一种对冲突的偏见。“和谐”的副产品是一种好的事情，而“冲突”的副产品，如紧张和挫折，则是一种坏的事情。我们无需采取同样错误的立场认为紧张和挫折本身是好的就可以看出，想要把它们归类为“坏”的，需要有一套相当坚定的价值观。很少有社会工程师明确表示，他们会把冲突归为不好的一类；然而，“均衡伦理学”这一概念的实践要点却是，好的价值观允许群体可以仁慈地相互作用，并让其中的个体进行仁慈的互动。

即使我们承认“均衡”这一概念，我们也仍然面临一项艰巨的任务，那就是，用具体案例来证明这一点。对一个组织来说，它的均衡是什么？如果均衡不在它的内部，那么它又是如何达到均衡的？要想使伦理学科学化，必须有一些特定的人去做这件事，而且必须有一些特定的人去确保将伦理学应用于社会。那么，应该由谁来对此负责呢？

由于新乌托邦主义者中的大多数人都具有一种民主倾向，所以他们对待这个问题非常严肃。都说操纵他人是一件坏事，然而，如果操纵他人是为了最终能有一个好的结果，对此我们又该如何去解释？在每一次信徒集会上，人们都会辩证地去看待这个问题，而这种自我反省的结果就是，“操纵”这个词的内涵变得更加丰富。尽管社会工程师们喜欢分析语义上的那些愚蠢之处，但却没有哪个群体会比他们更努力地去寻找一个能够将“操纵”与“道德制裁”结合在一起的神奇词汇。因此，我们听说，新社会技术的使用者将会是一位“和平规划者”“团体治疗师”“综合领导者”“社会诊断学家”——一个被赋予权力去主宰社会但又受到科学道德规范约束的人，他的知识只会用在那些对人好的方面。

在阐明这一点时，社会工程师们往往会通过描述如何将社会工程应用于一项有价值的事业，来使自己免受他们的学说教条的影响。在一个典型的例子中，精神病学家威廉·博伯格（William Borberg）解释了如何将社会工程应用于联合国。

> 现在，科学家们对他们在社会科学方面所积累的知识及这些知识对联合国可能具有的价值的了解，必然要多于做决策的领导人和外交官。因此，我想知道，社会科学家们是否有可能不去为这种关系而是为自己创造一种组织，我们不妨考虑一下这样做是否可取……这将是其中的一个方法，通过这种方法，我们可以逐渐让做决策的领导人的思维中有越来越多的科学知识、科学方法和科学精神，进而用更好也是更可靠的有关和平的科学观点，逐步取代目前有关和平的基本情感基础。[2]

与其他类似建议的项目一样，在这个过程中，科学精英不应该发号施

[2] William Borberg, “On Methods of the Social Sciences in Their Approach to International Problems,” *American Journal of Psychiatry*, Vol. 107, No. 9, March 1951.

令。然而，他们都有一种明确的观念，即通过应用科学，政策问题可以变得与党派无关。他们中似乎很少有人认识到，社会科学对决策的贡献，永远都不会超出相关工作人员的工作范围。事实上，政策制定永远都不可能变得科学，任何一位升至行政职位的社会科学家很快就会明白这一点。意见、价值观和辩论才是政策制定中的核心所在，尽管摆出更多的事实可以缩小人们进行辩论的范围，但它能起的作用也不过仅此而已。

而且，万一科学家的社会工程梦想真的实现了，这个世界将会变成一个多么可怕的世界啊！即使有了抗菌剂，地狱也仍然是地狱。在“老大哥”掌管一切的1984年，人们至少知道谁是自己的敌人：一群想要获得权力的坏人，因为他们喜欢权力。相反，在另一种情况下的1984年，人们则会因为不知道谁是自己的敌人而丧失警惕，进而被解除武装，等到最后清算的那一天到来，坐在桌子另一边的人并不是老大哥的那些坏跟班，而是一群外表温和的治疗师，他们会像大宗教裁判官一样尽其所能地去“帮助”你。

* * *

但是，这样的幽灵并不是我们所忧心的科学主义将会带给我们的结果。这并不仅仅是因为社会工程师们没有这样的愿景（他们确实没有），关键是，他们即使有这样的愿景，也不可能取得成功。奇怪的是，许多曾对科学乌托邦的恐怖之处发出过最严厉警告的人，却也对科学主义心生敬畏；他们的担心基于这样一个前提，即这是一种可行的做法。科幻小说作家们经常说，出错的地方在于科学主义做得**太过了**；甚至连那些坚决反对科学主义的人也觉得，它有可能最后取得一种统治性地位。一些对美国持批评态度的欧洲人则更进一步，他们说科学主义已经发生了。如果有人想要看到人类是如何被科学和机械化压垮的，他只要去一趟美国就可以了。近来，批评家罗伯特·容克（Robert Jungk）描绘出了这样一幅画面：一个身穿白大褂的男子站在一台自动计算机UNIVAC周围，几个温顺的机器人立在一旁听着管弦乐。他警告说，**明天已经到来**。

事实上，这样的明天并没有到来，而且它可能永远都不会到来。这是因为上述论调中所包含的那种科学与人类二者之间必选其一的信息是错误的。危险之处并不在于科学将会支配人类，人们对这一点的恐惧，其根源在于他们对那些无生命的东西做了错误的人性化，同时则赋予昔日的乌托邦一种高度的浪漫主义色彩。我们也不需要去担心科学精英们幻想的那种幽灵。我们之所以不必去担心，是因为“人的科学”无法以其信徒所认为的方式发挥作用，在接下来的章节中，我希望能够让大家看清楚，当前的一些技术有多么幼稚。

但是，也正是因为如此，科学主义的福音才显得同样重要。这里我想就这一话题稍微扩展一下，问题不在于这些技术是有效的，而在于它们是**无**效的。有时候，那些行不通的计划会和那些行得通的计划对社会产生一样大的影响。那种马基雅维利式的规则，要求一个人在这种情况下在道德上做出妥协。但是，至少这些想法是行得通的：如果我们出卖自己的灵魂，我们至少还可以得到一些令人满意的罪过作为一种补偿。科学主义同样要求我们做出妥协，但它却没有办法给我们带来任何真正的回报。例如，“大众传播”给我们提供了一些科学公式（使用这些公式，我们会让自己的文风变得恶劣，会反对我们的直觉，会侮辱我们的听众），但在我们选择了投降之后，我们却永远也不会得到它事先承诺给我们的那种有效的交流。因此，这是一场无比糟糕的交易。

我想说的是，科学主义产生的真正影响是对我们自身价值观的影响。换句话说，危险之处并不是人会被控制，而是人自身选择了屈服。就在我写作本书的当今时代（20世纪50年代），美国生活中的每一个部分都深深地陶醉于科学主义带来的那种巨大的希望之中。在现实生活中，它以许多不同的面貌出现在我们身边：教育学、能力倾向测验、“大众传播”，很少有哪位读者会没有与它发生过个人冲突。

04

归属感

他们想要建构一个什么样的社会？一些社会工程的批评家确信，他们为我们准备的是一个社会主义天堂，一个全新的、与人类过往传统完全不同的世界。然而，这种看法是错误的。把社会工程师们为新社会开出的药方合到一起，你会发现，他们的想法一点也不激进。简言之，他们所要求的是一种环境，在这种环境下，每个人都紧密地联系在一起，彼此归属；其中没有那种会让人感到不安的游荡，而是充满了那种因为完全融入群体之中而产生的深层次的情感安全。这一想法是否激进？一点也不，事实上，它跟中世纪人们的想法像极了。

那么，有人可能会问了：中世纪又是怎么回事呢？在中世纪那个时候，人与人之间有着很好的人际关系。虽然他们因为没有我们现在所说的那种自我意识而无法将自己置身其中的社会加以合理化，也无法借助我们现在掌握的科学的方法去实现这一点，但是，他们却有一种非常真切的归属感。他们知道自己站在什么地方——无论是农民，还是贵族，他们都清楚地知道自己身在何处。他们能够看到自己劳动的成果，能够看清他们周围那个小小的世界，这既是一个受到保护的世界，也是一个他们想要的世界。在心理上，他们有一个真正属于自己的家园。

不过，我要提醒大家注意的一点是，我们不应该回到昔日这一切中。换句话说，我们的任务是**重建**中世纪人们拥有的那种归属感。随着启蒙运动、工业革命，以及一些灾难的发生，想要完成这项工作，比起在当初那种简单的日子里可是要困难得多。但是，有了新的科学技术，我们完全可以解决这个问题。我们必须去做的就是有意识地去进行学习，以获得昔日人们曾经自然而然就能获得的结果。我们必须组建一个由有技能的领导者组成的精英团队，他们将会仁慈地引导人们回归那种群体归属感。

上述解释是否会显得有失公平呢？那些把人际关系当成最后一线希望的年轻人，如果因为持有这一观点而受到人们的指责，他们将会感到无比震惊。然而，在这一点上，人类关系福音的知识奠基人却没有那么糊涂。他们并不像他们今天的追随者那样是一群快乐的乐观主义者；他们对人的能力抱有一种相当悲观的看法，他们所拟定的那个社会，绝对不是一个人人都能享有一切的乌托邦。一个人必须做出一定的牺牲才能享受它，那些倡导归属感的先知们以一种让人钦佩的坚韧精神阐明了这一点。

* * *

人际关系学派的创始人是埃尔顿・梅奥（Elton Mayo）。他是哈佛大学工商管理学院产业研究教授，他对产业工人的那种失范状态（或者说无根现象）感到担忧。自从 1903 年他在澳大利亚研究工业以来，他就一直想找到一种方法，来调和工人对归属感的需求，与工人在其所处复杂世界中各种相互冲突的忠诚之间的矛盾。

对梅奥及其同事来说，一个伟大的转折点来自一项一开始规模很小的实验。1924 年，梅奥及其同事在伊利诺伊州霍桑市西部电力公司的工厂里开始了这项如今早已是广为人知的研究。公司向他们提出了一个具有挑战性的问题。多年来，公司一直想要测算出，当工人车间的照明条件得到改善后，工人的产出能够提高多少。研究人员选择了三个车间，他们逐步增加每个车间的照明，同时仔细记下工人的产出。让他们感到惊讶的是，工人的产出与更好的照明条件之间似乎并没有一种明显的关系。他们做了一个更加仔细的实验，这次他们只使用了两个车间，一个车间是条件一直保持不变的“控制组”，另一个车间则是引入各种变化的“实验组”。最终得出的实验结果有些复杂：实验组的产量增加了，但是，控制组的产量也增加了。

1927年，梅奥组织了一个新的哈佛大学研究小组，与公司合作进行了一项更加复杂的实验。在一个“继电器装配”测试房间里，研究人员将一群女接线员相互分开，让她们与外面的人做同样的工作；然后，研究人员一个接一个地引入变化条件：照明，休息时间，工作时间，经济激励措施等。根据泰勒早些时候提出的“科学管理原则”，这些物理状况上发生的变化，尤其是激励机制上出现的变化，将会使实验组的产出比控制组有更大的提升。然而，这种情况却并未出现。随着实验一个接一个地进行（这项研究一直持续到1932年），人们越来越清楚地认识到，物理状况上发生的变化，并不是问题的关键所在。与此前的照明实验一样，条件发生变化，工人的产出确实会提高，但是，在条件没有发生变化的地方，工人的产出也会提高。

事情为什么会是这样呢？研究人员得出的结论是，这两组人的产出都在上升，是因为他们都被要求参与工作，这种参与显然比物理条件更重要。事实上，工人也是一种社会体系；虽然这种体系是非正式的，但是，它却真正决定了工人对待工作的态度。虽然这种社会体系的存在可能不利于组织对工人进行管理，但是，如果管理人员肯花些心思去理解这种体系及其对工人所起的作用，他们就有可能利用这种体系更好地对工人进行管理。

在关于人际关系的文献中，霍桑实验经常被视为是一个发现。在很大程度上，它确实是一个发现；它比任何其他事件都更能表明，单纯从经济角度去观察人这种做法存在的不足之处。然而，从霍桑实验中得出的结论远不止是对一种客观事实的陈述，因为梅奥及其同事既是研究人员，也是传道者。事实上，还在许多年前他就得出了一种与此非常相似的结论；对他而言，霍桑实验与其说是揭示了什么，不如说是证实了什么。

在霍桑实验全部结束之后，梅奥出版了两本小书（《工业文明的人类问题》和《工业文明的社会问题》）；事实证明，这两本小书是一个非常有力的宣言。梅奥从未假装自己在价值观上做到了中立，他坦率地提出了一个论点并做出了一个诊断。在《工业文明的社会问题》一书中，他以描绘更原始时代人类的幸福开篇。"从历史上和传统上来看，我们的父辈一直都在努力进行社会合作——并成功地做到了这一点。而且，这一点在任何原始社会都是如此。然而，至少是在近一个世纪以来，我们虽然取得了一些惊人的科学进步和物质进步，但却放弃了这项努力（无疑，这是一种无心之失），我们现在正在承受这样做所带来的后果。"

在中世纪时，人们受到社会规范的约束，共同努力工作。正如梅奥所描述的那样，之后，随着工业革命的到来，社会被分裂成一个个相互冲突的群体。一个人的一部分属于一个群体，另一部分属于另一个群体，这让他感到困惑不已；他不再有一个单一所属的群体，可以让他在那里面升华自己。那些自由主义学派的哲学家们，很乐意看到封建时代的那种归属感走向终结，他们把这种群体的解放理解成是一种自由。而在这一点上，梅奥则不这么认为。对他来说，人类身上那种占据主导性的欲望就是归属感；他说："人们希望在工作中能够不断地与同伴紧密联系在一起，这是一种不说是最强烈也是很强烈的人类特性。"

当然，无论合作动力是否是人类最主要的驱动力，这都并不意味着合作就一定是好的。因为这里面还会涉及许多其他问题，例如，他打算就**什么**进行合作？团队的目标又是什么？但是，梅奥对这些问题并不怎么感兴趣，他似乎觉得，"自发"合作这一事实本身就带有一种道德意味。"对我们**所有**人来说，"梅奥说，"安全感和确定性**总是**来自于我们确定地属于某个群体成员的身份。"（黑体为本书作者所加）

那么，关于个人与群体之间存在的冲突，又该作何解释？梅奥认为，冲突主要是沟通障碍所致。如果一个人对他的工作感到不开心或不满意，那么，与其说是这里面有什么冲突需要解决，不如说是这里面有什么误解需要澄清。虽然工人很可能不会像梅奥这样去看这个问题（工会也不会这样去看这个问题），但是，我们已经被告知，个人是一种没有逻辑的动物，他无法理性地去解决自己遇到的问题，事实上，他也无法认识到问题出在哪里。

在这一点上，人际关系学说近乎要求个人牺牲他自己的信仰，这就有些危险了。能够摆脱这个陷阱的唯一方法就是，通过一个平衡的过程让人们认识到，对群体有利的东西对个人也有利。在谈到原始群体时，梅奥写道："情况并不仅仅是社会对个人施加了一种强有力的压迫；相反，从所有实际目的来看，社会规范和个人的欲望都是相同的。每个人都会全力参与所有的社会活动，因为这就是他的主要愿望所在。"

那么，我们如何才能回到这种田园诗般的状态中呢？梅奥并不建议我们退回到中世纪。他认为，这类想法在历史上出现的次数已经太多了。我们的目标必须是创建"一个具有适应性的社会"，在这个社会中，我们可以再次享受到旧时代的那种归属感，同时又可以避开旧时代的那些缺点。

当然，这一切并非自然而然地就会发生。由于个人主义哲学家在社会上造成的危害，当今大多数领导人在社会技能方面都没有接受过那种必要的训练，所以他们也就无法创建出一个具有适应性的社会来对那些危害加以防范。如今，我们需要的是一个行政精英阶层，这些人经过训练，认识到人类真正想要的是群体团结，哪怕人类群体并未意识到这一点。他们并不会去摆布他，更不会去和他进行争论；尽管他们也会有自己的"偏见和情感"，但是，除了与人进行合作，他们不会进行任何哲学争论。他们会想尽一切办法去调整他。通过对人际关系的科学应用，这些秉持中立主义的技术人员将会巧妙地引导他与群体保持团结一致，以至于他几乎不会意识到这一恩惠是如何实现的。

* * *

当梅奥在处理那些具体案例时，他的做法完全符合他自己提出的哲学理念。他倡导的“非指导性咨询”就是这方面一个很好的例子。梅奥及其同事在霍桑进行访谈的过程中，访谈在工人身上起到的治疗效果给他们留下了深刻的印象，他们开始进而将访谈也作为一种管理工具。他们的想法是：让一群咨询者去跟工人进行交流，虽然这些咨询者的薪酬由管理层支付，但是，他们不会向管理层汇报工人倾诉的任何内容。由于工人事先就已知晓这一点，所以他们就会向那些咨询者畅所欲言。

这种人际关系技术背后隐含的那种假设是，工人遇到的问题确实可以通过谈话**倾诉出来**。他需要去适应群体，而不是让群体去适应他；那些真正可以改变现实的选择，几乎都不曾被考虑。如果一个工人对他的工头很生气，那么很有可能他并不是真的因为一些合乎理性的怨愤对工头很生气，而只是在向工头发泄自身内部某种受到压抑的情绪。在这种情况下，咨询者就可以像精神分析师一样耐心倾听，帮助这位工人认识到，他真正感到痛苦的其实是来自其内心深处的主观冲突。梅奥引用了一位女工的情况作为一个例子：“在一次访谈中，她自己在对谈中发现，她之所以不喜欢公司里某位上司，是因为她觉得那个人长得很像她家中那位让人讨厌的继父。”

在类似的情况下，事情有可能根本就不是工人自我调节不当。事情既有可能是工头不善于分配工作，更有可能是工头自身也有一些症状。然而，非指导性咨询这一做法对这种可能性却是嗤之以鼻；它认为，访谈本身就是一种价值判断，其最终目标是（让个人做出）调整，而不是（让组织做出）改变。

出于多种原因（其中之一是工会对它持有的敌意），非指导性咨询这种做法从未在美国的产业界中占据一席之地，但其基本思想却是颇有市场。我会在后续章节中表明，许多当今更为流行的技术，如心理“个性”测试和圆桌会议技术，都是这一原则的不同表现形式。群体是铁板一块，个人不适应它就是与它之间出现了不和谐。

具有讽刺意味的是，这种调整的主要目标已经变成管理者自身。梅奥原本打算把人际关系技术同时应用于工人和经理，但是，经理们却是首先把它当成一种操纵工人的极好工具，想要使工人产生一种长期的满足感进而远离工会。然而，操纵也是一把双刃剑；在了解到员工的行事方式有多么不合乎逻辑之后，最先尝试人际关系技术的人很快就开始思考起这样一个事实，那就是，他们同事的行事方式其实也不那么合乎逻辑。他们也需要有一种归属感——事实上，他们甚至比工人更需要有一种归属感，因为他们在生活中参与到组织里的时间要比工人更多。看着他周围那些人身上出现了更多的神经官能症，许多抱有进取之心的年轻组织人都断定，最需要人际关系技术的地方是这里，而不是车间。

这里我可以先透露一点，组织中对心理测试的使用是有问题的。最初，这些测试是由管理者引入组织，作为淘汰不合格工人的一种工具。后来，随着时间的推移，人格测试被添加到能力倾向测试中，经理们开始在其他经理（包括现在和将来的经理在内）身上使用它们。如今，大多数人格测试针对的都不是工人，而是组织人。如果组织人能够顺利地通过测试并得到升职，那也是他自己的哲学使然。

* * *

在梅奥及其同事进行的霍桑实验证明了群体的重要性后不久，人类学家劳埃德·沃纳（Lloyd Warner，他曾是梅奥的学生）在对新英格兰一个小镇的研究中得出了一个与其惊人相似的结论。这项研究对社会科学产生了一种巨大的影响，是一项令人印象深刻的大规模研究：20 名研究人员花了 3 年时间，对马萨诸塞州的纽伯里波特市进行了一次极为全面的研究。研究人员挖出了关于纽伯里波特人们可以想到的几乎每一个事实，并通过科学的评价方法得出了一些客观的结论。

在开展这项研究之前，沃纳曾研究过一个澳大利亚土著部落。部落里的那些习俗和不成文的法律使得个体与群体之间保持和谐，这一点给沃纳留下了深刻印象。虽然这些仪式和制裁有时也会显得不合逻辑，但是，它们的存在却也使个体得以避免受到在快速变化的工业社会里必须做出个人决定（这有时会让人感觉不堪重负）的影响。

当沃纳开始在纽伯里波特进行研究时，他在这里发现了一些与原始部落里的情形非常相似之处。这是一座古老的小镇，它有一种悠久的历史传统，充满了对过往岁月的眷恋。这里有阵亡将士纪念日的庆祝活动，而不是纽金部落的图腾仪式，但就其中的许多内涵而言，这两者有着极为相同的含义。在这项研究得出的众多结论中，最重要的一个发现无疑是，社会结构在使个人与社会保持满意关系方面所起的作用。虽然纽伯里波特并没有像中世纪或原始社会那样呈现出一幅无比稳定的美好图景，因为它也受到了工业革命的影响，但它确实为沃纳的论点提供了一个极好的佐证，即人类的幸福依赖于有一个深植于一个稳定群体中的根基。与其他几个古老的社区一样，纽伯里波特也失去了其早期繁荣的经济基础，从而在某种程度上被冻结在以前的模式中。

沃纳观察到并绘制出了纽伯里波特的七个阶级图，进而概括出了美国的阶级和地位概念。社会科学家们对他提出的阶级和地位概念有许多深入的批判分析，我们在此就不多说了；这里我只想说一点，那就是，他的描述带有一种强烈的宣传意味。沃纳确实认为不同阶级之间应该有一定的流动性；他认为，一些人可以从中间阶级的上层上升到上层阶级的下层，像这样的流动对社会是有益的。但是，像这样流动上升的人数也不能太多。这是因为，阶层上升的人数一多，阶级结构就会变得毫无意义，人们将会因为缺乏一个可以与之保持联系的稳定群体而陷入困惑之中。

冲突，变化，流动性，所有这些都是人类应该与之永世隔绝的罪恶。

对沃纳来说，人们身上那种对归属感的无意识渴求可谓至关重要。在他及其同事在纽伯里波特进行研究期间，那里一家鞋厂的工人们举行了一次罢工。表面上看，这次罢工是由于经济问题而引起的：工人们认为他们应该拿到更多的工钱。但是，沃纳及其同事却是选择从另一个角度来看待这个问题。他们从中分析出了众多其他因素，最后出版了一本关于这一主题的书（《现代工厂的社会制度》）。书中暗示，罢工的真正原因，与其说是因为工人们陷入了一种经济困境，不如说是因为工人们陷入了一种社会困境。这是因为，在18世纪时，他们还享有那种由严格的技能等级制度在社会上给他们确立的地位，而且当地的资本家也会帮助他们稳固其享有的地位。而在进入20世纪后，随着机械化程度不断得到提升，过去那种有着较高地位的工作的等级不断下降，尽管在制鞋业这一情况还没有变得那么严重；而且，同样不幸的是，“大城市资本主义”也已经取代了地方寡头政治。一言以蔽之，无论工人们自身是否意识到这一点，他们之所以会去罢工，都是因为过去那个团结的社会已经瓦解了。

总有一天，将会有人提出一种研究人类的全新工具，从而引起轰动。这种工具将会被称为“面子价值”技术。它建立在下面这一前提之上：人们之所以会去做他们所做的事情，往往是因为他们认为他们要做。无疑，采用这种技术的人将会掉入许多陷阱，因为有一点不容否认，那就是，人们并不总是会做出那种合乎逻辑的行动，也并不总是会用那种合乎逻辑的话语来说出他们的意思。但是，我想知道的是，这种技术是否会产生一种比与其相反方向更不科学的结果。

就拿纽伯里波特的那次罢工来说。尽管关于罢工的经济因素，沃纳仅有寥寥数语，但在读完书中剩下300页内容之后，读者明显能够感觉到，他认为罢工的真正原因在于下面这样一个事实，即不再有由“技能”决定的等级给工人带来满足感和相应的地位。好吧，也许事情真是这样，但遗憾的是，大多数罢工的工人碰巧都不记得沃纳所描述的那种旧时田园诗般的日子，而且，他们是否会像沃纳认为的那样喜欢那种日子，也很是值得商榷。我在仔细阅读过沃纳关于此事的描述后认为，工人们的行为自有一套明显的逻辑：他们想要更多的工钱，雇主不想给他们更多的工钱，于是他们就联合起来进行罢工，最终雇主做出了让步。那么，把这次罢工解释为主要是因为经济问题所致，是否会显得天真呢？这种解释是否会比将罢工归因于对旧时家长制的怀念那种解释还要天真呢？到底是谁抱有怀旧情结呢？

公平而言，应该指出的一点是，沃纳后来得出的观点认为，现实生活中的那种流动性，远比纽伯里波特这一研究事例中暗示的要大。然而，他的追随者们在这个问题的看法上就没有他那样的灵活性；而且，沃纳的观点虽说也有种种不足，但在社会上却是产生了一种强有力的影响。尤其是在教育工作者中，它是“社会上只有一部分人才应该接受人文教育”这种观点的主要思想基础之一。这种观点认为，大多数人都只应去学习那些较为低等的技能（能在社会上混口饭吃就行）；他们应该让自己去适应那种相当固定的社会制度，而不是用一些不切实际的远大抱负来诱惑自己。

* * *

沃纳和梅奥对工会都不太感兴趣，这是因为，在梅奥的例子中，它使工人对工厂的忠诚产生了分裂；在沃纳的例子中，它则使人们对稳定小型社区的忠诚产生了分裂。然而，有人可能会说，如果工人需要一个具有包容性的团体，工会一样有权成为这样的团体。这就引出了关于归属感的第三个变体，也就是弗兰克·坦嫩鲍姆（Frank Tannenbaum）提出的命题。与梅奥（创立了人际关系学派）不同，坦嫩鲍姆并没有创立一个属于自己的学派；事实上，他是一位历史学家，而不是一位劳工领袖。但是，他的观点仍然值得我们去研究。尽管这些观点可能并不具有劳工思想的特征，但是，它们却具有下面这种特征，即人们对归属感的追求正在日益增长。

坦嫩鲍姆在《劳工哲学》（1951）一书的开篇就向中世纪的一个传统致敬。

> 行会、庄园或村庄的成员资格会终生保护一个人并给予他一种内心的和平与宁静，从而催生出了中世纪的艺术和工艺。一个人的生活几乎就是一个统一的整体。成为一个一体化社会的一员，这既保护和提高了每个人的尊严，又赋予每个人一个特殊角色。每个人做出的每一个行为都是人生大戏的一部分；这场大戏的情节可以说是众所周知，分配给每个人的角色更是事先早就规定好的。没有人会被孤立或被遗弃。他的个性和抱负，会在统治他所属社群的习惯法范围内，得到尽情展示和圆满实现。

在这之后，出现了工业革命和“失乐园”。

> 工业革命摧毁了旧日那种生活方式的坚实根基，把无助的工人抛入一个陌生而艰难的世界里任由其自行飘荡。在小村庄那种人与人之间有着亲密关系的环境中长大的农民，一夜之间就发现自己被孤立了，他在挤满了陌生人、对共同规则漠不关心的城市里不知所措。曾经在村庄、庄园或行会中塑造了诸多时代人们生活方式的那个世界消失了。这是工业体系引发的最大的道德悲剧。

坦嫩鲍姆接着写道：更糟的是，那些启蒙运动时期的哲学家们，用个人主义把旧社会的崩溃给合理化了。“这种学说给当时正在发生的社会解体提供了一种道德目的……在其极端形式下，这一理论提出了这样一种观点：最好的社会是那种组织关系和责任最少的社会。”

正如坦嫩鲍姆正确地指出的那样，自给自足原则对资产阶级来说是一件好事，而对工人们来说则只能是一种幻觉。然而，一旦明了这一点，工人们也就等于是迈出了重建社区的第一步。雇主的行径既让工人们认识到个人的无助，也让他们认识到他们所拥有的共同优势。“工会就是这方面一个明显的证据，表明人并不是商品，同时也表明他还不够独立。”

坦嫩鲍姆最关心的是社会的充分性，而非经济的充分性，因此，对他来说，工会真正能够起到的作用在于，它作为一个社会单元所具有的潜力。然而，工人们与他们的雇主一样也受到了新教伦理的影响，他们的日程被安排得太过紧迫，以至于他们无法将其注意力从经济问题上转移开。而这样一来，在与工会的斗争中，雇主也就把工会的注意力从最终目标上转移开了。

不过，坦嫩鲍姆认为，现在工会终于可以成为一种“治理”工具，而不只是一种战斗工具。“只有当争取承认的战斗结束后，机构的作用才能发挥出来。如果工会不能履行更大的责任，它就会失去自身存在的理由，它就不是一个真正的社会，它就会自动解体。”因此，真正的目的是建立这样一个社会：工人将会像其中世纪的祖先一样，在一个有习俗、法律和指导的群体中牢固地扎下根。他将会失去他的流动性（这与管理者所走的那条向上的、个人的道路有很大不同）；我们将会在郊区看到的那种地理及社会“流动性”，正是坦嫩鲍姆想要将人与之隔离的东西。不可否认的一点是，当今社会的流动性正在减弱。“从制度上来讲，工会运动是一种无意识的努力，旨在驾驭我们时代的潮流，并围绕着一个共同的身份对其进行重组，而人们在一起工作时总是会达致一种一致性。而也正因如此，工会是对法国大革命时期倡导的个人主义和英国效用论哲学家们倡导的自由主义的否定。”

坦嫩鲍姆似乎是在一种与梅奥和沃纳相反的研究方向开展工作。尽管后两者更偏爱中世纪的那种归属感，希望贵族而不是农奴掌权，但是，他们三个人的观点其实是一样的。他们之间存在的任何争议，都只不过是裁决权方面的争议；虽然他们在应该接受**哪一个**群体上持有不同意见，但是，他们都认为应该接受一个群体——只是这项工作绝对不能由国家来做，因为那样一来国家就会走向极权主义。

我并不是要贬低那些关于群体功能的研究。一个人完全可以在不将其研究对象加以神化的情况下去进行研究；而认识到一个社会可以包容一切，并不需要相信它就应该如此。对人际关系学说最有力的批评来自社会科学家，而他们中的大多数人对群体的权力或价值绝对不是不感兴趣。无论某项研究的结果会显得如何不同，问题的关键都应该是研究的结果，而不是所研究的事实。也许这是一个显而易见的观点，然而，在一方近乎福音式地接受社会科学研究，而另一方则谴责社会科学研究是在对人类进行一种不当的研究（因为人们发现社会科学研究在细节上存在诸多缺陷），在这两者之间，似乎并不存在多少可以起到缓冲作用的中间地带。

人们持有的价值观也不会破坏它；关键是要认识到，我们可以评判这些研究的价值。梅奥明确地表达了他的观点，而且为了公平地对待他和其他人际关系研究的先驱，我们必须记住当时社会上出现的那种主流舆论；就像杜威之于威权主义教育所起的作用，他们之于威权主义工业所起的作用也是一样的。梅奥之所以如此强调群体凝聚力和行政工作中的社交技巧，是因为他觉得美国人忽视了这些问题。在一个大型组织的负责人坚持那种效率专家提出的机械论观点的时代，梅奥带来了一种人们迫切需要的视角转变；他帮助一大批有影响力的管理人员认识到，在他们下面存在的那个庞大的非正式网络的重要性，以及理解这一非正式网络的必要性。人们不必认同梅奥的适应性社会哲学就能认识到，他在改善管理方面所带来的好处。

但是，曾经是反周期的事物现在已经成为正统。如今，人际关系课程已经成为商学院课程的标准组成部分，而且，要不了多久，它也将会成为高中课程的标准组成部分。虽然“人际关系”有多种含义，但是，一般来说，大多数人际关系内容都是从梅奥的观点中引申出来的，而这也强化了许多人已经准备好去相信的那些理念。

尤其是组织人。谁是人际关系中的英雄？在旧意识形态中，受到尊敬的是最高领导人。而在人际关系中，受到尊敬的则是组织人，因此他感激地赋予它一种类似宗教的意味。旧意识形态为管理者这一庞大的官僚阶层系统提供了一种并不让人满意的观点。然而，人际关系学说不仅告诉人们说管理者很重要，还告诉人们说管理者是关键人物。正如社会学家莱因哈德·本迪克斯（Reinhard Bendix）观察到的那样，在新的管理意识形态中，被理想化的不是行业领袖（甚至可以说，他们只会受到责备），而是他们的副手。工人们需要与之合作的不是他们的雇主，而是一群开明的官僚。

有时候，人际关系似乎是组织人用来**对抗**老板的一种革命性工具。听一个思想极为守旧的老板发表演讲，斥责那些思想极为守旧的老板在人际关系方面的做法不够开明，你会觉得这一演讲是那位写这篇演讲稿的苦恼的下属，对老板进行的一种形式微妙的报复。出于礼仪方面的原因考虑，在公开场合，组织人都会极力赞扬人际关系，因为它能对下面的员工产生一些有益的影响，但是，在私下里，他们则会把大部分时间都花在谈论如何利用人际关系对付老板上。每当有人对组织里的一些人际关系做法提出那种负责任的批评时，那些中层管理人员就会做出一种自己受到伤害的反应，而他们的抱怨则总是可以归结为：为了把高层中的那些顽固派转变过来，我们跟他们已经斗争得够艰苦了，为什么还要来伤害我们？

这并不是一个容易回答的抱怨——许多年长的高层管理者确实在思想上有些顽固，而且他们也会出于一些非常奇怪的原因，反对在组织中采取人际关系学派提出的那些办法。然而，使得这一抱怨变得特别难以回答的是，组织人对人际关系采取了一种无比信任的态度，他们认为，只有具体实施的技术才会受到批评，而在目标上则肯定是没有争议的。他们认为，这场战争还在很久以前就已经打赢了。事实的确也是如此。如果我在本书中没有更多地论述人际关系的那些有益方面，那是因为那些方面早已被人们反复申明过。

当然，在具体实践中，企业并未像它们表面上所说的那样改变它们过去的方式（转而采用人际关系技术）；而且，许多得到大力宣传的项目，也跟以往一样只是一种混合的糖衣炮弹。然而，准则与实践之间存在分歧，并不意味着准则就不那么重要。年长者可能会在没有哲学基础的情况下使用那些人际关系词汇，而年轻人则是发自内心地相信那些词汇，因为他们接受了他们的上级没有接受的教育；而且，尽管他人的经验可能会在某种程度上让他们产生一种幻灭感，但是，他们还是抱着一种真正传教士般的热情，去看待自己将会得到提升的那一天。

* * *

我想说的是，公司或其他任何特定类型的组织都不会成为人们归属感的堡垒。坦嫩鲍姆讨论的工会，沃纳讨论的社区，梅奥讨论的大企业——在哪个群体会给人们提供重要的归属感上存在冲突，而这三者则绝对不是研究人员提出的群体名单的全部。其他领域的代言人同样在抱怨那种缺乏包容和融合的生活，并善意地要求他们的组织去接管这整个混乱的工作。如果你划掉一个群体的名字，代之以另一个群体的名字，你就可以开出许多当代乌托邦的处方：社会已经崩溃，而家庭、教会、社区、学校、企业，它们中的每一个都未能给予个体所需要的归属感，因此，现在就要由群体来完成这项工作。幸运的是，现在有这么多的群体；而在这一对个体的竞争中，它们中的任何一个都很难获得特许权。

然而，在思想上，这些请求却并不是可以相互抵消的。事实上，在它们之间有一条共同的线索，那就是，一个人必须归属于某个群体，如果他无法做到全身心地归属其中，他一定会感到不幸福。那种认为互相矛盾的忠诚既能保护他又能伤害他的想法已经被人们抛弃，对那些必须忍受独立所带来的紧张情绪的人来说，他们没有办法得到宽恕；由此也就传递出一种信息，表明紧张是病态的——无论是人们身体上的紧张，还是社会中的紧张。一个好社会到底是该由工会、公司还是教会来代表，这三者之间其实并没有任何区别，因为严格说来，它只应该是一个统一的、没有冲突的社会。

当然，若是反过来宣扬互相冲突的忠诚是一种绝对的美德，那也是不合理的。然而，在这个特殊时刻，它在维护个人自由方面所发挥的作用，理应得到人们更多的尊重。加州大学伯克利分校校长克拉克·科尔（Clark Kerr）说得很好：

> 我们面临的危险，并不在于今天的忠诚是分裂的，而在于明天的忠诚可能是不可分割的……我要敦促每个人，他应该尽力避免完全参与到任何一个组织中；他应该设法在他的权力范围内，将每一个群体对他的要求，限制在他为了履行那些基本职能所必需接受的最低限度的控制下；他应该抵抗每一个组织吸收他的努力；他应该把自己的精力奉献给许多组织，而不把自己奉献给任何一个单一的组织；正如诗人惠特曼多年前教导我们的那样，我们应该在家里和学校教育我们的孩子们去“制定自己的法律，依靠自己”，因为这是独立精神的源泉。

05

集体感

所以说，迫切想要归属某个机构的是组织人，而不是组织人所希望服务的工人。组织人在这方面进行了多种形式的探索，本章我想研究的是其中最具体的一种：他对群体工作不断增加的关注。他试图融入其中的群体，并不仅仅是那些更大的群体（如组织或社会本身），而是还有那些同样直接而实在的群体：会议桌旁、工厂里、研讨会上、高层会议上、非工作时间讨论组和项目组里面的人。现在，组织人觉得，光是自己有归属感还不够；他还想让大家都归属到**一起**。

当然，他之所以会对群体工作如此痴迷，原因之一就是，如今的群体工作有着无比丰富的内涵。这就是组织生活，单纯是出于工作的必要性考虑，他就必须把他的大部分工作时间都花在一个或多个群体内。但是，这其中又不仅仅涉及必要性。过去，个体在融入组织中时会心生抱怨，并感到自己丧失了独立感；如今，组织人则对融入组织表示热烈欢迎。他既没有试图扭转这一趋势，也没有减少对组织的尊重；相反，他还在努力增加对组织的尊重，并且在社会科学中一些分支的帮助下，他正在建立一种近乎世俗宗教的东西。

这一运动有两大基础，其一是科学基础，其二是道德基础。关于科学基础，我们可以将其简单阐述如下。现在，人们普遍认为：**科学研究已经证实，群体超越了个体**。事实上，科学并未证实这一点，不过，这已是另一回事。无论对错，群体科学的大众化版本本身就是一种社会力量，并且它坚持认为，相关研究已经表明：在人类关系中，整体总是优于部分之和；通过人与人之间的“互动”，我们能够得到一些超越个体能力之外的想法。此外，新的活力并不仅仅适用于人们去完成日常工作；据推测，人们也可以将它应用于那些富有创造力的工作之中，而且，在一些被认为是个人神圣不可侵犯的领域中，它已经产生了一些影响。比如说，科学天才。正如我将在后面章节中所提到的那样，越来越多的人都认为，他的存在已经有些不合时宜——过去，他曾是研究团队里的重要成员；现在，他则是一个不必要的成员。这并不是一种凭空而来的想法；事实上，行政人员正在打着“科学”的旗号，采取一些富有实效的措施，以确保他的存在真的有些不合时宜。

科学主义也具有这样的特征；我们拥有一种高于一切的信念，那就是认为我们正处于超越发现的边缘。在先前那些年代，人们也经常会在一个群体内一起工作；而且，有时也会做得十分成功（尽管依照当前的群体文献，人们并不会这么去想）。但是，他们仅仅是在依据经验行事。有些人现在宣称，如果人们之前在这方面就已经做得很成功，那么他们未来在这方面取得的成就将会更不得了！因为现在或不远的将来，人们很快就会找到一套科学的体系，有了这一体系，我们也就能够释放出我们自身内部那些尚未开发的创造力源泉。

群体的倡导者为了证明自己的理论是正确的，极为依赖群体动力学领域所完成的工作。这是一个比较难以定义的领域，虽说所有的社会科学都会关注群体，但是，群体动力学通常描述的是那些关注面对面群体的人们所做的工作。从一开始起，它就吸引了社会科学中一些最富有想象力的人；而且，通过把对组织的态度调查和小群体实验结合到一起，他们解决了一系列有趣的问题。例如，如果一个群体有很高的士气，它是否就会有更高的产出？非正式群体的理想规模有多大？群体对那些偏离群体者会造成怎样的影响？

总的来说，他们在智力方面有着很高的抱负。他们不仅致力于去发现群体活动的潜在原则，还希望能在相对较短的时间内完成这一任务，他们的这一承诺让组织世界的外行追随者兴奋异常。然而，真正上手做起事情来总是难免会有一些延误；最初，那些研究群体动力学的人期望，这项基础项目能够在十年内结束；但是，现在，他们则觉得还需要一些时间。然而，此类延误只会使组织人更急于获得最终的承诺。然后，又是十年过去了……

* * *

不过，这场运动的基础首先是道德基础；对组织人来说，寻求更好的群体操控技巧，就像是在进行一场十字军东征，一场反对权威主义的东征，一场争取更多自由的东征，也是一场争取得到更多中间人士认可的东征。这里的关键词是“民主”，组织人有理由认为，那些旧式的个人主义者对他人的个人主义来说往往是一种障碍；而且，在现代组织中，那种敲桌子式的领导严重地抑制了人与人之间的思想交流，更不用说这会让每个人的生活都变得很不愉快。正如组织人所看到的，通过群体精神的延伸，通过教育人们自我升华，组织能够创造出一种**和谐**的氛围，在这种氛围下，群体将会展现出每个人身上最好的一面。虽然这种道德冲动不容忽视，但是，公平地说，大多数群体拥护者一想到自己与扼杀个体的事物为同道中人，就会由衷地感到一种不安。

但是，他们确实又与之属于同道。他们所说的大部分内容都是正确的：健康的组织生活确实有赖于积极的群体工作；群体在提出不同的观点方面确实非常有效，否则这些观点就会潜隐不显，并且跟与个人单独进行协商相比，群体成员在一起往往能够找到更多的行动路线；天才无法在真空中发挥作用，与其所在领域中的其他人进行互动确实能够激发其灵感，而且，类似这样的互动往往也是不可或缺的。

然而，在群体工作中也确实存在一些其他事情，本章我会详细讨论群体工作中目前被忽略的一些方面。对那些不得不在组织中工作的人来说，可能会觉得这些事情并没有什么新鲜之处，但我相信，这些事情还是值得一说再说。与其说群体工作中那些在具体技术上出现的谬误是事情的关键所在，不如说重点的持续不平衡才是事情的关键所在，因为这一重点对组织人来说具有一种特定的塑造作用。

虽然组织人在组织中被灌输了许多思想，但是，他还没有达到那种认为对施加于个人独立之上的压力无所谓的地步；有时候，他甚至也会在心底暗自怀疑，这一群体可能与它所取代的暴君一样，也是一个暴君。这是新的群体理论背负的一种负担，而这种焦虑的产生，如果不是由于个人方面的失调所致，也就只能是由于知识欠缺所致（欠缺对管理技术的熟练掌握）。虽然这一理论有可能是错误的，但是，它所产生的那种持续影响，却是有助于削弱个人已经所剩无几的自我保护措施；说得再直白些，这使得组织生活对那些誓死进行自我保护的不相信组织的人越来越充满敌意。

* * *

我认为，这里的核心谬误在于所谓的虚假集体化。人们在什么时候会处于群体中？很多时候，当与特定群体的关联对所讨论的任务不重要，甚至是对所讨论的任务起到压制作用时，我们仍会坚持把一个人或我们自己作为一个群体的一部分去对待。在一些情况下，群体是一个关键实体；也就是说，个体一起工作对履行特定功能来说是必需的，在这种情况下，每个人影响他人的方式就会与群体表现密不可分。战斗小组的活动就是这方面一个很好的例子。小组士兵习惯于作为一个群体去进行战斗；就像恐惧在群体内的蔓延会彻底改变个体一样，群体内全体一致所具有的那种勇气也会改变个体。显然，在这种情况下，群体是主要的，它所产生的东西超过了个体的总和。

然而，我们是否就能因此而概括说，这一点适用于所有的个体集合呢？不能。这是因为，这样一来，我们就把抽象与现实给混淆了。仅仅因为个体的集合可以被称为群体，并不意味着它的功能也就会和群体一样，或者说应该和群体一样。在许多情况下，群体现象都只是一种偶然现象。以大学教室里坐在一起上课的学生为例。有时候，群体精神确实可以促进大家在课上踊跃发言讨论，但这一点却并非至关重要；而且，对学生来说，重要的关系并不是与群体中其他成员之间的关系，而是与课堂内容和老师之间的关系。

不过，功能群体与偶然群体之间的区别很容易混淆。仍以课堂为例，我们发现，许多老师都倾向于将一门课程看成是一种促进学生互动的工具，而不是一门有价值的学科。因此，在许多情况下，衡量老师表现的标准就是他在群体中发展出的互动程度；而也正因如此，那些将学生的注意力集中在学科发展上的教师则发现，自己很容易受到他人的指责。

一位在这方面受到批评的老师告诉我，他在某种程度上对自己受到批评感到很高兴，因为这逼着他去反思自己的立场。“如果我不这么做，别人就会指责我是一位反对者。因此，我不得不去想清楚那些我之前一直认为是理所应当的事情。首先，在我的课上，我会第一时间说明，学生们现有的水平都是不合格的。我认为，在他们这个阶段，一味地鼓励他们，让他们以为他们的观点和我的观点一样好是错误的。他们的观点显然没有那么好；而且，我想让他们知道，在他们能够质疑我的观点之前，他们必须先打好自身基础。当然了，我也希望他们能够主动提出疑问，得出自己的结论，但是，他们必须靠自己的努力来赢得这一权利；他们不可能通过课上那种轻松的自由讨论就能打好基础，而是要通过努力学习才能打好基础。我向他们指出的第二点是，他们所谈论的互动的价值。它是否真有什么特别重要之处呢？事实上，在日常生活中与我们发生联系的所有群体中，课堂群体是最不持久也是最不重要的群体之一。不信你可以试着回想一下，上大学时坐在你旁边的那个人是谁。你很难还会记得。”

另一个虚假集体化的例子，就是许多组织对待它们的专业人员的方式。这里我可以举一个比较典型的例子：最近，一家知名公司对公司内部工程师们的士气问题感到有些担心。就像将成千上万的个体作为“大众”来谈论比较方便一样，把工程师们作为一个群体来谈论也很方便。然而，一种比较方便的描述方法所描述的情况却并不一定就是现实。工程师们乍看上去确实像是一个群体，因为他们都待在同一栋楼里，并且为了方便起见，在公司的组织结构图上和工资表上，他们也都被归在一起。然而，在这种情况下，他们真正的问题其实来自于那种垂直关系，即他们与特定任务和上级之间的关系，他们的士气问题与他们彼此之间的关系是否和谐并没有多大关系。但是，公司却是仍然坚持将他们作为一个群体来对待，并努力想法提升他们的士气；事实上，公司这样做纯属徒劳，因为它没有看到问题的实质。我确信，许多组织人都能想到那种与这个例子中类似的困惑。

* * *

在虚假集体化方面，当前最具误导性的一种尝试就是，将群体视为一种可以激发个体创造性的工具。我们能这样去看待群体吗？不能，因为人们很少会集体**思考**；他们是会一起交谈，他们也会一起交流信息，一起做出裁决，他们还会一起达成妥协。但是，他们既不会一起思考，也不会一起创造。

群体的倡导者也承认事情一直以来就是这样，但他们却并不把这一点看成是一种自然限制。对他们来说，这就是一种有待解决的人类关系；在他们所抱有的期望中，技术是解决问题的关键所在，他们在这方面全心投入，努力想要驯服发现的艺术，以及那些天生适合从事这种艺术的人。在某种程度上，这种努力是由那些无创造力者对那些有创造力者那种天生的厌恶感所推动的，但是，在这里面也包含有一种道德冲动。许多人都抱有这样一种信念，即我们能够教会个人在群体中一起创造，而不是作为一个独立的个体去进行创造；一旦他接受了组织的方式，他就会产生一些原本不会有的新想法。

这将是管理人员的最终胜利。他既不理解那些有创造力的个体，也不理解创造所需要的条件。杂乱无章的直觉，漫无目的的想法，不切实际的问题，所有这些都与发现如影随形，但是，它们却是管理者极为憎恨的对象。秩序，客观目标，协议，这些才是管理者所追求的对象。

虽然他们的存在对把观点付诸行动来说可谓至关重要，但是，他们的存在对创造观点而言却是无关紧要。那么，如何得出一致意见呢？事实上，专注于让群体达成一致意见，就是在强化那些会抑制个体创造力的东西。对任何人类群体来说，想要实现高效运作，成员之间拥有一些坚实的一致意见基础都是必要的。一场会议要想开得卓有成效，除非是大家都同意对某些前提无需再行讨论，并且大家的争论能够限定在那些有分歧的领域。然而，此类共识虽说会让一个群体在行使它的合法功能方面变得更有成效，但却并不会使这个群体变得富有创造性。

想想你在某个协会会议上的所作所为。作为群体的一员，你有一种强烈的冲动，想要去找到你与他人之间的共同点。这并不是因为你心中胆怯，而是因为你对会议抱着一种尊重的态度；面对那些与你的观点相背的观点，你往往也会倾向于进行低调处理。不幸的是，那些观点中可能会包括一些非正统观点。而一个真正的新观点则肯定会冒犯当前的共同意见（否则它也就算不上是一个真正的新观点），被迫达成协议的群体本能地会对让群体走向分裂的人怀有敌意。在这种情况下，群体若是有一位明智的领导，它就可以抵消这种偏见；然而，群体中最重要的事情就是让人们团结一致，达成共识。所以，只有等到一个想法成熟之后（待到人们学会与这一想法共存），群体才会赞成它；但是，这是在它成为既定事实之后，因而，这是一种默许的行为，而不是一种创造性的行为。

由于此前我所引用的一直都是决策群体方面的例子，所以有人可能会指出，上述缺陷并不适用于那些信息交流群体。没错，与那些有共同兴趣的人会面确实能够极大地激发个体的灵感，并且能给个体提供一些新的建议，展示一些新的工作方法。但是，激发并不等于发现，也不是一种创造性行为。那些能够认识到这一局限的人，既不会混淆这两者的功能，也不会对思想碰撞带来的好处抱有过高的期望；不过，其他人则没有那么聪明，他们把会议视为一种可以提出创造性观点的做法，并很快就将其固化为组织生活中的一部分。然而，这却不过是一场骗局。许多类似当众不假思索地发言这样的高压创作都非常具有挑战性，但是，如果说它能激发创造，那也只能是像酒精一样。在这样一次会议的光芒消散之后，众多想法的残余通常就会变成一个新的共同点，这时每个人都会大松一口气，同意这一观点；而且，如果说出现了一个新想法，那么通常你都会发现，它其实来自某个早已发现的思想宝库（而且它还是**个体**发现的），大家可能很早之前就知道它，直到有人觉得现在正是提出它的最佳时机。

* * *

上面我一直在谈论人们将群体的作用扩展到了一个它力所不及的领域。然而，即使在那些群体的存在至关重要的领域，目前对群体的过度强调也产生了一些同等的抑制作用。在诸如研究和交流活动中，它让个体在创造和发现中所扮演的角色变得模糊不清；与此类似，它也让个体领导在管理一个组织的日常工作中所履行的职能变得模糊不清。

不过，对上面这一点的强调在当今时代尤其显得没有必要，因为现代组织生活的整体趋势就是遮蔽个体领导的重要性。在研究某个组织（不论它最后是走向了成功还是以失败告终）的过程中，最大的难点之一就是，将一个项目或一个创新追溯到它的源头。是谁，在什么时间，开始做了什么？这种问题会让组织人感到很不舒服。因为回答这种问题就是对组织精神的一种冒犯，就连那个最先想出这个计划的人往往也会拒绝承认（除了在他妻子面前可能不这样）他的贡献真的很重要。“每个人都要适应组织”这种感觉要求它是一个群体，大家一起工作，成为总体计划中无法改变的一个小小的部分。通过一次又一次的重复，它逐渐成为一个正式的群体，这就是呈献给新加入者的组织的面貌。

但是，现在，除了这一倾向，又加入了一种意识形态的力量。表面上看，这似乎很合理；人们担心威权主义，想要将组织人从那些固执己见、不考虑他人想法的单边主义者强加给他们的压力中解救出来，好让所有人都可以更加自由地表达自己的想法。可是，你会如何给“威权主义”下一个定义？实际上，目前对“威权主义领导人”的定义，接近于将所有持有自己想法的人，或者是对基本政策有不同观点的人，全都包括在内。

反威权主义正在变成反领导。在群体学说中，个性很强的人往往会受到来自他人的强烈质疑。合作者是指那些直接站在组织这条大船龙骨上的人；而有见解的人（换言之，有偏见的人）则会偏向一边，或者更糟的是，他甚至想去扭转舵盘。显然，他对群体的存在是一个威胁。你只需要随手翻看一下当前的群体手册、会议领导人工具包等就会发现，这听起来非常像那些平庸之辈对他们的“敌人”发出的战斗号角。

这里请让我引用美国海军人事管理局内部发行的“会议意识”手册里的一段话。它用一种欢快的语调描述了人们在会议上必须应对的各种问题。在我们遇到的那些“坏人”中，有一种是“侵略者”。

> 会议领导者可以采取的一种补救措施是：将“唐老鸭”安置在你的左边（盲点），这样你就听不到他的反对意见了；如果你还能听到他的反对意见，那就曲解它的意思。如果有可能的话，你也可以承认他的反对意见是合理的并站在他的立场上，目的是让他产生一种归属感。如果他仍然坚持自己的反对意见，你就可以让其他群体成员去做他们现在非常热衷的事情，即把他弄得服服帖帖。他们通常会用下

面这种方式达到这一目的：首先询问这位“可怕小弟”他到底持有一种什么样的立场，然后阐明他所做的阐述，然后再对他所做阐述之阐述做进一步的阐述，如此这般进行下去，直到把我们这位死不顺从的“可怕小弟”搞得满头大汗，不堪其扰，这时他自己就会扮演起会场上喜剧演员的角色。然后，你就可以再通过询问一些他能轻松回答的问题来安慰他那受伤的自我。

那么，“好人”又有哪些呢？其中一种是“妥协者”。“他可能会通过以下方式进行妥协：承认自己错了，放弃自己的想法以维持群体和谐，或者是在‘中途’继续与团队一起前行……他需要具备一定的勇气才能这样去做。所以一定要让他知道，其他人非常感激他的所作所为。你可以装作很随意地递给他一支雪茄，那种最好的雪茄，他的行为绝对配得上得到那种最好的雪茄。”

当然，这些针对领导者的防御策略仅仅是一些权宜之计。毫不夸张地说，一些群体倡导者的想法是：**消灭所有的领导者**。一段时间以来，位于缅因州贝瑟尔的美国群体发展训练实验室一直在进行一场“无领导小组”实验，参与者身上流露出的那种高涨的热情甚至让这个小组中的一些学生都感到有点不安。社会学家威廉·怀特是这个群体中最机智的学生之一，经过三思，他写下了关于他在这一实验室经历的一些想法。他讲述了在那里进行的一种善意的尝试：将群体领导者变成“资源人”。隐藏在这一做法背后的那种观点是：随着群体的凝聚力不断增强，领导者的存在就会变得没有那么必要，他完全可以退居幕后，但是，因为他自身又拥有一些**特殊才能**，所以偶尔人们也可以向他进行一些咨询。虽然在进行这一尝试时引发了一场不小的混乱，但是，小组成员则希望这场混乱（或“情绪流失”）将会是一种有价值的宣泄，是他们随后可以达成协议的一个前奏。然而，遗憾的是，此后小组成员并未达成协议。而且，更不幸的是，小组成员甚至无法就任何一个议题达成一致意见。

怀特认为，失败的原因并不在于人们所采用的技术。之后，他自己又进行了一些类似的实验，这些实验使他最后得出这样一个结论："如果一个群体想要在讨论中取得进展并避免陷入困惑和遇到挫折，它就必须有一个明确的领导者，至少在协调活动的意义上是这样……在一些群体中，人们是如此看重融入群体并对群体愿望如此敏感，以至于那些表现出某种主动性的个体会受到人们的怀疑，而他自己也可能会因之而变得气馁。我们必须记住，如果每个成员都只想着去做群体想做的事情，那么群体就不会去做任何事情。所以，我们必须通过某种方式将个体的主动性引入群体。问题是，我们是应该公开引入它，还是应该试着借用群体情感的表达来非正式地引入它？"

＊＊＊

"无领导小组"这一思想实验培育出了一种新的人员类型，那就是专业群体协调员。他们追求的最终目标是妥协与和谐，然而，在他们的控制下，他们会像任何一个年迈的敲桌子的管理者一样好战，而且，他们往往还会变得更加自以为是。鲁埃尔·丹尼（Reuel Denney）在其发表在《评论》杂志上的一篇文章中，精彩地描述了一位老派的会议参加者在反对这些专业群体协调员时所产生的困惑。在和一群对群体感兴趣的人参加了一个会前会议之后，他慢慢地意识到："那些家伙能够决定很多事情，尽管他们自身可能并未意识到这一点。比如说，他们正在制定一项战略，以防止那些健谈的聪明人在会上威胁到其他人；即使他们不得不以某种很好的方式去拖延住某个人，他们也会积极参与（他们并不仅仅是在进行角色扮演，他们往往会真诚地参与其中），因为他们的拖延者角色是事先早已分配好的。"

当我在几年前第一次参加"非正式小型座谈会"时，我就充分地感受到了这种做法已经扩展到了什么程度。那是一家大型企业召开的一次管理会议。会议一开始，一切都是照常进行；在小组讨论中，我和其他两个人轮流发言。会议开到一半，大会主席宣布中场休息。他在几名助手的协助下开始重新安排会场座位：与会者每四个人分为一组，椅子转过来，四个人面对面，看上去就像是在举行一场大型桥牌锦标赛，只不过没有牌桌。我问他这是要干什么，他一脸惊讶地看着我："难道你没有听说过'小型座谈会'吗？"他可以算得上是这方面的一位老手，因为他是美国群体训练实验室的首批毕业生之一。他解释道："我们不是在进行一场'定向的'讨论，而是要通过人与人之间的互动来激发一些新想法。"他说，通过将与会者分成一系列面对面的群体，我们就会创造出这种互动。在座位的安排上，是把不同的陌生人随意组合，其实不管怎么组合都不会有太大区别；互动本身将会激发出许多深入的见解。

最后，他敲了敲木槌，200位成年男子转过身，开始面对面进行讨论。然而，几分钟过去了，会场上却没有出现预想中那种嗡嗡嗡的交谈声。显然是有什么地方出了错，后来在两位协调者的不懈努力下才有人提出了一些问题。会议主席并不觉得自己的做法有什么错。他在会后告诉我，问题主要出在这些互动群体的规模太小了，四个人无法"碰撞出思想的火花"。下次他们将会把六到八人分为一组。

虽然我们不应该过多地去讨论那些更加愚蠢的例子，但是，它们与主流趋势之间的关系，并不像许多感到尴尬的组织人愿意相信的那样毫无关联。就拿"哈瓦尔德群体思维仪"来说。大多数研究群体关系的人都不愿意去用它，因为他们觉得它是一个过于严格的工具，然而，它其实是依照一种完美的逻辑开发出来的。群体思维仪是一种电子仪表，它的刻度盘上会按照感兴趣的程度标上不同的刻度。有十个遥控开关可以向其输入信号，这些开关既可以放在桌子上，也可以放在桌子下，通过摁下开关，群体成员就可以对他人的想法表示赞成或反对。由于仪表上的指针只能显示累计的群体反应，人们也就可以放心地否决同事的想法而不会让自己显得更聪明，因而，正如哈瓦尔德公司所建议的那样，有了它，个体的个性因素就可以全部被消除。你是否会觉得这种想法有些极端？事实上，你可能会说，哈瓦尔德公司只不过是把群体哲学的基本原则给具体化了而已。

* * *

下面我再来谈谈士气问题，一些关于士气与生产力之间关系非常可疑的假设，也支持当前那种对领导力的诋毁。过去，我们经常会用那些个性很强的领导者来引领团队完成任务，但是，这是因为我们不知道除此之外还有什么更好的办法。正如群体动力学研究所证实的那样，高涨的群体士气是生产力的核心。这意味着，理想的领导者不应该再用那种旧观念去进行领导，也就是将自己和群体的注意力都集中在目标上。相反，他应该完全专注于群体内部成员不同的个性关系上。如果他关注群体成员不同的个性并确保群体成员彼此能够合得来，组织的目标自然就会实现。

不过，那些群体动力学研究者在看待其研究发现时，远不像他们的门外汉追随者那么兴奋。伦西斯·利科特（Rensis Likert）是密歇根大学社会研究院（群体动力学研究的发源地）院长，最近，他在向一群学习管理学的听众讲话时，谈起了他的一些新想法。“根据我在 1937 年所做的一项研究，我曾认为士气与产量正相关：士气越高，产量就越高。然而，此后大量的研究发现表明，这种关系过于简单。在我们进行的诸多研究中，我们发现了各种各样的关系。有些单位士气低落，产量低下；有些单位士气不错，但却产量较低；还有一些单位产量不错，但却士气低落；另有一些单位士气高昂，产量也很高。”

利科特看到了人们日益关注士气这一做法所带来的许多好处。在这些好处中，就包括它能促使人们期待自己在组织中将会有更多的表达机会、主动性和参与性。但是，他说他已经开始怀疑那种自由放任的方法，在这种方法中，管理者不是去领导员工，而是试图让员工开心。他接着说道，在那种比较看重人际关系训练项目的公司里，“有些管理者把训练解释为公司管理层想让他们的员工快乐并努力去做到这一点。而这样做的结果就是，在公司里形成了一种乡村俱乐部的氛围，在这种氛围中，领导功能被完全抛弃。员工们非常喜欢这样，他们的缺勤率非常低，但是，因为对产量抱有的期待很少，所以他们产出的东西也相对较少”。

* * *

显然，我们并不需要将群体动力学研究与个体对立起来；在这里，请让我再次区分对现象的分析和对现象的神化。人们可以在不贬低一个人其他方面的情况下研究他的群体方面。我们对一个群体的实际行为了解得越多（在这方面，科学方法会对我们有很大帮助），我们对其局限性就了解得越细致，我们也就越能防范其缺陷。但是，除非是对为了解决这一问题所采取的价值前提提出更加严格的质疑，否则我们也就无法做到这一点。我们可以思考一下那些被人们习惯性地认为是“好”的抽象概念，如共识、合作、参与等。事实上，将它们作为一个目标而不提及任何目的是毫无意义的。比如，为什么要参与？与类似的抽象概念一样，“参与”也是一个空洞的目标，除非是可以用需要完成的相关工作来加以衡量。它是一种手段，而不是目的；当它被视为目的时，它可能会变得比它应该取代的那种赤裸裸的威权主义还要具有压制性。

而且，为什么要达成共识？共识自身是否必然就是最重要的目标？事实上，进步的代价就是永远不可能达成完全的共识。从本质上来说，所有创造性的进步都背离了人们一致认同的看待事物的方式；过分强调一致认同会使人们对创造力的敌意合法化，而这一创造力则是我们所有人最终都要依赖的。

我承认，我一直都在谈论群体的负面因素。事实上，我既不想为那些具有破坏性的反抗进行辩护，也不想低估我们在合作努力上取得的真正进展。但是，我想强调指出的一点是，在当今时代，人们对群体美德的宣扬有些过头了。正如我将要在接下来的章节中提到的那样，现在人人都能参加统一的组织培训，它极为有效地强调了群体精神，使得新入职者在组织中被教唆成反叛分子的危险可以说是微乎其微。

除了公开赞扬群体压力，个体在组织生活里所处的那种轻松、民主的氛围，也使得个体**自身**更难偏离其规范，并会认为这样做是正当的。把个人主义与对抗混为一谈是错误的，但是，自由思想的负担已经够沉重的了，我们不应该再让自己背上内疚感的负担。那些未曾进行过辩论的争议性观点，那些被抑制的想法，这些到底应该被视为是团队合作的表现还是个体投降的表现？事实上，我们甚至正在剥夺个体提出问题的能力。

在将“多数派”的强大力量进一步制度化的过程中，我们则使个体变得不再相信自己。个体正在无意识地渴求权威，以便他可以卸下自由选择这一负担，而我们则正在给他这样去做提供一种合理化的理由。我们诱使他把群体压力重新解读为一种释放，把权威重新解读为一种自由，并帮助他将这一切披上一层道德的伪装，而这则只会让他的内心变得更加痛苦。英国人鲍曼（A. A. Bowman）观察到，在所有肆意自我毁灭的形式中，那种最可悲的形式莫过于，人类个体在其生活里的那些重要关系中，不是把自己看成个体，而是把自己看成某个组织的成员。

第二部分

组织人的训练

06

官僚的一代

1939年时的我还是一名大四学生，那时我们经常唱着一首悲凉的歌曲，歌词大意是说，我们这些毕业班的学生，眼看着就要进入这个“冰冷、冰冷的世界”。那时的天气其实并不太冷，但是，我们确实喜欢在这种忧伤的情调中陷入幻想。我们告诉自己，有一个重大机遇就摆在我们面前；我们中那些想在商界撞大运的人，面对那些将要读研或从事学术生活的人，颇有几分居高临下之感。我们正满怀憧憬，跃跃欲试。

现在的大四学生仍然会唱这首歌，但却不知为什么，先前的那些征兆都已消失不见。事实上，在他们面前，没有任何飞跃的机会。组织世界与学校之间的联合变得如此牢固，以至于今天的大四毕业生可以看到大学生活与此后生活之间的连续性，这是我们之前从未有过的。毕业后，他们不会进入一个充满敌意的世界；他们会被公司四处调动。

对那些进入公司的大四毕业生来说，这就像是某个大型计划的一部分。虽然地点发生了变化，但是，对他们的培训却仍在继续，因为就在大学调整自己的课程体系以适应公司的同时，公司也在通过建立它自己的校园和教室来做出回应。到目前为止，这两者在这两个方面都已经做得很好了，以至于我们很难明确区分出，它们中的一个在哪里停下，另一个又在哪里开始。

每年一到春天，企业招聘人员就会来到校园，现在这早已成为校园生活中一个再常见不过的现象。如果大学规模很大，就业指导老师工作高效，那么毕业招聘这方面的工作就会给人留下一种很深的印象。在普渡大学就业安置中心，我永远不会忘记一个普普通通的日子。它可能是美国规模最大也是最有效的安置中心，然而，就像在一个运作良好的诊疗小组里一样，在这里你不会看到有任何活动。在主会议室，一些学生正在安静地翻看桌上为他们准备的招聘公司材料；其他学生正在查看面试时间表，找出他们要见的招聘人员，以及面试的隔间；在房间中心的档案桌上，一位大学生正在整理几百位已登记就业安置学生的姓名。只有一排隔间里传出了一些杂音，除此之外，一个外人一点也看不出，在半小时内，每时每刻都会有数十名年轻人做出一个可能决定他们整个未来的决定。

那些来自缺乏组织性的时代的人们可能会得出这样一个结论：这种招聘机制的标准化（以及它所预示的那种标准化未来）会遭到大学生们的抵制。然而，实际情况却并不是这样。事实上，对大学生来说，这是一种最好的未来；因为它与他的愿景如此紧密地联系在一起，就像公司是在按照对他进行的态度调查而设计出来的。

因为他们是最大的单一群体，所以那些眼睛紧盯着公司的大四毕业生所持有的价值观，也就成了他们这代人价值观最明显的体现。然而，在本质上，与他们同时代的人在进入其他职业时，也是在对同样的愿景做出回应。在律师、医生和科学家这三种职业中也出现了那种集中化、集体工作和官僚化的趋势，而那些选择这些职业的年轻人所遇到的情况也是如此。无论他们之间有多少不同，就大的方面而言，他们都是一个统一的整体：这个整体比以往任何一代都要庞大，他们将会成为官僚的一代。

尤其是，他们行事很保守。虽然他们比较容易接受现状，但是，这并不一定就意味着，在具有历史意义的观念上他们是保守的——在更经典的保守主义意义上，可以说，大四毕业生们实际上是革命的代理人。不过，这个问题我们要留给日后的历史学家去探讨。就目前而言，大学生中间所表现出的那种思想骚动，并不是在朝着一种具有根本性变革的方向发展。

这清楚地表明了他们对待政治的态度。曾经，年轻人为了反抗他们的祖先而走向左倾，而后随着岁月的流逝又慢慢地转向右倾，这是一种再明显不过的事实。如今，许多人仍然认为情况就是这样；而且，许多商人都在担心，20 世纪 30 年代的新政腐蚀了我们的年轻人，让他们转向激进主义。1952 年大选之后，商人们变得更加高兴，但是，他们中仍有许多人心存疑虑；每当民意调查表明学生们没有意识到商业只赚取了 6% 的利润，就会有人站出来呼吁，要求开展一系列新运动，以把我们的年轻人从那种激进主义的倾向中拯救出来。

然而，大四毕业生们无论会开展什么样的运动，都不会触及问题的核心。自由派团体在校园里几乎销声匿迹，其他团体也都萎靡不振。作为自由派的对立面，那些保守派团体也没有做出什么比较引人注意的活动。当小威廉·巴克利（William Buckley，Jr.）出版了《上帝与耶鲁人》一书时，有些人认为这标志着年轻人中出现了一种强有力的右翼运动。然而，这场运动的势头并不大，它从未广泛地蔓延开来；当麦卡锡问题在老一辈人中引起激愤并将他们分裂开来时，大学生们却是对此感到有些厌倦。

在某种意义上，可以说，他们身上的那种保守主义是被动的。没有任何事物能够长时间地吸引他们，并且没有任何事物能够像重新出现的“未来战争的老兵”（VFW，普林斯顿大学学生在 1936 年创立的一个带有讽刺性的政治组织）那样强盛，或者是那样对传统具有很强的破坏性。民主党人和共和党人在选举期间通常都会举办一系列集会，然而，与 20 世纪 30 年代那种群情激昂相比，人们似乎并未对其给予太多关注。社会上一直都有个人骚乱发生（学生们对自己将要去服兵役这一前景的焦虑，确保会出现这种情况），但是，这却很少被认为是一种经过深思熟虑的抗议。春天来了，大学生们可能会在橄榄球比赛中攻击对方头部或是粗鲁地冲撞对方，从而引起新闻媒体对“狂热的年轻一代”的关注。但是，他们中间并未发生任何真正的革命，第二天他们很可能会无比顺从地站在招聘人员的隔间里。

* * *

一些观察者认为，大学生们身上出现的这种对所有事物都不感兴趣的状态，是一件值得恐惧的事情。我曾听见一位导师告诉他的同事，他在政治课上警告他的学生们不要惹是生非。“我告诉他们，”他说，“他们最好是能够意识到，他们现在随口而出的一些言论，日后很有可能会被人利用，从而给他们带来一些负面的影响，尤其是在涉及那些政治问题时。在未来某一天对他们进行的调查中，他们可能会发现，自己先前持有的一些意见，反过来对他们自身造成了一些不利的影响。”

正如他的同事反驳他的那样，这一建议其实毫无必要。大学生们根本就不怕被人指责说他们发表过一些危险言论，他们对那些宣扬异教之类的问题丝毫不感兴趣；但是，如果在哲学层面上谈到一些问题，不管涉及哪个方面（公司、政府或宗教等），他们都会变得躁动不安。他们中大多数人对哲学的兴趣，都是停留在找到自己认同的观点这一程度上，以便接受它并用它去解决自己在生活中遇到的那些实际问题。虽然这使他们得以免受我们那代人经常受到的异端欺凌和装腔作势的影响，但是，它确实也形成了一种相当严苛的功利主义。

甚至是在神学院，学生们身上这种对深入研究的不耐烦情绪也是显而易见。圣公会神学院教授诺曼·皮腾格（Norman Pittenger）写道：

> 这是一种反向的威权主义。与20年前的那些神学院学生相比，如今的神学院学生更希望凡事都能“被告知”。我特意询问在其他教

派神学院里教书的朋友们，他们是否已经意识到这种新趋势。他们无一例外地告诉我，他们发现：当今这代学生明显不喜欢探究灵魂，而更愿接受权威，并渴望在所有问题上都能得到“直截了当的说明”。

> 在神学院里，这意味着讲师或老师必须非常小心，以免他的观点，或“圣经所说的”或“教会所教导的”，将会成为定论……让我们许多人感到困扰的是，如今的学生不愿自己主动思考问题。如果这就是圣经所说的，那么它是以何种方式、以何种原因说出来的，我们又是如何知道这确实是圣经的教导？如果这就是教会所教导的，那么为什么它要这样教导？有什么证据证明教会进行了教导？教会有什么权利可以教导？或者，如果一位教授说“这个观点”是正确的，那么，为什么他会这样说？他能拿出证据来证明他的陈述是真实的吗？如果新的对权威的尊重能够更多地与质询精神相结合，愿意对权威宣传的内容进行思考，不因一些专家有着良好的声誉就接受他们发表的任何声明，这样做不仅对社会更好，对个人来说也会更有益。

在评价一代大学生时，人们通常都会根据自己所在的班级，或者是大学里那些优秀班级来做出判断；我必须承认，在这方面我发现自己也是这样。然而，我认为，我这一代人无权将大四毕业生们身上显出的那种顺从视为一种智力弱化的结果。我们很容易忘记，如果前几代人对社会不太满意，那么（他们就会进行反抗，这样一来）就会有很多东西都不用去争论。在此期间，经济发生了巨变，即使回想起来，也很难指望大四毕业生们会有以前那些人的不满。对他而言，社会并没有脱节，如果他显得很顺从，那也并非出于恐惧。他并不想反抗现状，因为他真的很喜欢当下这个社会——有人可能还会补充说，他的长辈们并未做出任何大胆而新颖的反抗。

也许“当代主义”这个词要比“保守主义”能够更好地描述他们的态度。现在，而不是过去，是他们的榜样；虽然他们身上也有美国人那种对未来特有的信仰，但是，他们认为那也跟现在的信仰是相同的。在请他们解释他们对美国有何看法时，他们认为，现有的一切都很美好。所有那些大的问题都解决了；我们都知道前行的方向在哪儿，而且，虽然有许多细节还有待澄清，但是，我们非常确信，我们正在享受一种美妙的上升过程。

虽然他们的乐观程度显得特别“美国化”，但是，我们应该指出的是，这种顺从精神绝不仅仅体现在美国的年轻人身上（在德国年轻人身上也发现了这种情况）。在牛津的一份杂志上，这份杂志被恰如其分地称为《教养》，一位学生这样描写跟他同时代的人：

> 事实上，在过去的30年里（因为发生了大萧条和二战），沮丧可以说是人们身上一种最常见的态度……但是，说真的，我们一点也不担心那些即将降临到我们头上的，以及其他人现在所遭受的灾难。这并不是什么“焦虑时代”。如今轻松的年轻人与过去一百年来不轻松的年轻人之间的区别在于，如今年轻的一代不会反抗任何事情……我们不想反抗我们的前辈。他们对待我们非常友好，以至于我们根本无法去反抗他们。他们是老革命，他们宁愿生我们的气，告诉我们说我们很保守而且显得过于拘谨，然而，即使这样也无法激起我们对他们的敌意……我们的父辈教导我们，不要把他们视为是古代权威和一成不变法律的代表，而是要把他们视为是反对我们祖辈的人。我们已经长大了，所以很自然地就站到了他们那一边，即使偶尔我们也会觉得他们对待他们父辈的那种态度显得有些强硬，甚至有点幼稚。

与以往相比，如今的大学生们对技术产生了一种极大的兴趣。他们与社会之间不存在矛盾和争吵，他们更愿意搁置目的，而一心关注那些可以采取的手段。他们感兴趣的不是“是什么”或“为什么”，而是“**如何**”；

一旦他们将公共福利与组织等同起来（他们所学的课程使得他们很容易这样去做），他们就会让组织去关注如何实现目标。“这些人不会质疑这个体系，”一位经济学教授赞许道，“他们希望进入这个体系并在里面起到润滑作用，好让这个体系更好地运转。他们将会成为社会的技术人员，而不是社会的创新者。”

在这一点上，那些主修社会科学的年轻人的态度表现得尤为突出。就在不久之前，这位年轻的社会科学家还把他的学科视为是一种抗议社会的媒介，以及一种研究社会的工具。给他开创先例的那些毕业生们经常都是一些容易愤世嫉俗的人；20 世纪 20 年代和 30 年代开展的许多大型研究（例如，社会学家林德夫妇在中镇进行的研究），强烈地抨击了社会结构中存在的不平等。但是，现在所有这一切都已成为过去：对年轻人和一些不那么年轻的人来说，这是一个“只说不做”的时代，因为他们不愿提出抗议；他们想要做的事情是与社会进行合作。这表明他们在与影响所有知识分子的中产阶级价值观不断和解，他们越来越表现出对方法论，特别是对测量技术的兴趣。老一辈社会科学家对诸多社会问题进行了深入而广泛的研究，他们发现，当今的年轻人对社会问题本身并不怎么感兴趣。在进行讨论时，年轻人提出的问题更多都是侧重于技术方面，不是“是什么”或“为什么”，而是“如何去实现”。

* * *

想要成为一位技术人员和一位合作者的这种急切心情，在大四毕业生们偏爱的工作中得到了最明显的体现。他们想要为别人工作。矛盾的是，通过自创企业实现独立这种旧式梦想，几乎只存在于工厂的工人之中（而他们则是最不可能实现这种梦想的一群人）。即使在闲聊谈心时，大四毕业生们也不会触及实现独立这种想法；而等到招聘季到来，他们很快就会明确自己未来的偏好。一直以来，就业安置中心的工作人员都发现，在那些打算经商的人（约占大四毕业生总人数的一半）中，只有不到 5% 的人表示自己想要成为企业家，另有 15% ～ 20% 的人计划接手他们父亲的生意。余下大多数人的目标都很简单，那就是直接进入大公司。

他们的这一选择也并非只是一种权宜之计。我上大四时，我们中的很多人都喜欢辩解说，我们只是在精明行事；我们想要去大公司，主要是为了掌握行业诀窍，以便日后好自立门户。今天的大四毕业生们已经不会再去费心编织这些借口，一旦他们与一家大公司建立起联系，他们就会坚信自己不会再去那些小公司，也不会转向别的大公司。这种与选定的那家大公司之间的联系，在他们的余生将会一直保持下去。[1]

他们之所以会发出这种誓言，并不仅仅是为了日后可以过上一种安稳的日子；事实上，他们远比他们的前辈更加了解什么是“大公司”。我的同时代人担心自己进入大公司后这辈子都会籍籍无名，他们经常谈论的是在大公司会“迷失”自我。虽然这并不妨碍我们最终进入各种公司，但是，至少在言语上，那时候的人对组织是有疑虑的。而在今天，像这样做则只能表明说话人更有城府。15 年前，在许多自由主义者的推波助澜之下，激起了大学生们对大公司的不信任，而现在，大学生们则忙着写文章来赞美大公司，这场辩论的意识形态基础已然倾塌。

在进入商业领域的那些大四毕业生中，大多数人之所以害怕去做企业家，部分原因是他们担心，未来有一天，自己将要承担有可能发生的经济风险。另一方面，大四毕业生们也会基于道德角度考虑，去做出他们的选

---

[1] 大四毕业生们喜欢大企业的原因之一是，大公司会主动招聘他们，而小公司则不会这样。在美国正式注册的 45 万家公司中，只有约 1 000 家公司会举行校园招聘，而也正是这约 1 000 家公司（通常都是那些最大的公司）能够招到最优秀的毕业生。有时，大学就业安置中心主任也会安排一些小公司前来招聘，但是，小公司的招聘人员发现，学生们对他们的公司无动于衷。“坦率地说，”一位就业安置中心主任说道，“我对小公司的工作唯一感兴趣的是那些充满活力的工作——大公司里的这类工作有可能较少。我向那些害羞而怯懦的大学生们指出，在小公司他们可以成为多面手，他们会有更好的机会展现自己，破壳生长。可是，他们仍然不想要这样的工作。”

择；二战后出版的众多小说中所详细描述的那种年轻企业家形象，是他们比较容易接受的。获得“成功”需要付出什么样的代价？正如许多人看到的那样，企业家是一种受到贪婪驱动、很自私的人，而且他的日子过得一点也不幸福。小说里讲述的顶级运营商最终失去对企业的兴趣，只有当他不再是一位企业家时，他才找到了属于自己的幸福。大四毕业生可以借用这样的小说，为他厌恶企业家精神找出一大堆说辞。他解释道，他自己的“反抗指数”不够高。

大四毕业生还会争辩说，他并不是害怕风险。他也不是害怕去尝试冒险的机会，他只是在寻找一个**最好的**地方，进而找到一个属于自己的机会。[2] 有一种观点认为，因为公司内部盛行裙带关系，所以小企业的规模往往都很小；相比之下，大企业因为自身规模比较大，也就可以借用那些科学工具，并能因此而获得相应的回报。大企业拥有一流的实验室和市场研究部门，并有足够的时间和耐心去使用它们，所以加入大企业的人也会跟着获益。“在冒险采用新技术和新产品上，我们从不犹豫，”一位这种计算风险理论的支持者解释道，“但是，我们只有在工程师对其进行测试和预先在市场上进行过测试后才会这样去做。”简言之，对大企业而言，冒一下险是一件很容易的事情。

* * *

在拒绝新教伦理这一点上，他们的态度是一致的；如果他们不珍惜冒险，那么他们也就不会去珍惜我们传说中的历史奖赏。他们并不贪婪。一位耶鲁大学历史学教授就二战后的班级和他所在的 1928 级之间的差异进行了一番对比，他承认，前者并不是为了金钱而接受雇佣。“我们那时的班级很糟糕。那是一个特权阶层和富二代的时代。每个人都在玩股票（他们

[2] 青年研究所开展的一项对 4 660 名年轻男性的调查表明，只有 20% 的人认为，他们无法通过为他人工作来实现他们所有的经济愿望。

甚至在塔夫脱酒店边上设了一台股票收报机），就连我也在华尔街一家非法经纪公司那里待过一阵子。但是，今天你再也不会听到昔日我们那种谈话了。他们不想要 100 万美元，他们的态度更认真，他们也觉得自己更有价值。”他带着一种怀旧的情绪，轻轻地摇了摇头。

其他人也对这一点有很深的印象。一位招聘人员进行了 300 次面试，在这些面试中，没有一位大四毕业生提到薪水。事实上，有时候那些大四毕业生做出的反应，给人的感觉就好像是，高收入与（工作）安全感是两样相互对立的事物。一些小公司的招聘人员惊讶地发现，对于一份销售工作，他们开出两年净赚 1.5 万美元的报酬，却经常被那些应聘的大学生直接拒绝，而大公司只给出 8 000 美元报酬，那些应聘的大学生却是欣然接受。那些应聘的大学生辩解说，进入大公司，除了可以得到 8 000 美元的工作，到手的还会有养老金和其他福利。当然，他完全可以用小公司给的那额外 7 000 美元去给自己买一份收益不错的年金保险投资；但是，这种变化并不容易出现。

大四毕业生们在谈到希望在 20 年或 30 年后赚多少钱时，他们会选择一个自己觉得适中的数字。1949 年时，这个数字是 1 万美元。从那往后，随着生活成本上涨，这个数字也在逐渐上升，不过，其中位数通常都不会超过 1.5 万美元。[3] 大多数大四毕业生都不喜欢用挣钱多少去衡量自己的未来——在好几个不同场合，当我提及金钱时，他们都委婉地说了我一通。

在我后面将会讲到的二战后的那些流行小说中，虽然那些男主人公们并不比先前时代的人们更加看重物质，但是，他们显然是在故作清高，而那些大四毕业生显然也是如此。他们极少会去谈论金钱，他们谈论的大都是未来的美好生活。这种美好生活是平静而有序的。许多大四毕业生都承

---

[3] 这些数字在很大程度上取决于毕业生毕业的大学。青年研究所对大学毕业生进行的研究显示，中位数约为 8 000 美元。相比之下，在普林斯顿大学，这个数字几乎翻了一番。

认，他们曾想从事教学职业，但是，随着交谈逐步深入，你就会发现，他们所谓的喜欢教学，并不是把教学当成一种自己的生活方式——教学与生活完全相容，就像一条两边长满榆树的街道那般让人感到舒适。因为美好生活是平静的，所以在他看来郊区是一个好地方：他会有一位妻子和两三个孩子，有一辆车或两辆车（妻子去车站等车太费劲），在湖边或海角有一处消夏度假的好去处，并会让他的孩子们接受良好的大学教育。大四毕业生们解释道，钱并不是最重要的。

* * *

年复一年，每年当大四毕业生们谈到这个问题时，他们都会变得越来越轻松。二战刚结束那几年，他们还曾担心美好生活是否会到来。他们为经济衰退而沮丧得都快得了精神病，所以在解释他们为什么偏爱大公司时，他们主要是出于一种（工作）安全感考虑。我在 1949 年与大四毕业生们交谈时，几乎在每个校园都能听到的一个主题就是：虽然冒险是很诱人，但是，为了让自己不再沮丧和得到庇护而做出妥协则要更为明智。“我并不觉得进了 AT & T 有多么让人兴奋，”一位大四毕业生说，“但是，那是一家我很想加入的公司。遇上经济萧条，像 AT & T 这样的公司一定能够挺过来。”（另一个最受大四毕业生们欢迎的选择是食品公司，因为人们任何时候都是要吃饭的。）公司招聘人员不安地发现，大四毕业生们似乎对养老金福利和退休计划等很感兴趣。

二战后经济上为时七年的持续繁荣，给社会带来了巨大的变化。虽然大四毕业生们仍然对（工作）安全感抱有很大的兴趣，但是，他们已经不再将（工作）安全感与机遇问题对立起来去看。现在，他们在解释他们的选择时会说，大公司就是（工作）安全感和机遇兼而有之。过去六年，我每年都会给大四毕业生们发放一份调查问卷，如果说他们的回答暗示了什么，那就是，那些想要进入大公司的大学生，期望能跟那些想要创业或加入小公司的人赚到同样多的钱。[4]

他们如此知足常乐，这该怪谁呢？如果你是一名大学生，看到《大学生就业期刊》上类似下面这样的广告标题，你又会有多少不祥的预感？

机遇不断增加的世界

机会无限

职业无限

在联合碳化物公司（UC）大学毕业生眼界无限

通往终身安全的门户

今天明智的选择会让你超越未来

为什么他们相信自己在 HARNSCHFEGER 的工作是正确之选

年轻人应该征服未知

第二次教育

成长行业中的成长公司

“智慧魔盒”需要大脑

欢迎进入商业领域

为什么大学毕业生应该考虑加入联合碳化物公司？

与 OWENS-ILLINOIS GLASS CO 公司一起成长

在 RCA 唱片公司的光明未来

陶氏化学（DOW）可以给予研究生一个光明的未来

更多更好的工作

---

[4] 这种对公司薪酬福利的信念相当普遍。在前面提到的青年研究所进行的研究中，研究人员向 4 660 名高中毕业生、大学应届毕业生、大学近两年毕业生、大学往届毕业生提出了一个问题：“你认为通过为他人工作能够实现你所有的经济愿望吗？” 61.1% 的人表示同意，20.4% 的人表示不同意，18.5% 的人表示无法决定。在这四个群体中，接受调查者在乐观情绪方面没有显著差异。

大学生在纺织品销售公司的特别机会

从事人寿保险的人是在“走上升路的人”

晶体管行业，从底层开始的机会

毕业生进入 VITRO 就会成为明天的工程师！

给你一个终身就业的机会

为大学毕业生提供机会

数学专业学生的机会

为杰出的数学专业学生准备的罕见机会

天空就是我们的世界

只有天空才是我们的极限！

单看这些标题就足以让一个人变得愤世嫉俗。但是，这些大四毕业生并不是那些愤世嫉俗者。当他们谈论“安全感”时，他们喜欢指出，这指的是一种精神上的安全，这才是他们最感兴趣的东西。他们想要成为一个对他人有用之人，为他人提供服务。虽然他们对“服务”的描述有时未免会显得有些自作多情，好像他们的目标就是为了保护那些小人物，但是，在这一描述背后，他们确实对这方面有一种真心的关注。他们想要做一些值得去做的事情。

这种值得需要具备一定条件。听过那些大四毕业生的谈话，你会认为他们对在服务行业发展抱有很高的热情，但是，并没有证据表明存在这种现象。公共服务也无法吸引人，几乎没有一位大四毕业生会把从政作为一种职业来谈论，就连那些（不与政治沾边的）更为纯洁的公共服务，他们也未对其表现出多少热情；有志于去从事对外服务或国民服务的毕业生人数一直都在下降，在政府出面对这一现象进行深入调查之前，这种下降势头还会一直持续下去。

如果他们想要实现其自身价值，他们希望能够在与他人共事时体现出这一点来。他们的服务理念是一种群体服务理念：大家一起进行服务，谁也不离开群体。一位大四毕业生在一场以追求幸福为主题的圆桌讨论中这样说道："那些自私自利的人最容易陷入困境。那些对其他人感兴趣的人……是那种并不会去过多考虑（工作）安全感的人。可是，不知为什么，他们在做事情的同时就能获得那种（工作）安全感，他们能够超越自己。"

大四毕业生们想要在公司内部从事的工作就体现出了这种价值观念的特征，这种价值观念更多偏向的是员工，而不是生产线。在我所做的一次调查中（包括 200 名 1955 级学生和 1956 级学生），只有 12% 的人表示自己从事的是生产工作，33% 的人表示他们从事的是行政工作。

其中，人事工作对大四毕业生们很有吸引力。二战后，当他们头一次渴望从事人事工作时，许多人都认为这只是一种暂时现象。二战后班级的老学员认为，由于他们在服兵役中"管过人"，所以他们非常适合去做人事工作，而退伍军人管理局的顾问给予他们的建议，也让他们进一步认定自己具备这种能力。如今，这么多年过去了，这种想法却是一直都存在。一位就业安置中心主任解释道：这项工作属于半职业性的，其职位很少会有空缺，而且也很少会公开招聘。即便如此，这似乎也没有什么不同。一位大四毕业生用就业安置中心圈子里一句常讲的笑话解释说，不管怎样，这就是完全为他准备的工作，因为他**喜欢人**。

事实上，他对这份工作的看法并不现实。虽然实际工作更多与工时研究、能力测验和计时相关，而非人员调整，但是，对大四毕业生们来说，这却是一个很合他们心意的角色，它融合了基督教青年会工作者、办公室的智力支持者和听车床工人告解的神父的工作。而且，这种工作还会让人觉得有点偏离主流。就像终身服役一样，它似乎能够让人免于竞争；因为这是一项技术人员的工作，是一项为他人提供服务的工作。对一个关注幸福感的阶级来说，这份工作是一个一揽子计划：它不仅向人承诺会给他提供一种经济上的保障，还向人承诺会给他提供一种精神上的安全感。

然而，由于这一要求一直都未能获得切实的回报，大四毕业生们也一直在转向公共关系工作。在一些大学，选择公共关系工作的人数已经远远超出选择人事工作的人数，而实际上这跟他们所考虑的工作完全是同一种工作。他想象不到，自己未来要去为在宴会上如何摆放桌签而操心，要去做代人写演讲稿等琐事；在他的想象中，他看到的是一个未来的全能人：他检查全体员工的状态，以确保他们都处于一种幸福之中；他与教育工作者和神职人员一起辅导员工，以便他们可以更好地进行群体间的交流；他会在普通人的支持下，让大多数人都对他着迷。在人事工作中，他在公司里会对每个人都很好。

大四毕业生们在查看诸如销售之类的工作时，仍然会表现出对从事这类工作员工的偏见。这是因为他们实际上并不想去干销售。他们所理解的“销售”是指，他们在这类工作里作为技术专家去帮助客户，或者是为那些帮助客户的专家出谋划策。他们希望自己能够成为推销工程师、分销专家、采购专家——也就是说，成为支持从事该行业者的那一类人。

即使他们不得不去从事那种老套的销售工作，他们也是希望自己能够作为团体的一员去进行销售工作，而非自己一个人去单打独斗。而且，他们绝对不会拿提成去干这种工作。在人寿保险人员的招待会上，这一点表现得再明显不过。除非可以提供允许在家办工的工作，过去保险公司在大学里进行招聘时可以说是处境艰难，而现在它们则更是举步维艰；有时候，它们的招聘人员坐在面试室里，一天也等不到一个人。出于对招聘人员的照顾，一位就业安置中心主任生出一计：强迫大四毕业生们报名参加保险招聘面试。“我跟他们说这会对他们的实习有好处，”他解释道，“我还跟他们说，要是他们不去参加这些面试，我就不让他们去参加那些好的大公司面试。”

那些选择金融行业的大四毕业生也是想去做职员，很少有人会提到投机或投资股票和债券。他们对金融行业的兴趣是在组织和管理方面，而非财富增长方面；他们主要是对信贷、抵押贷款、信托和房地产工作，以及财务分析感兴趣。

* * *

这之间的区别可以说是一目了然。他们的偏见主要针对的是工作人员，而不一定是对工作人员的工作本身抱有偏见。如果让他们自行选择，他们中有相当多人都会把票投向“一般管理”工作；许多选择人事或公共关系工作的人也会这么做，因为这是获得优等工作的最佳途径。他们没有看出，生产线和工作人员是对立的（他们认为这两者是同义词）。他们心目中的“经理”概念包含了这两者。老一辈经理很喜欢告诉他们，行政人员的“专业化”正在塑造出一种新人而且他们比老一辈人知道得更多，而他们则对此深信不疑。当然，事实上，经理的工作已经更多地转移到了管理方面，而这也是他们喜欢看到的。但是，他们希望看到更多类似这样的变化。在这方面，正如许多商学院的人说的那样，虽然大四毕业生们远远地走在了他人前面，但是他们超出的还不够多。在美国，官僚主义者成为英雄还是一种新现象；传统的光荣梦想依然存在：律师在法庭上的对质中一举扭转乾坤，年轻科学家在夜深人静之时在显微镜下探寻秘密。即使在公司的广告中也存在一些文化滞后——很多广告仍在这样向我们展示，一位年轻人在仰望一颗星星，或是一道彩虹，或是一片美丽的积云，同时梦想着那片属于自己的新边疆。但是，慢慢地，显微镜前的那个年轻人与显微镜前的其他年轻人融合到了一起；这不再是一个人的孤独梦想，而是三四个人的梦想。年复一年，我们的社会习俗正在逐渐赶上组织人的需求。

在 1954 年出品的电影《纵横天下》中，我们可以看到，主角直到电影开场十多分钟后才出现。一脸清秀的唐·沃林此时还是一位初级主管，即使有上帝保佑，又有哪位大四毕业生会觉得他会最终上位呢？沃林解决了组织生活中出现的所有冲突；他把自己的一切都投入工作，并会抽空和儿子一起去打棒球；他很少去关心钱，他有一幢漂亮的牧场住宅；他是一个对公司非常忠诚的下属，并最终成为公司董事长。他并不完全是一个新人——他的行事风格太过咄咄逼人，他在商务谈判中的表现也显得有些粗野——但是，他可以为毕业典礼致辞，因为他会用他那既清晰又模糊的信条让长辈们兴奋不已。管理人员的工作并不是为了给自己和公司赚钱。他们的生意就是**人**：当你帮助人们充分得到满足时，你就让他们实现了自己，你就会为更多人创造出更多更好的商品，而你自己也能从这里面获得许多快乐。

* * *

虽然大多数进入商业领域的大学毕业生都对组织抱有很大的信任，但是，要说更小的群体更喜欢小公司，情况就不一样了。在我过去几年开的一些课上，我曾与不同的大学生群体进行过讨论，我让他们回答几个关于个人与组织需求之间“理想”关系的假设问题。我并未过分关注实际数字所具有的那种统计学意义，但我注意到，那些去过大型组织的人和没有去过大型组织的人所给出的答案之间始终存在一些差异。学生们自己后来提出的问题则更加有力地说明了这一点，即大公司的人比其他人更喜欢集体。

以下是 127 名学生对两个主要问题的回答：（1）关于研究型科学家是否应该在团队中占据大多数，在那些去过大公司的人中有 56% 表示赞成，而在那些待在小公司的人中则只有 46% 表示赞成；（2）关于关键管理人员应该是“行政管理者”还是“大胆的领导者”，在那些去过大公司的人中有 54% 表示应该是“行政管理者”，而在那些待在小公司的人中则只有 45% 表示应该是“行政管理者”。毋庸置疑，来自不同大学的学生有着各不相同的倾向；而且，特定教师对他们产生的影响经常也是显而易见——在一堂课上，一些学生抱怨说，他们之所以如此讨厌大企业，是因为他们被一位自由派教师“洗脑”了。然而，无论绝对数字如何，大公司的人们与小公司的人们之间都会存在一些相对差异。

这些差异也引发出了一个有趣的问题。多数群体可能不如少数群体那么重要——也就是说，由于他们讨厌集体，那些更敢冒险的人很可能会成为我们社会的主导成员。正如一位坦率的年轻推销员跟我讲的那样，他的同龄人对集体越是满意，像他这样的人就越是自由。

尽管这只是当前人们的一种看法，但我怀疑，我们正在向前发展的社会也将遭遇这样的双重标准。虽然接受公司约束的人可能夸大了他那一代人的行为倾向，但是，这种夸大只是在程度上有所夸大，而不是在一代人的性格上有所夸大。其他不同的职业要求有不同的侧重点，但在像集体与个人这样的核心问题上，进入教学、法律或新闻等领域的年轻人却是持有同样的基本观点。

大四毕业生们并不否认单个研究者或企业家也可以为他人服务。但是，他们并未太多去考虑这两者。他们自身的冲动、他们接受的培训，以及整个时代的氛围，都在告诉他们，他们应该去从事那些明显属于社会化的工作。无论是作为公司、团体医疗诊所还是律所的成员，他们都认为，集体是为他人提供服务的最佳方式。

当然，在某种程度上，这也是对为了寻求舒适生活而自取其辱这一行为所做的一种辩解——如果他们完全保持一致，他们就会更加积极地认识到公共服务也是社会性的。但是，这并不仅仅是为了将这种追求予以合理化；大四毕业生们真诚地相信，虽然所有的集体努力都有它们的价值，但是，有些集体努力则要更有价值。接受组织约束的毕业生可以争辩说，他这样做主要是为了去往组织中心，在那里，他所有的精力都将用于最大限度地去帮助他人。就像中世纪那些加入宗教组织的年轻人一样，他也将会进入社会的中心。

07

偏重实用性的课程

那么，他是如何做到的呢？答案就是，是他的前辈教会他的。在本章中，我将会讲述他所接受的教育内容，并提出理由证明：美国教育中的很大一部分内容，都是在极力促使人们为迎接组织型社会的到来做好准备，而这则**正是因为它在非常努力地这样去做**。我的责难基于这样一个前提，即组织人最需要接受的教育其实是基础学科教育。现在确实是一个集体行动和专业化的时代，而也正因如此，组织人才无需接受重点培训去“成为现代人”，组织生活中的压力自会教给他这一点。但是，组织生活并不会教给他学校里可以教给他的一些基础东西，一些关于我们来自哪里的感受，有了这些感受，他就可以自行判断：自己现在是在哪里，将来又会去向哪里，以及为什么。

事实上，他得到的是越来越多的关于组织技巧中一些细枝末节的训练。尽管美国教育趋向于专业化早已不再是一个新闻，但是，其专业化程度远比我们以为的要更严重。每十位大学毕业生里，只有三位毕业生的专业可以称为基础学科专业（文科**或**理科）。相关数据还表明，长期以来，这种趋势一直都在不断增强；而且，我们并不能用这是当前供需情况所致的一种反常现象，或者是二战的一个遗留问题来加以解释。

不过，也有一些迹象表明，现在出现了一种扭转这种趋势的做法。为文科代言的人们一直在向公众大声疾呼，陈述他们的建议。一些基金会一直在积极推动那些旨在重振人文学科的研究。文科各个领域的学者们也一直在组织召开更多会议，传达这一信息。甚至连商人们也都对此变得警觉起来；许多知名公司的高层管理者都在报纸和演讲中强调，为了公司自身利益考虑，需要重新重视基础学科教育的价值。看到所有这些现象，一些人满怀希望地得出这样一个结论：我们终于处在了人文学科复兴的边缘，

然而，在我看来，这样的事情并不会发生。所有对基础学科教育的鼓动都很受欢迎，也很有必要，但是，我认为，它们的力量过于柔弱，很难抗衡来自其他方向的力量。自二战后一直到今天，每年6月，在毕业典礼上演讲的人都会宣布：人文科学终于回归了；可是，实际情况却是，每年秋天，都会有越来越多的学生选择人文科学以外的专业。此外，大学教育职业化程度的加深，更是进一步使得专业变得多样化。在现今的组织领导者当年求学时，学生们希望自己每门功课都能得到优和良，而且，其中许多人都会对人文学科怀有一种感情上的依恋。[1]但是，他们这些人再过一些年就会被取代，而那些将要取代他们的人所接受的都是职业化教育。如果说现在人文学科面临的形势就很糟糕，那么等到当前接受职业训练的大部分人成长起来担当重任时，这个社会又会变成什么样呢？因而，在某种意义上我们可以说，当前出现的这种局面，只不过是未来形势的一个先兆而已。

* * *

我们先来看两个足以让人感到欣慰的假设。第一个是“把玫瑰叫做

---

[1] 出于好奇，麦格劳－希尔图书有限公司执行副总裁爱德华·布克（Edward Booker）在1956年初查阅了《财富》杂志500强企业高管的教育背景。在365位提供了教育背景的男性中，有115人不是大学毕业生，有119人拥有文科学位，有131人拥有工程等实用或应用领域的学位。

别的名字”理论，它也就是说，许多看似专业化的理论，其实不过是对旧学科的一种重新包装，例如，商务英语专业可以传授的基础知识与语言文学专业一样；因而，关于名称的改变这一点，我们无须担心。第二个假设是，人文学科的衰落，只不过是统计学上给人造成的一种错觉。这一观点认为，获取职业化教育学位的人数增多，并没有使得获取基础教育学位的人数减少，相反，它是对基础教育的一种补充。只是因为现在上大学的人越来越多，所以人文学科才会显得相对有些衰落，这是文化民主化必须付出的一种代价。这些人认为，这并不是一个多么严峻的问题；就像漫画书的销量增多并未抑制一流平装书的销量一样，在教育方面，专业化培训的增加，接纳了那些在以前原本不会上大学的人，同时则并未影响那些在以前原本就会上大学的人。

然而，话虽如此，实际情况却并不是这样。虽然因为收集统计数字的方法不同，我们无法将当今的情况与前些年的情况做一精确对比，但我们明显可以看出的一点是，攻读人文专业的学生在所有学生中所占的比例却是一直都在稳步下降，而且其下降速度之快，并不能被上大学人数的增加所抵消。实际人数及其所占比例都显示，现在只有一少部分学生在攻读基础专业。

1954 年至 1955 年，有 183 602 位大学生毕业。我们把所有主修数学、物理学、生物学、文科、社会科学的人加起来，他们共有 48 999 人，占所有大学毕业生人数的 26.6%。

那么，剩下的人学的又都是一些什么专业呢？他们大部分都在学习成为技术人员：22 527 人主修工程专业，占 12.3%；7 052 人主修农学，占 3.8%；14 871 人主修教育专业，占 8.1%。35 564 人学习的是商业和贸易（这是数量最多的一个群体），占 19.4%——这比主修社会科学和文科的人加起来还要多（它还超过了学习法律、医学和宗教的人数，这三者合到一起共计有 26 412 人）。

这些数字表明了一个非常重要的问题。正如一些处于困境中的人文主义者认为的那样，这场冲突并不是科学与文科之间的冲突，而是基础学科与应用学科之间的冲突。很明显，选读职业教育专业的学生人数增加，并非学生总数增加所致——相反，这还导致选读其他学科的学生人数减少，并同等程度地影响到了文学和科学。

获得博士学位学生人数上发生的变化也表明，基础科学有着一种与人文科学相似的命运。这两者的数量都在以一种大致相同的速度下降。1939年至1946年，获得自然科学博士学位的学生人数占所有获得博士学位学生人数的25%；到1955年，这一比例已经降到20%。在同一时期内，获得人文科学博士学位的学生人数所占的比例也从12%下降到7%，下降了五个百分点。

博士学位的发展趋势

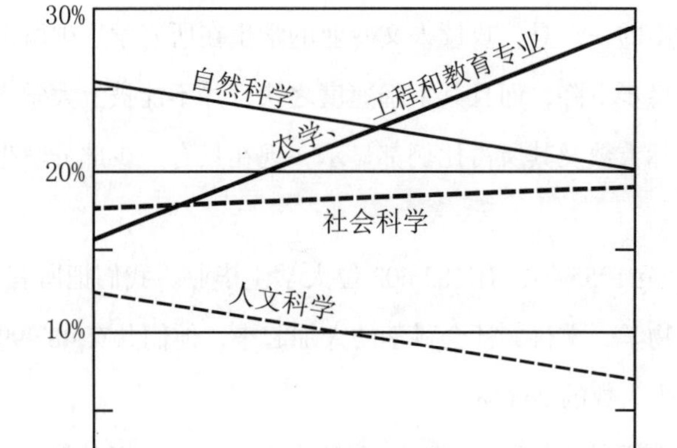

那么，在哪些学科中，获取学位的学生人数所占的比例上升了呢？在获得学士和博士学位的学生中，主修农学、工程和教育专业的学生数量有所增加。1939年至1946年，这三个专业中获得学士和博士学位的学生人数，一共占到总数的 15%；到 1955 年，其占比达到 29%。

相对而言，社会科学似乎保持了一种比较稳定的状况。它横跨增多和减少这两大阵营，由于某些科目的数量减少，另一些科目的数量增加，它在总体上仅增长了 1.3%：从 1939 年至 1946 年的 17.7%，升至 1954 年的 19%。针对学科数量增减的研究表明，我们争论人文科学和社会科学应该包含哪些学科，纯属徒劳无益之举。可以说，历史学和经济学应该属于人文科学而非社会科学，然而，即使这样也无法挽救它们所占的比例下降这一颓势。虽然其他社会科学（尤其是心理学）正在快速发展，但是，历史学和经济学却是正在走向衰退，而且它们几乎和语言文学、哲学、语言学有着相同的下降速度。在此我要重复一下我之前所说的，这是一场基础学科与应用学科之间的冲突。[2]

现在我们再来说一说“把玫瑰叫做别的名字”这一理论。具有讽刺意味的是，正是教育学院的情况最能清楚地说明，基础领域与新的主导领域之间出现的分裂真实无比。从理论上来讲，教育学位与基础教育之间并不是对立的，人们进入师范院校并不一定就是在寻求教学职业培训，在许多州，师范教育都是高等教育的主要工具之一。

但是，不管学生们的最终目的是为了拿到教育文凭还是准备当老师，区别都不大；事实上，无论是哪种情况，他都会尽可能地选择那些与基础教育无关的课程。在不久的将来，这种情况也未必能向一种更好的方向发生转变。虽然近来有很多人都在批评师范院校对教育技术、人格调整、视听技能等技术的兴趣，远远地超出了对其所应该教授内容的兴趣，但是，

---

[2] 在绘制趋势图时，我依照的是联邦教育署统计报告中所设定的分类。因此，自然科学包括天文学、化学、地质学、冶金学、气象学和物理学。社会科学包括人类学、社会学、历史学、经济学、国际关系和心理学。人文科学包括语言文学、所有的外语和哲学。顺便提一句，1939 年至 1946 年，历史学和经济学所占的比例为 9.6%，1954 年至 1955 年，它们所占的比例为 6.3%。与此同时，心理学所占的比例则从 3.7% 上升到 7.5%。

这些批评并没有产生什么实际效果。尽管师范院校的人对此感到困惑和很受伤，但是，在详细翻阅过这一领域的现有文献之后，我并未发现他们在这方面有任何建设性的自我批评。恰恰相反，师范教育的一些领导者一直都在强调教学内容还是太多。哥伦比亚大学师范学院教育学教授珀西瓦尔·西蒙兹（Percival Symonds）近日表示，教师教育的重点应该有所改变。如何改变？“……（它应该）从纯粹的智力课程转向更多的实践经验，以便能够让教师更好地进行自我调整。”（《纽约时报》1955 年 6 月 26 日）

在这件事情上，我们没有理由盲目地感到乐观。如果所开课程的水平较低，那么学生的水平也高不到哪儿去，这两者之间的相互作用预示着，我们无法简单地从内部直接进行改革。没有人会忍心对那些有着高付出低回报的工作者发表让人不悦的评论，但是，既然事情已经发展到现在这一步，我们也就很难再用那种委婉的表达去遮遮掩掩。很明显，总有一天，如今的年轻人将会掌管我们的中学教育系统，他们中有很大一部分人恰好就是**在所有上大学的美国人中最不具备受教育能力的那些人**。

在延后计划草案（DDP）方面，军队的教育考试服务部门在全国范围内对大学生们进行了一系列学术能力测验（这一测验后来成为衡量不同院校学生素质的一个客观指标）。在主修某一特定领域的学生中，教育专业学生的得分一直都是最低的（其及格学生所占的比例仅为 27%）。另一项研究也进一步证实了这一点。人力资源和高级训练委员会（CHRAT）在测验大学生的智商分数时发现，在毕业生所从事的工作领域，教育专业学生的得分是最低的。[3]

---

[3] 以下是 1951 年参加考试的 33.9 万名大学生中 70 分以上学生所占的比例：工程专业（68%），自然科学和数学专业（64%），生物科学（59%），社会科学（57%），人文科学（52%），文科（48%），商科（42），农业（37%），教育（27%）。自 1951 年以来，这一相对排名并未发生实质性变化。理科生考取高分似乎表明，如今对基础科学感兴趣的人越来越少，但是，凡是学基础科学的人往往都是拔尖者。人文科学的分数位于中等（转下页）

紧随教育专业群体之后的是另一个群体，从数量上来看，这个群体起到了一种主要的牵制作用，那就是商科专业群体。在过去的30年里，随着主修人文专业学生的人数不断下降，主修商科专业学生的人数却是在成正比增长：自1940年以来，其增长速度一直在不断加快。从1940年到1950年，主修商科专业的学生人数翻了一番。到1955年，他们已经成为高校中最大的本科生群体——他们的人数超过了数学、所有自然科学、所有物理科学、所有生物科学和语言文学专业人数的总和。

在这种情况下，有些东西自然也就不得不被牺牲，那就是基础教育。不过，商业教育的大幅增长还未出现在工商管理研究生院，例如，哈佛大学和芝加哥大学的工商管理研究生院就要求他们的学生必须先接受一定的基础教育。“商学院”本科生的人数一直都在增加，在那些入学的学生中，换作是在十年前，很多人可能都会去主修经济、政治或历史。

商学院不仅让越来越多的人远离基础学习，它还一直在微妙地改变整个校园的氛围；在学校里，通常都是商学院的学生占据主导地位，而主修人文科学的学生则处于守势。《宾夕法尼亚大学日报》（1955年1月14日）对宾夕法尼亚大学的情况进行了一次非常坦率的评估，其中谈到了商学院对校园内其他方面的影响。

> 沃顿商学院对宾夕法尼亚大学的人文艺术培养，造成了首要也是最严重的破坏性影响。它以其所提供的优秀的商业培训而闻名于世并

（接上页）（略低于平均比例53%），对此人们可以有多种解释，但有一点似乎很清楚，那就是，无论到底出于何种原因，人文科学都并未能吸引那些最有天赋的人。

当把人文科学细分成特定学科时，情况则稍稍让人乐观一些。人力资源和高级培训委员会在1952年对本科生和研究生的智商进行了一次大规模的测试，结果发现，在获得学士学位的学生中，语言文学和外语专业的学生表现相当不错。在研究生阶段，人文专业学生的排名略低于自然科学，略高于社会科学。教育专业研究生的成绩最糟，处于所有专业领域研究生中最底层五分之一。

> 设有学术学位。它凭借其声望和对本科生的吸引力，给大学生的社交和课外生活营造了一种氛围，这种氛围虽然说不上是反智力的，但却通常都是非智力的。这种氛围往往会阻碍一些兴趣在学生中间得到普及，而这些兴趣则经常会占据其他大学里学生们的时间，在那些大学里，文科学院是学生活动的主要推动力。
>
> 本科生群体中有一半成员都对偏重物质和非学术性的事物抱有更高的兴趣，这必然会营造出一种对理论科学和文科热情不足的氛围。当这些群体成员通常特别聪明时，这一点就会变得尤为明显。他们非常善于向其同学指出教育中那些看似“无关紧要”但却很明显的错误。他们对文化艺术抱有一种无知的态度，认为“文化”是一门归属于艺术或历史的基本课程，他们只是因为其顺应了商学院的要求才选择了这门课。

从理论上来说，一个人即使主修的是商科，也仍然能够学到很多关于人文科学的知识，当然，这需要他付出一番努力。一所大学的商学院想要获得美国大学商学院协会的认可，必须让它的学生们完成 40% 的非商科课程，结果就是，大家对文科课程一知半解；但是，一旦这些内容被免除（近来学院课程目录上的措辞表明“免除”是一种恰当的说法），与人文科学相关的内容也就只剩下一些残余的痕迹。这方面有一个比较明显的例子就是，丹佛大学工商管理学院为那些“不想术业专攻”的学生提供了多种非专业课程。例如，在大三，他要修一门非商科课程“文学和其他艺术”；在大四，他则要学习一门非商科课程“人生哲学”。

与未来的服务相比，这可能算得上是一种内容比较丰富的服务（学生们可以有多种选择）。所有迹象都表明，商学院的内部将会进一步专业化；事实上，也不断有商学院打着“专业化”的旗号大量设置分院。这种势头在开始出现之后，就会变得让人难以抗拒；一旦商科专业里有一门单独的技术课程流行起来，要不了多久，学院就会围绕这门课程形成一个完整的专业培养方案。

一旦一个专业有了一个完整的专业培养方案，下一步就是围绕它设立学位，或者有时还会成立一个新学院并配有教学楼和独立的新教员。比如，就在几年前，公共关系这门学科还是附属于正规的人事和宣传课程；如今，这门学科已经慢慢地拥有了自己的专业培养方案，而波士顿大学则为该学科设立了一所学院，可以为主修该学科的学生授予硕士学位。纽约大学的例子则说明了从开设课程到建立学院的速度可以有多快。1953 年秋季，纽约大学宣布，它将会在来年开设一门公共关系课程。在这一公告发出后没多久，学校就又补充说，一旦开始增设其他课程，就会设立一个公共关系学院。

广告学专业也是紧随其后。1953 年，《印刷者》称："近来关于设立一个能够授予大学广告学学位的学院的言论可谓甚嚣尘上。""上个月，旧金山西部大会广告协会通过了一项关于这个问题的决议。现在，美国报业公会正在敦促所有文科院校增设广告学院，授予完成相关课程的学生广告学学位。不过，目前高校在这方面取得的进展可以说是非常小。只有三所文科学院可以授予广告学学位（丹佛大学、惠特沃斯学院和圣何塞州立大学）。俄勒冈州立大学最近扩增了它的广告学院，并有望在明年成为一个新的广告学学位授予点。值得注意的是，在东部（那里是美国广告业务中心），却是没有一所大学设立广告学学位。"

但是，这种阻碍只是暂时的。具有讽刺意味的是，广告学教授们已经认识到，商科留给人们的印象是显得过于浮躁。他们言辞激烈地回应说事实并非如此，他们这样说当然是对的。菲利普·伯顿（Philip Burton）是锡拉丘兹大学商学院广告系主任，他在《印刷者》（1955 年 5 月 27 日）上发表了一篇文章"广告学教育已经成熟——广告商却并不知晓"，向商界详细地介绍了广告学教育中的各种细节。"在校园里，学生们在设备齐全的广播电视演播室工作，或者是在配有最新设备的生产实验室学习印刷术。在广告摄影方面，学校配有照相机、显像设备和技术人员，以便向学生们教授他们日后可能用得上的所有技能。”有一张关于德克萨斯大学学生们的照片，他们在一间精心打造的工作室里做着“实验室”工作，包括撰写和制作无线电商业广告。伯顿认为，这种实践训练正在“打消招聘人员的疑心。在学校里，如果有人说这位广告系学生已经获取了他应该获取的知识，那么对招聘人员来说，他就会是一个更好的招聘对象。”

* * *

关于商学院在专业化问题上的争论，现在已经发展到了这样一种地步：你应该在一个专业中专攻到什么样的程度。迈阿密大学的一位行政人员说：“学生们可能会变得过于专业化，但是，我们商学院绝对不会允许他们过度专业化。在这里，所有商学院毕业生都必须在所有基础商业领域选修至少一门课程，这些课程包括管理、金融、市场营销、商法、商业统计、经济学、会计和商务英语。”许多其他商学院也以相同的方式反对它们的学生在学习上变得过度专业化。

不过，在另一方面，它们则确实认为这种专业化切实可行。而在某种意义上，这种说法也是正确的。当一所学校将某一职业专业列入课程中时，它就会得到商界人士出于感激而提供的各种资助和支持，进而也就使得这门专业的存在变得合法化。然而，这一实用性对学生来说则是另一回事。即使学生在商学院学习了那些专业化课程，招聘人员也还是会觉得他缺少某些能力，因为他在学校时没有学习商科之外的知识，而是一直忙于学习商科能够教给他的知识。此外，在大多数情况下，商学院毕业生甚至都没能享受到其所接受的专业化教育带给他的好处，因为他最后很可能会进入别的领域去工作。宾夕法尼亚大学沃顿商学院的威廉·凯利（William Kelley）教授对沃顿商学院的校友们进行了一番调查，询问他们在学校里所学的专业，以及步入社会后在商界所从事的工作。结果他发现，这两者之间的相关性很低。

在商学院的教师中，也有一些一流人才（只是这样的人为数不多），他们在进一步专业化上并未感受到太多的压力。任何改革都只能通过人文主义者发起颠覆运动来实现，这一点并非毫无道理。这对那些职业主义者来说可能是一种诗意的正义，而那些伪装的人文主义者则可以在自己的课程里采用它们的术语，假装自己在进一步专业化。如果人文科学开设的课程是“文艺复兴时期的商业影响”“前工业化英国的市场模式”或“伊丽莎白时代戏剧中的沟通技术”，谁还敢再对它们挑剔指责？

* * *

当我们去观察工程技术产生的影响时，我们会发现一个异常现象。表面上看，人们会认为，中世纪精神正在摧毁工程行业。支持工程技术的人士忧心忡忡地指出，1950 年以来工程专业的大学毕业生人数有所下降，这表明美国已经放弃了技术，正在被学者们引领回到中世纪。在几乎没有来自其他阵营的人提出异议的情况下，工程师们已经让大家接受了下面这一观点，即，要想重新达到平衡，必须大量增加工程专业的招生。他们紧接着又补充道，事实上，如果我们想要生存下去，就必须尽快做出改变，因为苏联每年能够培养出 5 万名工程师，而我们则只能培养出 2.5 万～ 3 万名工程师，我们绝对不应该落在苏联后面。理智和爱国主义，都要求我们尽快扭转主修工程专业学生的人数下降这种现象。

我并没有那种否认我们需要更多工程师的意思。事实上，在二战结束后，当工科院校的招生人数出现激增时，政府发出了一个错误的警示：工程师很快就会供过于求；随着时间的推移，这一警示阻止了许多学生进入工科院校。我所反对的是人们接受下面这一观念：人们认为工程师的短缺是我们当前最紧迫的短缺，并认为人文学科的过度复兴是出现这一现象的原因所在。这种观念是错误的。虽然在我们的社会中工程师的人手确实有些短缺，但是，几乎是在每一个行业，但凡是需要经过专业训练的，都缺人。再加上在20世纪30年代初，由于经济萧条，人们没有生养那么多孩子，因而，等到那批孩子长大成人进入社会后，恰好各行各业都缺人手。不过，等到在20世纪40年代大量出生的人成年之后，供求情况有可能会达到一种更好的平衡；然而，即使到了那时也会出现专业人才（如医生、律师、心理学家、注册会计师、市场研究人员和化学家等）短缺现象——然后，就像今天一样，每个专业群体都会抱怨国家不重视自己、国家这样做实在是太愚蠢了。

工程师们的假设是正确的，如果想要让我们的社会上有更多的工程师，那么进入其他领域的人也就势必会有所减少；但是，为此他们竟然要求人文科学来做出牺牲，这就未免有些让人奇怪了。正如我们所看到的，我们只需粗略看一下入学人数就会发现，更多的年轻人都去了商学院，而不是人文科学那座象牙塔；事实上，在美国，工程师数量减少的一个很大原因就是，越来越多的年轻人希望长大后能给工程师当老板——考虑到企业使用技术人员的方式，为了日后在社会上取得成功，这并不是一种完全被误导的冲动。

工程师们竟然把人文科学视为自己的对立面，这表明在当前的问题背后还隐藏着一些更深层次的东西。尽管工程学科目前真正的对手是技术官僚教育，但是，工程师们认为人文科学是与其对立的核心却也是正确的。这一冲突可以说是一直存在，不过，只要缺人手还没有达到火烧眉毛的地步，也就很少会有人跳出来对人文科学说一些刻薄话。但是，你好我也好的时代已经结束，有些人似乎觉得现在正是跳出来把人文科学树为敌人的时候。这里请允许我引用乔治·蒂奇纳（George Tichenor）先生发表在《技术评论》（1955年3月）上的一篇文章。他这篇文章叫“打断伟大的对话”，他以一种如此令人钦佩的激进姿态说出了许多人私下想说的话，以至于他的话值得我们在此加以引用。

在向读者交代过他本人接受的是人文教育之后，他开始指责它们是无用的；尽管他的辛辣文风掩盖了下面这种说法，但是，他仍然大胆地说道，它们可能比无用还要糟糕。"文科教育对扎实的教育来说是一种相对无害的装饰品，在正常时期，如果一个人既有闲又有钱，想要接受一些文科教育，那是一件无可厚非的事情。但是，我们不要忘了，现在并不是正常时期。"在谈到现代人的需求主题时，他描绘了由哈佛大学的内森·普西（Nathan Pusey）和罗伯特·哈钦斯（Robert Hutchins）领导的"中世纪主义运动"的大规模回归；像往常一样，哈钦斯被认为是一支由学者组成的庞大军队的指挥官。"在对技术教育的攻击中，值得用一个师来对付他。他很机智，而且很有做新闻的天赋……但是，最糟糕的是，他这个人非常公正开明，所以在他深入自己的盲区时，他的权威本身就能造成很大的破坏。"

蒂奇纳关注的不仅仅是人文主义者（他们很容易受到批评），他担心的是，人文主义者会渗入工程学院，在实用性的这最后一座堡垒中向学生们灌输他们的思想。"在当前这一困难时期，"他抱怨道，"我们教育工作者中的那些人文主义者，似乎正在想尽一切办法把他们的博雅教育挤进技术学院，这样一来，专业学科就有可能被挤出课程体系，结果等到最后毕业时，工程师们接受的培训就会大打折扣。"他直言道，技术学院应该把所有人文科学的课程都设为选修课。他还毫不相干地补充说，并没有证据表明人文科学会让人变得更民主，"我确信（蛮荒边疆之王）戴维·克罗基特与杰斐逊总统一样爱国，甚至比后者更爱国"。

在这场争夺人心的战斗中，我们被告知苏联人已经大获全胜。在苏联的工科学科里，没有开设那些愚蠢的人文科学课程；而且，苏联还采取了许多切实的措施，以确保本国不缺少工程师。"在苏联，人们为寻找技术人才做出了巨大的努力；工程专业学生可以免服兵役，因为在苏联，学工程就是在服兵役；另外，国家还会为工程专业学生提供现金补贴。"我们可以从中学到一些什么呢？"我国政府可以把工程和科学培训与西点军校和安纳波利斯海军军官学校（这是军事职业化的两所典范学校）放在同等重要的位置；我们可以安排那些选定工程专业的学生就读于我们任何一所优秀的技术学校，并给予他们一定的现金津贴，但有一个前提条件是，他们从学校毕业后，需要先在政府部门服务一定期限。我们的学院应该最大限度地修改颁发奖学金的机制，它们不应该过于重视获奖人的才华，而是应该更多地强调获奖人的需求。”

* * *

究竟为什么会有人对课程博雅化（充满人文精神）感到如此惊慌，很是让人费解。虽然最近有很多关于工程学校如何认识到过度专业化的危险和让课程博雅化的讨论，但是，事实表明，所谓的改革或多或少仍然只是一种空谈。除了凯斯理工学院、加州理工学院、卡内基理工学院和麻省理工学院这几所院校，过去50年来，这方面的情况几乎没有发生任何改变。下面我将会引用具体数字来证实这一点。早在1903年，在工科学校修读纯技术课程的平均课时占到课程总学时的84.1%；到了40年后的1944年，这一比例大致相同。在了解了这一情况后，工程教育促进会（PEE）建议给“人文–社会”课程分配更多的课时：“我们相信，只有通过**一系列**课程的扩展才能实现这一点。这些课程将会贯穿本科四年的教学，并且至少会占到总受教育课时的20%。”在那之后，情况又是如何呢？1953年，纯技术课程的课时占到总课时的82%。即使非技术课程的课时略有增加，却也不过是虚有其名。在研究工程学的课程体系时，联邦教育署指出，一些既定的人文科学课程也是偏向工程学的高度专业化课程，而不是偏向语言文学或类似的基础课程。它报告说，受到各种现实情况的制约，“人们常说的平衡课程设置这一目标并未完全实现”。

因而，我们需要再次提出基础学科和应用学科之间的问题。很多人都打着**科学**的名义呼吁需要更多的工程师，大声疾呼反对人文科学。然而，在这一联系上，他们拥有的权利并不比人文学者多多少（实则是比人文学者还要少一些）。说我们需要更多的工程师，这可能并没有什么错；但是，说我们需要他们是因为我们需要更多的科学家，这就不对了。

培养工程师与培养科学家绝对不是同义词，而且，也没有证据表明工程学院培养出了大量的基础科学家。在《美国科学家的起源》(1952)一书中，两位作者得出如下结论："高校培养出的科学家数量，与其所开重点课程的规模和职业化成反比。我们发现，最盛产科学家的机构是那些小型人文院校，这些学校坚守通识教育；那些综合性大学尽管做出了最大限度的调整，但是，它们培养出的科学家数量仍然很少；而那些工程类院校则显然培育不出科学家……工程院校在这方面不如综合性大学和人文院校并不让人奇怪，因为它们主要致力于对学生进行有限的职业培训。"

* * *

接下来，我们来谈谈少数主修人文科学的学生。尽管主修人文科学的学生人数原本就够惨淡的，但是，其实际下降幅度比这一数字所表明的还要大。因为当我们仔细观察所谓的基础课程时，坦率地说，我们发现，其中开设的许多课程的内容，几乎和职业学科开设的课程内容一样狭隘。

这里我们以心理学专业为例。在一些大学里，心理学被作为人文科学之一来进行讲授；但在更多的大学里，它则是一个包罗万象的短语，各种奇怪的带有功利主义色彩的课程都可以冠以它的名字。单是它所开设课程的数量就足以说明问题；它没有开设那种要求基础课程的核心学科，而是用多达 40 ～ 80 门单独的课程来引诱学生，这就像是一个不断减小的圈子的聚集，一点点缩小学生的学习范围，最后逐步走向专业化。

换句话说，这也就好比是把高中的驾驶培训课程分成了克莱斯勒驾驶课程和福特驾驶课程。比如，人事咨询这门课程本身就已经相当专业化了。但在某些部门看来，这还远远不够，它们进而又把这一主题分解成各种特定情况下的人事咨询；例如，在俄亥俄州立大学，我们有**大学**人事心理学；在其他大学，我们有**公司**人事心理学、行政人员心理学等。

不过，这种课程也有一个共同点，那就是，它们非常有吸引力；不断在学生面前晃动的是幸福的秘诀，因为这些课程明确告诉他，只要他选了这些课，他就可以掌握能够影响他人或调整自我的技能。这个学生要是错过了研读威廉·詹姆斯的原著，他几乎不会受到责备。既然不用费力就可以学到以下东西，为什么还要去读那些已故者的书呢？

36—250	《人格发展》。影响人格发展的因素。介绍心理卫生学原则。由工商管理学院提供。先修课程及要求：36—10 和高年级学生。
36—251	《心理卫生学》。本课程旨在为学生提供充分的信息，增加对心理健康因素的了解，使学生能够更好地适应自己、他人和环境。
36—261.1，2	《应用于生活和工作的心理学》。心理学原理在商业、工业和专业领域等实际问题中的运用。对个人问题的一些运用，包括工作与休息、无聊和焦虑、意外事故和激励因素等话题。先修课程及要求：高年级学生及学习心理学概论或普通心理学的学生。

我们再来看一下语言文学。它现在已经变成一门“沟通技巧”课程，成为工程师和应用心理学家都要学习的一门所谓跨专业学科。密歇根州立大学等高校不仅设有完整的传播学系，它们还把传播学课作为必修课程的核心。在其他院校，传播学课已经成为广告职业培训和新闻研究的核心课程。

作为看待社会的一种方式，传播学可以说是一门很有吸引力的学科；而它之所以吸引人的原因之一就是，没有人确切知道“传播”到底意味着什么，或者就这一点而言它是否真的是一门独立学科。在有更多人知道它之前，它作为一门基础的本科学科，没有开展过任何实际业务。任何尝试过教写作的人都知道，那些还没有掌握写作技巧的学生会不惜任何代价来摆脱这项苦差事。因而，无论何时，这个专业都不适合用关于大众媒体的内容分析和观众行为实验去让他分心；它们不仅会转移他的注意力，还会让他误以为自己已经长大，以为自己已经走到了探索的前沿这一阶段。

那么，担当他的导师的那些技术人员又是谁呢？读一读他们发表在学术期刊上的那些文章吧。这些人中有许多人甚至不喜欢语言。他们用图表来折磨它，用方程式来扭曲它；他们几乎不尊重他们所倡导的手段、用来联系大众的途径（即语言），所以他们自己从来也不肯屈尊去使用它。事实上，极少有人会像他们那样没完没了地去提倡所谓的简洁。

* * *

“通识教育”运动的发展，极大地鼓舞了那些担心高校课程出现过度专业化的人们。1945 年，哈佛报告（《自由社会中的通识教育》）中首次提出了“通识教育”这一观点，不过，这一观点并没有抨击专业化，而是主张为专业化打下一个更加坚实的基础。由哈佛大学的艾略特倡导的自由选修课体系，让学校在开设课程上变得更加自由，但是，随着时间的推移，它也造成了分裂：选修课逐渐远离了统一的课程核心。在大多数情况下，学生选修的本专业之外的课程，都不是为本专业的人而设计，而是为专攻特定学科的人而设计；即使学生不讨厌这门选修课，他也无法理解这门学科与其他学科之间的相关性，进而也就无法理解这门课程与他之间的相关性。因而，该报告认为，设定一个统一的目标是非常有必要的；它敦促大学和学院应该现在就着手把不同的学科组合成为一个项目，普通学生可以通过这个项目学习各个部分，这样他就可以进而把握整体，更好地理解其意义。

到目前为止，一切都进行得很好，许多大学都已经开始实施这样的项目。但是，“通识教育”这个词实在是好得不实用，那些抱着功利主义态度的教育者很快就将它挪用来去包装他们的教学方案，而他们最终得到的结果则与哈佛报告中所讲的背道而驰。对他们来说，这个术语使他们对“主题”（即知识）的厌恶得以合理化；他们所构建的是一些肤浅的“概论”课和“核心”课，如果说有什么不同，那就是，这些课比起它们所取代的选修课反而还要倒退了一步。在后者中，学生至少还会被督促着去掌握某些东西，虽然这个主题本身可能并没有引起他的注意，但是，它确实提供了一个成就标准——这与现实生活中所实施的标准并无二样。相比之下，在“概论”课中，他只是在进行“抽样”，而更糟的是，他竟然相信这种“抽样”本身就是一门学科。

一门“概论”课可以通过展示不同学习领域之间的关系进而阐明整体。但是，它不能以牺牲部分为代价来做到这一点；学生必须先了解这两件事情是什么，然后才能看出它们之间有什么关系；比如说，在看出宗教改革与英国工业革命之间的关系之前，学生必须先分别了解这两件事情是什么。可是，他能否在概论课上做到这一点呢（这些概论课在一个学期内就能讲完自大洪水以来人类发生的所有事情）？虽然这正是许多“概论”课和“通识教育”课试图做到的，但是，事实上，它们非但没有把各个部分组合起来，反而消除了部分。

它们消除了部分，因为直白地说，学院通常所认为的那种“完全教育”，根本就不是那种真正的智力发展。相反，它还是过去的那种“个人–社会发展”，只是里面加入了“现代人的需求”这一主题，改头换面而已。这里我要引用近来召开的一次关于普通教育项目的教育工作者会议上出现的一些发言。“我们可能会设计一个新的宇宙加速器，”一位来自佛罗里达州立大学的协调员惊呼道，“课程结构上会有一些新的设计，以便适合我们与之合作的那些原子时代的宇宙学家。我想说，这个计划和我们的朋友（一位核物理学家）提出的‘加速器开发小组’规划一样令人兴奋。”据报道，针对各个大学进行的调查显示，它们已经在这方面取得了很大的进展。“基础教育的核心课程，”一所大学宣称，“是‘个人–社会适应课程’。”另一所大学则公开表示：“我们认为，在现实生活中，课外咨询和辅导与正式教学课程同等重要，甚至还有可能比后者更重要。”

* * *

那么，职业主义是否已经饱和了呢？这么想的人最好是去回想一下美国教育的发展历史。在我们的历史上，对“效用”的强调早已不是什么新鲜事物。许多人都把一百年前的教育称为是一种为贵族量身定做的教育，但是，美国的教育甚至比欧洲的教育模式更加偏重实用，而且，从某种意义上说，它是一种针对某些行业的职业培训。当伟大的“赠地大学运动”在19世纪60年代开展起来时，美国已经为接受更为“普及”的教育做好了准备，以至于短短数年，数十所技术学校和农业学校就培育出了一个全新的阶层。在此期间，传统文理学院的课程也发生了很大变化；在哈佛大学引入选修制后，其他大学也都相继摆脱了传统的固定学习方式。同样，约翰霍普金斯大学发起的职业学院运动，也在改变着全国各地的学院；到了世纪之交，文理学院已经不再是教育的中心，而是成为一系列技术和职业学院中的一个单元。此外，1900年以后的高中教育大扩张也产生了一种深远的影响。现在回头去看，它们似乎都是革命性的，然而，事实上，它们仍然是一种延伸，而不是一种逆转。

不论这样说是否有所夸张，对实用性和当代性的追求都已完全融入美国的教育传统。教育永远都不会回归到那种让人恐惧的状态，因为它应该回归的状态从未在这个国家真正存在过。这种对中世纪主义复兴的恐惧是一种无缘无故的担心，因为美国的教育总是倾向于实用主义，倾向于面向多数人而不是少数人，任何违背这一传统的改革都不可能取得成功。

在这方面那些为人父母者也不会同意。他们不是会被教育工作者蒙蔽的愚者；有时候，他们也会谈论起“基础”，然而，在考虑当下的实际问题时，他们表现出对更实际的问题抱有更大的兴趣。1949年，埃尔莫·罗珀（Elmo Roper）为《财富》杂志进行了一项调查，研究美国人对待教育的态度问题。其中一个问题是，他们希望他们的孩子在大学里花多少时间去学习人文学科。在所有接受调查的人中，那些念过大学的父母的回答最为宽容。他们的回答可以分为以下几类：7%的人希望他们的孩子把所有时间都花在人文学科上；7%的人希望他们的孩子把四分之三的时间花在人文学科上；30%的人希望他们的孩子把一半时间花在人文学科上；28%的人希望他们的孩子把四分之一的时间花在人文学科上；10%的人希望他们的孩子把所有时间都花在技术或专业学习上。今天，人们对人文学科抱有一种更为强烈的偏见。在本书第七部分关于郊区那几章中，我们将会看到新一代组织人父母希望他们的孩子接受怎样的教育，在这里我只想说，与十年前他们的同龄人相比，他们要显得更有职业化倾向。

* * *

正如哈佛报告中所言，传统主义与现代主义之间存在对立，是西方思想中的一个悲剧。其实，更为普及的教育并不必与人文学科对立。当然，我们的民族性格总是过分地倾向于实际，而且，我们的青年必须为一个组织世界而非企业家世界提前做好准备，但即便如此，人文学科的振兴仍是有意义的。它肯定不会是一种“回归”，因为我们没有办法从美国人中划分出一个受过职业训练的多数群体，由一小群官员来领导他们（我们的社会具有很强的民主色彩，不可能长期保持这种状态）。人文学科如果想要蓬勃发展，就必须证明它们与每个人都息息相关。

只有那些最大胆的领导者才能做到这一点，因为有一场真正的战斗要打。它无法被裁定，因为在目的上存在着一种深刻的哲学分歧。那些为“社会－适应”课程工作的人们，在具体工作上都很投入。虽然你可能会像本书作者一样觉得他们重视的东西是错误的，但是，你必须承认，他们确实关心它们。在教育学生为组织生活做好准备的过程中，他们强烈地感受到这么做是为了一种共同利益，这给了他们一种思想上的支持，使他们团结起来，充满活力。最终，他们赢得了统治地位；正是他们利用了当代社会力量，而多年来也正是他们获取了相应的回报。

在这场斗争中，文理学院的管理者们没有理由表现出那种自满情绪。在 19 世纪与 20 世纪之交，文理学院把培养教师这一历史重任交给了师范院校。而放弃这项重任的结果就是，普通学校把这些还没有做好准备的师范毕业生送入了大学。各个大学一直都在抱怨高中教学水平低下，但却只有少数大学提出了一些具有建设性的意见。大多数大学的反应都是消极的，并未去帮助教育中学教师；它们开设了一些课程来弥补新生在基础知识上的不足，但却把问题的关键抛在一边，不予理会。

私立学校在这方面的情况则更为糟糕。虽然它们存在的价值远不只是作为一个典型或带头人，但是，它们大都仍然给学生们提供了一种很好的教育，尽管它们是秘密进行的。它们满足于简单地存在。除了极少数例外（说有五个可能都有点多了），它们丝毫没有表现出与社会其他部分之间的相关性；能够让它们从这种可耻的麻木状态中清醒过来的唯一问题就是，它们可能会被征税。很少有人会提出这种想法：想要确保它们不会消失，最好的办法就是向世人表明，其自身对中等教育的某些部分还是有用处的；而教育方面的大辩论在没有它们参与其中的情况下仍在继续。当外行人在阅读任何有关私立学校的东西时，它很容易让人想起过一种安居的生活、虔诚地向完整人致敬等，但是，这还不够。读一下《独立学校公报》，再读一下美国教育协会的期刊，你就会知道，为什么那些大谈“生活－适应”的教育者会在社会上占据主导地位。美国教育协会期刊上刊登的文章经常会让人感到震惊，但是，它们也会让人感到兴奋。相比之下，私立学校发出的声音则很安静，很细小。

另一方面，文理学院的管理者则应该为它们拥有如此低的社会地位而受到指责。如果人们以它们不够有用为由而远离它们，这并不能被完全解释为是一种对假神的崇拜。事实上，以实用性作为评价的标准并没有错；毕竟，从一开始起，文理学院存在的主要目的就是，旨在进行一种高度功能性的培训。如今，在大多数人看来，它们存在的主要目的已经不再是这样，这是一个相当强有力的证据，表明问题并不仅仅在于人们的判断有问题。

让我们回到语言文学的话题上来。在所有的科目中，没有一门能比它更有用——正如彼得·德鲁克（Peter Drucker）所说，未来，商人所能学到的最具有职业性的课程，将会是诗歌或短篇小说写作。商务人士和学生都轻视语文，这对商业很不利。但是，这对语言文学专业也很不利。他们引用即时效用（如撰写报告）这一狭隘理由拒绝为英语进行辩护是对的。但是，他们可能又退缩得太远了。在如此抵制语言文学专业职业化的过程中，他们实际上使它变得更加职业化。如果“商务写作”技术人员和心理学家能够将语言文学变成一门“沟通”科学，那是因为语言文学与他们所在学科之间更大的相关性还没有被挖掘出来。

而从长远来看，这也就意味着语言文学不再那么有用。在所有的学科中，谁教给我们的东西最多？是天才——还是失败者？事实上，我们应该关注兰姆、斯威夫特和莎士比亚等人的作品，而不是那些“散文工程师”的作品。伟大的思想方式和表达方式似乎与我们自身的眼前问题相去甚远，但却也正是因为存在这种距离，它们才是我们真正的向导。重要的是普遍性，而非特殊性；只有通过它们，我们才能知道简单是思想的产物，而不是那种削减百字长句的机制的产物。语言文学是一门长期存在的学科，也是一门内容艰深的学科，然而，从长远来看，还有什么学科能比它更实际的呢？遗憾的是，那些“散文工程师”并没有认识到这一点。而当我们看到教语言文学的老师也没有认识到这一点时，也就更加让人难过了。

* * *

不过，如今也出现了一些好兆头。在重振人文学科上，常青藤联盟大学和一些小规模文理学院表现出了一种巨大的活力和实用主义（请原谅我使用这个词）；而且，它们的毕业生在社会上仍然供不应求。尽管我们不得不承认，对这些毕业生的需求主要是课程以外的原因所致，但是，企业发现，毕业生并不会长久地受到（它的）伤害。这些大学与美国的其他大学背道而驰，它们正在打造一种可能比它们以前完成的更为重要的功能。

还有一些别的好兆头。正如我们已经看到的，一些技术学校一直在修改它们的课程体系，以便让它们的学生了解 3000 年来外部世界发生的事情；目前，麻省理工学院、加州理工学院和卡内基理工学院等学校，都要求它们的学生至少要把五分之一的时间用于学习人文学科，尽管这一要求并没有被强制施行，但却还是受到了学生们的欢迎。与此同时，专门讨论人文问题的委员会、项目和会议的数量也在增加。一系列的研究已经戳穿了 13 岁神童的智商神话。这些研究证明，我们并不缺少本土天才；事实上，问题在于，我们国民中大多数高智商者并未受到足够的挑战，他们中有一半人都没有上过大学。

* * *

但是，趋势的力量可能要比逆势的力量更为强大。由于缺少对手，反对知识分子的教育部门可以借用“民主”一词来证明课程变革是正当的；虽然文科中人可能会在这一点上赢得辩论，但是，其他学科中人很久以前就赢过了。过去，那些未受过教育的人会因为觉得自身无知而感到谦卑。现在，他们则被授予学位并负责去管理（他人），这种学习错觉将会产生一些比没有学位更加重要的后果。

最后，我要回到我的悲观预测上来。现在我们可以展望一下 1985 年时将会出现的一些情形。那些将会控制教育工厂大部分机构的人，将会是这个国家最严格的反智识培训的产物。事实上，就连那些外行也不会与职业主义者显得格格不入；从新郊区的情况来判断，到了 1985 年，大多数中产阶级父母在评价他们子女的教育时，除了社会适应型的学校教育，他们不知道其他任何标准。到了那时，将会由谁来负责筛选学校捐赠并担任学校董事会成员呢？越来越多的将会是组织人，商学院毕业生，或者也可以说是“现代人”；总之，他所接受的教育就是被高效地设计出来用于实现这一目的的。

08

商业对教育的影响

在本章中，我想更加明确地关注商业在这些教育变革中所扮演的角色。虽说商业仅是众多影响因素之一，但在未来几年，它将会变得更为重要。仅仅由于大学融资经济学（筹措经费）上发生的变化，组织人就不仅仅是一名校友。作为公司资金捐赠的监督者，他正在成为教育的额外受托人。他对教育的看法，无论我们赞成与否，都将会有一定的道理。

由此也就产生了一种有趣的反常现象。最近一段时间以来，美国商界领袖一直都在抱怨说“通才”远远不够。他们一直都在宣称，普通管理人员所接受的教育过于狭隘片面。宾夕法尼亚州的贝尔电话公司对此有很深的感触，以至于它一直都在将其内部一些最有前途的中层管理人员派往宾夕法尼亚大学，进行为期一年的人文学科专业学习。但是，公司的高层管理者们承认这只是一种权宜之计，因为这是大学生从一开始进入大学就应该接受的教育。商业领袖们对大学说：“我们需要的是那些全面发展、基础扎实的人，我们将会自己给他传授他所需要的专业知识。”

他们一次又一次地提出这一请求，而他们自己的招聘人员也是在继续做着他们一直在做的事情：招纳更多的专业人才。这并不是有意说一套做一套。公司高层可能非常真诚地想要招聘那些有着开阔视野的人才（甚至他自己都可能是学人文的）。然而，在招聘指示上传下达的过程中，组织人员会对公司高层的指示进行解读，再解读，这样到了公司真正着手开展工作的时候，对候选人的具体要求也就变得完全不一样了。

关于这一点，没有人能比大学就业安置中心主任了解得更清楚。每过一年，公司招聘主管带到校园的招聘工作清单都会变得不利于文科专业一点。五年前，我们就招聘人员要求的不同专业名单，调查了 80 所大学的就业安置中心主任。结果发现，在公司提供的每一百份工作中，除了少数几份，都是给有职业文凭的人提供的。一位公司招聘主管解释道："招聘人员想要的人才依次如下：第一，专门人才；第二，接受过人文教育的专门人才；第三，任何大学毕业生；第四，人文学科毕业生。"最重要的是，大多数公司都想要工程师；它们如此迫切地需要这类人才，以至于招聘人员使出浑身解数，利用相关书籍里介绍的每一种技巧，来争夺每一个可用的人才。

商界对人文学科的偏见正在逐年加深。这里我们以文科院校中最受欢迎的耶鲁大学为例，1950 年，有 66 家制造企业到耶鲁大学招人，其中有 28% 的企业提到它们可能有适合人文学科学生的职位。1951 年，有 91 家制造企业到耶鲁大学招人，但是，这一次只有 16% 的企业表示它们有兴趣面试人文学科学生。1952 年，在 117 家制造企业中，只有 14% 的企业表示它们有兴趣面试人文学科学生。在这方面，其他大学也存在着与耶鲁大学相同的趋势。1953 年，我们再次询问了高校里的那些就业安置中心主任，其中有一半人报告说，公司比以前需要更多的专门人才；也有少数就业安置中心主任报告说，公司对专门人才的需求有所减少，在这些人中有一些人解释说，这只是因为招聘人员不得不接受一些人文学科学生来凑数。从 1953 年到 1956 年，商业界里那种抱怨过度专业化的演讲数量不断增多。对专业人才的需求也在不断增多。

完全是因为招不到足够的候选人，招聘人员最近确实开始考虑起了那些人文学科学生，但这只不过是一种权宜之计。相对而言，人文学科学生仍然不受待见。人们认为他唯一适合从事的工作就是销售工作，而别人则觉得这是一份很差的工作，是给那些没有任何能力的人干的。如果他仍然不明白这一点，那么每月所领工资上的差异应该会让他看清楚这一点；除了个别特例，他到手的工资都会比主修工商管理或工程专业的同学要少。（1956 年，工程师的平均月薪是 394 美元，而一般专业学生的平均月薪则是 366 美元。）

一旦职业院校的招生人数满足了招聘公司的需求，看起来，许多人文学科学生能够参加招聘面试就应该算是一件很幸运的事情了。这是因为，对他们的偏见似乎是一个政策问题，而不是一种当前迫切需要解决的紧急情况。弗兰克·恩迪克特（Frank Endicott）是西北大学就业安置中心主任，他向公司提出了这样一个问题："如果一个大学生真的具有管理潜能，那么从长远来看，他接受的是技术培训还是涉猎面更广的人文学科培训，是否会有什么不同？" 189 家公司做出了回答。其中，只有 12 家企业支持人文学科培训，66 家企业支持技术培训，剩下 111 家企业则表示这两者之间并没有什么不同。[1]

这两者之间真的没有什么不同吗？我和我的《财富》杂志同事抓住了一个主动送上门的机会，对这种公开宣称的包容进行了一次测试。一个年轻小伙子跑到我们办公室来找工作。他显然是一个全面发展的人，他拥有优秀的人文学科背景（他马上就要获得历史学硕士学位），在课外活动中表现优秀，而且充满自信，乐观合群。显然，他真正感兴趣的是商业而不是新闻业；他向我们解释道，他之所以会来参加我们杂志的面试，只是想

[1] 恩迪克特在《大学就业期刊》上发表了两篇文章："1955 年就业趋势"和"1956 年就业趋势"。这些调查还表明，在从商五年后，那些优秀人文专业学生的赚钱能力会超过那些学习特定专业的人才。遗憾的是，学生们并不看重这种可能性。

要为接下来一系列企业面试进行一下热身。我们突然冒出一个想法：如果他能把每次面试的情况详细地写下来，我们将会向他支付两周的报酬。他欣然接受我们这一提议；我们一起列出了本地区那些优秀企业的名单，并确保里面包含了那些领导人明确说过需要人文学科人才的公司。

总的来说，他受到了冷落，而这也完全在我们的意料之中。招聘人员解释说，要是他接受过一些技术培训就好了。作为一个对自身充满自信的年轻人，不与招聘人员进行一番争辩，他可是不会轻言放弃的；这让一些面试官感到不安，就让他进入了下一级面试。到了这一层级，有人仔细倾听了他的想法。他发现，有几位高层管理者认为他接受的是人文学科培训倒是没有什么坏处，有两位高层管理者还给他提供了工作岗位。不过，在另外 12 次面试中，他得到的回复都是那种标准化的回复："很遗憾，我们没有这样一个合适的职位，可以提供给像你这样有着如此不同寻常教育背景的人。"

不幸的是，这种对人文学科的偏见是自我证明的。让我们回到工程师"短缺"问题上。企业像发了疯似的到处寻找工程师；看看报纸上的那些商业版面，上面的广告承诺给工科毕业生提供一切，就差把太阳摘下来送给他们了。可是，在得到他们后，企业又是怎么做的呢？许多企业并没有把那些毕业生当工程师来用，而是把他们当成了绘图员。其他企业则是为了填补每一个空缺的核心实习生岗位而招聘他们，而且公司希望能让他们中那些表现最好的人成为主管，这就要求他们去学习一些此前未曾学过的非工程知识，而他们之所以在大学里未曾学过那些知识，则是因为公司想让他们去做工程师。考虑到公司的这种关注，他们自然会按照企业的要求去做，而企业也就此证实了自身对工程师紧缺的判断是正确的。

可以想象：商业领域缺乏足够的工程师，这一点有可能会帮到人文专业学生。一些公司已经重新发现，即使在那些准工科岗位上，人文专业学生的表现也没有人们预想的那么糟。几年前，一家公司招聘了 32 位人文学科毕业生去做销售，这类工作过去都是由工程师去做；在给他们补上了一些工科专业知识后，公司发现，他们的表现与一般工程师相当。不过，这一案例显然并未让美国商界感到兴奋。抓住最后机会找到工作的人文学科学生可以说是自身有了一种保障；但是，工科学院的入学人数却是又一次暴涨；等到那些新的工科学生毕业了，对人文专业学生的需求也就更少了。

* * *

正是在本科生中，商业领域对人文学科所抱有的偏见产生了一种最深远的连锁反应。高年级本科生一旦发现企业招聘人员更喜欢技术专业人才，这个消息很快就会传遍校园。对那些正在考虑选择专业的大一大二学生来说，这就是现实。既然这样，他们为什么还要去选那些人文学科呢？他们听说，如果主修语言文学、历史或政治这类课程，他们在找工作时唯一有资格申请的职位就是销售，而且他们有一种强烈的感觉就是，他们之所以能够获得这份工作，仅仅是因为招聘人员看中的人才对销售岗位不感兴趣。因而，当有校友或演讲人在职业咨询会上大谈特谈人文学科、全才、文化需求等话题时，他们也会礼貌地去捧捧场。但是，在那之后，他们还是会去报名学习那些更具实用性的专业。

这种趋势已经对人文学科学生的构成产生了一种相当大的影响。在很多情况下，文学院似乎都可以分为两派：其中一派希望教书和写作，这一派占少数；另一派则对自己想做的事情并没有什么明确的想法。尽管在大四毕业生中有 54% 的人打算进入商业领域，但是，在（大四）人文学科的毕业生里，却只有 29% 的人有此打算。按照目前的发展速度，人文学科正在稳步朝着成为专业的方向（一门专长）发展：一种职前培训；而且，人们认为，这只对那些想要舒服过日子的人有用。

正如学院课程目录上的变化所显示的那样，大多数管理人员一直都在遵循“如果你不能打败他们，就加入他们”这一原则；虽然他们在满足（商业）需求方面拖了后腿，但是，他们在开设新课程方面则是勉强跟上了（商业发展的）脚步。在某些情况下，商业需求也对他们颁发奖学金时所青睐的学生类型产生了影响。一位大一年级的教长告诉我，在筛选来自高中的申请者时，不仅要考虑学院自身发展的需求，还要考虑到四年后企业招聘人员的需求，这早已成为一种常识。“他们喜欢那些非常合群、非常活跃的人，”他说，“所以我们发现，最好的人选是那些平均成绩为 80 或 85 分、课外活动内容丰富的人。我们认为，那些‘聪明’的内向者不堪大用，像他们那种人很可能会花一辈子时间去写一些文章，解读小说家 D. H. 劳伦斯作品中那些晦涩难懂的部分。”

* * *

商业对教育产生的影响在程度上将会不断增加。直到最近，商业还是教育的众多支持者之一，而且其支持也是多种多样（这是商人以个人身份送出的礼物的累积）。但是，商业捐赠正在迅速地变得更加制度化和集体化。人们不得不为不断上涨的教育成本买单，而且，除非是由政府出面接管，否则企业必须负担更多的部分。组织人不仅仅是作为校友，他还作为一名职员，正在成为教育的受托人。

这种支持本身并没有错——企业领导人之所以会对高等教育越来越感兴趣，并非源于他们有心想要去支配教育，而是源于他们自身的一种社会责任感。尽管如此，这其中还是存在相当大的问题。只要这位商人只是众多支持者中的一员，他就会大力支持职业教育，这一点很好理解。不过，既然他是机构代理人而非独立捐赠者，他也就无法再为自己进行辩解。一些人已经认识到了这一点；像弗兰克·艾布拉姆斯（Frank Abrams）这样的商界资深政治家就曾反复强调，管理部门对教育的需求，也是我们整个社会的需求。至于有朝一日那些将会接替他们的商学院毕业生是否还会持有同样的观点，则尚有待观察。

然而，问题的症结可能并不在于这种商业压力，而在于大学自身那种默许顺从的态度。担子落在了教育工作者身上。他们可能会相当公正地抱怨巴比特（小说家辛克莱·刘易斯小说中的主人公）的影响，但却正是因为他们主动迎合这种刻板印象，结果反而帮助创造了这种刻板印象。就像许多参加商业学术会议的人们所承认的，通常，那些商人看起来就像是哲学家。相比之下，许多私下里对我们的物质主义文化不屑一顾的学者，在取悦捐赠者时却表现得像许多自卑的小贩（为了取悦买家而自我贬低）。如果他们在迎合商业方面表现得如此“慷慨”，而仍有一些受过自由教育的商人存在，那么人们也就只能怀疑，他们未来在这方面会有一种怎样的姿态。

* * *

每个人似乎都很热衷的一个解决方案是，将工业与大学之间更多的“沟通渠道”予以正式化。商人在这方面表现出了一种很大的积极性；他们的组织已经举办了许多行业－大学会议，一些公司也在夏季特别研讨会上接待了一些教授小组。这其中的大部分事项都是值得做的。商人以一种非专业人士的身份行事，是在履行义务，而不是主张权力，因此，他们了解了很多学术问题。同样，学界人士也对商业有了更多的了解，而这也有助于减少学界长期以来对商业所持有的那些刻板印象和不合时宜的批评。

尽管如此，我还是要提出一个警告。在我们遇到的所有问题中，商人对象牙塔内缺乏对商业的尊重这一抱怨，是我们最不迫切需要解决的问题之一。虽然任何人都不应该对公司生活中发生的巨大变化一无所知，但是，那种无知的批评是否比那种崇敬的姿态还要危险，这是值得怀疑的。学者永远不应觉得自己对商业机构亏欠什么。学界与商界之间必然会存在一些利益冲突，而商界则完全能够忍受对其自身持续不断的批评之火。作为美国社会的主导力量和正统思想的主要捍卫者，商业一定会引起他人的不安，如果不是这样的话，各种社会力量之间的平衡就会被打破，而这则是一种很危险的状况。诚然，许多历史学家和小说家对商业的批评都有失公正，但是，如果我们能够看到商业是怎样繁荣起来的，就会让人觉得这些人有批评的冲动是有道理的。如果巴比特不是小说里的一个漫画式人物（如果他能少说一些带有讽刺意味的话），商人的处境就会变得更好吗？谦逊可能来自一个人的内心，而来自他人的援助则会起到很大的帮助作用。

许多行业－大学会议的问题在于，很少有人会在会上直抒胸臆。这种场合的性质，其重点是“沟通”和达成协议，导致与会者主要致力于支持那些大家都同意的观点。这样做固然会让与会者感觉不错，但却也掩盖了真正的问题所在。例如，商人和教育家可能都认为开展通识教育是一件好事，但是，他们对自己想要什么却是持有完全不同的看法。类似这样的讨论其实并没有什么用处，因为大家都不肯去触及那些彼此意见不一的地方；每个人都在以自己的方式去处理问题，并未触及问题本身。

偶尔也会有人选择坦率直言，这时交流就会变得很有价值。不久前，美国制造商协会（NAM）教育主任肯尼斯・布拉斯特德（Kenneth Brasted）在（纽约）康宁大学英语协会发表演讲时就曾这样直言不讳。他没有隐瞒美国制造商协会对教育在某些方面的不满，而是坦率地指责高等教育不够职业化，无法满足他的需要。“在我看来，”他说，“最重要的是，高等教育必须停止有意回避任何职业或实际训练⋯⋯人文学科教育应该鼓励学生学习一些员工技能，或者是掌握一些比较实用的工具，如统计学、会计学、数学；对女性来说，则如打字。”人们无须同意他的观点就能理解，他所表达的这种观点对澄清问题是有帮助的。

由于会议经常都是在企业的主场举行，所以与会的学界人士常会感到很是拘束。俗话说，拿人手短，吃人嘴软，所以前来参加会议的商人很难听到那些会对他们有用的言论。事实上，对他们来说，坦率地评估他们所资助的培训课程的教科书质量或者是经济史的版本，都是有益的。但是，他们却并没有能够听到关于这些方面内容的言论。偶尔，一些学者也会进行反击；有一次，一家大公司为一些学者举办了一次会议，但在会上，美国商界一个著名的饶舌鬼却是对那些与会的学界嘉宾们胡言乱语，结果好几位学者都愤而离席。不过，在这种情况下，学者们通常都会选择默默忍受。[2]

在权力冲突中，学者比外行怀疑的其实要更有优势。事实上，商人对他们抱有一些敬畏之情。考虑到商人经常描述学界的那种轻蔑方式，这一点听起来可能会让人觉得有些牵强，但是，你会注意到，这种轻蔑只会出现在一个安全的限度之内。实际上，商人是这个世界上最容易被经院哲学所迷惑的人；尽管他跟手下受过教育的员工接触多了，熟悉了，可能就会不太尊重他们，但是，他在介绍一位真正来自校园的访客，比如说一位教授时，还是会带有一种近乎孩子气的喜悦。就连那些资历最浅的博士，在商界也能获得他在学校里从未有过的尊重。在校园里，他只不过是又一位"先生"；而在商界，他则是一位"博士"，这反而会让企业里的高层管理者左右为难，不知道应该如何去评判他的职位等级。"我们可能赚的不多，"一位博士向我坦承，"但是，我的天，他们竟然不知道应该怎样接待我们才好。"还有一个更重要的原因，那就是，商人想要的并不仅仅是权力；他还想让自己拥有的权力合法化，而能得到来自学者的支持和祝福，他就会拥有一种相当大的权力。那就让他热切地期待吧。这里我再重复一下这些段落的要点：问题的关键不在于来自商业的压力，而在于学者自身的姿态。

在有些问题上，双方之间进行一场激烈的辩论要比直接进行"合作"更重要。交流是必要的，但却应该是那种积极的交流；例如，双方可以以

---

[2]　这方面有一个例外：安多福学校的弗雷德里克·阿利斯（Frederick Allis）为《财富》杂志撰文讲述了他的一次经历，那是汽车行业为中学教师精心筹备的一次会议。他不太喜欢这次会议。他说，老师们真的很想多了解一些关于商业领域的事情，但他们却只听到一些老生常谈的东西（比如，一提到卡车，就说这是"工业的主力"）。许多人给杂志来信说这篇文章激起了众怒——阿利斯不该说出那样一些话。然而，阿利斯所说的话的确促使汽车行业的人们开始重新进行思考，并且良药苦口，这篇文章最后很可能要比那些轻易就能赢得赞誉的评论更有价值。

教育者不接受进一步职业化的资助为主题进行交流。由于领导的重任压在他们身上，教育工作者可以大胆地坚持大学的正气，从而为我们所有人（尤其是商人）服务，而不是年复一年地宣称人文学科又迎来了一股新的热潮。这样做的人确实会引起一些商人的敌意，但是，商界中人也并非铁板一块，全都不信任人文学科。事情还远未糟到那种地步。

09

穿越通道

在我们跟随那些大四毕业生进入公司的研究生培训学校之前，我们必须先在校园里多待一会儿。因为正是在这里，在一个重要方面，这些（培训）学校正在成型。它反映了毕业生想要什么；如今，毕业生想要的与他最终得到之间的有很大关系，只是公司不愿意承认这一点。公司职员经常会谈起他们此前参加的那一让人紧张的面试，他们如何从大批同龄人中通过层层筛选，进入一个如此优秀的团队里。然而，有一个事实可以说是显而易见，那就是，如今，大部分筛选工作都是由那些大四毕业生来完成的。由于空缺的职位比那些大四毕业生的总数还多，那些表现优秀的大四毕业生通常都会有八九个职位可以选择。他当然不会轻易放弃这一到手的优势。

他首先想要的是，公司要保证有一个针对他而制定的培训计划。几乎每个招聘人员都在向他暗示，如果他选择 XX 公司，他就会找到安全感、幸福感和不断的晋升机会。但是，除非招聘人员能够提供一个正式的、组织有序的培训计划来兑现这一承诺，否则他很可能会对 X X 公司无动于衷。而且，他并不会就此罢休。他还会使用别的衡量标准，把选择范围缩小到那些宣传册上承诺将会提供培训的公司（如“量身定做的个人发展项目”“有前途的工作”“没有发展的上限”)。培训计划将会持续多长时间?它们是真正的培训项目,还是只不过是公司会在他下班后向他灌输一些教条?他是会接触到公司内部的不同业务,还是会固守某个专业领域?公司会如何对他进行评价?培训是否会与一个固定的加薪计划相对应?

他想要的是一种延续性。他已经习惯了正式培训,他小心翼翼地避免在未经过大量训练的情况下就踏入竞技场。这也是他不想去小公司的原因之一;虽然小公司也可能会给他提供机会,但是,那一机会往往来得太快。相比之下,大企业里的制度化学校(即培训学校,它有时还会包括教室、宿舍和毕业班)就是一个更加让人放心的理想阶梯。因而,他会推迟去获得机会,直到他做好了充分的准备。出于同样原因,大企业也会给他更多的安全感;因为公司在他身上花的钱越多,就越不可能让这一投资失败。简言之,培训计划可以保证他不用过早做出决定,而对那些因为还未想好从事哪个细分领域而感到担心的人来说,参加正式培训计划也会让他保持冷静。“实际上,我们会告诉他:‘你没有必要现在就下定决心,’”一家公司的一位高层管理者说道,“‘你现在只需要跟着我们一步一步往前走,在培训的过程中你就会拿定主意。’”

因此,最能兑现这一承诺的公司得到的求职者也会最多。学生们可不是好糊弄的;到了春天,他们就会成为求职面试方面的行家,他们的信息网络中很快就会传递起关于具体公司情况的信息。如果招聘主管精力旺盛,他往往会和最近两年毕业的校友核实一下他们所在公司的情况。如果公司接收的实习生超过了它能提拔或使用的人数,那么就业安置中心主任就会让那些大四毕业生远离这家公司——不过,正如我们稍后将会看到的那样,这一规则有时也会有例外。

就业安置中心主任身处的是一个卖方市场,对他来说,他的工作中有一半的乐趣在于,让那些对待实习生最好的公司,获得在学校里最好的招聘机会。他会教给学生们如何摆脱与特定招聘人员之间的关系,如何判断每个招聘人员所看重的人格特征的权重，如何就面试中那些带有欺骗性的问题给出正确的答案。一些大学已经针对这项任务开设了一些专门课程，那些大四毕业生只有修完这些课程才能参加企业招聘。康乃馨公司（CC）的华莱士·杰米（Wallace Jamie）是企业招聘领域的一位领军人物，他讲述了他在印第安纳大学的一次经历："我开始注意到，每个求职者都穿着一套深蓝色的西装，打着一条代表保守态度的领带，对我提出的大多数问题都能快速给出正确的答案。"正如他所怀疑的那样，调查结果发现，这些学生都选修了一些专门课程，接受了相应的面试训练。与其他有类似经历的招聘人员一样，他也非常欣赏他们身上体现出的这种成熟。他指出，如今，这些勤奋的工作者很清楚，如何不让自己在应聘中表现得太过急切；只有那些拥有一流培训计划的公司，才能真正吸引他们的注意力。

* * *

企业并没有仅仅因为那些大四毕业生愿意接受培训就去建立培训学校。不过，也有一些公司早在多年前就开始试验这类项目；加之年轻人的偏好一直都是一种强有力的推动因素，所以可以预料到的是，随着时间的推移，许多公司无论如何都会做出这种转变。这是因为培训学校并不仅仅是一种糖衣炮弹，一种更有吸引力的包装灌输，它的存在还表明，公司在想要造就什么样的人上的看法发生了变化。

在这方面存在两种不同的观念，不过，关于其中哪一种观念将会占据主导地位，仍然存在不少争议。表面上看，大多数大公司的培训项目都很相似。然而，在测试、自动评分、轮岗等标准化培训项目的陷阱之下，却是不同的公司在政策上存在的根本区别。

第一种培训项目或多或少坚持了一种昔日传统的方法。这个年轻人被招聘来从事特定的工作；他的入职培训通常为期很短，并且多年来，接下来他将接受的培训都是针对他所从事的具体工作。如果他能够证明自己具备当主管的能力，他就会被选出去参加管理发展课程，但是，这在他 35

岁之前不太可能发生。

第二种较新的培训项目并不仅仅是对旧有培训项目的一种强化。公司聘用他是想把他当成日后的经理加以培养——从正式进入公司的那一天起，他就习惯于这么去想自己。他和别的候选人被集中在一起，直到他们通过完成一系列试运行任务接触到一些管理观点，他们才会被分配去做一些常规性的工作。这一培训教育的时间有时是两年，有时则会长达四五年。

冒着一种过于简化的风险，我们可以将这两种培训项目之间的差异，描述为新教伦理与社会伦理之间的差异。在第一类培训项目里，培训的重点是工作和竞争；在第二类培训项目里，培训的重点则是管理他人的工作和合作。不用说，这两种培训项目都没有十分纯粹的例子；而且，无论倾向于采取哪种方式，大多数培训项目都会包含这两种方法中的一些元素；不过，也有一些公司则试图直接跳过这一环节（培训项目）。虽然存在这种倾向，但是，实际情况很可能会证明，第二类新的培训计划，是培养未来“职业经理人”的最佳方式。

* * *

为了突出这些根本差异，接下来我将会对比两个优秀的培训项目。作为第一种培训类型的例子，我选了维克化工公司（VCC）在 20 世纪 30 年代末实施的培训项目。我之所以会选择它，主要有以下几个原因。首先，这是整个人事领域开展的最著名的培训项目之一。其次，尽管它经常被认为是现代实践的先驱，但是，从本质上来说它则含有新教伦理的基本要素，而且它没有被变革所玷污，因此，连亨利·克卢斯也不会对其中的任何内容提出异议。再次，我自己碰巧也参与其中。如果我在接下来几页中讲述的内容显得有些絮叨，还请读者多多包容；我经常会思考自身这一奇特的经历，而且因为它很好地说明了某些灌输原则，所以我想在这里好好谈谈它。

那是一所学校，他们都叫它维克应用营销学院（VSAM）。正如当时向那些前来求职的大四毕业生指出的那样，公司设立这一学校的初衷是：那些被选中的人不是去找工作，而是去一个有远见的管理层设立的研究生培训机构接受培训。9 月，30 名来自不同大学的毕业生聚集在一起，开始了他们为期一年的现代营销专业学习。在纽约有一段时间进行的课堂教学，是一门广告课的继续；最重要的是，他们要在一些经验丰富的销售和分销专业人士的监督下，进行为期 11 个月的实地研究。从理论上来讲，公司应该向我们收取学费，因为虽然我们知道自己要去做一些与研究有关的工作，但是，公司向我们解释说，它在这上面支出的费用要远远超出我们所做工作的价值。尽管如此，公司还是每月付给我们 75 美元的薪水，并支付我们所有的差旅费。而且，由于一些我后来才得知的重要原因，公司每月还额外付给我们 25 美元，由第三方保管，直到我们接受的这一培训课程全部结束。

现在请让我指出维克培训项目与当前培训项目之间的第一个区别。它并不是那种高层管理者培训，甚至可以说它连初级高层管理者培训都算不上。维克公司的确认为这一培训项目有助于培养公司未来的领导者，公司总裁理查森先生办公室的墙上挂着一幅镶框照片，照片上是一位船长在掌舵，下面是总裁的一句话：管理层最重要的责任就是培养年轻人。尽管如此，却并没有人去讨论我们中是否有人会在某一天成为公司的高层管理者这个问题。那些培训课程针对的几乎全是眼前开展的工作。唯一的例外是一门国际函授学校的广告课程，我总觉得公司开设这门课程的一个主要优点就是，它让我们在一周结束时变得如此忙碌，以至于没有时间去多想我们自身的处境。

我们所接受的正规培训是最简短的。在纽约持续四个星期的培训中，我们了解了理查森先生发明的薄荷通鼻膏，我们花了一天时间观察其混合过程并进行了一系列测试，这是公司为了让我们找到维克产品的优点而特意推出的测试。我们的大部分时间都花在了背诵标价、销售说辞、反驳意见，以及其最大竞争对手（葆雅公司）的价格和技术上。在我的记忆里，他们既没有谈到企业的社会责任，也没有提及任何宏大的观点，而且我确信，“人际关系”一词也从未出现过。

我们得到的管理理念可谓再简明不过。在我们离开纽约前不久，理查森先生带着我们去了一趟克莱斯勒大厦顶上的云俱乐部。我们都意识到了他这么做所具有的那种象征意义。当我们透过行政大厦的玻璃窗俯瞰其他摩天大楼的尖顶时，戈尔康达（印度一座城市，那里出产了世界上最具历史意义的钻石，后被引申为“财富源泉”）似乎在向我们招手。今天，我们聚集在一起；再过一段时间，我们中有些人将会再次回到这里，而有些人则再也不会回来。这场比赛很快就会全面展开。

在喝咖啡时，理查森先生向我们阐明了那种能够让我们重新回到这里的哲学。他提出了一个假设。假如你是一个制造商，多年来，一家小公司一直都在为你的产品生产纸箱。他专门为你服务，事实上，那就是他所有的业务。他完全依赖你的生意。多年来，你们双方一直都对这一关系非常满意。然而，有一天，另一个人走进来说，他能以更低的价格为你做纸盒。你会怎么做?

他让我们每个人依次回答。

但是，且慢，我们追问道：便宜多少？我们能给先前供应商留出多少时间，让他给出一个新的报价？理查森先生对我们的回答显得很不耐烦。他说，事实上，只有一个决定。你要么是一个商人，要么就不是。显然，报价更低的新来者应该得到这份合同。理查森先生对保持美国传统美德的必要性有自己的看法，他强烈建议我们不要感情用事，以至于模糊了商业基本原则。他表示，商业（做生意）就是适者生存，我们很快就会明白这一点。

他信守诺言。事实上，维克公司培训课程的核心就是“适者生存”。在较新的培训项目中，公司确实会解雇那些不称职的员工，但是，应聘者都是抱着希望公司能够留下他的信念而来，而这也是公司的愿望。然而，维克学校却是建立在淘汰原则的基础上。就算是我们所有人表现都很优秀也不可能都留下来；游戏规则是，在云俱乐部这 38 个人中间，最终只有 6 ～ 7 人可以留在维克公司。剩下的人将会在培训结束后卷铺盖走人，为下一批学生让路。

* * *

维克公司的培训方法与当今更有特色的培训方法之间的另一个区别，在我们进入实地研究现场时就变得非常明显了。正如公司所说，这份工作虽然很有教育价值，但却毫无意义可言。在我们去过云俱乐部之后的几天里，我们就相继被派往内陆不同地区——我被派到了肯塔基州东部的丘陵地区。公司给我们每个人都配了一辆平板运输车、一大堆标牌、一架梯子、一批样品和一个订单簿。几天后，在一位资深推销员的指导下，我们每个人都被分配到下面各个县去开展工作。

如果不能在现实生活中加以具体应用，我们学到的那些推销技巧也就一无是处。我们的一天通常都是这样度过的：住在一家冷清的公寓或破旧的酒店里，6 点或 6 点半起床，吃完一顿油腻的早餐，在拨打第一个正式电话前先抽出一点时间进行一下广告宣传。这包括在谷仓上安装很多标牌，用圆环把小的金属标牌固定在电线杆和树上。8 点之前，我们会赶到一家百货商店去进行商品推销。公司分配给我们的任务是，说服经销商接受公司一年的供货量，当然，若是能够说服他接受更长时间的供货量则更好，这样他就没有多余的资金去购置其他品牌的商品，或者是将多余的货架空间留给其他品牌的商品。在做过一番推销之后，我们会转而进行市场调查，记下“狡诈的”竞争对手的销量（我们的报告中没有提及任何其他类型的对手）。

接下来，我们会做一些取样工作；“琼斯先生，请把你的头稍稍后仰一下”，我们会突然这样对经销商说道。在短暂的一秒钟内，他会服从我们的命令，而我们则会抓住这一机会，迅速往他的鼻子里灌下一大滴薄荷通。这时，他的眼睛会被刺痛，而他的脸上则会露出一副开心的微笑。他会走到火炉边的躺椅旁，躺在上面，闭上眼睛休息片刻。等到忙完所有杂乱的工作之后，我们就会在这个地方贴上硬纸板广告标记，然后转身离开。之后，我们会在仓院里立上几个路标，再走上二三十里泥路，赶到下一个电话亭。就这样，一天下来，我们反复重复这个活儿，直到天黑之后很久，我们才能赶回住处吃晚饭——回到屋后，我们还要再花上两个小时的时间，写下关于当天所做事情的报告。

能够做到对这一切采取一种适当的心态，需要有一个适应过程。我们的每日报告中详细地讲述了这个故事。一开始，我们士气低落，毫无斗志。日复一日，我们接到的电话只有八九个，微不足道，日销量有时甚至为零。但这绝对不是我们的错。报告上有一个很大的空白处用来写下关于当天进展情况的解释，在这里，我们会表现出一种难得的幽默（我们是乡下愉快的冒险家），但这却不过是一种虚张声势，很难掩盖我们内心深处不断出现的那种绝望的呐喊。

我们请求公司同情一下我们的处境，但是，总部的态度十分坚决。公司每周写给每个学员的信，开头都是一些敷衍的话：听说配给我们的车离合器坏了、我们的膝盖碰伤了，真是太让人难过了。然而，这种虚假的同情并未掩饰公司对结果的那种强烈关注，以免我们忽略了要点：我们的一些同伴已经不再和我们在一起了。公司也对你们没能遇上那些经销商感到遗憾，也许你们应该试试早上早点起床，看一看这样做是不是会对你们更有用?

正如公司总部从我的每日报告中正确地感受到的那样，我越来越为自己的进展情况感到难过。过去，我经常会在晚上提前浏览第二天的计划表，预想第二天可能会发生的情况；后来，我则会在夜里一个人在铁路边漫步，当“乔治·华盛顿号”火车从我身边驶过时，望着它那明亮的玻璃窗，我会不由地怀念起那个远在天边的文明世界。我也为许多店主感到遗憾，因为他们中大多数人与批发商之间的信用关系都可以说是岌岌可危，而也正是因为这一点，我几乎没有向他们卖出多少东西。

在得知我们陷入困境后，公司把我们的一位培训主管派了过来，想让他看看有没有什么好的挽救办法。和我在一起不到两天，这位经验丰富的老手就告诉我，他知道问题出在哪儿了。虽然销售情况有些不妙，但却并不是因为我的做事方法不对，问题出在我的心态上。“小伙子，”他对我说，“你永远不可能卖给任何人任何东西，除非你学会一件简单的事情。那就是，你要记住，站在柜台里边的那个人是你的**敌人**。”

可以说，我们当时上的是一所“角斗士”学校。如今，销售之间的竞争可能并不亚于以前，但是，在维克公司的培训项目里，争吵得到的尊重要远比现今公开得多。战斗就是理想：与经销商战斗，与“狡诈的”竞争者战斗，与我们的同伴战斗。当然，也会有一些关于“团队”的讨论，但是，这些讨论过于抽象，并未给人留下太多印象。我们的成功完全取决于打败我们的同伴；虽然后来在一些销售会议上碰到一起时我们也会相处得很好，但是，这种友情在培训课程期间是没有的。

慢慢地，随着我们的销售 / 通话比不断攀升，我们开始在人性的贪婪中获利。在这条路上的某个地方，或者是出于偶然，或者是由于掌握了某一技巧，我们每个人最终都会操纵一个人去做我们想让他做的事情。我们失去了自己在学生时代时的那种纯真，等到六个月培训期结束时，我们的队伍里只剩下 23 个人，我们都迫不及待地想要回到云俱乐部。这时，公司把我们从那些杂货店的工作中解放了出来，让我们去那些富有的药店中进行一下放松。

那位老推销员的忠告现在变得很有价值。虽然他讨厌所有的经销商，但在药商面前，他却显得十分好斗。他是我见过的最正派和最和蔼可亲的人之一，然而，当他给我们打气，谈论出现在我们面前的这个“敌人”时，他的言辞却是非常激烈。他告诉我们，在药商中，有些人待人很好

（即那些做大买卖很成功的人），但也不免会遇上一些比较刻薄的家伙，他们会侮辱你，让你长时间地等候他们的回信，而他们则会给你开假药方，对你谎报库存，加价低于 300% 就不停地发牢骚，并想法隐瞒客户情况以欺骗其竞争对手。

那位老推销员会分批带着我们亲自向我们示范几天。对我们来说，这是一种收获颇丰的经历，因为尽管他看起来像是一个冷漠的人，但是，我们却知道他是这个行当里的一位艺术家。在走到一家我们将要前去推销的陌生商店外面时，他也会显得有些紧张，有时甚至还会紧张得头上冒汗，但是，一走进店里，他就会让自己显得非常镇静，有时甚至会镇静得有些让人厌烦。他很少发笑，几乎从不以讲笑话开场。他的神态就像是在对人说："我是个大忙人，我能屈尊来到你这家可怜的店铺，你真是太幸运了。"有时候，如果药商显得异常无礼，他会直接朝对方脸上喷过去一股雪茄的烟味。"如果没有它（我们推销的产品），你这店也就挣不了大钱。"他会轻蔑地说道，然后颇为得意地回头瞥上我们一眼，看看我们是否注意到了他的举动。

他在后来的复盘会上说，只有像他这样的老手才能在那些老油条面前做到从容不迫，但是，我们可以从中学到很多小技巧。我们就像费金（狄更斯小说《雾都孤儿》中的教唆犯）的孩子们一样聚集在他周围，他则机敏地向我们示范，如何在拿出关键筹码前，观察对方的肩膀是否有所放松；如何拿起外观一般大却有着厚玻璃瓶底的药瓶，然后轻声一笑；如何装出一副担忧的样子，担心这笔交易可能太大，告诉他"像你这样的小药商"承受不起；如何通过摸索衣兜和故意让铅笔掉到地上，解除内心无比紧张的药商的防备。他会告诉我们，不要对"敌人"仁慈，更不要怜悯"魔鬼"。

遗憾的是，他所讲授的那些技巧，那时的我们一样也没能真正掌握。作为对我们的一次严峻考验，公司向我们提出一项挑战，想要看看我们能把"凸出"标志安在多少家药店。依照这个行业的标准，这是一项不可能完成的任务。因为每个“狡诈的”竞争对手都会暗中付给药商至少5美元，好让他挂上自己公司的一个标牌，而我们则不能给药商一分钱。此外，我们的标牌也不是那种普通纸板，在我们离开后，药商可以将其摘下扔掉。它们是金属做成的，很难看，而且，公司还要求我们将它钉在药商无比珍爱的橡木柜子上。

顺利完成这一任务的诀窍，就在于对时机的恰当把握上。在我们的状态奇佳时，事情的经过会是这样的：药商刚签完订单，他的肩膀开始下沉，这标志着下面将会有一段短暂的友好时光。“你们都是些新家伙，对吧？”药商会显得非常放松地说道。在这里，他就开始犯错误了。我们一旦确认他是在充分表达好意，就会问他是否有梯子。（公司配给我们的车里有一架梯子，但去车里搬梯子会破坏当时那种难得的融洽气氛。）这时药商心里并不会把我们的这个请求与接下来我们要做的事情联系到一起，他会好心地派人搬出梯子。再闲聊片刻之后，我们会把时间让给在一旁等待买东西的顾客，他们会吸引药商的注意。然后，我们会直接把梯子架在我们事先早就观察好的地方。他一边招待顾客一边顺口问我们要干什么，我们则会说“只是想给你贴个标签”，就像是要帮他这个世界上一个最大的忙。他会心不在焉地点点头。这时我们就会爬上梯子，快速转动锥子，把支架放到位，然后拿出自动螺丝刀。砰！砰！原来挂在店里的招牌就被拆了下来。（如果药商待人很刻薄，我们就会直接把螺丝拧断。）然后，我们会从梯子上往下退一步，把它移到第二个位置，然后再上去。

大约就在这个时候，药商会有点不高兴地抬起头看着我们，虽然他的善意正在渐渐消退，但却仍然足以阻止他直接采取行动。他会为我们的做法感到难过，“你们不知道，那些年轻人认为先前那个标志很好看的”。就在他嚷嚷着说一个标志已经够了的时候，我们又拿起第二个标牌。上面画着一幅画：一个女人正在从鼻孔里往上喷鼻涕。“琼斯先生，就把这个金发女郎放在你的柜子上面吧”，我们相互眨眨眼，朝他笑着说道。在那些日子里，我们觉得自己就像是一个巨人一样。

虽然我现在觉得自己应该为当年我们的行为感到羞愧，但我必须承认，当时我真的不觉得我们的行为有什么好羞愧的；直到今天，当我走进一家药店时，我有时还会想到电钻钻入药店里橡木柜子中发出的那种声音。当然，我想读者朋友心里应该很清楚，我并没有把维克应用营销学院视为一个理想的模型；但是，公平而言，我必须补充一点，我们大多数人都对这段经历心存感激。当我们定期聚在一起（我们有一个非正式的校友会）时，我们有时也会谈论起当年他们是如何真正把男人和男孩分开的，诸如此类。这确实是一种难得的人生经历；虽然在回想起我们做过的事情时会感到有些惭愧，但有一点却是我们必须承认的，那就是，维克公司的这个培训项目，作为一门补习课程，实际上非常有效。

* * *

接下来我要介绍的是通用电气公司的培训项目，它在 20 世纪 30 年代就已全面实施；事实上，它比维克公司的培训项目出现得还要早。可以说，通用电气公司的培训项目是未来事物的一个预兆，即使站在现今时代来看它也仍然显得有点超前；目前，无论是在培训规模或内容细节方面，或者更重要的是在原则的一致性方面，都没有多少公司的培训项目能与通用电气公司的培训项目相媲美。然而，我相信，在研究通用电气公司培训项目的这些主要特点时，我们将会看到，在未来十年左右的时间里，公司培训项目很可能会走上一条折中的道路。[1]

[1] 就连维克公司也在这方面有了很大的改进。昔日那个英雄时代已经结束，现在公司的培训项目已经变成“维克高层管理者发展计划”；尽管公司的基本理念并未发生转变（公司仍由理查森先生掌舵），但是，公司现在的培训项目也有了通用电气公司培训项目的很多特征。（工作）安全得到了一种合理的保障；学员不再需要“毕业”，在每年招收的约 100 名大四毕业生中，除了极少数人，所有人最后都可以成为公司正式员工。他们接触到很多管理方面的知识，他们无需再去做在店里钉标志这类事情。

通用电气公司的培训项目有一个最明显的特点就是，它是一所学校。工厂是校园的一部分，公司拥有 250 名教员和一家教育工厂，包括公司内部出版的教科书、考试资料和校友出版物等。单是直接运营成本，公司每年就要花费超过 500 万美元——这一预算比许多中等规模大学的年度预算还要多。

培训项目内容高度集中。为了确保工厂正常运转，通用电气公司的招聘团队每年都会向公司总部派去 1 000 ～ 1 500 名大四毕业生，其中大部分都是工程师。在那里，接受培训者就像在继续度过他们的大学生活。他们就像大学联谊会里的兄弟一样，一起住在寄宿公寓，一起上课。关于业余娱乐活动，他们享有爱迪生俱乐部的特权，在那里，他们可以认识其他有本科学历的通用电气公司员工，一起约定课后去打高尔夫、打桥牌，并可参加一系列早已安排好的派对和舞会。（那些未上过大学的通用电气员工，若是升到管理层，也有资格加入这一俱乐部。）

培训课程上的安排与大学大致相同。接受培训者可以选修一门课程，其中包括工程、会计等方面的课程。不过，所有课程都有很多共同之处，因为学员的头 18 个月是他们培训的基本部分。在这段培训时间结束后，他将会继续“主修”一门专业。例如，如果他此前参加过制造培训课程，他就可以选择工厂运营、制造工程、生产与采购，或者是设备安装使用工程。

接受培训者在接受培训期间所做的工作，并不像维克公司的应用营销那样本身就被视为目的。接受培训者将会不时从事一些特定的工作，这些工作虽然并非那些只为提供就业机会而安排的工作，却也是在公司常规成本核算运营范围之外的工作。公司认为他们是培训的工具，并会让他们定期进行轮换。

* * *

通用电气公司培训项目中最值得注意的一个特点就是，它格外强调“专业”管理人员。与其他所有培训项目一样，通用电气公司培训项目中的大部分内容也都是关于具体细节的指导。不过，与大多数培训项目不同的是，在通用电气公司的培训项目中，有相当多的学习内容涉及各行各业。接受培训者会学习人事哲学、劳动关系、法律，而其中最重要的课程就是学习管理的视角。

只有少数人最终会成为管理人员；在未来十年内将会有 1 500 ～ 2 000 个高层管理者职位空缺，这也就意味着，在这段时间里接受培训的成千上万名年轻人，他们中大多数人能够升到的职位永远不会超过中层管理岗位。然而，公司考虑的正是这些未来将会空缺的高层管理者职位。在学员成绩单的表格上，有一栏就是用来评估学员是适合做出“个人贡献”还是适合去“管理他人”。公司告诉学员，他们的目标完全可以是“个人贡献”，也就是掌握一项专长。不过，如果接受培训者在赋予自己这样一个角色之前没有先停下来好好考虑一下，那他就是一个迟钝的接受培训者。在通用电气公司出版的一本教科书中有一幅插画，画上有一个年轻人在看着两个梯子：一个梯子通向专业，另一个梯子通向一般管理。教科书上说，摆在这个年轻人面前的问题是：“我会专攻某一领域吗？”或者，“我能成为一个横跨多领域的人吗？”

谁会愿意将自身仅仅局限于一个狭小的领域？接受培训者很容易从字里行间解读出，一个人应该以管理为目标；事实上，他们解读出的东西比他们许多长辈希望的还要多。这就引出了一个重要问题。在衡量培训课程对年轻人产生的影响时，他自身的倾向与课程的权重同样重要。通用电气公司里的那些年长者可以证明，在培训课程中，花在抽象管理艺术上的实际时间，要远少于花在具体技能上的时间。但是，管理方面的内容却是接受培训者想要听到的——他们是如此想听它，以至于接触一个小时的管理观点，就会对那些易受影响的头脑产生长达四五个小时的影响。可以肯定的是，接受培训者对涡轮机的制造方法、会计部门的制表技术等也很感兴趣，但是，他们却不想表现得对这些方面**太**感兴趣，因为这样一来会使他们在管理艺术和具体技能之间失去平衡。

他们非常关注具体工作，这就像许多教育工作者看待“主题”课程一样：要缩小范围。当接受培训者回想起这段经历时，他们看到了一些有区别的、有时甚至是完全对立的东西，那就是跨领域管理者的素质和必需出色地完成一项具体工作的人员素质之间的区别。他们所渴望的技能并不是出色地完成工作，而是管理他人去出色地完成工作。正如他们自己所描述的那样，经理是负责管理人与人相处的人，他的专长相对独立于其所管理的人或事物，或者也可以说是独立于“为什么”。

因而，毫无疑问，他们觉得与自己最有亲和感的课程就是人际关系教学。他们对销售培训部制定的“有效演示”课程特别感兴趣。培训教科书中宣称：“你可以让任何人去做你想做的事情。”为此，接受培训者花了四个月时间热切地学习一系列沟通技巧和心理原理，通用电气公司的培训主管告诉他们，只要他们掌握了这些技巧和心理原理，它们就会帮助他们成为一位优秀的管理者。（示例原则之一：“永远不要说任何会引起争议的话。”）

教给人们如何去操纵他人并不是什么新鲜事物，事实上，通用电气公司培训项目中传授的科学心理技术，与美国数十年来流行的如何成功准则十分相似。它们的不同之处在于，它们证明自身正当的理由不同。它们的出现并非基于如下理念：它们能够通过帮助人们去做他们想让他人做的事情来赚更多的钱。通用电气公司的那些接受培训者用一种更加温和的方式来看待这个问题。他们确实喜欢推销自己来获得成功，因为他们对此进行过很多思考。但是，他们并不接受“站在柜台里边的人是敌人”这种想法；他们认为，长远来看，操纵技巧会让他人感到快乐。在未来几年里，当那些接受培训者掌握了其下属的命运时（他们中的大多数人都认为这一点可以说是再正常不过），他们将会建立起一个稳定且调整良好的工作团队。他们解释说，他们不会直接驱使其下属，而是会想尽一切办法去激励其下属。

接受培训者往往倾向于强调合作而不是竞争，而这也正是他们所得到的。这一重点已经在培训学校的架构上体现了出来。一方面，接受培训者从一开始就有高度的安全感，尽管人与人之间可能会有优劣高下之分，但是，所有人都能留下来。当然，在这方面有时也会有例外，不过那是极特殊情况。在最初的两年培训期间，接受培训者会成为公司自动加薪系统的一部分，虽然在那之后他们就要更多地依靠自己，但却不会像在维克公司那样有计划地被淘汰，而且也不会遇到像海军部门那样的"非升即退"政策。

当然，想要让自己处于领先地位，一个人必须与他人进行竞争；只不过，这种竞争既不要太多，也不要显得太过明显。尽管公开表露的野心对任何地方的野心勃勃者来说都不是一种好的姿态，但是，通用电气公司则会特别制裁这类搅局者。接受培训者首先是一个团队的一员，这个团队会在很大程度上影响到接受培训者的未来。公司想知道他在团队中适应得如何，以及他最后是否能够完全融入公司。而这两个问题的答案都取决于跟他一起接受培训的同伴；在"案例研究"小组讨论中，"过于上进者"或"离经叛道者"很快就会暴露出来并被制服。学员们经常谈到，那种亲密的友爱生活氛围对于消除一些学员身上的那些反常倾向很有价值。他们承认，现在逼着他这样去做对他来说可能会有一定难度，但却比以后再这样让他去做要好很多。在培训结束后，接受培训者将会从这种密切的交往中解脱出来，他已经得到了一种完善的社会性格，将会满足公司的基本需要；如果让他从公司的一个分公司换到另一个分公司，他很容易就能融入同样的公司内部体系。

公司正式承认团队纪律。在定期对接受培训者进行评级时，公司经常会让接受培训者的同伴参与其中。如果一个人不仅得到上司的喜爱，还得到同事的喜爱，他就会被分配到一份工作去指导 8 ～ 10 名同事。他现在是一位"注册人员"，如果他变得更成熟，他有可能升为"测试负责人"，在他下面会有 7 位"注册人员"向他报告。由于同事意见对员工晋升至关重要，这个系统实际上会确保那些过分热心者或“吹毛求疵者”不会获得晋升——或者，至少他们会考虑重塑自己在他人眼中的管理形象。

接受培训者必须花费这么多时间去考虑别人对他的看法，这一事实并未让他感到沮丧。恰恰相反，持续的监督是一般接受培训者最喜欢谈论的事情之一。他这样解释道，评级系统是高度标准化的。它是许多人的产物，而不是一个人的产物；作为这种评判系统的分母，这使他摆脱了传统上那种老板－雇员关系可能导致的苛刻或反复无常。他也免于被人忽视；这一系统确保了他人看待他的看法和他看待他们的看法一样重要，所以他也就不会遭到他人轻率的评判。在通用电气公司，正如一位实习生所说，你不仅不会消失，甚至连把自己藏起来都无法做到。

不用说，人们的野心仍会在暗中涌动；我并不是想暗示说，通用电气公司的同事比我在维克公司的战友们更加关注那些对其自身有利的机会。然而，很明显，他必须以一种更加微妙的方式去追求那些主要的机会。为了取得成功，他必须与他人合作——然而，与此同时，他又要在合作中表现得比他人都好。

游戏规则确实也允许出现一些失误，但是，这些失误主要体现在接受培训者的个性上。在这个过程中，接受培训者必须先找到一份固定工作，而要做到这一点，他们必须引起上级的注意。接受培训者之间有一种默契，即他们可以直接与上司进行接触，而且这样做可能还会对他们自身的发展有好处。“一旦你熟悉了一个新部门的工作方式，你就会开始打电话，”一名实习生一边拨打公司内部通讯录上的电话号码一边解释道，“相信我，这本小绿皮书（公司内部通讯录）是人类最好的朋友。”与此同时，公司也鼓励上级积极推动这种直接接触。另一名实习生说：“不论是我还是别人，都可以像我们一样轻松地走进经理办公室。每到工作日上午的 10 点钟，我就会走进办公室，叫着每个人的名字和他们打招呼。”

* * *

在对比通用电气公司和维克公司的培训项目时，我一直在对比其中存在的一些极端情况。然而，它们所展示出的彼此之间的分界线，也是越来越多的公司都必须认识到的分界线。长期以来，商人一直都在漫不经心地谈论着“职业经理人”的到来，好像这一发展只是对一些混杂事物所做的进一步改进。当公司的高层管理者们在二战后开始扩大培训项目时，在关于这个问题的管理文献中，没有任何证据表明涉及任何政策问题，那些文献中讨论的问题主要都是接受培训者应该接受培训的时间长度、他们的轮岗频率等。

然而，随着时间的推移，高层管理者们发现，培训项目迫使他们去思考的基本问题比起他们想思考的要更多。事实上，培训项目本身岂不就是培养了一种明确类型的员工？这是否就是公司想要的结果呢？公司的“性格”到底又是什么呢？很长一段时间以来，高层管理者们已经意识到，企业往往会主动去选择和塑造某种类型的员工；虽然他们无法确切地指出这一点，但是，他们知道，例如，在某种程度上，联合碳化物公司的员工与格雷斯公司的员工是不同的。不过，搁在过去，他们会让事情就此打住——继续让这个问题保持其神秘性。然而，现在，他们则必须对此做出深入分析。

最终，无论他们是否会实施集中培训计划，他们都不得不考虑“职业经理人”与公司精神的兼容性。时代瞬息万变，从商学院的传教中心走出来的新人，将会在各种各样的组织中留下自己的印记，无论是那些传统组织，还是其他一些非传统组织。然而，在集中培训计划中，他就已经提前留下了自己的印记。对他来说，这是一种理想的文化；尽管这是一个进化而非革命的例子，但是，他的突然成长却让许多高层管理者感到相当不安。这里同时也是对未来人类的一种展望，对许多公司的管理层来说，事实已经证明，这种新人的思想太过先进，难以理解。

这些培训项目所做的是强调代际差异。通常，这种观念的转变都是渐进的，以至于当时难以察觉，除非是我们回头去看；而且，公司的意识形态可以在一种没有痛苦的情况下得到修正，或者也可以说，没有人知道它已经得到了修正。然而，现在的情况已经不再是这样。与之前其他年龄段的学员相比，如今的学员会更加自觉地将自己视为一个新生，当你与他们进行交谈时，你会不由自主地感到，他们在现在的管理人员面前怀有一种盲目的优越感。那些年轻人在赞扬他们参加的高级培训项目时经常会提到的一点就是，它对那些年长毕业生所具有的价值。一位 23 岁的工程师解释说："这可以让他们破壳新生。""这可以让他们知道，面对外部世界的变化，公司还没有提出一些好的应对之策。"那些接受培训者对人际关系教学也持有同样的观点；他们解释说，这种教学也会渗透到那些较年长且进步程度较低的管理层人员中，即使他们并不需要转变他们的自身观念。"可悲的是，"一名学员说，"你不得不去教导人们如何在商界做人。而这则正是那些高层管理者必需要去做的事情。"

* * *

由于福特汽车公司里发生的一次意外，结果出现了一个关于如下内容的案例研究：当这种高级观点被引入而公司精神层面则未发生类似变化时，会有什么情况发生。二战结束后不久，福特汽车公司为那些刚进公司的大学毕业生推出了一项雄心勃勃的"野战训练计划"。这个有点类似通用电气公司的培训项目是一个以观察为导向的集中项目，通过这个项目，新员工会被带进公司进行为期两年的广泛学习。

现如今，福特汽车公司的那些高层管理者一想起这件事情就会变得愁眉苦脸。虽然并没有人想到事情的结果会是这样，但是，该计划最终却是创造出了一批"王储"，他们对组织毫无认同感。正如老手们很快就能指出的那样，那些接受培训者对事物有着如此广泛的了解，以至于他们很是困惑，不知道自己具体想去从事什么样的工作。最后，他们被安排到了一些普通岗位上，但在安排他们的时候，人事人员不得不到处兜售他们，在做过大量的说服工作之后，才让他们得到留用。而公司如今的情况则是，新入职员工进行体检，接受为期一天的入职培训，然后就开始投入正式工作。没有人会鼓励他去直呼上级大名，而且，他的晋升取决于他的上级对他工作情况的看法。

根本冲突主要体现在不同的理念上。显然，从广义上来看，学校教育产生了一种明确的工作态度，这种工作态度与公司（这里我们以福特汽车公司为例）过去的态度可谓大相径庭。在福特汽车公司（通用汽车公司和杜邦公司也是一样），主要强调把某项特定任务作为最终目标，这本身就比较容易影响到人们谈论工作的方式。我们在和一个未经过培训的福特汽车公司员工、杜邦公司员工或通用汽车公司员工进行交谈时就会发现，他们很少会去细谈那些可以概括整个公司的抽象概念，而是会去谈论与他有关的具体工作，比如，设计变速器，或者是为涂料开辟新市场。他有可能会批评自己视野太过狭隘，但他对此却是毫不在意——即使他怀有野心，他也会把思考大局的差事留给总裁和执行委员会。简言之，在通用电气公司，年轻人可能会谈论管理；而在福特汽车公司，年轻人则可能会谈论汽车零部件。

长期以来，这种对工作的认同一直被认为是事物的一种自然规律；然而，让人惊讶的是，高层管理者们却发现，有必要明确说明其原因。回顾公司此前的那一培训计划，福特汽车公司的一位高层管理者这样抱怨道："我一直觉得人际关系和与人相处都很重要，但这些实习生的到来让我思考了很多事情。在我们公司，我们会根据结果去判断一个人，我是说，我们会根据一个人所取得的成就去判断他。我认为这是一种理所当然的方式。当然，人际关系也很重要，但它应该附属于结果。从这个角度来看，如果我们依据员工自身的举止，或者是他人提供的有关他的信息去做评判，而负责记录相关信息的员工则走掉了，那么关于他的评判结果就会很糟糕。我认为，把这些人送到我们手上的那些大学应该把更多的精力放在做事上。和我交谈过的很多年轻人都认为，大多数工程问题都已经得到了解决，这只不过是一个人类工程学问题。这种看法是不对的。”

有趣的是，正是那些 35 ～ 45 岁的管理人员对集中培训所激发的观点差异最敏感。他们不仅比那些年长的高层管理者看到了更多的接受培训者，而且他们原本期望他们这一代与年轻一代之间的差别将会变得更少，但却惊讶地发现彼此之间存在很大差异。他们所有的批评中有一个共同点就是，他们指责现在的年轻人比以往任何时候都要乐观得多，而在他们看来，远大的期望应该受到磨练而非刺激。罗伯特 · 兰登（Robert Landon）是罗姆 & 哈斯公司的劳资关系经理，他这样说道：“自从他们进入幼儿园以来，他们已经花费了 16 年的时间，在此期间，整个世界都在他们的学习课程中呈现给他们，这让他们沉浸在一种无比安全的氛围中。但是，当他们进入公司后，除了在某些组织良好的研究项目中，继续让他们置身于这种安全氛围中是一种比较危险的观念。”认同这种观点的人认为，当今的组织对待年轻人已经够仁慈的了。有人说：“我们应该让命运之轮转动起来。一个年轻人可以发展自己，但他不应该被发展。”

我并不想夸大目前这两种公司培训项目之间的区别。一流的通用电气公司实习生会发现，他无法适应福特汽车公司的环境；而一流的福特汽车公司实习生则会发现，他完全能够适应通用电气公司的环境。我也不想说这两种公司之间的鸿沟正在不断拉大。在非商界中人所怀疑的那些商业信条中，总是会有更多的多样性，而且，这些多样性将来也会一直存在。但是，所有的组织都有一个共同的权重问题，而这也正是我关注培训项目所形成的“公司性格”的原因所在；有些人可能会觉得我这样说有点夸张，但这却是昔日做法最有可能的一种替代方案。从这些方面来说，没有人会在这两者之间做出非此即彼的选择，商人当然也不会去做出这样的选择。这一选择将会通过大量的日常决策做出，而这些日常决策在当时看来则是一种中间道路。但是，所有这些都将会有所改变。

10

“多面手”

我们首先来审视一下年轻人对“多面手”的看法。可以说，他们在这方面的意见惊人的一致。当然，在这个问题上难免也会有持异议者（尽管这样的人少之又少），毕竟，在大多数人看来，没有一种概括能够公正地对待所有不同的事物。在新的模范管理者的引领下，那些想要成为高层管理者的年轻人变化不大；而且，从一家公司到另一家公司，从一个地区到另一个地区，你都会听到一个其所含内容越来越冗长的标准。其情形大致如下：

> 你忠于公司，公司也将忠于你。只有你为组织做好工作，组织才有理由善待你，因为这样对大家都好。这里有一群真正的人。告诉他们你的想法，他们会因此而尊重你。他们不想让你为工作而焦虑。一个（焦虑过甚）得了胃溃疡的人可能不应该去做生意。

这并不仅仅是一种年轻人一厢情愿的想法。虽然这有可能是“一厢情愿”，但是，它却是建立在一个明确的前提之上。就在几年前，这一前提还曾深受当时新人的怀疑。简言之，这个前提就是：个人目标与集体目标相一致。年轻人既没有对“制度”感到愤世嫉俗，也很少对其抱持怀疑态度——他们并不认为制度是一种可以与其对抗的东西，而是认为制度是一种可以与其合作的东西。

可以说，这种观点比宿命论要乐观一些。如果你能根据一些初级主管参加的会议起草一份组织结构图，你就会发现，这张图并没有我们所想的那样等级分明。图上的线条并没有向狭窄的顶点会聚，而是平行上升，最终在它们到达任何一个尴尬的转折点之前就消失在一片迷雾中。

近年来（20 世纪 50 年代）出现的经济繁荣与这个观点的盛行有很大关系。公司的规模扩大了许多，由此产生的效果就是，成千上万的组织人只能挤在一排排一列列“死胡同”和“鸟笼”里，他们想要从中脱身而出，却发觉为时已晚。随着企业不断成立分公司、设立新部门、开设分工厂，许多资质平庸的新人早早就得到提升——这种感觉对他来说是如此美妙，以至于如果他认为这种势头将会一直持续下去，人们很难就这一点去指责他。

然而，他们看到，自己与组织之间的一致性，要比其当下在组织中享有的权益这一点，有着更深的渊源。下面我们就以事业心为例来对其加以证明。组织人绝对不缺乏事业心。虽然他们看起来显得有些甘于平庸，但是，那只是因为事业心的性质已经发生了改变。它已经成为一种**被动的**事业心。就在几年前，这个雄心勃勃的年轻人还可以为自己的具体目标设定一个上限，比如成为公司总裁，建造一座桥梁，或者赚上 100 万美元。如今则极少会有年轻人去这样说，更不用说去这样想了。他有充分的理由来为自己开脱：如果这在过去是不现实的，那么这在今天就更是如此。他展望的生活是这样的：在这种生活里，他只是数百个同样有能力的人之一，在这样的人群中，他们被上级召之即来挥之即去，向诸多压力低头（他们无法控制这些压力，更不用说反抗了），所以，只有傻子才会去提前设定属于自己的方向。

他们觉得自己随波逐流并没有错。组织人有一种隐性信念，那就是，组织一定会像他们自己一样尽力做到人尽其才，所以他们大可放心地将自己命运的决定权交给组织。因此，既然没有一个确切的目标存在，也就没有必要给予他们一种连续性的感觉。从短期来看，成为电子部门的负责人或许还不错，可是，谁又能知道以后会是什么样呢？年轻主管可不想固守一个领域。他转岗的次数越多，他接触的业务面就越广；他接触的业务面越广，他在组织中就会越成功。

然而，他在组织中也不会**太**成功。有些矛盾的是，接受培训者既想要高升，又不想去承受这样做给自身带来的个人负担。他们经常聚到一起，探讨应该如何找到一种稳定状态——这种职位比较高，比较有趣，但又不是太高，不至于要使出浑身解数去与他人进行那种无情的竞争。对此，年轻人有如下解释：如果额外的微薄薪水并不能给家庭带来实实在在的购买力，那又何苦去过于奔波劳累呢？如果收入中等（确切来说是比中等收入略高一些）就可以过得很好，那么有这种工作就可以让人很满足了。换句话说，如果组织发展不错且规模较大，那么他在组织里无须付出太多代价就可以取得成功。

那些接受培训者表示，对未来的高层管理者而言，对企业保持忠诚根本就不是一个问题。如果你和那些资深管理人员聊起对公司的忠诚这个话题，几乎每个人都会有自己的一套评判标准；与他们相比，新人基本上都会觉得自己会对公司忠诚到底。新人甚至都不会觉得自己的忠心需要接受考验。

新人在对组织中其他方面的看法上也呈现出这一倾向。到底什么是“集体生活”？是个人主义的丧失吗？过去，年轻人经常认为，集体生活是大公司的主要劣势之一。如今，这一点却反而成为大公司的一种优势。他们认为，与人共事可以**减轻**他们在工作中经常感受到的那种挫败感（他们赋予伴随那种挫败感而来的自我压抑一种强烈的精神暗示）。他们承认，集体生活会浪费不少自己的时间，而且处理与蠢材之间的关系也很是折磨人。但是，他们说，这种事情是组织人工作的核心，而不仅仅是它的弊端。一个年轻实习生对我说："连这些事情都应付不了的人，这辈子都不会成为一位高层管理者。"

在超负荷工作上，他们的态度极其强硬。他们想要努力工作，但又不想太拼命；那种高质量又稳定的生活才是最重要的，他们认为，享受工作中的乐趣与个体成长进步之间并不存在冲突。他们认为通常的高层管理者工作太过辛苦，他们谈论的主题很少超出那些一心扑在工作上的年长者的愚蠢行为。他们会追问：真有必要这样去做吗？或者，这样做是否合乎道义？

汤姆·拉思是电影《一袭灰衣万缕情》的主人公，他的经历对此做出了一种很好的诠释。他有一位精力充沛的老板，老板给他安排了一份相当刺激、极具挑战性、他不可能完成的工作。正如他那身灰衣服所表明的那样，汤姆是他那个时代的典型产物。他拒绝了这份工作。他对老板说："我不想放弃自己的时间。坦白说，我确实很想赚钱。没有人会比我更爱钱。但我不是那种不分昼夜、不过周末的工作狂，我不可能一直那样干下去。我认为生活中还有比工作更重要的事情。我也不是那种沉迷工作的人——我无法说服自己工作是世界上最重要的事情。我已经经历过一场战争。或许又一场战争正在向我们逼近。如果战争再次发生，我希望能够回顾往昔，回忆两次战争之间的那段和平时光，在那段时光里，我和我的家人能够活出生活该有的样子。"

听过汤姆这番话，老板应该为他自己感到羞愧。正如汤姆如此强烈地暗示的那样，当那些年轻人说他们不想工作太辛苦时，他们觉得自己也是在为社会做出一种积极的道德贡献。进一步来说，在这一自我占据崇高地位的享乐主义时代，他们不明白，为什么不能在享受生活的同时还能拿到可观的薪水。我们没有必要非得在工作和生活之间做出取舍。[1]

---

[1] 汤姆·拉思最后发现自己并未做出任何牺牲。他在说完这席话后问老板是否还愿聘用他。老板说："当然愿意。也有很多好岗位并不需要你拼命工作。现在的问题是给你安排一个合适的岗位。"

这让我们看到了事情最精彩的部分。年轻人并不认为（在工作与生活之间）必须做出选择，因为他们认为组织已经开始改变它自己的思维方式。他们认为，对组织来说，不让人们过多地沉迷于工作之中，是一种非常明智的做法。他们说，以前过度工作是有必要的，在极个别时候你也需要满怀激情地投身工作，然而，现在的商业发展则视“多面手”为典范。组织需要的不是那种一直向前冲的驱动者，而是那种能够劳逸结合、适应周围环境、即使在乏味的生活里也能自我成长的人，这样他就可以平静地处理人际关系，充分地理解对方。

因而，他们将未来的组织生活视为一种紧张局势将会得到缓和的生活，并相信未来的组织生活就应该是这样。再次，他们这样想也是讲得通的。那些将要进入关键位置的人将会是像他们一样的人；而且，随着最后一批一直向前冲的驱动者消失，也就永远不会再有那么多麻烦出现。出于需要和天生的渴望，明智的年轻人会去享受自己的生活——用足够多的时间去陪伴他的孩子们，培养他自己的爱好，抽出更多的时间去读书，听音乐，打高尔夫等。总的来说，这就是“多面手”的典范：他既不会显得冲动冒失，也不会显得过分热情。他们将会是那些走中庸之路的人。

* * *

那么，年轻人的梦想是否会成真呢？事实上，这只是对未来愿景一种略带夸大的回放，因为在人事主管和对商业比较通透的商学院成员中，这种愿景正在变得越来越强大。我们不应低估他们这些人将会产生的影响力。虽然人事工作人员是员工而不是领导班子，但却正是由他们来负责挑选接受培训者和管理学校，进而影响到那些培训学员在公司成长的岁月。[2]

---

[2] 人事工作人员的数量与其他员工的数量相比急剧上涨。明尼苏达大学工业中心的戴尔·约德（Dale Yoder）和莫纳·瓦尔兹（Mona Walz）开展了一项研究，结果表明：截至1955年，1 000位员工对应8个人事工作人员——相比1954年1 000位员工对应7个人事工作人员，这一比例上升了15%。

在人事工作人员的眼中，未来的管理者并不会得到普遍认可，反倒是会与人心背离。人事主管除了在本行业大型会议或工作研讨会上会设法隐藏他们的新模式对高层管理者的批判，在其他场合并不会刻意维护公司高层管理者的颜面。另一方面，对高层管理者特质的大多数定义所包含的内容都是如此广泛，以至于无论一个人对未来高层管理者的看法有多么激进或多么保守，几乎所有常见的通用定义都会为大众所接受。人人都同意，未来的管理者必须有能力，有耐心，能与他人和睦相处，有远见卓识，富有想象力，果断，而且还能在关键问题上提出一些不错的见解。

然而，面对这么多相互矛盾的特质，到底应该突出强调哪一方面呢？为了让人事部门工作人员和管理者就此事各抒己见，我做了一个实验。我在管理者能力清单中提取出了两种相互对立的定义。其中一种对理想高层管理者的定义跟新教伦理相契合，另一种定义则跟社会伦理相契合。然后我给 150 位人事主管一一去信，询问他们更喜欢哪种定义。与此同时，我也给 150 位公司总裁分别寄去了同样的信件。

我询问他们：如果他们**必须**做出选择，他们会更喜欢下面哪种观点？

第一种观点如下："由于企业无序发展的时代已经成为过去，所以目前企业最需要的是那种具有很强适应性的管理者，他掌握了多种管理技能，主要关注人际关系，并且掌握了能让公司团队和谐运作的技巧。"

第二种观点如下："由于变革需要新的想法来防止公司陷入僵化，所以现在公司最需要的是那种具有强烈个人信念的管理者，他不会因为自己做出了一些非正统的决定扰乱了既定秩序和干扰了同事而感到惭愧。"

我得到的回应异常热烈。在回答这个问题的数百人中，也有不少人指责我提出了这样一个问题，不过，他们中的大多数人都做出了选择，更重要的是，他们还给出了诸多理由。投票结果如下：在公司总裁中，有 50% 的人喜欢管理者类型，50% 的人喜欢另一种类型；在人事主管中，有 70% 的人喜欢管理者类型。

在回信中，人事主管对管理者类型的偏好，比投票结果显示的还要强烈。支持管理者类型的公司总裁通常都会指出，个人主义者也有自己的一席之地；而人事主管则不这么认为，而且他们还会得出这样一种推论：即使必须跟个人主义者共事，也应该将其小心地与他人隔离开来。此外，他们的解释非常一致：在 70% 投票支持管理者类型的人中，他们的解释互为补充，从而产生了一种相当有凝聚力的哲学。下面是他们的回答要旨所在：

无序发展的时代已经终结。既然工作是为了让事情继续下去，而不是为了开拓进取，领导者就必须是一位专业的管理者，“组织人要懂得如何激励与会人员参与商讨，如何鼓励团队和个人奋发向上，如何提高员工的工作满意度……如何举行解决问题的会议等”。组织人将会是一位通才，他需要考虑的不是那些具体工作，而是需要研究如何调配他人去做那些具体工作。

从工作的传统意义上来看，组织人自身并没有在工作，而是在鞭策他人工作。他不创造价值，而是在负责协调和管理创造价值的员工。“专业型人才在进入未知领域的途中可能会遇到一定的风险，组织人所扮演的主要角色就是作为他们的平衡轮。”

标新立异对组织来说是一种危险。支持管理者类型的人承认，管理者自己有时也会有一些新奇的想法。但是，他们立即补充道，管理者理应对此保持清醒，因为他们的新奇想法是一种危险，而不是一种优势。[3]

个人主义对组织来说是危险的。一些人事工作人员并未简单忽略个体身上像“驱动力”“想象力”这样的内在品质，他们想尽办法提醒接受培训者留意这一点。一位人事主管说：“任何与时俱进的老板都会质疑个

[3] 我们挑出了那些信中出现次数最多的词语，发现这些总裁最常用到的词语是“想象力”“精力”“判断力”“活力”“事业心”。除了那些支持个人主义者的人事工作人员，人事工作人员往往倾向于使用“和谐”“合作”等词语。

人主义者对公司发展所起的作用，也不愿意让接受培训者形成这种思维模式。”另一位人事工作人员则说得更为直接：“具有强烈个人主义信念的人往往愿意做出一些标新立异的决定，通常人们会认为他们更具‘驱动力’**而不是**‘领导力’。”“我们过去主要是为了追求卓越，”一位公司总裁说，“而现在这个被用滥的词——‘个性’——已经变得极为重要。我们不会关心你是美国大学优等生协会会员，还是美国工程荣誉协会会员，我们只想找到一个可以管理全才员工的‘多面手’高管。”

创意源于团队而非个人。“多面手”不会自己去做决定，而是会去整合他人的想法，他的行事是那么的民主，以至于他从不会让自己的判断凌驾于团队的决策之上。“决策应该由团队共同做出，”一位人事主管说，“在讨论之后达成一致，在行动之前进行深入的商讨。”“领导者要有魅力，能够接受下属提出的意见，”另一位人事主管说道，“同时，他还必须能够相应地调整自己的想法。”

如果公司主要招聘的是那种执行别人想法的员工，那么那些出谋划策的人又该从何而来？一些支持管理者类型的人承认，这个问题需要引起人们足够的重视。思维的火花从哪里来？如果高层如此关注保持平衡，一个公司又怎么可能改换到一种新的方式上来呢？对此，他们提出了下面这一解决方案：

创造性的领导关系是员工职能缔造的。组织时不时地也会需要一些新点子。但这并不是领导的专职，领导只是负责雇用员工来出谋划策。天才们在公司的领导管理下考虑问题，贡献创意，而领导（作为一位公平的调解员）则主要关注解决问题的技巧而非问题本身。一位人事主管解释道：“组织人无需引起关系混乱就可以完成变革，因为他接受过专业训练，既会思考应该如何实现变革，也会思考变革应该是什么样子。”他的工作不是去向前看，而是要去检查那些确实向前看的人是否做出了什么过度行为。虽然他在鼓励基层员工这件事情上投入了一种相当大的热情，但是，他的精力并未因此而分配失衡。可以说，他是一位总管一切的总督。

* * *

在某种程度上，这种新的管理模式可以得到一种合理的解释。对接受培训者来说，它避开了将要发生的冲突；对人事工作人员来说，它为一个依然非常模糊的工作领域设定了地位，界定了功能。一位美国知名人力资源管理师说：“考虑到我们在公司中所处的位置，我们不得不只去考察不同工作中的那些公共部分：管理和人际关系。虽然现在这些工作属于公司工作中那些比较抽象的方面，但是，人事工作人员却是极易因为这些工作的重要性而深陷其中，以至于他们只注重去完成培养接受培训者这一特定任务，而把安排接受培训者上岗放在次要位置。但我发誓，这是一种非主流观点，我无法确定现在的人际关系情况是不是比20年前要好一些。我们只是谈论它们的时候更多了，而且，我们中的许多人都用这种浑浑噩噩的方式给了年轻人一种非常糟糕的引导。”

然而，即使“多面手”这一理想只是一种合理化现象，这个概念在社会上却是依然举足轻重。这一点可以说是不言而喻。作为一个有着非常实际结果的例子，我们只需要注意到：在许多大公司中都会有初级主管协助进行面试，挑选必要的人才来充实领导班子。在这种情况下，等到那些面试完的学员回到校园后对自己进行定位时，他们的反理性主义思想就会变得比以往任何时候都更强烈；在这一伟大的孟德尔式选拔循环中，由“多面手”挑选出来的通才，反过来会再去挑选更多的“多面手”。

假设一个天才一开始就想进入一家公司，那么他很可能会假装自己是一个很外向的人，从而欺骗一个接受培训者给他一份工作。但是，他一定要对这一做法极为娴熟。有人问过通用电气公司的那些接受培训者一个问题：如果一个像物理学家斯坦梅茨这样杰出的人物来他们这里应聘，他们会怎么办？一些接受培训者想了一下说，他们可能会聘用他，因为他们可以利用培训项目中兄弟般的生活“把他有棱角的地方磨平”。其他接受培训者则不同意这种看法，他们认为，像斯坦梅茨这种人身上有一种反社会的性格，他们不可能将其重新改造过来。有一个接受培训者说："我觉得现在我们受不了那种下属。"（幸运的是，通用电气公司没有让它的那些接受培训者去负责招聘。）

其他公司的接受培训者同样表示，他们无法忍受这种下属。他们解释道，无论是在物理和化学领域，还是在比较实用的工程领域，所有的好点子都已经被想尽了。基本的创新工作已经完成，所以不拘任何工作需要的都是那些比较务实、懂得团队合作的下属，这些人只要能做好做套袖这种简单的工作就足够了。一个接受培训者说："无论任何时候，我都会为了人们能够相互理解而牺牲自己的智慧。"

事实上，他们确实也是这样做的。

第三部分

组织人的神经官能症

11

高层管理者：非“多面手”

与那些接受培训者和人事工作人员就公司的未来谈论时间一长，就会让人产生一种不安的感觉，以为整个公司都将由管理层来掌控。在公司未来的发展过程中，组织人到底是会顺风顺水还是会跌入低谷，我们现在只能做出一种预测。不过，在进行预测之前，我们有必要先来看一下公司里的另一种人，那就是高层管理者。

如果许多人事工作人员制定的标准在今天得到全面采用，那么大多数美国公司的高层管理者可能明天就得下岗。事实上，人们明显可以感觉到，有些公司的人并不认为这是一个坏主意。(“因为有些高层管理者现在还在坚持过去那种管理公司的原则，”一位人事工作人员在给我的信中写道，“这些人已经不适合待在管理层了，他们那些陈旧的想法会对现在的年轻职员产生一种不好的影响。”)

当然，单从表面上看，公司的那些高层管理者与平常人一样能够做到在生活和工作之间保持平衡，从他们身上我们可以看到许多这样的例子：从开会时的那种严厉声调，转换到下班时间处理私事时的那种闲适姿态；他们有时也会像新来者一样表现出对社会伦理的重视。当然，他们比30年前的那些高层管理者要更加重视它，因为他们对公司在过去十年里发生的变化负有很大责任。

然而，从根本上来说，他们则是受到新教伦理的驱使。就年轻人认为他们的素质不够全面而言，他们之所以做不到圆滑处事，是因为他们心里很清楚：就算他们把每个方面的事情都处理得特别好，他们也不会成为公司的一把手。据称，是组织把合作的力量给神化了；实际上，公司内部什么都没有发生改变，最终获得成功的依然是那些坚持个人主义、乐于竞争的人。虽然在这方面有可能会像人事工作人员和接受培训者希望的那样发生变化，但是，可以确定的是，随着公司管理层的更新换代，年轻人想要变成“多面手”（全面发展）这种心态，必然会影响到组织内部的工作氛围。

然而，他们的梦想中有一个缺陷，这是世界上所有的愿望都无法消除的。在本章中，通过观察那些年长的高层管理者对待工作的态度，我认为变成“多面手”只是一种错觉。只要我们的组织保持活力，它就仍将会是个人想要成为的角色与他被要求扮演的角色之间发生冲突的地方。这是一场长期存在的冲突，那种单纯通过调整适应来消除它的努力，反而会让它变得更加严重。新的管理层可能会把自己塑造得更接近官僚类型，以减少自己与其他管理层之间的不同，但是，他们并不会找到他们正在寻找的替代品。不幸的是，导致让组织人如此恐惧的神经官能症的驱动力，与使得他高效工作的驱动力紧密地交织在一起。在否认这种严酷的现实时，“多面手”这一理想使得组织人身上的那种紧张感（这已成为游戏的一部分）变得不再合乎道德；如果说旧式那种自我扭曲所造成的结果是喜忧参半，那么对自我这种新的压制所造成的结果也将会是如此。

* * *

“人们普遍认为高层管理者们不再像过去那样勤恳工作，对此许多高层管理者都表示感谢。”“人们听到许多关于他们的爱好和外界兴趣的新趋势，他们更加理性地享受休息时光，渴求完全参与到集体生活中。”“现如今，那些高效的管理者已经不再像过去那样一门心思只知道工作，他们能够合理地规划自己的生活，在工作与休息之间达成平衡。”类似这样的说法我们已经听得太多了，这里也就无需赘述。

“现在的高层管理者们工作强度适中”，我和同事对这一事实半信半疑，打算检验一下这一观点。我们核对了他们出现在乡村俱乐部的次数，他们的通勤高峰时段，他们的旅行时间表。更关键的是，我们同几百位组织人进行了长时间的交谈。[1] 最终我们得出以下结论：（1）高层管理者们的工作量依然很大，他们甚至比以前更加努力；（2）虽然高层管理者们经常抱怨高额的个人所得税，但是，这并不会影响他们去努力工作；（3）高层管理者们比以往面临更多的紧张和冲突，虽然工作重心向委员会管理倾斜确实消除了许多旧时的工作压力，但是，随之也产生了许多让人烦恼的新的工作压力。

我所说的“高层管理者”并不是指那些一般管理人员（这两者之间有很大不同）。我定义的“高层管理者”包括公司总裁、副总裁，以及中层管理者中那些有明显晋升可能的佼佼者。

这些人每周的工作时间平均在 55 ～ 60 小时，每个工作日的工作时间平均为 9 ～ 12 个小时。五个工作日中有四个工作日他都要工作到深夜。其中有一个晚上，他将会被安排去参加一次商务娱乐活动；还有一个晚上，他要在办公室加班，或者是在其他地方参加一个旷日持久的会议。

在剩下的两个晚上，他终于可以回到自己家中。然而，他的家却并不是一个他可以彻底放松的避难所，而是他所在公司的一个分公司。虽然只有少数人才会拥有一间配有听写机、计算机和其他日常生活配件的房间，

[1] 我们采访的“高层管理者”类别如下：（1）52 位公司总裁（平均年龄 55 岁）；（2）23 名副总裁（平均年龄 53 岁）；（3）53 名中层管理人员，他们认为自己（或者公司认为他们）是那些有希望晋升的人（平均年龄 37 岁）。我们研究的“非高层管理者”类别如下：（4）33 名从低级管理人员升到中级管理人员的男子（平均年龄 30 岁）；（5）60 位在公司接受过两年培训的大学毕业生。

但是，大多数高层管理者都是经常在家里处理大部分公司业务；而且，一些高层管理者还发现，这是他们开展最有效的商务电话工作的最佳时机。（“我主要是通过在家里打电话来抽查下属工作，”一位高层管理者解释道，“在家里我会有更多的时间，而且当你在家里给他们打电话时，他们大多数人都会放松警惕。”）

尽管公司也会好心地提醒它们的高层管理者这样的工作负担太重，会把人拖垮，但是，实际上，大多数公司都会想尽办法去增加他们的工作量。与我们交谈过的那些高层管理者一致认为，他们的上司非常赞同他们每周工作54小时，要是他们每周工作时间能超过60小时那就更好了。在一家公司，最高领导为那些在家工作的高层管理者每人都安装了一部指令电话，这样他们就是在家里也可以加夜班，或者在周末休息时间继续工作。

几乎在所有公司，“一周只用工作五天”都是一件想都不要想的事情。高层管理者们很快就了解到，如果他们星期六能到办公室去转转，哪怕只是去收拾一下垃圾，也会对他们的自身发展有百利而无一害。同样，尽管公司鼓励高层管理者们广泛阅读各种商业期刊和贸易期刊（通常都是公司免费为他们订阅），但却很少有哪位高层管理者会真坐在办公室里去阅读它们。由于某种原因，就连那些高层管理者自己都认为，在办公室里这样做，会被他人视为是他们逃避工作的一种形式。

高层管理者们承认，反过来，他们也给自己的下属施加了同样的压力。他们中的有些人倾向于直接赞美员工额外所做的工作，而另一些人则会设置一个不可能完成的目标，比如“成为一个永远积极向上、奋发努力、热情洋溢的人”，去激励员工。“归根结底，事情是这样的，”一位高层管理者指出，“公司会提拔那些肯将工作带回家继续做完的人”。

* * *

他们为何会工作得这般辛苦？在对所得税的谴责上，没有人能比得过商人，他们谴责所得税的存在是在鼓励人们变得懒散；他们一再抱怨说，其最糟糕的后果就是削弱了管理层努力工作的积极性。考虑到这一点，我们询问了我们采访的每一位高层管理者：“如果你的个人所得税率降低了，你是否会更加努力地工作？”那些高层管理者是这样回答的，现在他们不会因为可以少缴税而更加卖力地去工作。

尽管高层管理者们对高额所得税表示不满，但是，对他们来说，工资的关键不在于它的绝对值大小，而在于它的相对值大小。而相对值大小又确实依赖于税前收入。虽然工资单上的工资总额那一栏可能会让人看了发笑，但这却依然是问题的关键所在；一个年收入 3 万美元的人会发现，他的竞争对手（年收入 3.7 万美元）税后实际收入只比自己多 892 美元，但这却并不能让他产生一种安慰感。就连那些有独立收入的人也会和其他人一样关注这个相对值的大小。事实上，我们与之交谈的那些独立而富裕的高层管理者也在同样努力地工作，有时候，在墙上画中那位目光坚定的老绅士的注视下，他们还会表现得更加努力一些。

* * *

当一位高层管理者在谈论他自己和他为什么工作时（他对这个话题非常感兴趣），他往往会谈到很多事情。他经常会谈到为别人服务（对他来说，这是一种非常真实的感觉）。尽管外界对此有许多不同看法，但是，他对这件事却是几乎从来不曾自我怀疑过，所以他对雇员们担心的那种带有自我反省色彩的问题（“管理是一个职业吗？”“公共关系是否处于十字路口？”）相当厌烦。他认为，管理工作理所当然地是美国最重要的职能之一——如果你只听他说的话，你甚至会觉得这是世界上唯一重要的事情。

工党领袖有时也会像其他高层管理者一样说话。下面是产业工业联合会（CIO）副主席就工作量这一主题发表的看法：

> 我现在比以往任何时候都要工作得更加努力，而我以前则是一个追求那种闲适生活的人。激发我的动力已经不再是金钱，因为有许

多东西都要比物质刺激更重要。在劳工运动中，从来都没有沉闷的时刻。我感觉自己就像是在参加一项改革运动，努力让这个世界变得更好。我喜欢我工作中发生的一切。

平日里，我每周会工作 70 ～ 80 个小时。每天上午 8：30 我会准时到达办公室，在那里一直工作到下午 6：00。中午通常会有一个午餐会。每星期有三天，下班后我都要带着许多阅读材料和报告（它们把我的公文包装得满满的）回家继续加班，阅读它们要花去我两个小时的时间。

每个星期我都要抽出两个晚上的时间去参加本地联盟举办的聚会，我需要出席这些聚会活动。每个周末都会有各种的成员会议、管理层会议、公会，或者聚餐活动。

我有 40% 的时间都花在了路上，为的是去和高层进行协商，去解决问题，或者是去参加产业工业联合会的会议，有时在这些会上还会需要我发言。下面是一个我在城外工作的例子：上星期我参加了一个在普渡大学举办的研讨会，会议结束后，我于下午 3：05 从底特律出发飞往印第安纳波利斯，再从那里坐车赶往印第安纳的拉斐特。我在晚上 7：30 发言，会议一直开到晚上 11：15。然后我再开车回到印第安纳波利斯，凌晨 1：10 我搭乘飞机回家。等我回到家中，已经是凌晨 3：00。

我工作得是不是太卖力了？我的私人医生和我的妻子都是这么说我的，但我却并不这么认为。如果我的情况真如他们所说，那一定是我工作得还不够卖力。

服务并不是一种基本动机。在谈到他为什么工作时，高层管理者不会首先谈论服务，也不会谈论来自组织的压力；他也很少会把养家糊口当成理由。他说，他工作是因为他自己想要工作，他工作是因为这是他的一种自我要求。“人就像是一座喷泉，”一位公司总裁解释说，“你内心的能量必须借助某种方式释放出来。所以要是不工作的话，我整个人的状态真的会变得很糟。”“这就像打棒球，”另一位总裁补充道，“一个优秀的球员在准备击球时不会去想他跟球队签署的合同。他是在为打垒而战。”不管具体是什么比方（还有两位总裁把自己比作音乐会上的钢琴家），其主题都是自我表达。

因此，工作主导了他们的生活。其他的一切都是附属——高层管理者无法把工作和闲暇分割开来。不管是生活中的哪一部分：休息、家庭，或者是朋友，他都会用其与工作的匹配程度来加以衡量。这是否是一种过度工作呢？生动地描述自身背负的那种巨大的工作负荷紧接着又否认自己过度劳累——高层管理者在这方面的能力是非常惊人的。下面是一位公用事业公司总裁对过度劳累问题做出的回答：

> 过去，我每天都会工作 18 ～ 20 个小时，而且等到所有事情都完成时，我一点也不会去多想什么，直到第二天我再次把自己全心投入工作之中。现在，真是见了鬼，我连回到家后都还在考虑工作上的事情。因为我不喜欢坐下来思考事情，所以我会找本侦探小说，一边随手翻着，一边坐在那里思考：如果迈克这样说或那样说，我该怎么回复；在下次涨价听证会上，我该如何发言。
>
> 在提升价格或者涨工资运动中，每天晚上躺在床上我都在想，接下来我到底要说些什么。有时候，在结束了一场关于工资问题的斗争后，回到家，我会躺在床上一直思考，直到获得一些灵感，然后睡上一个小时，就又回到谈判桌前。
>
> 我得了胃溃疡，它经常发作，十分恼人。等到所有这些斗争都结束后，我的胃溃疡也不再发作，我也终于能够好好吃饭了。我每隔一段时间就会去趟医院，目的只是为了休息一段时间，一个人安静地思

考一些问题。这是否就是人们常说的那种过度工作呢？好吧，就算是吧……但是，我在工作中得到了成长。我喜欢这样。我喜欢总是有事情发生。我喜欢这种状态本身，并喜欢下面这一事实，那就是，我帮助数百万人实现了他们的目标。这让我觉得自己有了一些成就感。

大多数高层管理者在这个问题上都不会感到羞怯。出于某种原因，是否过度工作这个问题会触及他们非常敏感的神经；而在讨论生活中的其他方面时，他们则表现得十分平静。这两者之间有很大差别。在我们询问的那些高层管理者中，有90%的人表示他们没有工作特别努力；当他们回答这些问题时，他们总是会说："绝对没有！""当然不是！"（也有少数高层管理者表示他们的确工作得很辛苦，而这些人则被他们的同事描述为十分懒惰。）

他们为什么会对自己被评价为"卖力工作"产生如此大的抵触情绪呢？那些高层管理者对后续问题的反应，给我们提供了一个解开这个问题谜底的线索。其他人（他们的妻子、医生、朋友）是否也会认为他们的工作太辛苦了呢？那些高层管理者会略带悲哀地回答说：是的。其他人确实认为他工作太辛苦了。**他们就是不明白。**

对高层管理者来说，在他的工作与他的生活之间，有一个他永远无法完全解释清楚的统一体，尤其是他无法对他的妻子解释清楚这一切。许多高层管理者都会设法向他们的妻子隐瞒的秘密之一就是，他实际倾注在工作上的精力要比表面上看到的多得多。因此，他永远也无法真正向他的妻子解释他并没有工作过度，因为这样未免太不讲究策略了。"在我看来，"一位公司总裁说，"所谓工作过度只是对那些你不喜欢的工作而言。而我则很喜欢我的工作。一个人一辈子只能爱一次，你不妨全心投入去做你喜欢做的事情。"当然，他并不是在说他的妻子。

与天主教会不同，公司不可能要求员工为了它而保持独身，而且，由于它的员工容易受到家庭纽带的影响，公司确实没有完全发挥其自身效力。但是，公司对它的员工还是有一定影响力的。事实上，妻子们经常都在试着让她们的男人违反他们跟公司签下的合同，而且很多人在下班后与家人之间的关系，也确实比与他们的工作之间的关系更紧密，然而，这种情况为数甚少；组织通常最依赖的人选，就是那些能够同时对家庭和工作负责的人。

高层管理者们试图成为尽职尽责的丈夫和父亲，他们清楚地意识到，他们在工作上的投入每增加一分，也就意味着他们与家人相处的时间会减少一分，即使他们人在家人身边。那些年轻的高层管理者在这一点上则对自己有更多的指责。他们说自己作为父亲原本可以做得更好，他们经常提到自己打算与孩子们一起做的那些“大项目”，比如，在车库里和儿子一起造一艘船。但是，他们沮丧地说，他们可能永远也无法让这样的想法变成现实。“我经常期待我的孩子们能够快快长大，”一位销售经理说，“因为等到那一天到来后，我就不必为忽视他们而心生愧疚。”

* * *

闲暇？当那些高层管理者谈论起这件事情时，他们会显露出一种奇怪的分裂感。他们羡慕工人每周只用工作 40 个小时，同时则为自己下班后还要继续考虑工作而感到悲哀。“晚上，我不会去阅读一些神秘故事来让自己放松，”一位高层管理者说，“我会一直坚持工作到 11：00，最后对自己心里的那个工作恶魔说：‘你继续做吧，我要喝杯威士忌然后上床睡觉。’但是，我还是会坐在那里，一直坚持到 12：30 或凌晨 1：00。所以第二天吃早饭时我会感觉特别累，一句话也不想说。我的妻子说我看上去就像是在那儿坐着做梦，可能她说的是对的。不过，我确实从充分了解自己的业务中得到了很多乐趣。”

就连那些没有把工作材料带回家的高层管理者也承认，他们无法停止考虑工作。一位知名汽车公司的高层管理者表示：“我不会把任何与工作相关的东西带回家。我在下班后，除了有两三个晚上要参加会议，剩下的时间我都留给我的妻子和孩子们。不过，晚饭后我通常都会带着我的狗去散步。我猜你可能会称这为‘冥想散步’。”一家新英格兰公司的总裁承认，情况变得如此糟糕，以至于每次回到家中他都得正式向家人宣布他今晚不会再工作。“如果我不去思考接下来的行动计划，”他解释说，“我连最短的报告都无法看进去。我发现这对我产生了很大的影响，以至于到了该睡觉的时候我却怎么也睡不着。”他现在仍在戒酒，但他对此并不满意；他说，他真正想要的是在工作日里能有更多的工作时间。

公民义务活动？高层管理者们并不特别喜欢这种工作。无论对错，他们中的大多数人都认为它只会徒然消耗自身精力，只有那些看到公民义务与其职业生涯之间有着明确关系的人才会对它倾注热情。

组织人也会参加一些公民义务活动，但他这样做在很大程度上是出于一种责任感，而不是出于任何个人冲动。一种比较典型的情况是，他会在其职业生涯中去参与公民义务活动，因为作为组织分支机构的经理，他自然也就成为当地社区的领袖。许多年后，当他成为一位老年政治家，他会再次参与其中。但是，正如许多人私下承认的那样，这种参与与其说是一种自由选择，不如说是一种诱捕。一位 65 岁的高层管理者表示：“我一直盼着自己的生活能够过得轻松一点。可问题是，就在你训练好了可以接手你工作的人，你觉得自己终于可以好好休息一下时，却总是会有人说你依然胜任这份工作，然后，他们会再次为你安排好一切。”

* * *

文化？高层管理者们在音乐、阅读等方面往往比他们不太成功的同龄人有更高的品位。不过，正如他们自己承认的，这并不能说明什么。大多数接受调查的高层管理者都意识到，除了与商业有关的书籍，他们并没有去读足够多的好书；有些高层管理者还会在这个问题上过分地自责不已。

然而，这位高层管理者问道：他在哪里能找到时间去读书呢？他确实想读更多的历史书或者想欣赏更多的戏剧，但他又认为这些东西都未免太边缘化了，与他的职业生涯没有多大关系，所以不值得在这上面花时间。在这一点上，人们对他的判断是有争议的，但那是另一回事。事实上，他确实没有看出这两者之间有多少关系，因此，与一直推迟与孩子一同造船一样，他也会不断地制定自己的阅读计划，但却永远都是停留在计划阶段。

爱好？即使在这个主题上，高层管理者们也会用它们是否与业务相关的标准来进行衡量。虽然也有一些高层管理者真正专注于一种纯粹的创造性爱好，但是，对更多的高层管理者来说，这种追求都会带有一种强烈的治疗色彩。对他们来说，业余爱好本身并不是一种可以尽情享用的乐趣，而只不过是一种在两场比赛之间快速修复自我的手段。为此，一些高层管理者会经历一种近乎强迫性的仪式，比如，他们会定期在周末的时候浇花，不管外面是否刚刚下过雨。借用一句老话，他们从来不会在闲暇时闲着。

总的来说，我们有一个完全投入工作的人，他无法将工作与他生活中的其他部分区分开，而且他也很高兴自己无法做出这一区分。他被一个越来越专注于休闲的社会所包围，他在这样的社会中显得有些反常。他不仅工作更加卖力，而且在某些方面，他的生活也要比半个世纪前的商人变得带有更多的禁欲色彩。他的生活环境其实非常舒适，然而，除了凯迪拉克、更好的小区位置、更大的草坪，他的生活方式与中层管理人员的生活方式并无明显不同。事实上，他也并不怎么关注这些方面；他最常聊起的奢侈品都与他的工作有很大关系，如牛排晚餐、豪华酒店、飞机头等舱等。他从来不会去想自己有一天会住进一座哥特式城堡，由许多穿着制服的男仆贴身照料。他的房子永远都不会成为一座纪念碑，它的存在纯粹是功能性的，是一个能够治愈创伤和为未来储存能量的地方。他很清楚，在前方等待他的，将会是一场没有终结的战斗。

12

管理者的自我

许多人都认为，过分专注于工作是管理者产生焦虑的原因所在。从多兹沃斯（辛克莱·刘易斯小说中的一个人物）开始，美国人一直觉得这个只知道工作、与生活相疏离的商人形象带有一种很大的悲剧性。我们发明各种生产设备的目的明明是为了将人类从昔日的辛劳中解救出来，为什么掌管它的人却要否认这一点呢？就连管理者自身，当他在诅咒自己内心的那个工作恶魔时，也会对此感到有些内疚。

然而，这并不是他的问题的核心所在。他长期忙于工作，其他事情一概抛之脑后，等到退休时他很可能会受到一种不小的打击，因为到那时他会发现，除了工作，自己对生活中的其他方面都不擅长。但是，如果说工作是一种暴政，那也是一种自我强加的暴政。他认为，工作与休闲之间的不协调只是一个小小的冲突。他认为这是他**应该**担心的一件事情，可是，他并没有多余的时间去想它。

我将会在本章论证：真正的冲突是工作**内**的冲突。在所有的组织人中，真正的管理者是对其所在组织抱有最大怀疑态度的人。如果用一个特征来定义他，那就是，他有一种想要控制自身命运的强烈愿望，而且，在其内心深处，他憎恶自己受控于其所在的组织，无论这种控制看上去有多么美好。他不想被人代替；他想要的是主导，而不是被主导。

可是，想归想，他却不能这样去做。他不仅要接受来自组织的控制，还要装作无比欢喜地接受来自组织的控制。当他被分派到一个不太理想的工作岗位或地方时，他必须让自己保持一脸微笑。他必须表现出自己非常赞同其他人的观点。他必须变得更加“以员工为中心”，而不是“以目标为中心”。现在，他光是努力工作已经不够，他还必须去做一个该死的好人。

这就是问题的症结所在。管理者必须一直扮演这样的角色，然而，角色与现实之间的差异却是变得越来越难解决。就连那些不愿被指责为具有哲学思想意识的高层管理者也认为，自己正处于一种令人困惑的价值观转变中。他们赞成良好的人际关系、宽松的管理等，但就他们自身而言，做到这些方面要求他们去违背自己真正的人格。接受组织的意识形态有助于人们承受压力，事实上，仅仅是扮演一个适应良好的团队成员这一角色，就会有助于缓解人们内心深处的忧虑。正如哲学家帕斯卡所指出的那样，一个人只要坚持自己的信仰，最终他就一定会被赋予信仰的恩惠。

但是，这一点却并不适用于管理者。许多中层管理人员都可以成为其所在组织的真正信徒——从这个意义上来说，我认为，一味地哀叹白领陷入的困境，有可能会错过一个非常重要的问题。在组织生活里的所有人中，他们最擅长将自己的愿望与组织的要求相调和。然而，组织里最有能力的人却无法得到这种安慰。

这就是管理者的焦虑。高层管理者所感到的一些紧张和沮丧是由于（他自己和他人的）心理问题所造成的，而这些心理问题都适合进行个人治疗。然而，在很大程度上，组织生活中的那种紧张，并不是一种通过个人调整就能消除的反常现象；事实上，它们是新旧伦理相互碰撞之后产生的一种必然结果。

* * *

管理者对组织的真实感受又是怎样的呢？在几乎每一个影响个人与

制度之间关系的问题上，从实习生到中层管理人员再到高层管理人员，你会发现，他们在态度上存在明显差异。我们首先从群体角度来讨论这个问题。正如我之前提到的，那些年轻的高层管理者认为，这是一种积极的福音，是职业经理人工作的核心。在某种程度上，那些年长的高层管理者对年轻人的人生观负有部分责任，因为当他们发表那些带有进步主义色彩的演讲，或者发表由其手下公关人员撰写的演讲时，他们的讲话听起来给人的感觉往往就像是，他们最喜欢的事情是顺从同事，将权力下放给下属，一句话，就是让自己融入团队。

可是，事实上，他们肯定不是这样的。一位高层管理者抱怨道："你总是在不停地安排各种事情。即使我处在现在这一位置上，我所做的一切也仍然要经受各种人的审核，因此，我必须花费尽可能多的时间去获得盟友，就像我在那些具体项目上所做的那样。你必须与各个层面的人都保持一种非常友好的关系。有时候，当我忙完一天工作回到家中，我会因为在单位必须处理这些事情而感到疲惫不堪。"这是一种很典型的抱怨。在与此有所不同的抱怨中，高层管理者们指出，当一个人的工作与其他人密不可分时，发挥个人的创造力和获得成就的满足感这两者很难同时实现。

商业领域里最直言不讳的一个旧口号就是：优秀的管理者会把他的各项工作安排得特别好，他非常享受这种满足感，他可以在5：30就下班，没有丝毫后顾之忧。那些高效的管理者可以很好地展示这一点：干净整齐的桌面、一目了然的备忘录、令人印象深刻的图表，然而，在很大程度上，这种严格控制下的外表只是一种自卫方式。他们抱怨说，当一项工作是由别人在做时，你怎么可能真的去控制它？

当管理者是一个正在青云直上的年轻人时，他对团队的感觉会与此有所不同。对一个谋求向上发展的年轻人来说，没有比参加会议更好的方式。50年前，在公司里，除了他的直属上司，几乎没有人能看见他的实力；现在，通过会议，他可以向各个层级的领导展示自己的能力。只要他具备那种最低限度的参加会议的技能，通过提出一个机敏的问题，或者是一个恰当的建议，他就可以引起别人的注意，并可以游刃有余地继续展示自己。

但是，随着他在不断向上的斗争中取得成功，他会越来越多地接触到这个过程令人沮丧的本质。人们注意到他非常擅长团队合作——如果不是这样的话，他也不会获得晋升。他逐渐开始看到“多重管理”的另一面。表面上看，他仍然和以前一样：他主动聆听别人所说的话，好像他真的很是喜欢；他给别人提出自己的建议，而不是直接给别人下达命令；但是，在他自己内心深处，那个真正的自我却是正在变得越来越强大。

当这位高层管理者发现一些社交活动很有实效时，他会显得非常合群。但是，如果他看到那种社交活动并没有产生什么实效，那么所谓的交情也就只会让他感到厌烦。在高层管理者们关于工作负担的抱怨中，人们最常听到的一点就是，他们不得不忍受这么多无用的社交活动——无论是下班后的娱乐，还是工作时间中的人际关系。一位相当勤奋的高层管理者（他马上就要升为副总裁）表示：“当你处在我这个位置上时，你会清楚地看出‘有用’工作与‘无用’工作之间的区别。你必须忍受大量的无用劳动：不停地讨论，不停地开会等。这种‘无用’工作会让人产生许多空虚感和沮丧感，但你却必须忍受它；而事实上，你只想关注那些能够让你走向辉煌的‘有用’工作。”

大多数高层管理者都认为：不断地被干扰和必须结交朋友是他们生活中的两个障碍，但是，他们却无法摆脱它们。“你只能控制大约 10% 的工作，”一个人抱怨道，“剩下的全都取决于其他人，所以你必须努力让人们去工作。你正在推行的任何计划，你都得事先打好基础，这会浪费你的不少时间；但是，如果顶级管理者不了解相关方面的内容，该计划就有可能被他砍掉。而担心这一点也一直是管理者工作的一部分，这让他们变得十分紧张。”另一个人补充道：“与团队有关的事情实在是太多了，虽然没有人想被排除在外，但是，这种事情却总是有可能发生。”

高层管理者们对娱乐有着同样的感觉。当他们处于初级管理职位时，他们还很愿意接受公司出钱提供的那种高端生活，然而，要不了多久，这一切就会对他们失去吸引力。牛排确实很好吃，可是，如果管理者看到接下来要做的事情是与工作相关，他就会对为工作而娱乐感到烦恼。而且，最重要的是，他厌恶被人招待去娱乐。换句话说，如果娱乐对工作有用，那它就是一场游戏。“实际上，你很难说得清工作从什么时候结束，‘享乐’又从什么时候开始，”一位管理者说，“如果你把喝鸡尾酒、吃晚餐和开会所需要的时间都加在一起，那么你的工作将会永无止境。我认为，如今，任何负责任的管理者，只要是在清醒状态下，几乎都在工作。就是这一点会让你崩溃。你可以忍受办公时间，但你却无法忍受在娱乐时间还要办公。”

* * *

正如年轻人所看到的那样，与他人交往是管理者工作的核心所在；不是具体工作本身，而是管理别人所做的工作成为目标所在。这些事项确实是行政工作的核心，当他退休后，他会大谈特谈对这种管理的满意度，比如，他如何激励他人，他如何带出团队中最好的人，等等。尽管这样，这位高层管理者还是会比现有文献所暗示的更关心他工作的具体性质。他不是作为其他人的调和者在说话，而是作为一个认同自己面临具体挑战的人在说话。在请他描述自己的工作时，他不会就那些抽象的管理原则发表长篇大论；他会谈起他们取得的出色业绩，他们公司面临的艰难竞争，他们公司所属行业的混乱无序，以及他为应对这些问题所采取的那些行动。当一位高层管理者在谈论这些事情时，他会产生一种少有的兴奋感。有时候，当他沉浸在这个行业的美好前景中：如何为更多的人创造出更多的就业机会，如何让一个男孩历练成一个男人，他更是会变得滔滔不绝。而且，他那种兴奋感是听话人可以真切地感受到的。

* * *

区分高层管理者和接受培训者的另一个标示是一致性问题（即顺从组织规则）。反过来说，一个人认为自己有多顺从，就会认为自己对组织有多忠诚；由于这种态度可能是主观的，所以在这方面，年长管理者和年轻管理者之间存在明显差异。年轻人在这方面抱有一种非常乐观的态度。他们很清楚，在组织内开展工作，需要与团队保持一定程度的一致性——事实上，他们有一半精力都花在了去寻找适合团队合作的模式上。但是，这位年轻的高层管理者喜欢这样解释：顺从是一个阶段，一座炼狱，在他还没有达到足够让自己满意的位置之前，他必须忍受。一位雄心勃勃的工厂副经理告诉我："你在工作中必须经历十年左右的应酬和娱乐活动，在那之后你就可以把它们抛到一边。这就像美国总统大选，虽然你在竞选活动期间不得不去做很多你不喜欢做的事情，但是，等到你成为总统后，你就不用去在乎那些事情了。"

那些年长的高层管理者很早以前就非常明了这一点。在一次商学院毕业生的同学聚会上，一家大型钢铁公司的副总裁提出了关于团队一致性的问题。在扫过一眼同桌的人后，他问他们是否和他自己有一样的感觉，那就是，他觉得自己现在（在公司里）变得更加顺从了。结果，大家纷纷点头，拍桌子表示同意。在随后的集体"忏悔"中，在场的每个人都竭力向他人解释，其实他自己的顺从程度是最高的。

"我们公司最近发布了一则招聘广告，"一位管理者说，"想要找到那些能够'顺从（适应）我们工作模式'的工程师。"其他人表示同意，说这方面的情况将来只会变得更糟而不是更好。正如一位管理者所说："你升得越高，你就越承受不了离开的代价，不拘在哪个地方事情都是这样。越来越多的管理者都必须根据他所扮演的角色来表现自己：用平静的眼神回应对方的注视，笑声显得轻松而有节制，他用整体风度来告诉旁观者他的内心毫无焦虑与挣扎。那种内在的驱动力，那种想要控制自身命运的强烈愿望，会不自觉地引发内心斗争——这些是其看似沉稳的外表下面想要掩饰的东西。”“最理想的是，”一位公司总裁最近建议年轻人，“在群体中做一个顺从的人，在私下里则做回你自己。”

关于顺从（一致性）给个人带来的压力，总裁所受的烦扰似乎比其下属（高层管理者）要少，然而，后者很少会抱有下面这种幻想，即如果没有一个更高的高层，事情就会变得容易许多。现在，他们必须向下顺从，就像他们过去必须向上顺从一样。无意中皱起眉毛是一种奢侈的举止，与过去相比，他们现在更承担不起这种奢侈的举止，因为他们现在所处的位置意味着，这些无意中流露出的负面情绪将会传递到最下层，并最终返回来击倒他们。一位管理者绝对不能说他自己是一个威权主义者；无论如何，他都必须首先是一个宽容的人。或者，按照惯例，他必须在他人面前表现得非常宽容。

一些人可能会将高层管理者们这种对待顺从的态度解释为，这表明他们就是顺从主义者。但是，我则不这么认为。意识到一个人的顺从（一致性）程度，就是意识到他自己与组织的要求之间会有一些对立。显然，这本身并不会激发人们让他们走向独立，但它却是人们走向独立的必要条件；与那种现在被捧上天的一厢情愿的和谐愿景相比，它展示出了一种对现实相当清醒的理解。

13 审核者

现在，我们终于要谈到野心问题了——在这方面，我们能够清楚地看到社会伦理与组织人的需求之间发生的冲突。到目前为止，我一直认为，与作为下一代管理人员典范的职业经理人相比，那些年长的高层管理者对组织持有更多的怀疑态度。我还进一步指出，这并不仅仅是一种年龄上的差异，而是一种长期转变（向男性职业经理人转变）的预兆。现在，我想用一些证据来支持我的观点，那就是，它所承诺的那种和谐只不过是一种错觉。

年轻人常爱谈论“高位稳定”（平稳时期）。如果他们能够找到这个舒适的避风港，他们就可以证明，社会伦理能够使人实现自我，因为“高位稳定”这一目标与它完全一致；一个人的野心既不是想尽办法去获得一种巨大的成就，也不是拥有一个可以充分进行自我表达的自我。这是一种向外发展的雄心壮志，是通过让别人快乐来达到自我满足。在这种情况下，人与人之间的那种相互竞争也就失去了意义；在一个和谐的组织中，人们拥有过上美好生活所需要的物质回报，而没有过去那种奋斗所给人带来的痛苦。

对一个没有什么远大抱负的人来说，“高位稳定”这个目标具有一定的实用性。然而，对其他人来说，这个目标则有一个致命的缺陷。在最初几年中，这一愿景与组织生活中的事实不相符合。当他处于其所在组织的低层时，这个年轻人感觉自己很容易晋升，以至于他认为那种充满高压的竞争并不真正必要，甚至那些相对有野心的人也倾向于珍惜那种在离最高职位不远的小伊甸园里安顿下来的想法。但是，随着这位潜在的高层管理者开始走在其同辈人的前面，担任最高职位的可能性也就变得越来越有吸引力。毕竟，他是通过更强的能力（以更快的速度）来到这个位置的。为什么不再尽力争取一下呢？

此时的他永远不会同以前一样了。他再也不能用“努力工作不会伤害任何人”和“神经官能症只是来自忧虑本身”这些想法来安慰自己。他知道，他已经投入了一场漫长的也许还是痛苦的战斗。从心理上来讲，他再也无法回头，或者是原地站着不动；他很清楚，从这里开始往上的攀登，将会使他陷入一种日益紧张的状态。

一个人何时会成为一位高层管理者是一件不可预知的事情，有些人很可能一辈子都不会知道自我实现的那一刻何时到来。然而，在生活中，似乎有一段时间，有时是30岁，有时甚至是45岁，他觉得自己已经做出了一种不可挽回的自我承诺。此时，他会感受到一种前所未有的孤独感。如果他是凭着自身坚强的意志到达目前的位置，他就会很清楚，自己与周围的环境之间经常会发生冲突，也知道自己必须经常独自面对这些冲突。他在家的时间会越来越短，他的妻子也越来越不想与他争吵。在办公室的人群中，他将会被孤立，这是因为他与被他超过的人之间已不再亲近，而与此同时他还没有被他刚加入其列的前辈们所接纳。

在与那些被公司选中参加研究生商学院高级管理课程的男士们进行交谈时，我被许多如此荣幸之人的那种复杂感受所打动。在幸运之星降临其身之前，他一直过着一种相当平静的生活。他在公司里各项事情做得都很好，但还没有好到可以把其同辈人抛在身后的地步。即使他的名字出现在了公司年终的特别奖金名单上，此时他的影响也并未展现出来；当他和公司其他成员周六晚上聚在一起烧烤时，他们之间的友谊是平等的，而且彼此之间相处起来很轻松。

然而，事情将永远都无法再这样继续下去了。有时候，这个男人会珍惜这样一种想法，即他认为他会二者兼得；然而，如果他真的照着这样去做，他将会有一些痛苦的经历。他希望一切就像什么都没发生一样（“他们不得不指派一个人，只是那个人侥幸是我”），然而，其他人很快就会提醒他，他和他的妻子现在跟过去不同了。他开始注意到他先前那些朋友们开玩笑时的那种弦外之音。（车上那个标记是什么意思？原来这是一辆旅行车。那又怎样？）对他的妻子来说，除非她特别精明，否则她所感受到的这种错位感只会更加尖锐。她比她的丈夫更加强烈地反对下面这样的想法：在公司取得成功，意味着要牺牲他们原本那种井然有序的生活；而且，与她的丈夫不同的是，她还必须忍受新身份带有的那种模糊性，而没有游戏规则和在办公室能带来缓冲的级别标志来保护她。

我不断地遇到这样一些管理人员的妻子，她们对我四年前做的一项关于这个问题的研究可以说是深恶痛绝（她们中的一位甚至抓住我的肩膀使劲摇晃我）。她们最讨厌的似乎是社会对成功的要求。她们实际上非常相信有“高位稳定”的存在，或者更确切地说，她们非常想要相信有“高位稳定”的存在。她们气愤地否认下面这一点，即，一旦当上高层管理者的妻子，也就意味着要脱离他们原来的社交圈。也许在其他公司事情是这样，但在这家公司事情则不是这样。我们为什么要离开克雷斯特米尔高地？这里也许不是镇上最抢手的地段，但在这里大家却是有着很深的睦邻友好关系，我们谁也不在乎那些与等级有关的东西。而且，生活在布林顿山的人和我们根本就不是一路人。你在这个问题上太夸大其词了，难道不是吗？[1]

到了人生岔路口的丈夫可能也会考虑寻找“高位稳定”，但与他们的妻子不同的是，他们并不相信真有“高位稳定”的存在。那些仍想说服自己早年梦想可以成真的少数人，现在很难得到来自同事的安慰，他们虽然并未走到愤世嫉俗的地步，但却已经变得老于世故，对此事变得无动于衷。我曾听到一位年轻经理对他的两个朋友喊道：“你们这些人的问题是，从本质上来说，你们仍然是小镇上的浸信会教徒。”

年轻的高层管理者们用来描述他们现在所处形势的那些比喻说法，对我们很有启发性。他们所用的词语是“跑步机”“旋转木马”“老鼠赛跑”，这些用语表达了一种缺乏实际目标但却一直都在忙忙碌碌的状态。正如我们之前所说，缺乏固定目标可能会使他们看起来没有他们的先辈们那么野心勃勃和充满竞争力，然而，在今天这种看似更为合作的氛围中，其实也存在着同样有效的刺激力量。他们同样在竞争，除了傻瓜，谁都知道这一点；但是，他们在为了什么竞争？他们在和谁竞争？他们并不知晓，而陷阱也就出现在这里。为了不落人后，他们必须往前冲，尽管他们可能只是想要稍微往前冲一点，可是又有谁能说得准“稍微一点”到底是多少。他们的同辈人也有着与此完全相同的疑虑，所以他们最终都会贪婪地相互竞争，就像他们一心想要争得总裁职位一样。

这场合作竞争在研究生商学院中可以看得很清楚。在一所学校，一位崭露头角的工厂经理告诉我，他对其他人明显缺乏野心感到困惑。因为他们在美国的公司生活中代表着这个年龄段的精华，所以他不明白为什么

[1] 如果不是因为我们有通讯地址变更记录，她们提出的这些抗议可能会让我更为吃惊。从《财富》杂志的征订信息中可以推断，丈夫升职与家庭地址变更之间有很高的相关性。就我采访的那些妻子而言，我在后续研究中发现，在那些意志坚定、心情愉快的人中，有一些最先搬到了布林顿山或类似地区。现在看来，克雷斯特米尔高地只是他们人生中的一个阶段，而且绝对不会是其最后一个阶段。

很多人心中会没有一个明确的目标。（他想成为公司下属主要分公司的总裁。）“但是，有趣的是，”他告诉我，“他们每天都会和我一样努力工作。坦白说，我会拼尽全力去争取最高绩效，因为这对我们公司里那些常驻纽约的人来说意义重大。这里其他人唯一的目标只是得到一个好分数。可是，在这里，分数高低取决于其他人的表现，所以你怎么可能知道什么是好分数？他们不敢冒任何风险，所以他们晚上学习的时间和我一样多，放弃的周末也和我一样多。”

回到办公室中，引导正确的中间路线这项工作需要越来越多的技巧。虽然那种日益“民主”的管理氛围为高层管理者们提供了机会，但是，这种氛围同时也使得评估公司里人员的相对排名、判断提升时机这一任务变得更加困难。地位和办公设施方面的明显差异比以前要小得多，然而，差异越小，其对个人的影响就越大。人们很容易就一个人的办公桌上是否放有保温瓶，或者办公室地板铺的是橡胶板还是地毯之类的问题开玩笑，但是，开玩笑会让人有点紧张，有时还会让人内心崩溃，而崩溃的缘由在旁观者看来实在是微不足道。在地位很大程度上取决于他人的想法这样一个不断变化的社会中，如何评估一个人的地位？事实上，即使一个小小的保温瓶，如果它可以作为一种标记，那也是很重要的。

一位40岁的高层管理者解释说：“当你到达某个特定职位后，你就会开始害怕别人可能会想要抢走你的工作。你不知道他是谁，所以你要披上伪装，显得你没有野心，以免别人冲过来挤走你。”高层管理者们都知道，防止被人超越的最好办法就是让自己超越别人，但是，由于其他高层管理者也知道这一点，而且也知道其他人也知道这一点，所以也就没有人会对自己所处的位置真正感到安全。查看那些高层管理者的休假记录，你会发现，他们职位越高，休假分成这里一周、那里一周的可能性就越大，而且（对休假进行）重新调整和延期以适应公司需要而非家庭需要的可能性也就越大。一位高层管理者承认：“我在休假时喜欢将其分成两三次短时休假，而不是一次连休三四个星期。我这么做倒不是为了我的健康着想。如果你连着离开三个星期，等你回到公司，你会发现他们已经重新安排了你的所有工作。由于你不在时必须有人接着工作，所以他们就会动你的文件；而且，当你回来后，人们还会问到你一些你不在时别人做的工作。请注意，他们这么做我一点也不怪他们；换成是我，我也会这么做。”

* * *

他能在组织里获得“归属感”吗？现在让我们来谈谈个人的公司忠诚度问题。它是新教伦理与社会伦理这一冲突的核心，因为所有的新观点都在强调，个人与组织之间应该建立一种更加紧密的精神联系。正如归属感的倡导者们所坚称的那样，对组织的忠诚可被视为是个人的一种心理需要。在一个变化如此之快的世界里，在一个他必须永远前行的世界里，个体迫切需要有一个根基，而其所在的组织就是他发展根基的一个合乎逻辑的地方。

在一些非常实际的力量的作用下，人们对组织变得更加忠诚。随着组织中附加福利的大幅增加，以及养老金和年金计划的发展，个人的自身利益比过去更加紧密地与在组织中继续服务联系到一起。既然如此，为什么一个人还要离开公司呢？有些人认为，如果一个人以牺牲自身利益为代价与组织断绝关系，那么这只能是因为个体或组织方面出现了某种严重失调。

与组织生活中的其他方面一样，年轻一代的管理者明显要比他们的长辈更加看重（对组织）忠诚。当我问一群年纪稍长的高层管理者，他们是否认为在未来几年里自己应该留心其他地方出现的机会，他们中有三分之二的人强调说应该。我又问了几个年轻群体这一相同的问题。他们中只有三分之一的人认为高层管理者应该留意外面的机会；他们达成的一种共识是，这种行为是一种“什么让萨米奔跑”[2] 类型的行为，如果没有这样的

[2] 《是什么让萨米奔跑？》是1941年出版的一部小说，它讲述了犹太男孩萨米白手（转下页）

人，公司将会发展得更好。

随着组织变得越来越宽容，出现了一种看似合乎逻辑的假设：现在有更少的叛逃者；事实上，很多人（包括作者本人在内）都是这么认为的。然而，这个假设却有可能是错误的；下面我将会举出一些反证。衡量公司忠诚度的一个可行指标就是跳槽者人数方面发生的变化。对这方面进行研究，你会发现，有迹象显示，自二战以来，跳槽者的人数变得更多而非更少。

BA & H 管理咨询公司开展的一项研究表明，现在，每 100 个管理职位上发生的人事变动比二战前要多出 29 个，其中很大一部分都是由于跳槽所致。在对几所大学的校友记录进行分析后，发现了同样的趋势。在那些 1930 年代末毕业的男性中，一直在一家公司工作的人占少数（20% ～ 35%）。绝大多数人都换过两三次工作；在那些大学毕业 15 年及以上的男性中，在四家或四家以上公司工作过的人数，要多于一直在一家公司工作的人数。而且，有许多人正在完全离开他们原来工作的领域。在 25 年间，1926 届哈佛人中有 40% 的人更换了自己的工作领域；而仅在十年间，1939 届哈佛人中就有 30% 的人换了新的工作领域。

那些跳槽者是否就是那些不成功的“漂浮者”呢？当然，其中有一些人会是这样；然而，更多的跳槽者都是他们这个年龄段中的那些最成功者。《财富》杂志对 900 位顶级高层管理者所做的一项研究显示，在这些美国大企业的管理者中，只有 33% 的人仍在他们初入职场时的那家公司工作；26% 的人曾在另一家公司工作过，40.5% 的人曾在两家或两家以上的

(接上页）起家后来几经沉浮的故事。萨米出生在纽约下东区（一个犹太移民聚居地）。他很早就下定决心要逃离这里的贫民区，然后迈向成功的阶梯。书中描写了萨米为了追求成功不断地向前奔跑，然而，是什么驱使他这样去做？他却并不清楚。最终小说给出的答案是：恰恰是奔跑使得他奔跑，因为他是如此忙于向前追赶，以至于他根本没有时间去思考自己是在往哪儿奔跑。对成功的不断追求，已经不再是萨米为了实现某些目标而不择手段的目的，而是成了他生活本身的目标。——译注

公司工作过。在公司首席执行官中，有 43 人直接从另一家公司转聘到现有职位，而对他们中的许多人来说，这只是其人生经历中工作上的许多次变动之一。

此外，随着越来越多的商学院毕业生开始升职，高层管理人员有可能变得更具流动性。哈佛大学商学院对其 1911 年以来某些班级的校友进行了一项研究，结果表明存在这样一种迹象。这些人的工作变动记录显示，随着人员增加，职业经理人会更多地转换公司和领域。1936 届班级成员的经历呈现出一种典型的发展模式：只有 22% 的人毕业后一直在同一家公司工作，26% 的人在两家公司工作过，24% 的人在三家公司工作过，28% 的人在四家或四家以上公司工作过。后来毕业班级的成员目前还没有那么多机会去选择跳槽，但他们却似乎预料到自己有一天也会这么做：在 1951 届班级的 137 人中，只有 28% 的人表示他们想要继续留在当前公司工作。

企业的养老金和福利计划确实会起到一定的诱导作用，但是，它们有时也会产生一定的反作用。原因很简单，在这方面，大多数大型组织都有非常相似的计划，所以这种粘合因素很容易被人们忽略不计。当然，一个人在公司待的时间越长，公司支付的年金和以递延利润分成形式体现的权益也就越高，他无法把这一切都带走。如果他在另一家公司找到了一个好位置，后者往往需要提供超过他在先前公司可以得到的更优厚的条件。二战后的经济繁荣帮助企业获得了如此丰厚的收益并创造出许多不断扩大的机会，因此，那些高层管理者也就不必过分关注固定职位所提供的那种安全保障。

这种安全保障实际上对他有多重要呢？ BA & H 管理咨询公司分析了 422 位选择跳槽的高层管理者的态度，研究结果表明：在大多数情况下，跳槽的主要原因并不是金钱、更多保障或职位。那些高层管理者跳槽的最常见原因是在原有组织中晋升受阻。对他们来说，如果只能选择一项跳槽原因，按照选择次数由多到少排序，依次是：（1）更高的职位，更多的职责；（2）不喜欢公司现行管理政策；（3）在公司前途未卜；（4）期望生活能够有所变化。收入增加排在第七位。显然，最大的激励因素是一份工作给他们带来的那种心理上或实际上的极限感，他们想要通过选择另一份工作来寻求更多地展现自我。安全保障问题很少被提及。

高层管理者们自身的不满并不是促使他们跳槽的唯一因素。虽然这位高层管理者可能不知道的是：如果他的工作做得特别好，他的名字就会出现在一家或多家管理咨询公司的卡片目录中。这些目录会定期持续更新；如果一位高层管理者变得焦躁不安，想要换个地方，那么相关情报就会被送达顾问那里；即使他不骄不躁，他们也可能会联络他。很多人有所不知的是，顾问的一大部分工作就是秘密进行人才搜寻，将这些人与对自己员工不满意的客户进行匹配。一位顾问说："公司似乎比过去更觉得，它们梦想中的那个人马上就会到来。"

公司内部也并非没有注意到这一事实。由于许多公司确实会在别处寻找它们的高层管理者，所以许多人都不愿意将自己的心完全托付给公司，因为他们知道，等轮到他们有机会去竞争某一职位时，公司很可能会聘请外人来填补这一空缺。结果就是，公司内部人员之中会过早地出现一种不安感。"我不得不与我的客户较劲，以防他们换工作过频，"一家大型就业中介公司的一位资深人士说，"客户看到这一切都在他们周围发生，他们变得很不安。有一位高层管理者在八年内先后进过五家公司，每次他都是被另一个顾问以更高的薪水引诱走的。"

具有讽刺意味的是，正是公司自己教会了高层管理者们如何远走高飞。因为跳槽政策让年轻人接触到了不同的环境和新的关系，所以割断与原有公司之间的旧联系，对他们来说并不像对那些从未跳过槽的人来说那样可怕。

联系越来越容易被切断，这也会产生一种反作用力，防止组织内部演变出一种静态的官僚体制。只要企业存在一天，其内部也就难免会产生冲突和紧张，因此，流动性或流动的可能性也就是一道必要的安全阀。完全忠诚（于组织）是一个陷阱；尽管有各种与人“相处”的指令，但对组织来说很重要的一点是，这位高层管理者知道有时他并不需要去和别人好好相处。为了能够提出异议，为了捍卫那些不受他人欢迎的观点，他必须能够跳槽。虽然他可能并不会真的跳槽，但是，他知道自己完全可以这样去做并已做好这样去做的心理准备，这是他能够保持自身独立性的一种保证。

他知道自己永远都不会对公司产生那种完全的“归属感”。他在生活中寻求的连续性是那种能够满足**他的**动力的工作，因此，他始终都是一个潜在的跳槽者。理查德·泰南（Richard Tynan）在给笔者的信中很好地描述了这种情况：“为了他的事业发展，高层管理者必须表现出他信奉公司的价值观；与此同时，在达到自己的目的时，他则必须能够忽略它们。对公司有利的事情就是对高层管理者有利的事情，然而，凡事都有例外。了解这些例外情况，才是真正的高层管理者应该具备的素质。”

最重要的是，他必须能够察觉到自己有离开公司的可能性，因为如果他不这样做，他就永远无法向公司的最高层施加压力。他对公司是有很高的忠诚度，并且他也很想与公司融为一体。但是，他也必须经常从另一个方向去思考忠诚度，并低调地提醒公司他对其他组织也很有吸引力。（他巧妙地解释说，这是公司忠诚度的最高表现形式，因为这会使公司保持警觉以充分发挥他的才能，所以他也就根本不必离开公司。）在宣扬老员工和公司独特精神的宴会上，虽然他可以像邻座那样被感动得泪光闪闪，但是，如果公司精神忽视了那些他认为自己应该得到的机会，那么那些感动的泪光很快就会消散。他会再次挺身反对这个制度。

* * *

在引用大量的工作流动来证明有许多高层管理者在抵制公司时，我认识到，这也在某种程度上削弱了我此前关于那种长期趋势的论点。对此我只能说：（1）我很高兴事实表明存在这种抵制，（2）我希望他们能够继续这样去做。但是，我却很难相信，趋势会自动保持相互平衡。年轻人所抱有的愿景不容忽视，因为他们尚未创造出其所寻求的东西。

在某种意义上可以说，没有什么事情会发生改变；年长的高层管理者与职业经理人之间的差异，只是神话和现实之间传统差异的另一种变体，这种新的思考方式可以使组织人能够忍耐他们一直没有获得独立这一严酷的事实。或许，这种差异是由于缺乏经验所致：年轻人之所以会有他们那种说话的方式，是因为他们不知道的事情更多；而人事经理之所以会有他们那种说话的方式，则是因为他们永远不会了解某些事情。

但是，我并不这么认为。社会伦理并非只是白领的一剂鸦片。因为这将假设存在一种组织无法忍受的愤世嫉俗态度；而且，也没有可行的方法可以提前告诉那些有前途的年轻人，这不是为他们准备的，而是为那些无法取得成功的人准备的。这也不是年轻人的一厢情愿。关于新观念的书籍、演讲和培训课程日益增多，是一种深刻而长久转变的征兆。对所有成长中的组织来说，这是一种正统观念，虽然它可能带有几分理想化的色彩，但它却将会对所有的组织人都产生一种深远的影响。

我无意去预言这些信念将会创造出一个统一的、自得的寄生族。组织生活中这些旨在缓和不安全感的人际关系方面，非但没能安抚个人，反而有可能引发另一种不安全感。这并不是在说组织生活中的流动性是一种绝对的福祉，也不是在贬低现代组织中那种更加民主的氛围。然而，这些进步都是有代价的。获得的好处也是有代价的，然而，只有公开承认而非否认它们的存在，我们才能解决组织生活中存在的冲突。

这并不是说组织将会比以往更多地将个人玩弄于股掌之中，而是说个人越来越难弄清楚自己会在什么时候被组织玩弄。那种更古老、更权威的体制可能限制了一个人的行动范围，但就像在军队中一样，它也确实给个人提供了一套明确的规则。一个人知道在哪里他必须屈从于这个体制，在哪里他可以站出来反对它。

然而，现在这一切都已经不存在了。一如既往，在组织生活中，一个人的成功之路取决于他意识到，影响自己命运的大多数决定都是由他人做出的，而且很少有人有机会将控制权掌握在自己手中。社会伦理正是模糊了这一关键点，因为它否认组织中存在任何对立面。一个人应该采用什么样的标准来判断：面对组织，他是应该与它进行合作还是不合作？一个错误的转折就会毁掉之前辛辛苦苦经营的一切，但是，你如何知道它会在何时到来？进行斗争的条件又是什么？

"在我们所过的这种生活中，"一个即将迈入一家大公司最高管理层门槛的人说，"危险之一就是会失去明确的目标。目的是什么？结局又是什么？过去我曾深度参与过公司化学部门的工作。我和妻子深深地融入社区生活，我做出了自己的贡献并且成效卓著。然后他们把我调到纽约总部。负责接待我的副总裁告诉我，我将会在'大时代广场'拥有一间属于我自己的办公室。如果他的猜测是错误的，那将会是一种可怕的浪费。我希望公司没有玩弄我。但是，在这里，我感到自己无法获得相应的信息。我不知道自己将要被培养成一个什么样的人。我不知道要与他人维持一种什么样的关系。销售经理知道他应该与客户保护联系，然而，在那种无比宽泛的管理理念下，你却无法这样去做。你无论做什么都要去靠猜。我觉得我已经为一份具有足够挑战性的工作接受了足足20年的培训，但是，那份工作我却只做了9个月。我也说不清到底是为什么，我就是觉得这次换工作不符合我的模式。我不想因为有人玩弄我而失去我过去拥有的一切。"

这些担忧并不是个体失调的表现。没有人会喜欢被玩弄，而组织最需要的那些人则恰恰也是在这一点上最敏感的人。控制自己的命运，而不是被命运所控制；了解道路将会朝哪个方向分岔，自己主动选择方向；拥有一些毫无争议的成就标志，所有人都可见的、具体的、不依赖他人态度的标志；这是一种他永远也不会完全拥有的独立，但是，他却又必须永远不停地去追求这种独立。

第四部分

对组织人的测试

14

你是一个多好的组织人？

在前面的章节中我认为，在组织生活中，占据主导地位的思想转变倾向于：（1）盲目崇拜体制，（2）滥用科学来实现这一点。现在我想详细介绍一下这种倾向的一种表现形式，那就是，对“人格”进行的大规模测试。这些对心灵充满好奇的探究，正在成为组织生活的一个常规特征；而且，要不了多久，它还将成为美国寻常生活的一个常规特征。这些测试可不是闹着玩的；那些不信它们的人可能会对它们嗤之以鼻，但是，如果他有进取心，他就应该去主动培养，或者是伪装出那种与测试最合拍的主要人格组合。

我希望接下来两章的内容能够在这方面对大家具有一定的启发性；在探究测试的评分方式时，我会就如何战胜它们给出一些非常实用的建议。但是，我主要考虑的是测试的基本原则。通常，组织对一致性（顺从）的要求笼罩着一层浓厚的神秘色彩，以至于其真实意图反而有些模糊不清。然而，在人格测试中，它们的真实意图却是非常明显。这是社会伦理的最终体现；与任何其他当前发展相比，这些测试更能将科学主义与个体全面整合到一起。测试者可能会抗议说：事情并非如此，实际上测试针对的是个人，它们鼓励的是差异而非一致性。然而，测试结果则表明，实际情况并非如此。我希望自己能够证明，这些测试并不像它们宣称的那样客观；而且，它们也并不尊重个体之间的差异。事实上，它们所赖以为基的并不是科学，而只是一种科学的错觉。

* * *

虽然各种人事测试已经进行了有很长一段时间，但是，人格测试却是最近一些年才发展起来的。就其精神实质而言，它并不是 20 世纪 20 年代科学管理运动的产物，而是后来更加具有自由主义色彩的人际关系运动的产物。像泰勒这样的科学管理人员主要是对如何高效地完成工作感兴趣，因而，他们对员工的关心也就集中在那些有助于完成工作的方面，比如他辨别距离的能力，或者是他双手的灵巧性。在这段时间内，测试的内容几乎全与能力有关，并在这些方面取得了一定的成功；通过让求职者试着用他的双手把散乱的积木拼合起来等方法，管理层能够更好地分辨出一个人最适合从事什么样的工作。

与此同时，组织发现，词汇和智力测试同样有用。一战期间，心理学家们在“阿尔法”测试中开发出一种非常有用的词汇和智力测试。虽然这些测试并不够精确，但是，在有足够多的人接受测试的情况下，它们也产生了一个大致的常模，使得组织能够判断一个人的心智能力是否足以胜任其手头的特定工作。虽然高中和大学是此类测试的主要使用者，但是，工业界发现，随着某些工作变得日益复杂，在衡量员工方面，智商测试与身体能力倾向测试一样有价值。到二战时，使用能力测试和智力测试已经变得如此普遍，以至于任何一位美国白领都不可能在未做过测试的情况下长大。

然而，在这样做的过程中，组织也错失了某些东西。通过对个体进行能力测试，组织只能衡量出一个人所拥有的特定的、孤立的技能，而就其日后表现而言，只有当他在某项技能上具有巨大的天赋或者是存在严重的缺陷时，测试才能比较准确地预测出他未来的表现。简言之，能力测试仅仅揭示出了一个人所拥有能力的一少部分，而正如越来越多的群体关系倡导者所说的，组织需要的是整个人，而不仅仅是他的一部分。这个人（对组织会）适应得好吗？他会（在组织中一直）保持一种良好的适应能力吗？对潜在业绩的测试根本无法说明这一点；想要说明这一点，需要对一个人的潜在忠诚度进行测试。

长期以来，应用心理学家们一直在对精神病人和囚犯进行实验，以探究人类身上那些隐藏更深的适应失调；在这项工作中，他们开发出一些巧妙的笔试。虽然这些测试中的绝大多数都是为了测量偏常而设计出来的，但是，除非他们也对正常人进行测试以获得某种标准，否则也就无法测量出偏常。后来，那些专业教育者也对这些测试产生了兴趣，在这一因素的推动下，心理学家们开始将这些测试应用于普通人群。起初，他们只得出了一些粗略的指标，主要是人们外向或内向的程度。但是，心理学家们足智多谋。他们设计出了一些新的测试，这些测试可以测量出一个人性格中所包含的几乎所有方面。现今经常使用的测试是用十进制数字来表示一个人的激进或保守程度、他的实用判断水平、他的社会判断水平、他的坚毅力程度、他的稳定性程度、他的满足指数、他对社会的敌意程度等——目前的最新发展是，一些心理学家正在完善一项对一个人幽默感大小的测试。一种更为复杂的测试是投射技术，如罗夏墨迹测试和主题统觉测试等，在这种测试中，被试者被迫将自己的想象力运用到某种刺激中，然后由测试者对他的潜在感受和精神状况进行X光式的检查。当然，要求一个正常的成年人展示自己和要求一个精神病人展示自己并不是一回事，有些成年人就强烈反对这种对自我展示的要求。但是，心理学家们告诉组织，这种不服从并不是一个很大的绊脚石。测试人员已经学会了如何去解读人们对测试这一事实做出的不同反应。如果一个人拒绝回答测试中的一些问题，他同样无法逃避被测试人员进行分析。对于这样的人，许多心理学家认为，他们可以推断出他内心焦虑的程度，以及他是否会完全与人合作。

* * *

简言之，这正是组织想要的。虽然并非所有组织都想要这样去做，但是，自从二战结束以来，使用人格测试这一工具的组织数量却是在稳步增长。1952 年，在所有的美国公司中，有 33% 的公司使用了人格测试；从那时起，这一比例一直都在增加。在我 1954 年调查过的 63 家公司中，有 60% 的公司都在使用这些测试，其中包括西尔斯、通用电气和西屋公司等知名公司。尽管如今仍有一些公司拒绝对自己的员工进行人格测试，但是，大多数大型公司都已经加入了这一测试行列，而且还有相当数量的小型公司也已加入其中。

测试最广泛的用途就是筛选求职者这项看起来相当平凡的工作。即使在那些还没有完全接受测试的公司，在求职者的一系列检查中添加几种人格测试，也是公司标准操作程序的一部分。如果公司业务下降，公司也可以通过对员工进行测试来帮助敲定裁员名单。工业心理学公司（IP）向客户建议："为了减少公司运营中的低效率，工人是那种最适合被削减的人员类别，而测试就是筛选工人的最好方法。"

不过，人格测试方面一个最有趣的发展还是在另一个方向。在四分之一的美国公司中，这些测试不仅被用来帮助筛选组织的申请者，还被用来核查组织中已有的人。而且，最重要的是，这些人并不是工人；就像人际关系中的许多其他方面一样，测试针对的是那些将要被提升的经理人员。事实上，一些公司根本就没打算去给工人们做人格测试。除了考虑到测试成本很高这个因素，它们认为，在我们的社会中，心理学家数量有限，他们应该去关注那些更重要的问题。

琼斯是应该被提升还是应该继续留在原有职位上？就在管理人员年届 50，他开始变得有些紧张不安，想知道自己辛勤工作这么多年，长期以来寻求的奖项到底是不是属于他的时候，公司也在考虑这个问题。过去，这个人的上司不得不进行内部讨论以解决这个问题；现在，他们则可以和心理学家们一起查看测试结果。例如，在西尔斯公司，在过去的十年里，在董事会主席开始查看测试结果之前，那些高层管理者中没有一个人升过职。在西尔斯公司，就像在其他地方一样，正式的晋升决定也是基于其他因素；但是，现在给予测试报告的分量清楚地表明，对那些渴望成为高层管理者的人来说，在他们的职业生涯中，最为关键的一天就是他们接受测试的那一天。

实施测试本身已经成为一个行业。过去 5 年，售出的空白测试表格的数量增加了 300%。心理咨询公司的增长则与这一增长同步。除了美国心理公司这样的知名公司，还有数百位咨询师在独自开店。据领先测试供应商科学研究协会报告说，在一年内就有 700 位新顾问要求把他们列入协会认可的客户名单中。大学也开始涉足这项业务；在伦斯勒理工学院的人事测试实验室（RPPTL）等研究中心，教授们在业余时间以顾问身份一直在为公司量身定做测试——顺便说一句，这也是一种竞争，这种竞争让许多经营测试业务的正规商业公司都感到恼火。

公司提供的服务种类有很大差异。一些公司通过邮寄来完成整个测试流程，比如，纽约的克莱恩能力倾向测试研究所（KIAT），在收到做完的测试后 48 小时内就会将分析结果发给客户公司。不过，通常情况下，工作都是在现场完成的。有时候，顾问公司，如活动向量分析师公司（AVA），也会同时处理对整个管理团队的测试。通常情况下，分析师都会提前上门研究客户组织，以便找出最适合特定工作的个性“描述”。然后，他们会编制一组测试和主描述。（不知何故，大多数测试组合似乎都是由一些相同的测试组成，但对某个特定客户来说，它们很可能就是正确的测试组合。）分析师会帮助解决日常的测试技术问题，而公司的人事部门通常则会处理其余的工作。

在这里面似乎有一种动力在起作用：被试者越多，相关测试结果就越多；相关性越强，预测成功或失败的测试人员就显得越可靠，因此，更多的组织也就更有理由去测试更多的人。一些公司已经将管理人员的所有相关信息都编码到一张包含重要统计数据的 IBM 卡上，在这张卡上增加这些人员的测试分数，似乎是接下来不可避免会出现的一步。既然学校已经做了很多相同的事情，而且电子设备使得大规模测试变得越来越容易，为每个组织建立一份这样的人员清单也就没有什么障碍可言。由于大多数测试都是那种标准化测试，因而，借助这些测试，我们也就可以跟踪每个人的所有足迹：从他孩提时的情况起，到他沿着我们组织社会的阶梯一步一步往上走这一过程中所遇到的各种情况。

* * *

这是否只是一种幻想呢？事实上，有些人希望看到的事情远不止于此。几年前，我为《财富》杂志写了一篇讽刺当前这种整合趋势的小文章。我化名奥蒂斯·比奈·斯坦福，提出了一个通用卡的计划。我的想法是，尽可能免去每家公司独立进行测试的重复工作。不是每家公司自行处理测试结果，而是有一个中央组织专门来处理测试结果。最终，每个人都将从进入小学开始就接受它的处理。一个人进入组织生活的护照就是他的这张卡片。在这张卡片上，将会对一个人所有的相关信息都进行编码：他的政治倾向，他的婚姻关系，他的信用评级，他的各种人格测试分数；如果各州愿意进行合作，这张卡片也可以成为一个人的驾照和汽车登记证。

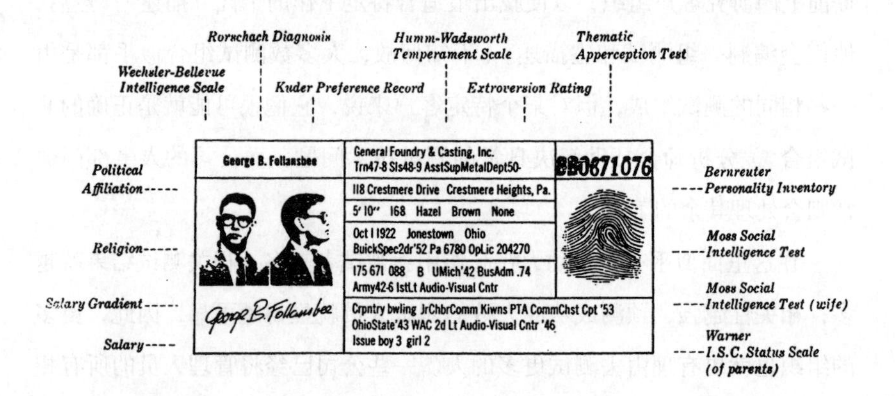

（我们有一张非常逼真的卡片，上面贴着一张戴着眼镜的年轻人的覆膜照片。）有了这个工具，组织就可以从员工那里得到一种完全的忠诚：如果一个人对组织产生了敌意，那么他不可能通过离开其所在组织而逃脱。他的卡片将会被吊销，而真走到这一步他也就完蛋了。为了不让读者变得过于兴奋，我有意把文章的结尾写得很荒谬：有了这张卡片，社会就可以得到一种完美的保护，不会再受到那些好质疑和找麻烦的人的影响。另外，我还在文章的一个脚注中表明，这整件事都是编造的。

让我们感到惊讶的是，竟然有相当多的人都把此事当真。有些人认为这件事令人震惊，一些读者写来一些义愤填膺的抗议信，几家报纸则发表了一些无比愤慨的社论。我们对这一切都不介意；我们对他们会生我们的气感到很抱歉，但是，我们对他们会对这张卡片很生气则感到很高兴。

然而，不幸的是，许多人却认为这是一种绝妙的想法，这篇文章对他们产生的直接影响就是鼓励他们开始采取行动。美国最大的统计公司的总裁兴奋地打来电话，想知道是否有人已经启动了中央处理组织，他说这是那种你会因为自己没有首先想到而自责不已的想法。他建议，他所在的公司正是建造这种组织再合适不过的机构。当我最近一次听到他的消息时，他正在去考察那种测试装备的路上。

我原本以为这张卡片的想法很新颖，然而，随后我却发现，事情并非如此。文章发表后，我偶然发现西屋电气公司的索引系统已经运行了好几年。公司的每名管理人员都有一张“管理发展人员代码卡”。这是一张方形卡片，上面包括关于这个人的所有基本数据，卡片边缘打有小圆孔，以便在中央文件处理器上运行处理。为了公平起见，我要指出的是，西屋电气公司的卡片上还没有相关人员的人格测试信息。但是，它确实提出了一种新颖的想法。

显然，在此详述大规模测试背后隐含的道德含义并没有多大意义。当然，对测试进行一番伦理考量也很重要，但是，基于这些理由去反对测

NAME (LAST) Doe (FIRST) John (MIDDLE) A.
LOCATION & DEPT. Standard Transmotor Division Engineering Department
DATE OF BIRTH 10 23 06
MILITARY STATUS Air Force Major
PRESENT POSITION Engrg. Section Mgr.
FORMAL EDUCATION Electrical Eng. B.S., M.S.
OTHER SPECIAL TRAINING Advanced Mgmt.-Univ. of Pgh. Public Speaking
Design School
PAST EXPERIENCE Design Engineering
PERFORMANCE POTENTIAL READINESS
POTENTIAL POSITION Asst.Eng.Dept.Mgr.
APPRAISAL PERIODS 10-50 10-51
CARD PREPARED 10-15-51
MANAGEMENT DEVELOPMENT PERSONNEL CODE CARD

试，就好比让批评者用那种古老的迷信力量去对抗那些科学的追随者。测试者的基本主张得到默认，并未受到挑战。更糟的是，那些将测试描绘成妖术的批评，只会更加激起组织对测试的好奇心。

那么，这些测试是否真的做到了它们声称可以做到的事情呢？让我们根据它们自己提供的理由来检验一下测试人员，那就是，它们认为自己采用的是科学的方法。首先，我要请读者朋友先去看一下随后几页中的复合人格测试及其评分表。据我所知，这些指南的印刷第一次为外行人提供了机会，让他可以自行判断如何预先获得明智的答案。直到最近，测试人员一直都成功地将这些问题的答案保留在业内；他们坚持认为，曝光答案是一种很不道德的行为，因为只有那些训练有素的人员才能做到正确解读测试分数，测试分数只对心理学博士有意义，个人测试得分是组织的财产，外行人会误解测试分数的意义，等等。

外行人绝对有权利审视测试这一行业，尤其是那些不该存在的所谓“正确”和“错误”的答案。无论能否区分科学方法及对科学方法的滥用，我都留待读者朋友去自行判断。

在详细说明评分方法时，我也有一个实际目的。我希望能够发挥自身微薄的力量，去纠正个人与组织之间的那种权力失衡。当一个人被组织命令去表露自己内心的感受时，他自己有责任给出符合他自身利益而非组织利益的答案。简言之，他应该在测试中作弊。话说得这么直白可能会让一些人感到震惊——由于给出这一建议，我被几个本科生群体严加斥责。可是，我们为什么要虚伪呢？事实上，大多数人在这样的测试中都会本能地作弊。既然这样，我们为什么不能让自己的得分变得更好一些呢？通常情况下，那些“正确”答案都会有利于组织，而毫无准备的业余人员则往往会把自己的答案弄得很偏，以至于其得分比他处于失调状态下所能得到的还要差。

* * *

下面我们先来练练手。在提供这项服务时，我并不指望一个人能够记住所有具体的问题和答案。这是因为市面上有无数不同的测试，答案更是成百上千，所以想去记住它们对我们不会有任何真正的帮助。我所做的就是揭示那些最常出现的不同类型问题的本质；同时，当我在全书最后给出这些复合人格测试的答案时，我会概括出测试的基本规则，一旦掌握这些基本规则，就会有助于读者朋友在他可能遇到的大多数测试中顺利过关。

我建议读者朋友在进入下一章之前先停下来做一下测试。如果读者朋友翻到附录，他会看到一份简明指南，说明他应该如何回答这些问题，以及一些关于一般测试的提示。我希望这一切能给读者朋友带来一些实际的好处，但在要求读者朋友仔细研究这些细节时，我的主要目的是让他有机会先自己评估一下人格测试的基本原则。我再重复一遍，测试是组织的代言人，在组织中这种明显存在的趋势进一步得到强化的情况下，如果一个人想要判断自己将会有一个什么样的未来，他就需要好好思考一下，那些测试问题真正想要测试的到底是什么。

复合人格测验

自我报告问题

1）你是否喜欢读书和喜欢有人做伴一样多？

2）你是否有时会害怕失败？

3）你是否有时会感到不自在？

4）工作中途被人打断是否会让你生气？

5）你喜欢关于著名历史人物的严肃电影还是音乐喜剧？

指出你是同意、不同意还是不确定

6）我要完蛋了

7）我经常满身都是粉色的斑点

8）性行为让人厌恶

9）我喜欢那些意志坚强的女人

10）我听到有个奇怪的声音在对我说话

11）我父亲是一个暴君

假设问题——主导型

12）你一直在耐心地等待一位销售员来接待你。就在她和另一位顾客谈完的时候，一个女人突然走过来，要求先接待她。你会怎么做？

a）什么也不做

b）把那个女人推到一边

c）告诉她你的想法

d）向销售人员评论她的行为

意见问题：保守程度

指出你同意还是不同意以下问题

13）卖淫应当受到国家监管

14）现代艺术不应出现在教堂中

15）女人有婚外情比男人有婚外情更糟

16）外国人比美国人脏

17）《星条旗》（美国国歌）很难唱好

单词联想问题

在括号中你认为与黑体词最搭配的单词下面划线：

18）**雨伞**（下雨、准备好、麻烦、安抚）

19）**红色**（热、颜色、污渍、血液）

20）**草**（绿色、割草、草坪、球场）

21）**夜晚**（黑暗、睡眠、月亮、病态）

22）**裸体**（赤裸、身体、艺术、邪恶）

23）**秋天**（秋季、树叶、季节、悲伤）

假设情况——判断类型

24）如果你看到一个女人抱着一个婴儿站在一间起火屋子的窗边，你会怎么做：

a）给消防部门打电话

b）冲进屋子

c）取梯子

d）试着抓住孩子

25）在下列情况下，你认为哪一个是管理人员的最佳答案：

工人："为什么升职的是琼斯而不是我？"管理人员：

a）"你应该升职，但琼斯资历更老。"

b）"你必须工作更加努力。"

c）"这家工厂的老板是琼斯的叔叔。"

d）“让我们来看看你如何改进自身。”

意见问题：政策类型

26）工人的家庭生活不是公司关心的问题。

同意　　　　不同意

27）优秀的管理者是天生的，而不是后天培养的。

同意　　　　不同意

28）公司政策应该鼓励员工在非工作时间参加公司发起的社交聚会、俱乐部和团队。

同意　　　　不同意

意见问题：价值类型

29）当你看到一座高耸的摩天大楼时，你会想到：

a）我们巨大的工业增长

b）简洁、美观的结构设计

30）谁对人类帮助最大？

a）莎士比亚

b）詹姆斯·牛顿爵士

15

一致性测试

虽然说人格测试是组织的代言人，但是，这却并非测试人员的本意。确实会有部分测试人员对组织唯命是从，但是，大部分测试人员都会秉持专业人士的中立性；他们会竭尽全力去追求客观，避免进行“价值判断”。而这也正是问题的关键所在。错误不在于测试的科学性不足，而在于测试人员笃信“测试**可以**是科学的”这一观念。

人格测试其实毫无科学性可言，我将在本章详细阐述这一论断。我之所以会下这样一个论断，是因为这些测试是科学主义潜在的谬误及偏见的最好例证。就像科学主义的所有应用一样，社会的价值观也是神圣不可侵犯的。测试本质上是一种忠诚度测试，或者更确切地说是一种潜在的忠诚度测试。无论是在测试的问题中，还是在对问题的评估中，测试都无法做到客观，因为它们会受到各种价值观（包括组织价值观）的左右；测试结果衡量和鼓励了那些循规蹈矩、亦步亦趋、想象力贫瘠之人，其代价就是牺牲了那些不同凡响之人，而没有这些人，我们的社会、组织或者其他一切也就无法蓬勃发展。

我接下来要讨论的既不是精神病院为精神病人所做的检查，也不是寻求咨询的个人在咨询过程中所做的测试，更不是该领域一些从业人员所提出的职业行为问题。我要论述的是，组织为了衡量“正常”人所采用的标准化测试方法，以及构建整个数学体系的主要假设。

第一种假设的观点认为，如果我们能够测量大多数人之间的细微差异，我们就能在很大程度上预见他们未来的行为。如果这个原则成立，那么关于能力的测试，如掌握的词汇量、手指灵活度等，应该早已证明了这一点。与人格测试不同，这些测试衡量的是那些相对可以衡量的东西，它们有着悠久的发展历史，受众甚多，有大量数据可以进行前后对比。

事实证明，能力测试可以有效地区分个体的能力。然而，在确认个体能够或不能满足最低要求的情况下，它们所谓成功的预测并没有给人留下多么深的印象。美国空军实施的大规模测试提供了这方面可能是有史以来最多的证据。二战时期，空军部队使用一种标准化的系列测试题目（“标准9”）来检验数以万计的人们。通过回溯历史，我们现在可以将最初的预测与人们的实际表现进行比较，进而看出测试是否有用。以下是劳伦斯·库比（Lawrence Kubie）从这一对比中得出的结论：

> 就能力测试而言，它们非常准确；他们在一个极端区域精心挑选出一小群人，这些人中的大部分将会在训练中获胜；然后，他们又在另一个极端区域挑选出一小群人，这些人中的大部分将会在训练中失败（当然，即使在这两个极端区域中，结果也有例外）。
>
> 然而，大部分被试者都不出所料地落到正态分布曲线的中间部分，只有小部分被试者落入正态分布曲线的两个极端区域。除了极少数例外，那些落在两个极端区域的人，在经历任何测试之前就很清楚自己的才华和短板所在。通过游戏、运动、学校学习、不同的工作，他们对自己在某些领域的能力和不足早已是了如指掌。事实上，落在两个极端区域的那些代表对自身特长和不足的描述，几乎与测试结果一样准确。

我们从“标准9”项目中得到的另一个重要经验是，对落入正态分布曲线中间的大多数人而言，他们在能力上的细微差别并不能决定他们在职场上的成败和苦乐。对我们大多数人（即普通人）来说，有意识力量和无意识力量之间那种微妙的平衡，决定了我们将会如何使用我们的天赋能力，无论是智力、情感、感官、神经肌肉，还是这些能力的任意组合。当我们调动人体这架机器时，正是有意识和无意识的情感力量对我们使用这架机器的影响，决定了我们大多数人的行动效果，而非这架机器本身在数量上的细微差异。对我来说，这是我从空军“标准9”项目中学到的最重要的一课。

人格测试者可以回答说，这正好证明了他的观点——如果是因为一些微妙的情绪力量而导致能力组合测试无法准确预测被试者的未来，那么我们要做的就是添加一些测试来测量这些力量。在这里，他再一次迈出了从科学到科学主义的关键一步。在能力测试中，这些回答具有可以客观评价的特征，例如，2+2等于几或矩形中三角形数量的答案的正确性。此外，从这些能力和智力测试得分中得出的结论，其应用只能局限在对测试所圈定的那类事情的适度预测上。如果测试结果显示一个人只有5000个词汇量，那么他也就不太可能去做好那种需要5万个词汇量的工作。如果一个人笨手笨脚，无法快速地把一堆散乱的积木拼好，那么他也就不太可能去做好那种对手工灵巧度有很高要求的工作。

从能力测试到人格测试，实际上是从可衡量到不可衡量的一跃。人格测试人员试图把抽象特征转化为具体之物，并用线性方式去加以衡量；他们相信，这是对科学方法的正确应用，可以推而广之。然而，单是定义一个特征就极为困难，又遑论用其反面特征去进行衡量？例如，“情绪化”是否就是“稳定”的精确统计对立面呢？人们每天都被放到线性刻度上去衡量诸如此类的特征，倘有不合便遭惩罚，就像希腊神话里的妖怪普罗克汝斯忒斯，强求旅人必须符合其床的长度，否则就会将其折磨致死。

* * *

究竟何谓“人格”？难道是表面上一个人微笑和谈话的方式？心理学家显然不会这么认为。我们必须深入一个人的内在，可是，我们深入到什么程度才算合适呢？虽然绝大多数测试人员都认为把人格和整个人分开是一种无稽之谈，但是，逻辑却告诉我们，为了能够从统计上去预测人们的行为，我们必须这样做。数学因其完美而具有欺骗性。正是因为“百分位”“系数”“标准差”是中立的，所以使用这些东西的方法论才会给人们带来一种错觉，认为它们把不确定性转化成了确定性，把主观变成了客观，并消除了棘手的主观价值判断。然而，事实上，数学根本未能消除主观价值的影响，它只是将其模糊化了而已。

我们先来看一下对测试分数的解读。测试人员认为，在这个过程中，人为因素已经被大幅消除，因为打分采用的是标准化分数（这方面唯一的例外出现在投射测试中）：如果你选择答案（d），你就会得到某一分数，至于测试人员对此会怎么想都与得分无关。但是，你并非只需要做一个测试，而是通常需要做好几个测试，在这个过程中，最重要的部分就是，测试人员如何利用不同的分数整合出一幅关于你的画面。测试人员需要合成的分数越多，他需要做出的解释工作也就越多，而不是越少。

即使那些训练有素的被试者也不大可能完全不受环境和观念的影响。测试人员的情况也是如此，如果他自身有神经官能症，他的解读就会是一种极大的误导。几年前，中西部地区一家公司的执行官，把他面试过的一个他认为相当不错的候选人，送到一位分析师那里去做测试。返回的测试结果报告有些出乎他的意料：按照那位分析师的说法，他送去的这位候选人对权威缺乏一种正当的尊重，“对组织的忠诚度很低”。但是，这位执行官还是雇用了这个人，他并不介意候选人是否热爱公司，他关心的是候选人的工作绩效是否出色。事实证明，候选人非常胜任分配给他的那份工作。一年后，这位执行官又收到了一份类似的报告，对另外一个同样能干的候选人给出了一种消极评价，这位执行官的好奇心被勾了起来，他决定去找这个分析师聊一聊。“那个可怜的家伙疑心重重，”这位执行官回忆道，“他灰心丧气，因为我送去的人和他年龄相仿却在事业发展上领先于他。我问他为什么对我送去的第一个候选人提出警告，他告诉我说，第一个候选人不稳定，因为他家里有两个孩子，可他却买了一辆敞篷跑车，而且他还正在建造一座‘超现代风格’的房子。”

在投射测试中，解读的作用可以说是尤为关键。最初，它们只是作为完整临床诊断的一部分供专家使用，该领域的一些专家并不建议用它们来进行人才选拔。正如他们指出的那样，测试有时更多是对正在做测试者的投射，而不是对被试者的投射。

符号象征着什么？社会学家大卫·里斯曼（David Riesman）讲述了一个故事：一位历史系学生参加了一项主题认知测试。在这一测试中，你会看到一幅图片，比方说一个人正在跨出大门，然后要求你讲述一个与图片内容相关的故事。毫不奇怪，这位历史系学生讲了一个有名的历史人物面临困难抉择的故事。啊哈！负责解释测试结果的人会说，这是一种失调的表现，因为这个学生谈到了那些死去的人。这是一个历史人物在测试人员脑海中唤起的第一个想法。

无论采用何种测试，面试体验本身都充斥着价值判断。在该领域不受人为意志干扰的文献里，已经很难看到测试过程中面试者和被试者的个人主观色彩。但是，请想象一下，一个中年人被一个素昧平生的人进行评估。即使这两个人自身都绝对“正常”，他们之间的关系也很难处理；即使双方交谈起来彬彬有礼，他们也能感受到彼此之间存在的那种利益冲突。被试者往往不敢袒露自己的心迹，而面试者则在被试者身上竭力寻找蛛丝马迹。仅仅是出于职业原因，面试者都很想一探究竟。

有时候，面试者也会出于个人原因而很想一探究竟。至今我仍清楚地记得，我和同事与一位知名咨询顾问进行的一次谈话。他主动谈起自己的一件往事。在解释他的面试技术时，他提到了二战中实施的OSS测试项目，在这个测试项目中，测试者会让被试者接受一系列艰苦的经历，以测试他们在受到惊吓时的反应。他兴致勃勃地谈到了最后的面试：被试者被带入一个房间，房间里挤满了假扮成高级军官的男子。他们告诉他测试很顺利，他只剩下最后一项测试要做。这就是对双目视力的测试，他需要盯着一个盒子，同时转动把手，把两个物体结合到一起。其实背着他，有一个旁观者会在暗中操纵另外的把手，不让他完成这一任务。这个可怜的被试者笨手笨脚，怎么也做不好，那些假扮的军官纷纷嘲弄他。就在成功的前一刻他却被告知他失败了。那个旁观者则借此机会来观察被试者的反应。

这位知名顾问解释说，显然，这种测试无法在工业环境里进行，但是，其中相关的原理却是可以借鉴的。他开始向我们解释他自己的面试技巧。“我和被试者坐在一起，手里拿着他的测试记录，以及他的各种个人资料。我对他非常友好。不过，现场气氛依然显得有些紧张；在这种场合下，通过对他施加更多的压力，他会暴露出更多关于他自身的信息。例如，我一面审阅资料，一面大声说道：‘已婚，17年婚龄。’然后又说：‘尚无子女。’我会刻意扬起眉毛，若有所思地停顿一下。而他则很可能会对此很敏感，即刻脱口而出，告诉我他太太或他患有不孕不育症，以及他们如何四处求医，等等。我还会顺便问问他们夫妇的性关系如何。几分钟后，我会再次向他施压。在面试快要结束之际，我一般都会非常自然地笑一笑，说：‘我们先休息一下吧。’这时，他就会放松下来，并认为每件事都进展顺利。而就在这时，我会抛出一个他非常难以回答的问题，让他措手不及。”

我并不是想要暗示说测试人员都是一些心理不正常的人，尽管我很想补充一句，在这样的暗示中含有某种诗意的不公。当被试者拒绝配合或者提出批评意见时，许多测试人员，就像那些科学主义的追随者们一样，往往不是去自我反思，反而是会去揣测：为什么对方会持有异议？他们把同情心当成了一种武器。

但是，如果反过来说测试人员都是心理很正常的人，也不公平。虽然大多数测试人员做事都很公平，与旁人一样正常，但是，就他们自己潜在的敌对行动而言，如果他们没有一些这样的行动，那才是真的不正常。如果他们完全压制这些对立，那也不正常。测试人员试图扮演上帝的角色——如果他与被试者在年龄、薪资、背景或秉性上有很大差异，这种倾向更是会表现得特别明显。当然，一个对自己和他人有深刻了解的人，一个具有智慧、忍耐和谦虚品质的人，完全可以不受这种倾向的干扰。我的这些评论并不适用于这样的测试者。

* * *

到目前为止，我们一直都在谈论测试人员如何阐释测试结果，下面我们再一起来看一下那些测试问题。测试问题能否免受人们价值观的干扰？在设计问题时，测试者不可避免地会受到其所在特定世界的习俗和价值观的影响。这方面的一个例子就是那些用来评估社交能力的问题。你读书吗？在某些群体中，阅读是一种不爱社交的行为，如果一个人承认自己有时选择读书而不是和同伴一起，他就有可能是一个内向者。然而，问题是相对的。如果在一个人成长的环境里阅读是一件非常正常的事情（实际上，这在许多社交谈话中都是一个很好的话题），那么隐藏在测试里的"价值观"就会对此给出一种完全不同的判断结果。人们并不总是会以同样的方式去进行社交。一个选择读书而不是和同伴打保龄球的人可能会被人评价为不爱社交，然而，事实上，他却很有可能是一个非常外向的人。他只是碰巧不喜欢打保龄球而已。

当门外汉被问题的含义弄得晕头转向时，测试人员有时会报以高深莫测的一笑，说这些不过是"表面效度"。他们认为，测试问题便于被试者理解固然是好，但是，如果有很多人在一段时间里都对问题进行了回答，那么问题本身也就变得没有那么重要了。换句话说，如果 100 个满意的主管都以相似的方式对一个特定问题给出了回答，那么这件事情就有了意义；因此，无论问题本身是否有意义，它都会产生一个有意义的相关系数。

有人可能会问了：你所说的这些到底是什么意思？这里不是写一篇统计学论文的地方，我只想对那些让人印象深刻的测试图表和表格提出一点看法，谈谈它们是如何让人们忘记了常识。事实上，有很大一部分数学运算都是内部的——也就是说，它们是测试结果与测试结果之间的比较，而不是测试结果与外部证据之间的比较。现在，这种内部数学在确定测试的“可靠性”方面很有价值。例如，如果一组人参加了测试中的表格 B 测试，并且数学相关性显示他们的百分位数排名与他们参加同一测试中的表格 A 测试时一样，我们就认为这个测试在测量事物时是可靠的。

然而，测试的可靠性很少会告诉我们它的有效性。除非它们确实测量了需要测量的特质，否则测试结果的一致性再高也是毫无意义。这些测试衡量的是社交能力、内向性或神经质倾向，还是仅仅衡量了一堆关于灭火或者喜欢阅读书籍这一类问题各项答案的选择次数？

要想表明测试有效，测试分数必须与被试者的后续行为相关。然而，当你去检查很多测试的有效性证据时，你会发现，它们主要展现的是特定测试的平均得分与其他人测试的平均得分有多么接近。因而，测试分数之间有相关性并不奇怪。测试题目的编写者在编写试题时经常互相借鉴（其中有些试题会在多达 10 ～ 12 个不同的测试中出现），这种相关性在很大程度上证实了测试领域存在的一些乱象。

那么，测试分数与行为的相关性究竟有几分呢？这里我们以本罗特人格量表（BPI）为例。这是迄今为止在商业领域得到最广泛应用的一种测试（斯坦福大学出版社作为这一量表的经销商之一在 1953 年售出了 100 万份）。然而，通过阅读专业期刊你会发现，在关于它的报告中，有许多都是负面的。一些心理学家通过对比被试者的本罗特得分和被试者更为客观的特征，并未发现这两者之间存在显著相关（事实上，有时这两者之间甚至还是负相关）。塞西尔·帕特森（Cecil Patterson）在《社会心理学》期刊上发表了一篇文章，他在文章中写道："结论是，使用本罗特人格量表的研究结果几乎都是负面的，它与其他变量之间显著相关的发现并不足信……毫无疑问，这是由于问卷本身的性质决定的，这种技术对人格研究来说毫无效果。"

正如一些知名心理学家指出的，一个真正严格的验证，需要公司雇用所有被试者一段时间，对他们进行测试，然后把测试结果封存起来，这样被试者的分数就不会对主管产生误导；然后，在几年后取出测试结果，将被试者的得分与其实际绩效一一进行对比。[1] 不过，在现实生活中，很少有人尝试这么去做。教育心理学家罗伯特·桑代克（Robert Thorndike）指出，大多数对该领域内已知人格测试的后续研究都被"污染"了。"想要进行真正的验证，"桑代克说，"需要按照流程进行评估（不能让负责人看到结果，因为他们能够控制被试者的职业发展和评价），再获得与（原始）评估完全无关的工作绩效评估，然后把这两组独立数据汇总到一起。"

已经有一些研究对不同的测试群体进行过对比，例如，一个被认为有着较高生产力的群体在某一特定测试中的平均得分，可能高于另一个被认为有着较低生产力的群体。然而，群体的平均得分并不能反映出个人的情况。即使在"优"群体中，也总是会有一些人的测试分数要比"差"群体中的一些人更低。

测试人员通过进行一系列而非一两个测试来逃避这个难解之谜。然而，无论增加多少变量，你都无法使它们变成常数。如果一个人不仅其

[1] 在投射测试领域，验证更是少得可怜；精神分析师索尔·金斯堡（Sol Ginsburg）说："罗夏从未想过人们会这样使用他的测试。他最杰出的学生也曾警告人们不要误用这一测试，因为它并不适合用来选拔行业中的优秀人才。它可能对测试未来教师或未来管理者的人格有用，但你必须找到有能力的人来实施测试，而有这样能力的人则并不多。而且，要想判断测试是否有效，更是需要一代人以上的时间。"

“满足指数”高，而且其“易怒指数”也高，那么好的部分是否能够抵消坏的部分呢？测试人员经常发现自己又回到了他开始的地方。如果他是一个目光敏锐的人，他可能很少会去注意分数，并会做出一种非常准确的预测；然而，如果他的预测后来被证明是正确的，这就会被视为测试具有惊人准确性的又一个证据。

＊＊＊

作为在测试中价值观如何交织在一起的例子，我们再来看一下“沃辛顿个人历史”（WPH）测试是如何构建而成的。这一测试采用了“投射”技术；事实上，它的“投射”程度是如此之高，以至于测试人员甚至都无须与被试者见面。客户公司会让申请人填写一份人口数据统计表单，然后将其邮寄给沃辛顿联合公司。分析师在收到这份统计表单后，就会对里面的各种线索展开研究；例如，被试者使用的是勾选标记还是下划线，他是如何称呼他的亲属的，他名字中的哪个部分用了首字母代替、哪个部分用了全称。然后，他就会准备开始重建这个人。

读者朋友可以把自己的诊断技能与测试人员的比对一下。《人事心理学》期刊上刊登过一个假设的案例，被试者叫小乔纳森·贾斯珀·琼斯，现年 26 岁，1951 年 11 月结婚，妻子是他唯一的受赡养人，名叫伯纳迪·巴特菲尔德，现年 28 岁，在一家诊所当护士和兼做前台工作。

你可能会觉得很难判断，对吧？而对分析师来说，要下判断则并不难；根据上面的线索，分析师小心地写道，琼斯“可能责任心不强，有自我倾向，考虑问题时往往是一厢情愿，在工作关系中有被动和依赖倾向（依仗他人指导），希望不劳而获”。

分析师是如何推断出这一切的呢？让我们来偷窥一下实验室里的分析过程。名字是第一线索，它告诉分析师小琼斯是一个自恋的人。只要一个人把他的名字全部拼写出来，测试者就会记下此人自恋。如果第一个名字和中间名字分别用首字母代表，姓氏全拼，则表明被试者轻度狂躁。第一个名字用首字母代替，中间名字和姓氏全拼，则表明被试者做作。涂抹和修改表明被试者“紧张不安”。一种比较典型的情况是，被试者在每种假设中都会得到差评。即使被试者按照惯例把第一个名字全拼，中间名字用首字母代替，姓氏全拼，他所得到的评价也会是“轻度强迫”。

分析越来越深入：

配偶年龄：28

事实：已婚，妻子比他大两岁

经验观察：大多数男人都会娶那些年龄比自己小的女人

主要推论：可能无意中把对方当成母亲的替身，从而影响了他的婚姻选择

暂时推论：可能希望年长的女性或人们来照顾自己

临时延伸：在工作关系中有被动和依赖倾向——依仗他人指导。

诸如此类。

分析者当然可以像其他人一样去猜测那些信息的言外之意。值得玩味的地方在于他们自诩为科学的方法。在各种例常图表中（沃辛顿测试临界值的双期相关系数为0.34），内部运算（数学）的准确性与前提的正确性经常被混为一谈。作者通常都会故作谦虚，提醒读者说单个推论未必正确，然而，当所有的推论都是通过“正式且量化的步骤打分，以由心理动力因素组成的有序系统为基础”，它们就是正确的。换句话说，把足量的错误相加，结果即为正确。

对小琼斯的分析是一个略显极端的案例，不过，它可以让我们认识到所有测试的不足之处。衡量人的标准是什么？如果我们能够准确地描述小琼斯，我们是否就能知道他适合做什么工作？除非我们知道工作的胜任力特质，否则我们也就无法判断一个人能否成为一个好的销售员或管理者。

除非我们知道是什么使胜任者如此擅长（某项工作），否则，测试他们是否会成为优秀的推销员或高层管理者，也就没有什么意义可言。

当然，人们对胜任力特质所包含的内容还是有一些简单的共识，如活力和智力，然而，除此之外，我们对它所包含的内容确实是一头雾水。高层管理者是否确实像人们常说的那样更依恋父亲而非母亲？高层管理者的关键特质之一，举例来说，是喜欢与他人亲近吗？在那些成功的高层管理者中，有许多人非常乐于社交，但也有不少人待人十分冷淡。与高层管理者相对的是作家和研究人员这一类人，而他们是否就一定是内向的呢？与我过往较密的一位作家，被一家测试实验室的人员建议去做文员工作并远离写作。虽然他的得分结果显示为轻度内向，但是，给他做测试的那位人员还是认为他喜欢与人相处的个性不适宜写作。在另外一家测试实验室，判断沟通能力的依据是人们能够不假思索地自由书写。被试者需要在指定的时间内就一个指定的命题进行写作。在这种考察能言善道的能力测试中，被试者无论如何胡言乱语，只要字数写得足够多，就会被测试人员认为他更有“创造力”。

虽然测试人员承认他们对人格也只是了解个皮毛，但是，他们却认为，通过对更多的人进行更多的测试，就可以解决这个问题，进而完成所谓的轮廓特质描述。测试人员致力于从各种图表中整理出不同职业人群的人格分数，找出他们同其他成人群组在某些人格特征上的差异。比较结果用百分位表示，例如，如果 30 个销售员的社交能力平均分在 80 分位，那么平均来说销售员就比 100 个成年人中的 79 个更善于社交。有了这样的数据，通过将其与一组人的主数据进行比较，测试人员就可以对一个人与特定工作的匹配度高低做出评估。数据越接近，匹配度也就越高。

轮廓特质描述也可以被用来评估私人企业里的工作。西尔斯百货公司用图表展示了它所期望的最佳人格特征组合。下图是西尔斯百货公司看重的高层管理者应该具有的特质组合：

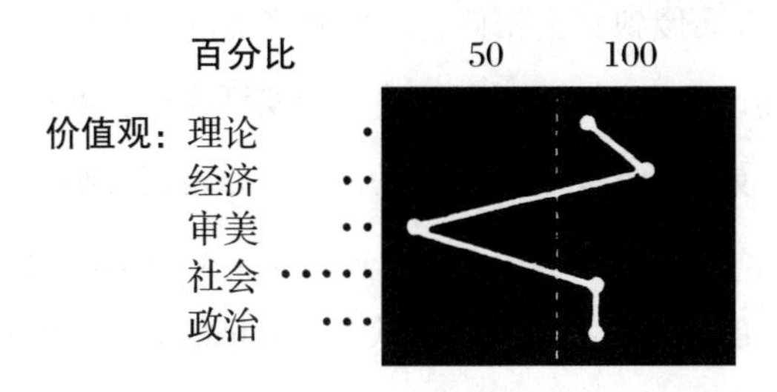

虽然一个人的人格并不需要完全符合这一特质描述，但是，如果他的得分位于图中之字形转折处，那么这一定对他的成功毫无益处。例如，如果一个人的审美得分远远高于10分位，那么西尔斯百货公司就会得出结论，认为他“把艺术审美和品位视为重要的生活标准。而这则不是高层管理者取得成功的因素……一般来说，文化因素对西尔斯百货公司的高层管理者来说并不重要，有时甚至还会妨碍他取得成功”。

当然，西尔斯百货公司从公司自身利益考虑，完全有权力淡化某些品质而突出某些品质（值得注意的是，西尔斯百货公司通过这样做建立起了一个非常机敏的管理团队）；但是，我们不应该把这一过程与科学混为一谈。作为人员甄选工具的测试从来都不是中性的，事实上，它们自身已经成为它们所声称要衡量的事物中的一个重要因素。首先，测试倾向于筛选出或剔除那些会破坏相关性的人。一个其自身价值观与公司价值观不相符的人压根就进不了公司，自然也就无法成为高层管理者，更无缘去参加高层管理者胜任特质的测试。其实早在人格测试被发明出来之前，许多公司的情况就已经证明，如果公司只聘用特定类型的员工，那么公司内部所有的成功人士都将会是这种类型。

测试中所含有的偏见并不一定是针对个人。现在，它已经被制度化了。因为特质描述是自我证实的，所以如果不符合特质描述的人未在测试中被筛选出来，那一定是因为他们隐藏了自己与公司之间的差异之处。许多测试在其前言部分都会有一个毫无意义的公开声明：“答案没有对错之分”，但却没有人会傻到真去相信它。如果答案没有优劣之分，那么公司对其员工进行测试又有何意义？就自身情况实话实说，不拘在任何情况下都是一种挑战。如果说出对自己有利的回答可以得到奖励，是否说的是实话这一问题就会变得更加难以评判。在这方面，让我们给予测试其应有的重视：它们很少能够告诉我们关于被试者的人格的事情，但它们确实告诉了我们一些关于被试者的智力的事情。“你是否会经常做白日梦？”回答“是”的人要么诚实得可爱，要么就是愚不可及，公司往往会建议这样回答的人另谋高就。

即使不符合特质要求的人混进了组织，轮廓特质描述也依然可以自我证实。它对人的塑造作用，与它对人的筛选作用一样强大；正如西尔斯百货公司所说，这是一种关于“我们认为可取的行为”的陈述。员工想要得到晋升和发展，甚至是想要在公司生存下去，都需要调整自己的行为。经过几年时间的历练，员工身上的棱角通常都已经被公司内部的生活给磨平了，所以等到心理学家为他做“验证”或复检时，他的得分已经非常接近中位值，而这也就足以说明心理测试的有效性。在西尔斯百货公司，心理学家在两年半后对员工做了第二次测试，在测试所包含的13项人格因素中，有9项发生了显著变化。“所有这些因素表明，”西尔斯百货公司的本兹（V. C. Benz）总结道，“员工在心理上对公司适应得‘更好’或更充分……个体取得了很大的进步。”

在某种程度上，这种公司类型也有它的一些优点；任何一流的组织都会拥有属于自己的**团队精神**，而这则显然少不了会带有一定的同质性。不过，这种公司类型也有很多缺点，尤其是自我证实这一特质会使组织处于一种非常舒适的状态，最终则会让组织停滞不前。即使那些大型组织也要对外部环境变化及时做出反应；一个处于长期稳定状态下的公司，其生存可能会受到技术进步的威胁，除非它能主动转向新型市场。想想恐龙，它曾经显得既无比强大，又让人害怕。

＊＊＊

轮廓特质描述对个人来说也有自我证实的作用，因为测试强化了我们在彼此身上习惯进行的相互欺骗。谁是“正常的”？在某种程度上，我们所有人都有一种内在的冲动，想要去适应我们想象中的各种规范；在我们的生活中，我们可以感觉到，我们被各种规范的汪洋大海所包围。我们为彼此展示给对方的表象所迷惑。

现在，随着各种规范被正式加以数据化，我们比以往任何时候都要更容易受到它这个暴君的侵害。看起来，似乎“科学”是它的盟友，因而，分析结果若是错了就会让人产生一种内疚感，若是对了则会让人产生一种不足感；我们忘记了，这种种规范通常都是先前的被试者本能地猜测每个人都会怎么回答而给出自己答案的结果。

如果组织人幸运地逃脱了自我暴政的危险，他还将面临另一个危险。起初，看到测试结果，上级可能会嘲笑它，但若他们一直依赖测试，他们就会逐渐与测试结果的正确性产生一种利害关系。不幸的是，怀疑需要证据，有时它会抵消判断，使管理层人员在无意中惩罚被试者，从而增强管理层人员对测试的信任。中西部一家大型公司准备提拔一个人，公司决定让他先参加一个测试。咨询公司寄回公司的报告上写满了关于他的稳定性的警告。公司感到很困惑，因为这个人在公司里一直以来事情做得都很好，可是谁又说得准呢，也许那只是一种表象……公司在这上面思虑越多也就越是担心，最后，公司告诉那个人，公司决定把他期待已久的晋升机会给另一个人。六个月后，公司得到报告，那个人精神崩溃了。与所有其他类似的故事一样，这家公司的管理层人员表示，这一事实证明了测试结果的准确性。

得分不高的人是否就必然不称职呢？从定义上来说，充满活力的人是一个例外，因为他如果参加的是能力测试，测试结果将会奖励他，他如果参加的是人格测试，测试结果则经常会惩罚他。看看关于他们的特质轮廓描述的剖面图，你会发现那里面有三个共同特征：外向，对艺术不感兴趣，欣然接受现状。测试得分情况显示出同样的偏见。正如我在附录中提到的，如果你想获得高分，你最好是要遵守以下两条规则：

（1）当被问及关于世界的词语联想或评论时，你应该尽可能给出那种最常见、最普通、最平淡无奇的回答。

（2）当对任何问题的最佳答案拿不定主意时，请对自己重复以下内容：

我爱父亲和母亲，但爱父亲要更多一点。

我喜欢事物的本来面貌。

我从不担心任何事情。

我不喜欢书和音乐。

我爱妻子和孩子。

我从不会让他们妨碍公司工作。

如果你是一个这样的人，你在公司里并不会发展得太好；然而，矛盾的是，除非你看起来是一个这样的人，否则你在公司里也不会发展得太好。检查一下常模，你会发现，我提出的这个建议绝对不是在跟你开玩笑。常模基于小组得分，而小组成员往往是1 000名大学新生、400名高中生，或者其他一些普通人的集合。对于某些群体，像高层管理者和化学家，研究人员已经确立了一些常模；而且，随着时间推移，这些常模还会越来越多。但是，这些常模其实也是虚幻的。通常，这些常模都是建立在已接受本组织测试者的反应的基础上；在这种情况下，自我保护心态会要求被试者谨慎回答问题，所以这些常模也就更像是被试者迎合组织想法的声音的回放，而非他们自己的真实想法。

* * *

纯粹的测试机制会排斥那些杰出人才。对那些智力超群者来说，预先备好答案的测试恰恰是最难回答的测试。在论述所谓“客观”以及强制选择的大学考试时，历史学家雅克·巴赞（Jacques Barzun）在《美国教师》一书中写道：“数十年来，我一直都在跟踪这种考试对每个班上排名前一半学生所产生的影响。结果发现，最优秀的学生会下降一级，而次优的学生则会上升一级。这其中的原因不难理解。二流学生在学习和生活中表现出色，因为他们有能力掌握那些已被接受和常规的东西……但是，一流学生则更少有，他们的存在同样不可或缺……对他们来说，带有现成答案的问题是一种阻碍。这种问题通过切断与一种情况之外的所有联系，让他们的思想陷入瘫痪。或者，他们会去思考和质疑，在这种情况下是否真有答案存在。相比较而言，他们思想精微，想象丰富，然而，测试对这些方面却是不屑一顾。”

如果你参加了前一章的测试，你很可能会对那些人格测试问题得出相同的结论。有母亲和婴儿的房子里的火势有多大？那位想要升职的工人，他还好吗？也许公司管理层真的想让老板的侄子得到这份工作。这绝对不是在吹毛求疵，而是聪明人头脑中必然会出现的想法；能够看到事物的另一面，提出多种选择，无论就实操还是其他方面而言，都是人们进行判断时一个不可或缺的部分。

* * *

小组平均水平与优秀人才的匹配程度又是怎样的呢？为了进行实际检验，我和同事决定亲自做一些测试。我们想知道，如果那些大公司的总裁不得不接受和他们下级同样的测试，结果又会如何？我们首先拿到了主要测试题目和评分标准，然后我们成功地说服了十几位最知名的公司总裁参加测试，让我们对他们进行评分。为了做出更好的衡量，我们又对 16 位杰出科学家做了同样的测试；另外，我们还对 38 位中层管理人员做了精华版测试，这些中层管理人员被他们各自所在的公司选为同龄人中的杰出人物。

当我们看到测试分数时，有一件事情在我们面前变得清晰起来。如果今天全面实施这些测试，那么明天在那些大公司里最有活力的人中，将会有一半人在街上奔波求职。下面就是我们依据测试结果得出的重点所在。

（1）没有一位公司总裁的个人特质完全落在通常的“可接受”范围内，有两个没有达到总裁的最低特质要求。在“如何监督”这一问题上，平均只有一半总裁答对，所以他们所处的百分位也就较低。在关于公司员工关系政策的问题上，他们的表现尤其不佳。只有三位总裁答对了一半以上的问题。

（2）科学家们在“个性检查”（PA）中表现出的特质，要比总裁们显得更为平均；如果非要说他们之间有什么区别的话，那就是，他们的得分显得过于自得、坚定和一致。然而，他们的确表现出极度厌世的一面，有超过一半的人在社交能力上所处的百分位低于20。

（3）中层管理人员在稳定性和社交方面得分较高，但在实际判断方面，只有三个人达到了高层管理者工作的平均水平。

（4）分数的分布范围如此之大，以至于中位数相对来说失去了意义。例如，在瑟斯顿社交能力得分中，43位管理人员中只有8位处在第40百分位和第60百分位之间，其余35人则分别处于两个极端。

（5）被试者在不同测试中的不同得分上存在很大的矛盾，例如，许多在“个性检查”中“稳定”项目上获得高分的人，在瑟斯顿社交能力测验中“稳定”项目上的得分却很低；同样，许多在“满足”项目上获得高分的人，在“安宁”项目上的得分却很低。

关于这些被试者的得分与标准之间存在的差异，有一种解释是，我们样本中的被试者坦诚地回答了那些问题；因为他们无须担心自身工作的安全性，所以将他们的分数与给出的标准进行比较是不适合的。如果事情果真如此，那么我们就可以断定，所谓的标准答案有失偏颇。关于这些被试者表现欠佳的另一种解释是，被试者自身的神经官能症或不适应，导致他们在测试中得了低分。但是，这样一来就会给我们留下一个反常的例子。如果有突出成就的人反而比一般人表现更差，那么“适应性”这一衡量标准还有多重要？当然，我们的样本数量比较小，可是，优秀人才的人数原本就也比较少。

优秀人才的存在不仅打乱了统计平衡，而且那种能力适中的人也经常不信任他们。当然，后者对待前者一直以来都是这样，然而，现在他们则有办法将这种不信任予以合理化；有时候，他们就像是加入了一个庸才大联盟，一起去对付那些他们无法理解的有识之士。在这方面，从研究人员中选任领导的规范就是一个恰当的例证。在甄别需要提升到领导岗位的人选时，管理专家们会不厌其烦地推荐那些资质一般的人，原因就是他们能力平庸；由此也就给人一种印象，好像那些才华出众者反而不适合升任领导岗位。“当我们在寻找研究主任的合适人选时，”一位顾问说，“我们想要找出一位看上去普普通通但是测试表明有潜在领导能力的化学家。我们会优先推荐他，而不是推荐一个领导力一般的顶级化学家。”有时候，在这样做的过程中，这位顾问补充说，他们还可以拯救那些内向的人。“当我们发现一个得分表明是内向的人时，我们就会把他挑选出来去进行咨询。偶尔，我们也能让这个人改头换面。”

成就记录并无法说明什么。一个人在很长一段时间内所做的事情，似乎是评判其未来表现最有价值的唯一指标。然而，记录是无法衡量的；与那些强制做出选择的答案不同，它无法被简化成一种统计形式，所以一个组织越是希望得到确定性，它对被试者昔日表现的关注度就应越低。应该指出的是，这里的缺点是管理层而非心理学家的过错，因为管理层经常要求他们提供比他们愿意证明的更为明确的建议。甚至管理顾问（其主要能力就体现在对人员进行评估上）也经常把自己的招聘决定外包给测试公司去做。

研究一个人过去的表现、在个人面试中对他的评价，都是一些具有不确定性的指导方法。但是，它们仍然很重要；事实上，人们需要做的并不是取消它们，而是更加熟练地去运用它们。“在危急情况下谁是解决问题的最佳人选”这一问题，在事情发生之前根本无法进行科学判定。无论我们手里掌握有多少信息，我们都必须依靠那种对具体情况的直觉判断——而且，形势危急程度越高，我们对自己的预测也就越不确定。这是一项非常艰巨的任务，它很可能是所有管理层面临的最困难的任务。它无法被输入计算机或者被代理转交给其他人去做出决定，任何逃避其最重要职责的管理层都需要进行自我反思。

最后，让我们假设这些测试确实可以揭示出被试者内心深处的自我。在这种情况下，它们的存在是否有足够正当的理由？我在本章的讨论中已经提及测试的道德基础，而这则是一个最重要的问题。如果这些测试真的具有科学性，它们的有效性就会使得解决这个问题变得更加紧迫而非更不紧迫。个人的内心世界是否与组织有关？事实上，个人也拥有一些权利。社会教会了他去服从许多事情；成千上万的平民温顺地进入军队，赤身裸体，排成长队，排号参加群体体检。许多应聘从事政府项目的平民都接受了指纹识别，政府工作人员会就他们的背景向他们的朋友和邻居提出各种稀奇古怪的问题来确认他们的身份。在这种情况下，人们可以安慰自己说这样做是有原因的；如果他想要享受集体努力的好处，他就必须付出一些代价。

然而，凡事都要适度。一个人还要做出多少不利于自己的证言？《权利法案》的实施范围不应该停留在组织的边缘。作为组织付给个人工资的回报，它可以向他要求最优质的工作，但却不应该同时探视他的内心。如果组织想要探究他的内心，他必须拒绝。鉴于官僚主义如此盛行，一种明智之举是，他可以通过直接拒绝参加测试来避免让自己受到伤害。不过，他还有另外一个应对之策，那就是，他可以在测试中选择作弊。他必须作弊，只为让他尊重自己。

第五部分

组织科学家

16

天才之争

假设你正在做一个思想练习：在你不了解科学家们今天是如何工作的情况下，你需要去想象，如果把社会伦理应用到科学上，就像应用到组织生活中的其他方面一样，将会有什么事情发生。除了别的事情，你很可能会认为：（1）科学家们现在会把他们的精力主要集中在之前已有想法的实际应用上，而不是去开拓新思想；（2）他们很少会一个人独立工作，而是会相互组成各种科研小组；（3）忠于组织、善于与人相处等与开拓新思想一样重要；（4）全面发展的团队成员要比聪明的个人更有价值，一个非常聪明的人很可能会给团队带来一些具有破坏性的影响。最后也是最重要的一点，这些事情之所以会是这样，是因为人们相信事情原本就应该是这样。

事情真的会是这样吗？目前，在政府、企业和大学共计 40 亿美元的研发经费中，花在创造性研究上的经费只有 1.5 亿美元（所占比例不到 4%）。此外，绝大多数参与研究的人现在都必须作为受监督的团队成员工作，只有一少部分人能够独立去做自己的研究。据估计，在从事科研工作的 60 万人中，只有不到 5 000 人可以自由地选择自己的研究课题。

这是因为人们认为事情理当如此。在当今社会上那种对美国技术进步的狂欢中，正是科研日益集体化这一点备受人们赞叹。偶尔，人们也会向过去的伟人致敬，但在这种致敬中会有一个微妙的转折，使他们看起来像是团队研究人员的先驱。在大众的思想意识中，科学意味着将思想付诸实践；也就是说，知道如何做，而不问为什么。

我们确实非常善于把那些基础想法付诸实践。善于开发事物是我们的一种天性。而太迟才认识到必需对我们所开发事物造成的破坏进行弥补，也是我们的一种天性。在我们国家，我们从未有过那种深厚的基础科学传统；现在，我们甚至比过去更不关心去创造新想法——这些想法在几十年后将会对我们热切期盼的技术进步有很大裨益。

到目前为止，虽然只有少数人直言不讳地反对独立研究者，但是，组织思维的整个基调显然都在朝着这个方向发展。今天，美国人普遍认为，科学已经发展到了这样一个节点：如果不是基础研究本身落伍了，那就是从事基础研究的独立研究者落伍了。例如，我们被告知，原子弹是如何通过由大批科学家和技术人员组成的团队通力合作才被制造出来的。偶尔，也会有人顺便提到，一个白发苍苍、性格有点古怪的老人在他 40 年前所做的一项研究与这件事情有关。然而，承认这一点的人很可能会辩称，这恰恰证明了基础想法不再是问题的关键所在。有想法固然很好，但却是美国的技术让它们变成现实；而且，不管怎么说，自古以来都有许多想法没有得到实现。我们并不需要拥有更多的象牙塔理论；我们需要的是更多的资金，更多的实验室设施，更多的组织。

* * *

科学家们雄辩地论证了需要进行更多基础研究的理由：外行在这方面几乎没有做出什么贡献。然而，在接下来的三章中，我的目的并不是要去对这种情况进行修正，而是要说明科学家与我们此前一直讨论的管理趋势之间的关系。组织人与科学家这两者之间的相似之处不能相提并论，因为他们在其各自的职能上有很大不同；而且，在管理观与科学观之间，双方在目标上还存在一些根本冲突。

我这样说并不是为了限定我的论点。在某种意义上可以说，这就是我的论点。因为事实上，这些相似之处经常被拉得太近；而且，在一种错误的类比中，组织正在试图按照自己的形象去塑造科学家；它认为，帮助科学家们完成这种转变，是管理科学家们所从事的那些研究项目的主要任务。而且，在这方面，它很有可能取得成功。

让我们先来看一看公司的实验室。在美国的总体研究预算里，有 160 亿美元都是集中在公司的大型实验室，这一投资数额按比例和按绝对美元值计算都是产业界前所未有的。正如业内人士指出的那样，这样做的结果之一就是，企业为更多的人加速生产出更好的产品。但是，我们为此付出的代价也有些高昂。如果企业继续像现在这样去塑造科学家，那么从长远来看，大型实验室很可能会降低科学家们在基础研究上得到发现的速度，而这些基础研究发现则是这些大型实验室生存的根基。

这里我们可以问一个比较严肃的问题：这些企业科学家有多么优秀？过去，产业界有许多杰出科学家，如朗缪尔、斯坦梅茨等。然而，现在产业界还有多少位杰出科学家呢？我的同事弗朗西斯·贝罗（Francis Bello）以那些年轻科学家为研究对象做了一项研究，结果得出了一些让人吃惊的数据。为了得到一组具有代表性的（40 岁以下）年轻科学家名单，他着手从产业界和大学中获得相关人员提名，这些人被认为最有希望成为杰出科学家。他首先去了基金会，以及像海军研究办公室和原子能委员会等政府机构，因为它们的工作职责就是了解谁是各个领域里最顶尖的人。

在去掉那些重复的提名之后，贝罗得到了一份最终提名名单，上面有 225 位年轻科学家。他原本预计，产业界的提名与大学的提名会平分秋色。然而，让他吃惊的是，在他找出的这 225 个人中，只有 4 个人来自产业界。

贝洛担心自己选取的样本可能有失偏颇，于是他又请那些在业内处于领先地位的企业实验室的主管们提名。他还请顶尖的学界科学家们思索一下产业界的科学家，并说出那些他们认为是顶尖人物的名字。

经过所有这些努力，最后也只找出 35 个来自产业界的人。除了他们自己的一些下属，公司的研究主管们很难想出在他们的行业里还有谁值得被提名，大学里的情形也是如此。据此贝洛得出这样一个结论：大多数产业界的科学家们彼此互不相识，而且也不为行业外的人所知晓。

在这些企业实验室中，有两家实验室脱颖而出。总共只有七家实验室，其中至少有两人被提名为杰出科学家的候选人，有一人获得至少两票。这其中，通用电气和贝尔实验室获得提名的人数，相当于其他五家实验室获得提名人数的总和。（其他五家分别是：默克公司、IBM、莱德利、伊士曼柯达和壳牌开发公司。）

化学工业在研究上花的钱比其他任何行业都多，但其表现却是尤为糟糕。杜邦公司没有一个科学家被多次提名；除了美国氰胺公司，其他主要化学公司的科学家没有一人被提名。至于研究发现成果，贝洛发现，化学家们能想到的，只有美国化学公司在过去 15 年中发现的一种新的化学反应。

* * *

可以预见，产业界在基础研究上花费的时间要比大学少得多；基于同样的原因，可以预见，最杰出的人才往往会留在大学里。然而，事实仍然是，产业界的顶尖人才在所有顶尖人才中所占的比例极小。

为什么事情会是这样？没有认识到无目的的优点，是产业界所存在问题的根源所在。对那些定下产业主导基调的经理和工程师来说，无目的是一种让人厌恶的情况；他们非常喜欢那种有计划和系统化的发展，并会在其中明确界定问题。这样做自有其价值所在。如果研究人员想要对先前的研究成果加以实际应用，例如，如果通用汽车技术中心的一群人想要为一台高压发动机更好地提供机油，那么最好的做法就是专心去解决这一指定的任务。然而，在纯粹的基础研究中，取得成果的关键有一半都在于发现存在问题——有什么需要解释的吗？培养皿中出现了不应该有的无菌状态，两种化学物质的化合反应与先前有所不同，出现这些情况肯定是表明有事情发生了，但你却不知道它们为什么会发生——或者，如果你知道它们为什么会发生，那么它们究竟会有什么用?

就其本质而言，发现具有一定的偶然性。在你有条不紊地跟进一个问题时，最重要的问题本身很可能会偶然地干扰你的手头工作。此时此刻，你既不知道这个问题会有什么实际用途，也不应该去担心这一点。因为以后你自会有足够的时间去做这件事；等到事后回想起来，你很容易看出，这一发现是多么有计划和系统化。

然而，过早地将好奇心加以合理化，你也就扼杀了它。就科学家而言，这并不仅仅是因为他发现很难预见到它会带来什么收益；而不得不解决这个问题，则抑制了他最初的好奇心——公司对他那充满好奇心的想象如此不当回事，就像那些实际要求一样会让人感到无比沮丧。其结果是一种净损失，而不是一种延迟，因为如果科学家无法在当时抓住那个闲置的问题，那么他在以后也就不容易再抓住它。就像我们常常想到却又常常忘记去做的那些美好的事情一样，许多原本会导致伟大发现的问题，在它们诞生之初就消逝了；那个人太忙了，以至于他没有时间停下来去好好思考它们。

* * *

如果我们需要证据来证明自由研究的好处，那么通用电气和贝尔实验室可以说是两个最佳事例。我们可以考虑一下关于它们的三个事实：（1）在所有的企业研究团队中，这两个团队一直都在获得最丰厚的利润；（2）在所有的企业研究团队中，这两个团队一直都在吸引那些最杰出的人才。为什么事情会是这样？第三个事实解释了前面两个事实。（3）在所有的企业研究团队中，这两群人正是那些相信“无聊的好奇心”是有价值的人。在他们那里，通常的时间顺序是颠倒的；他们不要求科学家去致力于解决实际问题，而是让科学家去关注自己想要研究的基本问题。如果科学家有所发现，他们就会四处查看这一发现可能适用于哪些实际问题。耐心终会得到回报。例如，通用电气的朗缪尔在固体加热方面的研究，最终导致出现了一种新型白炽灯；而贝尔实验室的克劳德·香农（Claude Shannon）在通信理论方面所做的研究，也已被证明是一个具有很高实用价值的宝库。

其他地方出现的少数成功案例也是遵循着同样的模式。为杜邦公司赚得盆满钵满的合成纤维的问世，就是源于一个人的好奇心，那就是华莱士·卡罗瑟斯（Wallace Carothers）。卡罗瑟斯并不是一开始就想到要去造尼龙。当杜邦公司初次遇到他时，他正在哈佛大学研究分子结构。虽然依据他的研究最后得到合成纤维这个结果对杜邦公司来说非常实用，但对卡罗瑟斯来说，这则不过是他在哈佛大学进行的实验工作的副产品。虽然杜邦公司感兴趣的是最终的产品，但是，杜邦公司之所以能够得到它，就是因为卡罗瑟斯享有足够的自由，可以去追求那些在今天看来似乎只是科学上的无用之物。

* * *

然而，从另一方面来说，这些成功又让人感到沮丧。在促使这两家实验室取得成功的研究哲学中，并没有任何新的东西；这两家实验室都是早在几代人之前就确立了它们的基本理念，它们的卓越地位在商业上也一直都是有目共睹。然而，面对这些模范案例，美国产业界非但没有吸取它们的经验，反而是在一直朝着相反的方向越走越远。

大多数公司都会明确颁行它们的指令，要求它们的研究人员去密切关注研究的收益。与通用电气或贝尔实验室不同，它们不仅不鼓励它们的科学家，有时还会禁止他们在学术期刊上发表他们的研究成果，或者是以任何方式与公司之外的科学家进行交流。更让人感到压抑的是，大多数公司都不让它们的科学家花时间去跟进他们自己选择的研究主题，这部分时间更多被视为是一种放纵，而不是一种自身有价值的活动。一位研究主管表示：“我们的政策是，允许我们的人有**最多** 5% ～ 10% 的时间去做他们感兴趣的事情。”

事实上，就连这可怜的一点点时间，公司也是极不情愿给予科学家。为了避免科学家对“自由”工作理解得过于自由，公司颁行的指令强烈暗示，如果科学家在休整期内所感兴趣的事情与组织的兴趣相吻合，那将再好不过。在 1954 年 6 月《明灯》杂志上刊发的“研究：长观远略”一文中，新泽西州标准石油公司对它的观点做了如下解释：

> 作为一项长期政策，公司鼓励研究人员在环境允许的情况下，将 10% 的时间用于“自由研究”，即目前还不属于正式项目的一部分。然而，（公司）发现，当它的研究人员充分了解了公司的需求和利益所在的领域时，一个人的独立研究，与他密切关注的工作之间，往往有着相同的目标。

对一些管理人员而言，研究人员想做“自由”研究这一愿望是一种极大的缺陷，是一种需要治愈的失调症状。他们认为，当一个人想要追随他自己的直觉时，这就是一种警示，表明他的研究不是“以公司为导向”。那么，应该如何解决这个问题呢？那就是对研究人员进行教化。在 1953 年 5 月发表的“产业实验室的人员实践”一文中，洛厄尔·斯蒂尔（Lowell Steele）明确地提出了这个问题。他说：“除非公司想要资助科学家们那些无聊的好奇心，否则它就必须帮助他们变得‘有公司意识’。”换句话说，对公司的忠诚不仅比无聊的好奇心更重要；事实上，它还有助于**防止**研究人员产生那些无聊的好奇心。

* * *

那些管理人员的看法完全正确。如果他们能把科学家变得像其他普通人一样成为好的公司员工，他们就不会再去为科学家的好奇心而烦恼。当然，事情真要是这样，也就会把那些杰出科学家拒之门外。那些杰出科学家的主要特征是什么呢？每一项针对他们的研究都表明，那是一种强烈的独立性。

心理学家安妮·罗伊（Anne Roe）在其对那些杰出科学家的研究中发现，决定他们职业生涯的几乎都是一个大学项目，在这个项目中，他们可以自由地去追寻自己想要探寻的东西，而一旦尝到自由带给他们的那种快乐滋味，他们也就永远不会失去对自由的胃口。她总结说，在杰出科学家的成长过程中，最重要的一个因素就是，"高度发展个人独立性的必要性和能力"。许多其他研究发现也强调了独立性这一因素："杰出科学家们都偏爱那些不干涉他们的老师，他们希望不要有外在因素干涉他们对待宗教的态度，他们对待组织的态度，他们对待工作的态度……在他们的职业生涯中，他们认为最重要的是，他们可以在没有指令和干涉的情况下，自由地去追求自己的兴趣。"（《科学美国人》杂志，1952 年 11 月）

简言之，一位杰出科学家与一位以公司为导向的人可以说是两种截然不同的人。如果公司想要一个一流的人，它就必须认识到，他忠诚的对象不是公司，而必须始终是他的工作。对他来说，组织只是一个工具。他要求的既不是大笔金钱（贝尔和通用电气这两家实验室并未通过支付比其他研究机构更高的薪水来吸引人才），也不是友谊或归属感。他要求的就是可以自由地去做他想做的事情。

就组织自身而言，它不能对他有太多要求。组织之所以会和他走到一起，是因为它的长远利益与他想做的事情恰好并行不悖。组织可以依据其工作完成情况对其公平以待。只有基于这一点，组织才能恰当地因为它在他身上的付出而对他有所求。它可以要求他工作出色。但是，它不能要求他也爱组织。

如果它这样做了，事情又会怎样？那样一来，管理者就把自己的角色与科学家的角色混淆了。对管理者来说，像组织和人际关系之类的事情是他工作的核心。他会在一种下意识的类比中认为，同样的事情也适用于科学家，也许只是程度较低而已。然而，这些事情其实完全与科学家无关，因为他只是在一个组织中工作，而不是在为这个组织工作。但是，这却正是这位管理者所无法想象的；这位管理者无法理解，为何一个不喜欢这家公司的人（他在公司待上几年后就会厌恶地离开）对公司利润的净贡献，竟会远远超出他那些更适应公司生活的同事的贡献总和。

因此，管理者会去找寻那些所谓“多面手”的科学家。他们倒是没有指望科学家会像初级管理培训生那样“全面”；他们通常都会注意到，科学家与一般人是“不同的”。然而，他们以如此高人一等的方式去做这件事，就像是在说，只要对科学家进行好的教化，科学家与一般人之间的不同也就不存在了。通常，每当人们在使用“杰出”这个词时，后面往往就会出现“但是”（例如，“我们赞赏杰出，但是……”），或者是诸如“无常”“古怪”“内向”“疯癫”等词语。这里我们可以再次引用斯蒂尔先生说过的一句话：“虽然产业界并未忽视这位才华横溢但反复无常的天才，但是，总的来说，它更喜欢自己的人能够拥有‘正常的’个性。就像一位研究主管解释的那样，‘这些人必然会和组织中的其他人相互接触，所以如果他们能够给其他人留下一个好印象，这对他们自身也是会有所帮助的’。”

如果一味地坚持“多面手”的标准，管理者就会犯下两个严重错误。首先，他们似乎认为杰出科学家是一个极其庞大的群体，以至于他们只需要去考虑其中那些全面发展的科学家。事实上，根本就不存在这种供过于求的情况；而且，退一万步说，即使存在这种情况，也不可能做出这样的划分。管理者对“杰出”和“全面”的要求相互矛盾。可以肯定的是，有些杰出科学家是合群的，而合群则是和谐管理极其注重的一个因素。一个杰出科学家可以享受在公司保龄球队打球的乐趣，同时仍然可以做出杰出和令人满意的工作。但是，这两者之间并不存在因果关系。如果公司让他放弃他想做的事情而去做他不想做的事情，他可能仍然喜欢在公司保龄球队打球，甚至可能会带领球队赢得冠军。然而，与此同时，他可能正在考虑如何确切地草拟他的辞职信。他喜欢的业余活动根本无法化解他的挫折感；尽管他天生和蔼可亲，但在实验室这一至关重要的地方，他很快就会流露出自己的不满。确实，他已经变得不适应（组织）了。

否则他将无法继续像以前那样在公司待下去。管理者试图让这位科学家去适应组织，而不是让组织去适应他。组织可以聘用庸才完成工作，同时还能保持团队和谐。但是，组织却无法通过聘用那些杰出人才来做到这一点；事实上，组织只有给他们留出足够的自由空间，才能使他们与团队保持和谐。虽然大多数企业也都意识到了这一点，然而，不幸的是，它们从中吸取的教训却是另一回事。一家知名公司最近放弃了一个聘请国内最杰出化学家的机会。他们很想要他的才华，但又担心他的到来会“扰乱我们的组织”。这家公司的一位科学家评论说：“他要来的话，肯定会扰乱我们这个组织。他是一个随心所欲的人。在一个重视基础研究的实验室里他不会扰乱组织，因为他们就是想让他随心所欲；但在我们这里则不可能让他那样去做。”

即使公司认识到它们必须在杰出人才与庸才之间做出选择，它们也会发现这是一个无比痛苦的抉择。几年前，我听说一家电子公司的管理层对他们刚刚做出的一个艰难决定进行了事后分析。这家公司一直不断有天才加入。三年前，一位才华横溢的年轻人加入他们的实验室。他的工作做得极为出色，公司也非常期待他在未来能取得更大的成就，给公司带来更好的收益。不过，虽说他是一个讨人喜欢的家伙，但他却喜欢沉溺于自己的想象世界，并开始对研究室主任对他的监督感到恼火。这位研究室主任自从进入公司以来就在为公司忠心耿耿地工作，但是，他是那种相当平庸的人。在这两个人之间，应该牺牲谁？最后，虽然极不情愿，但公司还是做出了决定：那位杰出的年轻人必须走人。虽然公司的管理层对这一决定并不满意，但是，他们辩称，公司的首要目标是保持团队思想和谐，如果他们提拔了那位杰出的年轻人，就会打乱整个公司的人际关系链。他们哀怨地问道：不这样他们又能怎么做呢？

在听过了一些业内人士的声明之后，人们可能会认为，公司正在尽一切可能避开那些会迫使其做出如此选择的优秀人才。下面摘录的索科尼真空石油公司政策小册子中的内容，可以说是一种典型的警告：

无地可容大师

除了某些研究任务，大公司里极少有专家是独立工作的。公司里几乎没有给大师留出表演的空间。研究任务如此复杂，即使在非技术方面也没有人能够掌握所有的知识；因此，想要完成自己手上的工作，也就必须能够与他人进行合作。

在为孟山都化学公司制作的一部纪录片中，这种思想表露得更加直白。这部片子是为了激励年轻人进入化学领域而制作的，片子一开始带有一些怀旧意味。你会看到一群年轻的男孩子站在小镇的火车站旁，看着火车疾驰而过，梦想着去远方探险。片子最终把我们带到了孟山都化学公司的实验室。我们看见三个穿着白大褂的年轻人正在互相交谈。画外音响起："这里没有天才，只有一群普普通通的美国人在一起工作。"

这句话可不是编剧的笔误。后来我恰好碰到一个机会，就询问了孟山都化学公司的一位高层管理者：为什么公司觉得有必要向全世界宣称，它的脑力劳动是由一群普通美国人来进行的？这位高层管理者解释说，公司对此早有考虑，它想阻止年轻人产生下面这种想法：工业化学只适合那些天才类型的人去从事。

当然，有人可能会辩称，既然最杰出的人才都留在了大学里，那么管理层对天才设置的障碍在最坏的情况下也是不必要的。然而，事实却并非如此分明；不管他们是否有天才，像孟山都化学公司这种大公司的研究工作都不是由普通美国人来做的，如果它们真敢这样去做，它们的股东们是会投诉的。正如通用电气和贝尔实验室这两个例子所证明的，在合适的情况下，许多杰出人士也会发现产业研究非常吸引人。因而，即便只是为了公司自身利益（更不用说社会利益）考虑，那种排斥杰出人才的管理政策也是非常值得怀疑的。

* * *

如果上述管理政策产生的唯一效果就是让最杰出的人才留在大学里，那么社会就不会是最终的输家。然而，这种筛选效应只是这种管理政策产生的后果之一。我们所有人（就像工业界一样）关心的是，管理层对它得到的人也有一种非常强大的塑造效应。他们也许并不都是天才，然而，他们中有许多人也都是很有能力的人，在合适的环境下，他们一样可以做出巨大的贡献。

管理层自己的抱怨也启示我们，他们不仅排斥人才，还会扼杀人才。私底下，许多强调团队合作的公司都会批评他们那些年轻博士对创造性工作不够感兴趣——或者，也可以换句话说，只是一群优秀的普通美国人在一起工作。一位研究负责人抱怨道："实际上，现在所有的博士都只想照令行事。他们对自己去思考问题怕得要死。"另一家公司的一位研究负责人表示，当公司决定让化学家们把他们 25% 的时间花在"自由"工作上时，让公司感到意外的是，几乎没有人接受这项提议。

但是，我们不应该对这一点感到奇怪。一个公司不可能把一群年轻人招进来，花上几年时间把他们培养成为一种人，然后又期望他们能够迅速按照新的指令变成另一种人。就是让他们去参加一些"头脑风暴"课程和那些宣称可以提升创造力的填鸭式课程，也无法轻易改变他们。

对任何人来说，其身上天生的能力都不可能长期处于休眠状态而不退化，这种情况在科学家身上表现得尤为突出。与其他领域的人相比，科学家在其职业生涯的早期就达到了巅峰。如果其所处环境使这位年轻科学家变得呆滞，他将很少有机会再去实现其早年的梦想。社会研究公司（SR）的伯利·加德纳（Burleigh Gardner）说："在工业实验室里，你会看到，少数一流人才受到的影响可以说是再明显不过。公司中那些最有能力的人通常都会跻身高层。但是，这一'高层'的高度，在很大程度上则取决于你让他们所处的环境。在我们研究的那些普通公司实验室里，多数人的意见所产生的力量，促使他们把其精力转到临界状态。我怀疑，他们中是否有人能够突破团队压力，取得重大发现。"

* * *

大公司所推行的研究政策，以一种反常的方式，对社会有一个小小的好处。如果公司的政策抑制了科学家的好奇心和创造力，那么它也就抑制了那些会扩大公司规模的好想法的流动，而这种缺乏最终则会被证明是对过度集中的一种威慑。

那些认为技术日益集中在大企业是一种不可逆转的趋势的人辩称，除非拥有只有大企业才能负担得起的大型实验室和设备，否则我们不可能再在技术上取得进步。然而，事实并非如此。就某些科学目的而言，终端精密设备（如对物理学家来说的回旋加速器，对海洋学家来说的船舶）确实是一种必要的工具。然而，这只是事情的一部分；从历史上来看，几乎每项重大进展都是由一个拥有极少设备（有时只需纸和笔）的人取得的，尽管这一点在基础研究中表现得更加明显，但在应用研究中情况也是如此。只需浏览一下过去30年来的商业发明清单，我们就会发现：少有例外，这些进步都不是出自公司实验室。例如，柯达公司的彩色胶卷是在伊斯曼公司的大型实验室得到完善，但它最初却是由两位音乐家在浴室里发明的。喷气式发动机是一个更加明显的例子。正如朗斯洛·怀特（Launcelot Whyte）指出的，德国、英国和美国最早开发出的五种涡轮喷气发动机，都不是在一家老牌飞机公司内部启动的。怀特说："通常都是那些相对孤立的局外人创作出了最伟大的小说。这一点虽说是老生常谈，但却经常被人忽视。”

因为自身规模较小，所以与那些大公司相比，小公司其实也有一种潜在的优势。它无法设立一个大型研究团队来开展研究，或者是设立一个关联委员会来制定计划，因为它负担不起；而且，它也没有一个具体的公司“家族”要去适应，因为它还没有赶上现代管理的步伐；其实我们也可以换句话说，它在对待那些杰出人才上，还没有采取那种会让科学家们为之焦躁不安的控制。不过，让人感到有些遗憾的是，很少有小公司能够抓住这个机会；而且，就在我撰写本章内容时，也没有任何迹象表明它们会抓住这个机会。但是，机会就摆在它们眼前。

17

科学家的官僚化

现在让我们从公司转向学界，因为在这里我们可以更清楚地看到问题的根源所在。如果连那些学术科学家都受到诱惑，那么我们就不能将其解释为“巴比特 v 知识分子”之争、商业主义的压力，或者是管理者对科学的误解。我们也不能将其归因于人才缺乏；也许在数量上确实有些不足，但是，每一次人力资源调查情况都表明，就质量而言，科学一直都在吸引我们那些年轻人中最优秀的一部分人。

然而，我们在公司研究中发现的每一种趋势，我们在学术研究中也都可以找到，并且其造成的后果甚至更为严重。在学术研究领域，同样倾向于应用研究而不是基础研究，同样倾向于大型团队项目，同样倾向于有计划和系统化的规划、委员会和项目。就像他在公司管理层方面的兄弟一样，这位科学家正在变成一位组织人。

“不治之症”就在组织本身，这一说法在一定程度上是正确的，但在某种程度上也是无用的。科学家的蜕变是否一定就是不可避免的呢？从企业家到行政管理角色的转变，是一种为了顺应时代需求而必须做出的回应，科学界也无法做到可以对其完全不予理会。但是，问题的核心并不在于官僚主义本身，而在于对它的接纳。除了艺术领域，在其他任何领域，这种行政价值观的提升都不会带来更多的危险；然而，在这方面，科学界甚至都没有采取任何行动。相反，基金会和大学里的人都在强化这种价值观，并通过强化这种价值观来进一步塑造科学家在组织中的形象。虽然这样做并非有意为之，但却也正是因为如此，才让事情变得更加糟糕。

* * *

应该侧重基础研究还是应用研究？众所周知，美国科学界缺乏那种深厚的基础研究传统，我们一直都在借用欧洲的想法，我们应该扭转这种做法，我们不能再依靠来自国外的科学家移民，我们迫切需要的是在我们国家创造出一种鼓励基础研究发现的氛围。然而，每一年，就像商界呼吁人文学科一样，美好的理想与当下的实践却是越来越远。在美国目前花在科学研究上的 40 亿美元经费中，有 38 亿美元都给了那些应用研究项目。

政府已经成为科学研究项目的主要资助方，因为美国有近一半研究经费都是以与政府机构（主要是原子能委员会和海军研究办公室）签署合同的形式发放。一些颇有见识的人在管理着这些机构，考虑到他们必须遵守（对那些研究项目）高度保密的重压，以及他们必须从国防角度证明那些研究项目的合理性，大多数科学家都认为他们已经做得很不错了。然而，他们能够做到的也只有这些了；在国会的监督下，在 1953 年、1954 年和 1955 年发放的 56 亿美元经费中，有 52 亿美元都给了那些应用研究项目，而不是那些基础研究项目。不过，情况还是略有好转：1955 年拨给那些基础研究项目的经费在总经费中所占的比例，从上一年的 6.6% 上升到 7.3%。

一方面，我们可以说，这一比例并不重要，因为现在政府拥有极为充裕的资金，完全可以拨出更多经费去支持那些基础研究工作。而在另一方面，这一比例又可以说是至关重要。政府资金并不仅仅是常规学术研究经费的一种补充，它同时也改变了学术研究的整个结构。大学把自己想象成是基础研究的避难所，然而，政府经费的吸引力是不可抗拒的。

随着大学与政府部门之间签下更多的研究合同，它们已经放弃了对研究方向的控制。整个研究项目由政府设定基调，由对研究项目负责的委员会划定主题，然后向大学移交研究项目并任命研究人员。大学为研究项目提供工作环境和必要的行政服务。虽然大部分研究仍然是由大学里的那些科学家负责去做，但是，他们越来越多效忠的都是“研究中心”，这是一个准学术机构，它从大学吸收热和光，从其他地方获取方向。

虽然证明这种做法之合理性的战时爱国主义现在已经不复存在，但是，这种增长却是像变形虫一样一直在以自身为食。大学里类似这样的研究中心越多，它就越有可能获得额外的研究合同，故其研究力量的集中程度也要比在企业中表现得更为明显。在 225 所接受研究合同的大学中，其中 5 所大学获得的资金相当于其余 220 所大学的总和。

政府研究主管自身也对大学在这方面的默许感到不安。前海军研究办公室主任皮诺（E. N. Piore）完全有资格就此事发表看法，他公开表示，大学应该更加关注其自身利益，并就接受政府和企业资助的条件进行讨价还价。他一语中的：“大学必须挺起它们的脊梁骨。”

* * *

应该侧重个人工作还是团队工作？向团队工作转变与对应用研究的重视密切相关，因为这类研究重视高度定向的合作努力。这也与二战时期流行的那些“项目”方法有关，一些观察家信心满满地认为，这种势头很快就会减弱。然而，不幸的是，实际情况却并非如此。虽然战争无疑是其中的一个因素，但是，它只是加剧了一种长期从事集体研究的趋势而已。

学术期刊提供了一个衡量这个问题的标准。查看 20 世纪前二十年内发行的那些期刊，我们很难从中找到一篇一人以上撰写的论文，或者至少是一人以上签名的论文。如今，这种情况早已荡然无存，而对群体作者增加这种方式的考察则表明，这并不是一种突然出现的战时现象，而是一种代际转变。

作为一个粗略的索引，我查阅了 1920—1922 年、1936—1938 年、

1953—1955 年这三个时间段内六种社会科学期刊上发表的所有论文。除了《美国经济评论》，在剩下五种期刊中，由两位作者撰写的论文数量明显增加，而由三人及三人以上团队撰写的论文数量更是有显著增长。当然，没有人能够确定一个“正确”的比例，但无论如何，这个比例都会因学科而异；例如，应用心理学家必定会比政治学家要做更多的团体工作。然而，团队作者增多这一基本趋势早已跨越了学科界限（这一趋势在 20 世纪 30 年代中期之后增长尤猛），在每个学科中，这一变化都已是蔚然成风。

下图展示了出自两个或更多作者之手论文数量的增加情况。

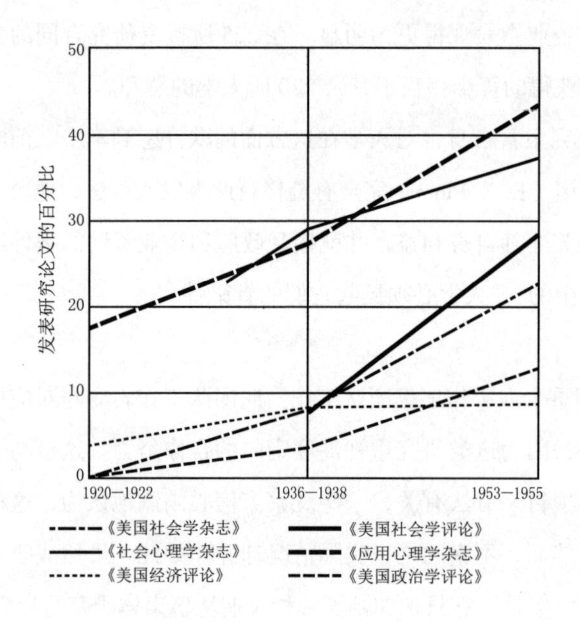

在物理科学领域，这一增长趋势表现得更为明显。美利坚大学的乔治·布什（George Bush）查阅了 1921 年、1936 年和 1951 年《科学》杂志上发表的那些技术文章。他发现，1921 年时，85% 的论文都是由一人所写，其他论文中没有一篇是由两个以上的人所写。到 1936 年时，只有 41% 的论文是由一人所写；46% 的论文出自两人之手。此时开始出现更多由多人撰写的论文：9% 的论文由三人撰写，3% 的论文由四人合著，1%

的论文由五人合写。到1951年，一人所写的论文所占的比例降至36%，两人合写的论文所占的比例降至38%，三人以上合写的论文所占的比例则升至26%。

一些人认为，这些曲线与其说代表的是团队工作在增加，不如说代表的是人们对集体合作的坦白程度在提高；这种观点认为，过去一个人霸占所有功劳的上级，现在更愿意把相应的功劳归于与自己共事的同事。不管这一情况是否属实，或者是像其他人所言现在的情况仍是上级对下级颐指气使，这一增长还是反映出大气候发生了显著变化。集体合作是一种时尚，如果说人们在这方面变得更加坦率，那也多半是为大气候所迫。

这一情况的出现并不代表适合集体工作的人就增加了。这种变化发生在研究环境中，所有人都能感受到它的影响。当然，不同的人对它的感受在程度上会有很大不同。那些杰出人才并不会向团体屈服，而那些平庸之辈则不管别人是否要求都会主动这样去做。介于这两个极端之间的就是大多数科学家，他们就像初级主管一样不得不去适应组织的方式，而他们的薪酬也与初级主管一样显得过高。那种有组织研究的主要特点是强调方法论、研究设计和委员会规划；虽然它本身并没有错，但是，由于它现在变得如此受人追捧，以至于它已经开始产生一定的破坏性。

* * *

就拿委员会的规划来说。越来越多的科学家都在借助委员会的规划来进行研究或监督研究，以及决定应该研究什么。这里我们举一个社会科学领域的例子。现在有一种习惯的做法，就是把一些来自不同学科的人们聚到一起，组成一个“跨学科”小组，召开一次为期两天或三天的会议，会议的最终成果就是出一份报告，里面会指出研究人员应该研究的问题和最可能有所发现的领域的优先次序。当然，科学家们并没有要去阻止开展其他研究的意思，但这些委员会所起的实际作用却正是在朝着这个方向发展。而也正是因为如此，那些有抱负的年轻人（科学家们也像其他人一样有抱负）从这些导向中得到了提示，而那些喜欢研究无人提出的问题的人，则需要有很强的毅力，才能在自己选择的研究方向上坚定不移地走下去。

在陈述将要主攻的问题时，基金资助人忽略了下面这样一个事实，即一流人才在智识上的投入往往早就有了自己的方向。偶尔，他的这种投入也会与基金会提出的研究项目相吻合；但是，更多时候，这一研究项目都会转移他真正的兴趣。最近，某个领域的20位顶尖人物齐聚一堂，聆听一家大型基金会的主席讲述基金会未来有意开展的一些研究计划。其中一位科学家回忆起，在当时那种场合下，基金会主席的发言在与会者中间引起的那种不安感。“大多数与会者我都认识，我知道其中有八个人即将开展一些非常重要的工作。但是，基金会主席却没有表露出对他们之前所做的研究有任何兴趣。他说，一切都要重新开始；他所有的计划都是一些新项目，都是一些新问题。我们知道他的出发点是好的，但却也不由自主地感到，他想要资助的那些研究，从长远来看，将会挤掉我们自己感兴趣的那些研究。”

在陈述问题时，委员会篡夺了科学家本应起到的基本作用。那么，它们又是如何知道它们所列出的问题就是应该首先研究的呢？在应用科学和基础科学方面，许多进步之所以能够取得成功，就是因为它们绕过了大多数人认为最紧迫的问题。当弗兰克·惠特尔第一次提出喷气式发动机的想法时，他的想法遭到科学官僚机构的冷落；它们是对新问题感兴趣，但它们感兴趣的新问题是更好的活塞、得到改进的螺旋桨等技术问题。正是因为他的想法很棒，所以才没能与当时那些资助者的想法相吻合；他的想法后来之所以会得到实现，只是因为像朗斯洛·怀特等几个人决定鼎力支持他。怀特说：“最多产的新思想是这样的，它会超越既定的专门方法，把一些新问题当成一个单独的任务……而从大型工业企业到小型研究团队的那些合作团体，则会不可避免地倾向于依赖那些已经被接受的共同点，也就是那些成熟的专门技术。”

＊＊＊

在这种活动中，委员会的“专业知识”反而成了一种障碍。由于委员会必须“产出”某种东西，所以委员会成员必然会有一种达成共识的强烈冲动。但是，如果这种东西是一幅关于一个未知国家的地图，那么除了那些最明显的问题，人们几乎不可能在任何问题上达成共识。从本质上来说，那些真正大胆和富有想象力的东西是会引起分裂的；而且，委员会管理的范围越大，人们也就越有可能被冒犯。

在这一关键时刻，一个人对同事所负的道德责任也会变成一种阻碍。一位委员会成员可能会倾向于支持某一个想法，但他却不愿为之而争。他为善意所约束。他觉得自己对委员会中的其他成员负有责任，毕竟他们就像他自己一样也只是想把工作做好。因此，他选择了妥协，而妥协的原因则并非只是出于胆怯，而同时也是出于尊重他人的意见这一真实想法。即使他在某些情况下难以赢得尊重，他的善意也会迫使他佯装故作。他需要考虑那些直接的社会因素和职业因素，以至于在他参加的任何会议上都要巧用话术，而他所说的话则往往与会上正在讨论的想法毫无关系。上次辩论谁赢了？这次争吵是否会一直持续到晚上？上两次我们投了某某教授的反对票，我们是不是对他太苛刻了？等到写完会议纪要，那种寻求共识的努力早已被抛在脑后，只留下一片淡淡的残迹。

在其他一些活动中，委员会的存在甚至更不可取；然而，由于使用委员会已经成了一种条件反射，以至于人们甚少去考虑利用个人的想法。如果你想对一个团队的表现进行坦率的评估，那么委员会将会是一种最没有效率的工具，更不用说那种由俱乐部成员组成的委员会。可以推测，参与（这些由委员会主导的研究项目）的好处抵消了那些抑制因素，现在自主研究小组已经成为一种固定形式。在最近对此进行的一次测试中，福特基金会向五所大学各提供 5 万美元，供它们在行为科学方面进行自主研究。一年来，各委员会、小组委员会和视察委员会互相联系，最后编制了五份大型文件。结果可以说是再常见不过：在大多数情况下，研究人员也注意到了那些真正棘手的问题，但却没有对它们进行深入探究；有一种强烈的暗示是，没有什么事情是错误的，没有什么事情是更多的财政支持所无法解决的。这25万美元资助得到的唯一一份有见地的分析是一份补充报告，而那份报告则是由一个人撰写的。

* * *

伴随团队项目和委员会规划而来的是“研究设计”这一障碍。项目成员不是以一种灵活的方式结合在一起，以利于科学家跟随自己的思路去进行探索，而是被一种非常详细的、预先设计好的研究总体规划捆绑在一起。在那些高度应用或紧急的研究项目中，比如制造雷达，这一纪律对让人们专注于手上事务很有价值，因为不拘在任何研究中，保持一定的连贯性和方向性都是必不可少的。但是，在这些研究项目中，科学家的注意力总是会过多地集中在一些外在事务上，而且在许多方面都是集中在了一些次要事务上。

然而，对学术研究领域的行政管理者来说，这些事务可不是次要事务。事实上，行政管理者的存在是必要的，而且有时他们还会是一些非常明智的人；但是，尽管如此，行政管理者所珍视的美德与研究发现的条件之间仍然存在对立。井然有序、方向明确、精准的报告、整洁，所有这些在行政管理和组织生活中显得如此重要的事情，正是那些会让人对其实很有价值的漫无目的、杂乱无章、程序之外、琐碎的好奇心产生戒心的事情。

作为一位科学家，那些行政管理者或委员会委员自身也深知自由研究的价值。但是，他现在也是一个监督者，而监督者最难做到的事情之一就是不去监督。在提供资金方面，委员们进行密切监督的机会极为有限；只有在研究项目的设计上，委员们才有回旋的余地。约翰霍普金斯大学的科特·里希特（Curt Richter）是一位参加过许多资助委员会的科学家，他这样写道：

我挑选出应用程序中的一个部分：实验设计，想要看看这个人计划如何制定他的项目。我们提出的问题越来越多。在意识到这一点之后，申请人会越来越详细地阐述他们的设计。恶性循环由此形成。在二战前申请资助时，申请人在实验设计一栏只需写上几行字，或者最多写上一两段话也就足够了；现在，它已经扩展到 6 ～ 8 页打印纸的厚度。即便如此，委员会成员也可能会继续询问更多的细节。在这种情况下，推诿已经变成一种家常便饭。项目从一个委员会传送到另一个委员会（据我所知，有一次先后传递了六个委员会），这在很大程度上是因为，在整个过程中，没有人相信他有足够的信息来做出一个明确的决定。

在某种程度上，研究设计是科学家转为管理者这一过程中的重要一环。他想做一些很有建设性的事情。许多人都对自己必须扮演资金中间人这一被动角色感到不自在；为了充分履行自身职责，他们觉得应该积极发挥自身作用。例如，他们应该发起新的调研，列出应该调研的问题，主动走出去（而不是坐等人来）找到那些对所列问题感兴趣的人，然后让那些人一起开始从事具体项目的研究。

然而，这种预先监督有几个不幸的后果。首先，它进一步贬低了个人的作用。显然，在讨论这些研究设计时，谈论的重点不是人，而是人的类别；其中心思想不是把几位杰出人才聚在一起，而是把一个人类学家、一个经济学家、一个心理学家聚在一起，好像我们之所以没能有所发现，就是因为没有提前设定一个目标和一个组织进度表去实施它。

其次，这种规划使得年轻人对研究的外部因素而非研究内容产生了一种极大的兴趣。尤其是在社会科学领域，方法论正在成为获得声望的一个重要途径，而那些最有可能取得研究成果的人则正在逐渐远离他们本该研究的人。甚至还有一些人认为，一流社会科学家必须走出去和人们进行交谈的做法是错误的。现如今，很多机构都在愈来愈多地这样行事，以便社会科学家不会偏离去“分析”人群。当年轻人谈到那些“复杂”的设计时，他们往往就是对此意有所指。

由于目前存在的这种压力，即在研究设计时就要将最终的研究成果加以合理化，所以科学的真正本质，对那些终有一天会追随它的人来说也就变得模糊了。正如年轻科学家沃尔特·罗伯茨（Walter Roberts）所说：“在实验室里进行的科学研究，与报道出来的科学研究之间存在一种巨大的差异。真正的科学研究是杂乱无章的，它取决于一个人的预感、怒气和灵感，所以研究本身会以一种非常个人化的方式进行。三四十年前，相关新闻是这样写的。在报道一项重大发现时，科学家会说：‘我在研究这样或那样的化学反应时，不小心滴进去了一些硫酸。当我检查它时，我惊讶地发现，一件奇怪的事情发生了……’然而，今天已经没有人会再去这样写了。”

哈佛大学的杰拉尔德·霍尔顿（Gerald Holton）以19世纪道尔顿提出的原子理论为例写道：“现在众所周知，这项研究使道尔顿得出了化学原子、原子量等具有划时代意义的概念……然而，值得注意的是，他在上面给出的每一个步骤，在事实上或逻辑上都是错误的。”今天的情况又是什么样呢？霍尔顿继续写道：“掩盖从个人的私下经历到公开研究结果之间的过渡情况，让人们在回看研究结果时感觉它们就像是有条不紊地从一些明确的基本原则中得出来的，已经成为游戏的一部分……几个月历经曲折却一无所获的种种努力，都隐藏在了一些看上去显得无比优雅的段落后面，呈现出的研究进展顺序与实际发生的研究进展顺序正好相反，从而让学生们和历史学家们都为之困惑不已。”[1]

因此，组织的神秘性在科学领域也开始得到发展。不过，到目前为

[1] “On the Duality and Growth of Physical Science”, *American Scientist*, January 1953.

止，并没有人积极地去推进它，而且也没有一个明确的思想流派提倡减少个体研究者的存在。然而，如果没有一种相关的意识形态来维持现状，那么现状是不可能长久存在下去的。不管在任何领域我们都想让自己确信事情就是如此，因为那就是它们应有的方式，在这一点上科学领域自然也不例外。近来就有一些迹象表明，许多人一直在寻找一种理由，想要公开证明个体研究者减少这一现象的出现是正当的。

在近来关于这方面的一系列努力中（大家可以查看 1953 年出版的一本文章合集《研究中的团队合作》)，我们看到，几位怀有良好意愿的人已经在这项不可能完成的任务上有所突破。其基本前提与我们在公司中听到的那些基本前提非常相似：团队优于个人，个人可以通过压制自我去做出贡献，等等。目前，除了其他观点，还有人提出了一种“自燃”理论。这一理论并未质疑“团队比个人更有创造力”这一点，它质疑的是团队的规模应该有多大。（团队成员少于四个人无法“自燃”，超过十个人则会阻止“自燃”。）

然而，在大多数类似这样的努力中，都能感受到一种未曾言明的压力：他们经常详述科学家的那种挫败感，但却没有谈及管理人员的那种挫败感。福特基金会顾问霍华德·托利（Howard Tolley）在一篇文章中谈到了“个人主义”和“研究团队”。他先恭维了几句个人主义者可以给团队带来的价值，然后就谈起重点所在。他警告说：“即使研究团队已经成立了一段时间，个人主义也可能会突然出现，破坏双方的共同努力。团队中的一个或另一个成员可能会感到疲劳和沮丧。他会以各种方式流露出这一点。他不愿意露面。他也没有过来找你或和你讨论问题。他的内心在往后退缩。他只是静静地坐在那里，一言不发地看着窗外。”

面对此情此景，哪个管理者不会感到沮丧？这个人不愿过来和你说话。他也不想听人劝告。他就那样一个人坐在那里，望着窗外——那是一个你永远都无法进入的小世界。这会挑战一个人掌握的所有人际交往技巧，因为如果管理者无法进入这个人的个人世界，他就应该想法让其走出那个世界。托利建议，团队领导者应该这样去做，“与这位个人主义者聊天，邀请他共进午餐，通过了解问题的根源来探知真相”。然后，随着时间的推移，他先前那种行为出现的次数就会减少。托利说，他的目标是“逐渐改变或重塑个人主义者，使他在保持一定的个人主义的同时，能够越来越多地靠近群体方法、群体思维和团队思维”。

如此公开地提出这一非同寻常的要求未免会让人感到震惊。然而，在其他地方，管理者与人才之间的斗争仍在继续。只不过其他管理者没有这么大胆，他们会用一些更加委婉的措辞提出他们的请求，但其话语中传递出的基本信息却是相同的。不管那些人是否愿意，他们都会尽力让那些人变得合群。

* * *

在反对个人研究的理由中还有一个意识形态问题。我们可以恰当地将其称为最后一个问题。现在有人提出一个问题：我们真的还有什么需要发现的吗？当我第一次听到那些接受培训的年轻人冷静地宣称，所有的基本进展都已经完成，现在轮到技术人员出场了，我认为他们的提议很是荒唐可笑。然而，可笑的并不仅仅是他们。最近，一些受人尊敬的科学家也在说着同样的事情，尽管他们使用的是一些更加复杂的术语。他们并没有直说：我们已经没有什么可发现的；他们说的是：我们现在已经到了知道还有什么要发现的地步。科学期刊的投稿人会定期试着去确定这些潜在的发现将会出现在哪里。[2]

一位科学思想的观察者这样总结这种可以算得上是比较乐观的观点：

---

[2] 物理学家乔治·伽莫夫（George Gamow）在《今日物理学》（1949 年 1 月 1 日，第 2 卷）上发表的文章中写道：“在我看来，我们的科学确实显示出一种趋同的迹象。从我们的分析中我们看到，在微观现象领域，只剩下一个领域有待探索，那就是，基本长度理论与基本粒子问题之间的关系。”

“毫无疑问，仍然有许多新的方法可以与那些旧的发现结合起来。但是，这是一种发明，它与发现自然‘定律’意义上的科学形成了一种对比。我认为，这些定律可以与绘制地球的地理图相比较。我发现，很难想象这些定律在数量上是无穷无尽的，或者可以得到无穷无尽的完善。这并不是说我们已经发现了所有的定律。**但是，至少我们可以满怀信心地列出我们所不知道的事情。**例如，最新一期的《科学美国人》上就将以下问题列入科学中的主要问题：什么是物质？什么将原子核结合在一起？宇宙射线从何而来？为什么星系是螺旋状的？这是一个充满偶然的宇宙，还是一个充满定律的宇宙？蛋白质是怎样形成的（也即生命是什么）？记忆是什么？以及其他一些问题。”不过，许多人都认为这些问题可多可少。

此外也有一些争论认为，无论如何，发现都是不可避免的。一位乐观主义者认为：“不同的人独立地得出同一个发现，驳斥了那些门外汉所津津乐道的‘伟人’概念。”重大发现主要靠的是运气。虽然像下面这种说法可能会显得有些不敬，但是，即使没有爱因斯坦，相对论也依然会被人发现。

这种对科学史所做的技术性解读，最终得出的结论带有一种深刻的反个人主义色彩。因为，如果那些根本发现不可避免地会被人找到，或者我们已经几乎穷尽了所有的机会，那么鼓励做出这种发现的条件的理由也就越来越少了。那些接受培训的年轻人是对的，我们应该优先考虑把我们已有的团队工作加以组合和重组。

怀特海在与他的朋友卢西恩·普莱斯（Lucien Price）交谈时回忆起，19 世纪 80 年代，在剑桥，人们认为，几乎所有的物理学知识都已经被发现了；而且，像其他人一样，他也认为这是一门已经近乎封闭的学科。“到了 19 世纪 90 年代中期，”他说，“物理学领域开始出现一丝轻微的颤动：似乎所有的一切都是不确定的，不过，当时并没有人预感到接下来将会发生什么。到了 1900 年，牛顿物理学被推翻。一切都完了！但就我个人而言，它对我产生了一种深远的影响：我已经被愚弄过一次，如果我再被愚弄一次，我会被诅咒的。”

就一个外行人而言，他可以这么说：“我们能够自信地衡量将我们与全部真相分开的问题”“我们说我们知道未知的东西”，这种说法从逻辑上来讲是不可思议的。他还可以这么说：我们以前就曾听说过这一切；一个又一个时代的技术人员都在向人们保证，人类的知识即将臻于完美，然而，结果却表明他们总是错的。谢天谢地，他们一直都是错的！否则，后果将会变得极其可怕，让人难以接受；因为那样一来，我们所能拥有的也就只有一些有限的知识，所有的神秘和挑战都将消失不见，想想看，那样一个世界将会是一个多么无聊的世界！

18

基金会与投放论

官僚化这一趋势其实也是可以扭转的。对那些想要逃离组织的束缚、提出自己感兴趣的问题并追问它们到底是怎么回事的人来说，基金会是他们最后的希望。单单是作为我们社会中的一种大型机构，它们就不必屈服于那种即时性的压力，或者说资产负债表的苛求。它们有充裕的资金去鼓励个体研究；而且，在某种意义上，可以说它们还享有一定的特权。它们给自己分配的工作不是去维持现状，而是去做那些别人做不到或者是因其太过盲目而未能去做的事情。

那么，基金会又是如何应对这一挑战的呢？事实上，它们非但没有反对研究领域存在的官僚化趋势，反而还在进一步强化它。

它们对社会科学领域研究项目的资助，是衡量它们在这方面表现的最好标准。当然，它们对其他学术领域的研究项目也很有兴趣，例如，洛克菲勒基金会在生物科学方面就有一种悠久的而且可以说是非常开明的资助传统。但是，社会科学领域是美国三大基金会共同资助的主要领域，它们已经成为支持这一领域研究的重要资金来源。虽然它们提供的资金仅占社会科学领域资助总额的一少部分，但是，相比之下，其他大多数资金来源都有附加条件，而它们则没有任何附加条件。在美国政府提供的 3 800 万美元资助中，除了 200 万美元，其余 3600 万美元资助的全都是那些大型团队项目。可以说，商界榨取了基础研究成果，因为它最终使用了学术研究人员开发的技术，但却没有表现出有任何资助学术研究的意向；而且除了少数例外，大学在支付过相关人员的工资和行政开支后，手上资金几乎所剩无几。随着它们接受那种合同性研究的“受限”资金逐步增加，它们拥有的“自由”资金也在逐步下降。如果社会科学家想要离开团队（也就是说，如果他想要满足自己的好奇心而不是别人的好奇心），那么他就必须转投基金会。

以下是基金会分配资金的方式。在它们每年（1953 年至 1954 年）平均向社会科学领域提供的 1 150 万美元资助中，只有 280 万美元用于个人研究项目或奖学金，剩下 870 万美元（占总资助的 76%）都用于大型团队项目和机构。

* * *

这种情况有一个反常之处在于，你无法从基金会的人那里得到关于个人研究主题的论证。原则上，基金会也会为个体研究者提供资助；而且，它还无比真诚地强调，重要的是人，而不是那些固定的程序。

然而，在现实生活中，基金会中那些负责发放资助的人也是组织人。他们解释说，多给个体研究者提供资助有不小的难度。福特基金会辩称，它只能为那些大型团体项目提供资助；虽然它也可以多给个人研究项目一些资助，但是，它不太可能对个人研究项目抱有太大的热情。因为这样做会分散基金会的注意力，所以并不足取；“解决问题”的行动方式是基金会偏爱的一种基本策略，因为这样做会格外突出那些精心指导、管理有序、协调良好的研究项目的优点。基金会的官员在这一点上出言相当坦率。“我们要恭请各位原谅，”基金会主席小罗恩·盖瑟（Rowan Gaither, Jr.）对我谈及这种差异，“我们确实想要尽可能地照顾到那些个人研究者，但在像我们这样的大型基金会中却是很难做到这一点。在没有约 1 000 名员工的情况下，很难为个人研究项目提供资助，所以我们更乐意看到有其他机构愿意替我们去提供这项服务。”

换句话说，资助个人研究项目成本太高。尽管这三大基金会中的其他两家（卡内基基金会和洛克菲勒基金会）在个人研究项目上的资助更多，但是，它们的官员也持有大致相同的观点。他们认为，向个人资助 5 000 美元的工作量，与向一所大学资助 50 万美元的工作量是一样的。他们进而指出，50 万美元的资助可能是支持个人研究的最佳方式；但是，与其向个人研究提供“零售”资助，不如向优秀团队一次性提供一大笔资金，再由他们自己自行分摊下去，这样做效率会更高。正是基于这种对效率的考虑，卡内基基金会在二战后放弃了个人助学金计划。卡内基基金会的官员坚持认为，问题不在于个人是否应该得到资助，而在于应该由谁来进行挑选。

这无疑是一个糟糕的理由。如果那些大型基金会都没有足够的员工去处理相关事务，还有谁能呢？肯定不会是那些小型基金会；在那些小型基金会中，除了古根海姆基金会这一个例外，它们在对个人研究项目的资助上并不慷慨。[1] 正如它们会指出的那样：向个人提供 5 000 美元资助和向一所大学提供 50 万美元资助一样需要大量的工作，所以申请人更应该去找那些大型基金会……

大型基金会说，增加对个人研究项目资助的数量，成本太高，但是，这一成本真有这么高吗？事实上，与其减少对个人资助的数量，还不如减少工作人员的工作量。此事已经有人做到了，而且还做得相当成功。亨利·莫伊（Henry Moe）是一位睿智的老先生，他管理着古根海姆基金会，

---

[1] 除了这三大基金会，还有 70 家基金会表示对支持社会科学研究项目感兴趣。在一份调查问卷中，它们被问及（1）资助了多少钱，（2）其中有多少用于个人研究项目。在 47 家接受调查者中，有 21 家确实资助了社会科学研究领域的项目（1954 年的社会科学研究资助总额是 250 万美元）；然而，只有 11 家给了个人研究项目资助。1954 年的个人研究项目资助总额为 48 万美元。

基金会每年都会向 200 ～ 250 名个人研究者资助 100 万美元。他倚重各种顾问并免费获取他们的建议，然而，他所拥有的工作人员只有他自己、两名助理和九名办事员，以及他自身那种凡事追求卓越的热情。

假如增加个人研究项目资助数量确实会增加工作人员的工作量，那又该怎么办呢？别忘了，这就是基金会应该做的——做别人做不到的事情。对内部管理的考虑是很重要，但却并不是最终目的所在。从行政上来讲，基金会只有在其所选择的团体切实地在资助个人研究项目时，才能为自己的做法找到很好的理由。然而，事情真是这样吗？当基金会专门指定某些资助用于个人研究项目时，比如在拨给社会科学研究理事会（SSRC）的研究经费中，相关机构确实会将其用于个人独立的研究工作。然而，如果没有事先指明这笔资助的用途，那么这些资金就会流向那些团体研究项目。当然，最终还是个人做了这项研究工作，但是，这项研究工作却往往是一个委员会、一个部门或一个中心认为应当做的事情。尽管这项研究工作可能也值得去做，但它却并不是我们正在讨论的那种独立的、非指令性的研究工作。

主张给予个人研究项目更多资助，并不是反对其他类型的资助。正如基金会指出的，一些大型机构捐款也可以起到支持个人研究的作用。这些基金会为创建“学者社区”做出了巨大的贡献：例如，洛克菲勒基金会成立了美国国家经济研究局（NBER），卡内基基金会创立了哈佛大学的俄罗斯研究中心，福特基金会创立了行为科学高级研究中心。在这样的学者社区中，所做的研究工作恰如学者们所愿，基金会也一直小心翼翼地不去干涉学者们的研究。

然而，实际情况却是依然如故，支持个人独立去做其想做事情的资助，只占资助总额中的极小部分。而且，这一资助真的很少，以至于增加个人研究项目资助，完全不会危及对其他类型研究项目的资助。如果在个人研究项目上的资助比例能够占到资助总额的 15%，很可能就会对学界产生一些显著的影响。

这种转变并不需要巨额资金的一个原因是，对研究人员来说，获得资助的机会与获得资助一样重要。即使仅有一种适度的向上增加，也不只会刺激那些特定人群，还会刺激相关领域的所有人。例如，1952 年，福特基金会向 54 位学者分别提供了 5 500 美元，准许他们按照适合他们自己的方式去加以使用。福特基金会的这一做法，除了对那些得到资助的学者产生了积极的影响，还极大地鼓舞了世界各地社会科学家的士气，提升了他们自己也可以得到资助的希望，甚至那些没有得到资助的人也像受助人一样热情地盛赞这种做法。（福特基金会最近推出了另一个类似项目，这次是 100 笔资助，每笔 4 250 美元。）

这样的资助鼓励学者认为，他或许也能争取到这样的资助去跟进一个被长期搁置的想法。虽然有些人可能不会这样去想，但是，只要了解到自己有可能得到资助，就会对一个人的工作产生深远影响——这一点对合作研究中的人员来说就像对独立研究者来说一样，因为他们也有自己的梦想。让一个人觉得他可以得到一种意想不到的支持，当意外真的降临时，他会更加欢迎它——而不是因为没有时间去追求自己的梦想而拒绝它，然后叹息机会白白流逝。

* * *

由此也就引出了一个最重要的论点。基金会辩称，愿意并且能够独立工作的人很少，所有值得资助的人都已经得到了资助。姑且假定基金会所说的情况在当前是正确的，可这难道不是一个问题吗？我们国家现在有 1.62 亿人口，其中有天赋的人才有很多。如果这些人才处在一种不鼓励他们发挥其天赋中思辨和独立一面的环境中成长，那么帮助塑造这种氛围的基金会还能以中立者自居吗？

基金会自身的做法正在造成它们指责的愿意且能独立工作者的缺失。与基金会资助的实际模式同样重要的是，学界对基金会如何资助的看法。显然，大多数社会科学家都认为，他们获得基金会资助的最佳途径是：

（1）申报一个大项目，（2）申报一个为基金会利益量身定制的项目。基金会可以抱怨说这是对它持有的一种不合理的刻板印象。然而，不管这里面是否有对它的刻板印象，它都有办法捏造自己眼中的现实。

当下争论的焦点并不是那些孤独的天才正在“挨饿”（在他们个人感兴趣的研究项目上申请不到资助）。虽然这并不是一件不重要的事情，但是，是否存在“缄默的弥尔顿”这个问题太过复杂，我们在此不做探讨。我说的是整个大环境，即基金会的资助对那些中流之辈的影响，因为90%的人都既不是孤独的天才，也不是坚定的团队“操作员”。应该强调他工作中的哪一个方面？他会选择他感兴趣的许多问题中的哪一个？他认为，基金会想要的东西，要比他所感兴趣的东西更有影响力。

社会科学家通过小道消息听说，某些人如何通过一种方法获得一大笔资助，而另一些人采用相反的方法则没有得到资助。他还听说，撰写申请书的方式非常重要。一位社会科学家说：“我见过我的一些同事在编写和重写项目申请书时那种挥汗如雨的情形。我认识的一个人已经为写一份申请书花了一年时间。他每重写一遍，就离他原来的想法越远一些。我觉得可能连他自己都没有意识到，他已经深深地陷入了对项目的推销中。”

一种标准的说法是，你可以为任何类型的研究项目拿到资金，除了你心中最想做的那个研究项目。基于这一原因，有些人根本就不会去申请资助。一位社会学家说：“现在我有一个值得做的中等规模的项目。但我并不打算去为这个项目申请研究资助。我想把自己的时间花在广泛的探索上，而我要是提出这个申请，我就得去做一些行政事务。我不得不花一年时间来提出具体的项目设计以取悦基金会的人，而那些人对这个主题的了解程度可以说是知之甚少。然后，当我们进入事实调查部分时，我也就无暇多去思考了。”另一位社会学家认为上面这位社会学家所说的情况并不是在开玩笑，他认为应该有一种特别的资助者。他建议：“我们需要5%的学术组织者。也就是说，如果研究项目获得了基金会的资助，它们愿意把资助总额的 5% 用在研究项目的组织工作上。”

在这方面还有一种更常见的倾向，不是将一个想法推迟到以后再说，而是将其膨胀成一个大项目。如果说这是一种学者自暴自弃的形象，那么他最终还是选择了屈从。他一开始可能只是有一个想法，想要离开大学一段时间，有人报销差旅费，以及有几个研究生当助手。但是，他对要不要申请资助有些犹豫不决，因为他曾多次在教师俱乐部里听说，基金会不愿意进行这种个人研究项目资助。于是，他就开始想办法，把他的基本想法变成一个更大的团队项目的一部分。他将建议成立一个咨询委员会、一个收集数据团队、一个分析数据团队。一步一步地，这个项目不断发展壮大；一步一步地，他也远离了曾经推动着他的初衷——事实上，在这种情况下，他为什么还会继续寻求资助已经成了一个谜。到了这个时候，任何个人利益或逻辑上的必要性都已不复存在。他之所以会去追求基金会的资助，就像登山者在谈到珠穆朗玛峰时所说，因为它就在那里。

然而，如果他真的得到了基金会的资助，那么他的境况将会变得比没有得到资助更加糟糕。他让自己承担了一份行政工作——这将是一份比商人面临的更为艰巨的行政工作，因为科学家特别容易受到团队工作里那些冲突的影响。商人是这方面的行家，科学家则不是。而且，他还有级别和地位的问题需要考虑：谁将首先发布这个项目？在哪里发布？谁将成为这个部门的下一任主席，这将对他的职业声誉有什么样的影响？然而，在解决这些问题的过程中，科学家并不具备行政主管的那种超然态度；与后者相比，他更看重一个人的信仰，他无法做到将政策上的分歧与个人感情分开太久。

这位由科学家转成的行政管理者还会发现，有一种潜在的可能，即这个项目本身将会成为这一研究的目的所在。几年前，我认识的一位社会科学家进行了一项大跨度的研究，当时他乐观地认为，这是他进行自己感兴趣的研究的最好方法。现在，他则变得聪明多了。他说：“那时候我们从收集数据开始，现在回想起来，我也不太清楚为什么会那么做，当时我只是觉得这是一种最好的入手方式。然而，我们收集的数据越多，我们想要收集的数据也就越多。没过多久，我们就雇下了这个地区的所有研究生。接下来必须有更多的办公空间，以及更多的文书工作。等到我们用完最初的资助，我原本想做的事情还几乎什么都没做。可是，事情一直都在向前推进，没有人能让它停下来。”这位社会科学家讲述的这种经历非常典型。许多项目都会走到这一步：它们之所以存在，其主要原因就是要进行更多的研究，以证明为更多的研究提供资助是合理的；如果研究人员承认项目失败，这很容易让人认为他此前请求资助的理由未免有些过于夸大。

如果人们知道这种夸大的项目通常会有多么糟糕，可能也就不会有这么多这样的项目了。然而，无论项目进展情况有多么糟糕，研究人员都可以提出各种各样的次要理由；可以理解，研究人员并不想告诉基金会他们一直在浪费它们的资助，所以即使项目没有取得任何成果，他们也有借口说这个项目让年轻人得到了一种很好的锻炼。当然，基金会的官员们一点也不傻，他们可能已经意识到一个夸大的项目不会取得什么重要成果，但是，他们却不太可能意识到这种项目产生的负面效应要大得多。在这种情况下，人们还能做些什么呢？浪费众多一流人才最有成效的最佳岁月才是真正的祸根所在，它不仅影响了该领域的大人物，也同样影响了一代新人。

学界中人往往认为，那些最知名的人物只要愿意就能得到资助。然而，这一点却并不是真的。一方面，这样的人经常会被要求去领导或参与一个或多个大型项目，这是可以理解的，因为他们不可能永远都不参与这些大型项目。一位著名社会学家回忆起，他是如何一步一步地陷入困境的。“有一天，我们一群人和一位来访的基金会官员谈论起我们的工作。我们提到了我们时常想起的一个项目。这位官员非常热心，他问道：‘你们说的那个项目要花多少钱？’我们随口说道，15 万美元。你知道吗，没过两周他就给我们发来一封电报，想知道我们是否愿意继续开展这个项目。我们接受了他所在基金会对这个研究项目的资助，真该死，从那以后，我们一直都在诅咒自己。我并不是说这个研究项目做得不好，我们干得非常好。但是，我们大多数人都觉得，我们已经原地不前有好几年了。”

即使这些知名人物想自己做一些小型独立研究，他们往往也没有其同事想象的那么容易获得资助。一些被认为是伟大“操盘手”的人（他们可以为任何一个研究主题筹到数十万美元的研究资助）私下里说，他们从未能做的一件事情，就是筹钱去做自己最想做的事情。

他们抱怨说，钱，钱，到处都是钱，但在自己想做的事情上却没有一分钱。

他们倾向于向那些最具影响力的基金会提出申请，然而，结果对他们来说可谓是喜忧参半。事实上，他们也被困住了。“有一个奇怪的顾问团总是在绕着各种基金会转，”当今美国社会科学研究领域最具影响力的人物之一说道，“就拿XX基金会的负责人来说，我曾亲自和他交谈过。如果有人能说服我他们的项目不错，我就会很好地帮助他们渡过难关。可是，在另一个基金会，我甚至都不知道该给谁打电话。所以事情也就成了这样：你自己属于一个小团体，而你根本无法介入另一个小团体，但是因为你有朋友，所以你还可以间接接触到第三个小团体。我认为，这是无法避免的；他们必须要有顾问。但是，如果你有机会，你就能看到我们是如何运作的！属于这些小团体之一不但会浪费你的时间，而且你也无法从中得到什么实质性的回报。你必须参加一些最愚蠢的会议……出于自身利益考虑，你属于哪个小团体非常重要。但这并不意味着你就可以去做自己的个人项目。要求对自己的工作给予特殊考虑，是一种非常糟糕的想法。”

* * *

如果身在主流领域的人都很难获得个体研究项目的资助，那么那些不合群的特立独行者又会遇到什么情况呢？基金会的人偶尔也会对这些人感到好奇——当弗雷德里克·凯佩尔（Frederick Keppel）还是卡内基基金会的负责人时，他曾建议一些好心的资助者可以成立一个基金会来调查此事。

不过，目前还不曾看到有人去做这件事；而且，基金会也不认为这个问题值得进一步研究。他们问道：那些没有得到资助的“独行者”，或者像一些人所说的“所谓的独行者”在哪里？关于这些人，他们一个都不认识。

不索何获？为了看看基金会的那种自鸣得意有多么合理，我从几位顶尖社会学家那里得到了一份提名名单；虽然名单上列出的这些人研究的并不是那种当前流行的问题，但是，他们这些人却被公认为是一流的人才。我给这 13 个人一一去信，询问他们在与基金会打交道时的详细经历。结果我发现，这 13 个人中有 7 个人曾向三大基金会之一申请过资助，除了一个人，其他六个人都被拒绝了。另外六个人则根本就没有向基金会提出申请，在这六个人中，除了一个人，其他人都觉得他们不会得到基金会里那些人认真的考虑。

同样，是否对基金会抱有期望也是一个重要的考虑因素。无论在任何情况下，关于资助是否合理有序，人们都会存在意见分歧；但可以肯定的是，有些人对基金会抱有一种非常负面的印象，以至于他们根本就不会去向基金会提出申请。对基金会来说，单纯地把这些人视为心怀不满、把这些人的看法视为持有成见，是不行的。因为这种形象是自我确认的，所以基金会至少是在与申请人的沟通上存在一些严重问题。基金会的主要公众受体是学界，所以如果学界成员因为相信基金会对不符合当前流行趋势的任何事物怀有敌意而认为自己在申请资助上会受到限制，基金会就应该在这方面采取一些行动。给予个人研究项目更多资助并公布相关事实，会对解决这个问题有所帮助。但是，基金会首先必须意识到，它们的那种形象确实存在，并确实会影响人们对它们的看法。

虽然人们眼中关于基金会的那种形象在某种程度上是不合理的，但是，这与问题的重点无关。正如我在其他地方指出的那样，对“连锁董事会”的频繁指责确实没有击中要害。显然，必然会存在一些具有影响力的顾问圈子，而且，这些人中的大多数在学界都有很大的影响力和权力。似乎有错的并不是这一事实，而是基金会不愿时常提醒自己看到这一事实。是的，它们在资助上必须有一个主导方向；然而，基于同样的原因，它们也必须不断地敦促自己，不要怠慢那些想要沿着更少有人走的道路前行的人。

基金会说，个人研究项目资助只能是它们工作的一部分。它们的这一说法是对的。基金会说，个人研究项目资助不是一种需要很大勇气的工作。同样，它们的这一说法也是对的。但是，这却只会使下面这一现象变得更加严重，即它们在个人研究项目资助上出力甚少。如果它们无法在一个几乎不需要勇气和金钱的领域去对抗那些盛行的正统观念，那么它们又能在哪里做到这一点呢？人们对它们提出的最严重的指责，并不是它们没有提供足够的资金去支持个人研究，而是它们根本就不承认这个问题确实存在。

* * *

在这三章中，我忽略了管理者的角色、科学家彼此之间进行合作的必要性，以及应用研究的价值。我之所以这样做，是因为它们已经得到了人们广泛的赞扬，以至于再去进一步强调它们实属多余。这就是我的中心观点：基金会、大学和政府并未积极合谋改变这种环境，而仅仅是在顺应潮流，它们创造出了一种增长，而这一增长则很可能会扼杀它们所寻求的那种进步。

它会继续自食其身。金杰雷利（A. Gengerelli）是加州大学洛杉矶分校心理学系主任，他说得很清楚：“在我们的社会中，有一股力量在有选择性地鼓励和奖励那些科学黑客。人们熙熙攘攘，来去匆匆地往返于各种科学会议之间，一个 100 美元的创意就能获得一笔 5 万美元的巨额资助。我的意思是，我们国家的科学、技术和金融机构就是这样的：它们鼓励大量平庸之辈进入科学领域，并诱使那些具有创造力和想象力的人才，对科学事业的本质产生了一种错误的看法。”

在这两种危险中，“重塑效应”最为重要。几年前，当一大群科学家开会讨论未来的基础科学时，他们得出了一个共识：当代的科学社会组织一直在培养高素质的科学家，然而，那些经过培训的科学家却只能在群体中高效工作，而不适应去进行个人研究。没有人能够做到完全不受这种力量的影响。引用那种孤独的天才或疯子为例来讨论这个问题，就是在混淆这个问题。我们不能有两套标准，一套适用于那些合群的多数人，另一套则适用于那些内向的少数人。我们必须关心的是所有科学家共同所处的那种环境，因为能够激发普通科学家创造力的环境，也是天才可以尽情施展其自身才能的同一环境。

过去，我们还可以推迟创造这样的环境；现在，我们已经无法再这样继续下去了。由于技术人员太多、创新者太少，我们一直都在沾沾自喜地借用欧洲的思想来加以应用。然而，我们现在已经没有了那些可以沾沾自喜的理由。虽然欧洲科学家仍然在比美国科学家做更多纸上谈兵的工作，但是，正如我们的那些爱国者指出的那样，这在一定程度上是因为欧洲人没有足够的资金或设施去做很多事情；而且，随着社会上各种资助的影响力变得越来越大，他就可以摆脱坐而论道。然而，这只不过是一种不起什么作用的精神安慰。欧洲那种重视基础工作的传统并没有被打破，但是，它正在承受一些严重的压力。《经济学人》杂志上最近刊发的一篇文章中问道：为什么欧洲科学家应该集中精力去研究那些美国会用得上的想法？它并不建议削减那些在基础科学上的投入，但它确实认为，为了欧洲自身利益考虑，欧洲应该在技术和应用方面投入更多的努力。让美国人自己去想出他们自己的想法吧。

正如埃里克·霍金斯（Eric Hodgins）所言，美国正在以一种最引人注目的方式获得智力上的领导地位。我们应该坦率地承认，这是一种有悖于美国人性格的挑战。我们天生就太没有耐心，太务实，太喜欢与人合作，以至于那种无目的的发现事业在我们国家永远都不受欢迎。而这也正是（团队的）领导力变得如此重要的原因所在。

第六部分

虚构的组织人

19

爱上体制

如果你想把新教伦理与组织生活中的社会伦理之间的分裂情况写成一部小说，如果你想让这一分裂情况变得更加极端一点，你可能会构想出下面这样的情节。

一位中层管理人员遇到了一个麻烦。他发现，由他帮忙经营的那家小分厂很可能会发生爆炸。在这种情况下只有一个挽救方法，那就是，只要他摁下某个按钮，厂子就可以避免发生爆炸。然而，不幸的是，就在他要摁下那个按钮时，他的老板突然出现在他面前。由于他的老板是一个恶棍和傻瓜，所以现在他怕得要命，几乎语无伦次。他的老板厉声说道："不许摁下那个按钮！"

这位中层管理人员并不是一位叛逆者，他知道，尽管自己的老板是个傻瓜，但是，老板代表的是这个组织。可他还是想要挽救厂子里每个人的生命。因此，他也就陷入了一种困境：如果他摁下按钮，他的这一举动就会表明他不是一个好的组织人，但是，厂子里的所有人都会得救；如果他听从老板命令不去摁下按钮，他的这一举动就会表明他是一个好的组织人，但是，他和他的老板，以及厂子里的其他人，都会被炸得粉身碎骨。

你可能会说，这是一种愚蠢的两难境地。然而，这个基本问题却正是二战后最畅销小说《凯恩号兵变》一书的核心所在，很少有哪部小说能够像它一样如此触动当代人的神经。当然，它之所以能够风靡全国，主要是因为作者在这本书里讲述了一个非常好的故事，即使作者改变小说结尾的方式，它仍然可能大获成功。然而，这本书之所以如此引人注目，正是因为书中所隐含的那种道德含义。如果我们将其意义加以提升，那么这也是一个关于个人与权威之间的问题，作者提出这个问题是为了不让读者回避它。我们必须和作者一起做出一个选择，一个被认为是最终道德的选择。

《凯恩号兵变》大胆地触及这一基本问题，使它的问世成为美国价值观发生转变的一个里程碑。通俗小说（我将在下一章讨论）在很长一段时间里一直都在朝着同一个方向发展，《凯恩号兵变》仅仅是在这方面的一个进化。但是，它对问题的描述则显得更为尖锐；与那些最受欢迎的题材不同，它并没有使用一些个人主义话语来粉饰调整的规则（个人要调整自身，适应社会，服从权威）。在这方面，它是直截了当的。作者将主人公直接置于一种两难境地，通过精心编织的情节，消除了所有可以轻松选择的中间路线。主人公必需要么去做他认为是正确的事情，要么去做体制认为是正确的事情。

陷入困境的那个人（读者会对他产生一种认同感）是中尉马立克，他是凯恩号上的执行官。马立克并不是一个自负的人，而是一个只想把自己的本职工作做好的冷漠而勤奋的人。他喜欢他所在的这个体制，他所有的爱好都是为了有助于他在其海军生涯中获得更好的职业发展。

通常情况下，他都会过着一种平静而卓有成效的生活。然而，他所在的那艘船却是由一个叫奎格的精神病患者指挥的。起初，马立克拒不接受基弗中尉（他过去曾当过作家）关于奎格的警告。后来，他慢慢地看清了奎格的为人；在一系列的小事故中，作者让奎格在马立克的脑海中留下了一种不容置疑的印象：奎格是一个恃强凌弱的人，一个神经质，一个懦夫，最重要的是，他是一个无能之人。

在许多类似情况下，下属早就找到了保护自己的办法，不去公开质疑其所在的体制——他们可以提出集体调动的要求来约束他们的上级，或者是通过大规模胁迫等手段来控制他们的上级。然而，这本小说的作者却是制造出了一个高潮，让这样的和解变得毫无可能。他让凯恩号驶入了台风中心。

奎格吓坏了，他把船掉头转向南方，这样它就不用再逆风航行了。马立克恳求他让船继续逆风而行，因为这是他们能够在台风中活下来的唯一机会。奎格现在吓得都快说不出话来了，他拒绝让船转向逆风行驶。凯恩号眼看就要沉没了。

面对此情此景，马立克应该怎么办？如果他什么也不做，他确信他们都将葬身大海。如果他利用《海军条例》第184条中的规定，以有精神疾病需要治疗为由而暂时解除奎格的指挥权，那么他以后一定会惹上大麻烦。

经过一番思考，马立克做出了自己的决定。他尽可能有尊严地解除了奎格的指挥权，把船转向逆风航行。虽然这艘船仍在不停地颠簸摇晃，但是，它至少还能浮在海面上。仿佛是为了突出马立克做出的这一壮举，凯恩号成功地绕过了一艘倾覆的驱逐舰。

最终，在顺利地回到岸上后，马立克及其同事被送上了军事法庭。马立克及其同事的辩护律师故意站在奎格的角度上对奎格提出了许多貌似合理的观点，并通过巧妙的盘问向法庭表明他是一个神经质的懦夫。最后，法院宣告马立克及其同事无罪。奎格的职业生涯也就此宣告结束。

然后，作者引出了全书的关键所在。在后来的一次聚会上，辩护律师告诉马立克和那些下级军官：他们（而不是奎格）才是整个事件真正的罪魁祸首。辩护律师认为，奎格是一位正规军军官，没有正规军军官，后备军就不可能在之后加入现行体制。就在这里，辩护律师突然看似毫不相干地说道，他是一名犹太人，多亏了那些让船继续航行的奎格们，他的祖母在二战时的德国才被熬煮成了肥皂。他朝着中尉基弗的脸上泼了一杯香槟。

“我发现我们错了，”一位下级军官后来说道，“我的想法是，一旦你遇到一个不称职的船长（这很可能会在他和其他人之间引发许多冲突），你能做的也就只能是，把他当成最聪明、最好的人去侍奉，掩盖他的错误，让船继续前行。”

* * *

这无疑是一种对个人责任令人震惊的否认。这一体制被描述成具有一种如此神秘的性质，以至于一种明显的恶变成一种善。如果马立克没有解除奎格的职务，将会发生什么事情？我们将不得不接受这样一种隐含的道德观念，即宁可让这艘船上的几百个人去死，也不能去质疑权威（这确实是一种让船继续行驶的好方法）。诚然，作者并没有把他的前提扩展到这一地步，也没有暗示说，即使马立克没有让船掉头，事情也会以某种方式自行得到解决。然而，书中传递出的信息却是再明显不过，那就是，个人不应该质疑体制。

这是一个不同寻常的观点，但是，美国人是否会对此嗤之以鼻呢？在对这本书的批判接受中，大多数人都明白了这一点——而且大多数人也都认同这一点。这在一定程度上也是对大量战争书籍的一种当代反应，这些书把人神共愤的战争罪恶，拟人化地体现在了军官和纪律上。然而，那种更大的道德也并没有被忽视。《凯恩号兵变》使得归属体制和接受在体制中本该接受的一切这一冲动变得合理化。如果我们能够证明追随奎格是一种美德，那么我们也就更有理由去欢迎普通权威对我们实施的不那么严厉的制裁！那些“聪明”人质疑事物，让人心烦，他们这样做才是错了。正是中尉基弗凭着他聪明的头脑和对权威的渴求，引导着像马立克这样的普通人误入歧途。辩护律师太聪明了，既是为了自身利益，也是为了挽回自己的声誉，他不得不朝基弗那张狡黠的知识分子脸上泼过去一杯香槟。

* * *

可以说，公众的默许只是表面上的；如果人们愿意花些心思去思考道德问题，他们就会对此提出抗议。为了了解人们不得不思考道德问题时会发生什么，我做了一项实验。我与一所小型预科学校合作，为学生们举行了一场作文比赛。获奖标准是他们所写文章的文学价值，而不是他们提出的观点，文章的主题是《凯恩号兵变》的道德问题。以下是我们宣布的三条基本规则：

> 文章在 500 ～ 1 000 字之间，内容应该涉及以下问题：
>
> I. 这本书的核心道德问题是什么？
>
> II. 作者如何通过书中人物来表达对这一道德问题的不同解决方案的看法？
>
> III. 作者本人关于道德问题的解决方案，以及作者对道德问题的判断，是否符合你所知道的生活？

孩子们的文章都交上来后，我们就开始坐下来审阅；我们很高兴地发现，他们已经很好地把握住了基本问题。从某种意义上来说，这是一种高度非指令性的测试；毫不奇怪，他们之前曾向他们的老师寻求过一些暗示；很明显，他们也曾想从小说作者那里得到一些暗示。他们对反叛者的看法，在很大程度上取决于他们如何看待他的感受；而且，可以理解的是，他们对自己应该反对哪一方颇感困惑。不过，总的来说，他们的确抓住了关键问题所在。虽然每个人对它与自己生活相关性的解释都有所不同，但是，他们中的大多数人都把这个问题看成是个人独立与顺从体制之间的问题。

除了一个学生，其他所有人都赞成这一制度。虽然有可能是一种共谋在这方面强化了他们的这一感受，但是，他们的措辞，以及他们对小说作者处境的困惑，让人毫不怀疑他们的这一感受是真实的。也有几个学生不同意小说作者的观点，但是，他们不同意他的理由是，他对反叛者过于宽容。以下是最后几段的示例：

我们所做的每一件事情都必须遵守某些规则和规定，而且，我们学习事物的唯一方法就是通过经验。我们必须遵守我们所处社会的规则，才能达到任何目的。

我不同意作者的观点，因为我相信，无论在什么情况下，一个人都应该服从命令。

总的来说，生活就像是一场棒球赛；到处都有一些人为了所有人的最终利益而制定的规则和法律。然而，有些人认为，作为年轻的新手，他们的行动应该以他们认为正确的东西为指导，而不是以其他人的决定为指导。诚然，有可能存在部分减轻罪责的情况；但是，除非这里面也有客观原因存在，否则，违反社会法律的人就会受到罚款、监禁乃至死亡的惩罚。

这是为什么下属无权质疑权威的又一个例子。

然而，从道义上来讲，马立克的行为却是违法的。

《凯恩号兵变》中的描述与日常生活中的情形有不少相似之处……任由个人喜好打分的老师，把错误归咎于他人的政治家，这两者都是欺诈的例子……马立克的辩护律师愚弄了奎格，他歪曲了奎格的话，使奎格显得很愚蠢。

人们总是会受制于那些掌权者的异想天开，未来事情也将会是这样。这一体制必须存在，否则人们就会陷入那种无政府状态。

那位持有不同意见的学生并不叛逆；和其他人一样，他也指出，如果社会想要实现集体目标，就必须制定规章制度。然而，与其他人不同的是，他把这些观点放在“但是”之前，而不是之后。他问道：“一个人是否在任何情况下都有理由去做他真正认为正确的事情呢？”在指出个人良知会给个人带来的危险之后，他得出了他的结论：“一个人必须认识到，他会因为他做出的一个错误决定（无论他抱着多么真诚的心）而受到批评和可能的惩罚。但是，即便如此，在权衡过所有的事实之后，按照他认为最好的方式去行事依然是他的一种道德责任。”

按照他认为最好的方式去行事依然是他的一种道德责任。这是否已经是一种过时的观念呢？有 15 个学生表示反对这种想法，有 1 个学生表示赞成这种想法；我承认，在这个问题上，阻力可谓微乎其微。然而，这并不标志着价值观上发生了任何突变。如果有人在 1939 年询问关于奎格的问题，我猜会有比现在更多的学生投票支持马立克；然而，即便如此，多数人还是有可能投票反对他。

这是一个已经在发生的长期的重心转移。到目前为止，我们只谈论了一本小说和一个十年，虽然这本小说中也给出了一些解决办法，但是，它却并未说明我们的大众道德观已经发生了怎样的变化，以及这些改变又是从何而来。为此，在下一章中，我想审视一下一般的流行小说，看看它过去是怎样的，以及它现在又在朝着一种什么样的方向发展。

20

社会成为英雄

在上一章中，我一直在谈论一本小说和一个十年。在这一章中，我想把我们看问题的视角拓宽一下，因为《凯恩号兵变》这本小说的出现，只不过是一种已经持续存在了很长时间的情况的最新发展。我可以毫不讳言地说，在通俗小说中，许多看似当代的东西其实都是相当永恒的。黑色一直是黑的，白色一直是白的，中间绝少会有灰色地带；事件巧合得实在是有些离谱，而结局则通常都是皆大欢喜，或者至少也会暗示主人公将会有一个更加美好的未来。然而，小说确实能够告诉人们他们所想听到的东西，而这一事实也使它成为一个相当有效的晴雨表。无论小说是在引领人们向前，还是仅仅在反映人们当下的状况，它都是大众信念变化方面的一个指标（只不过，这种变化在短时间内可能不太容易被人察觉）。

如果我们现在回头去看那些 19 世纪 70 年代的流行小说，我们就会发现，那时候，新教伦理正处于它的全盛时期。显然，英雄战胜竞争对手和积累财富就是“敬虔”的代名词。英雄在与环境的斗争中将其自身能力发挥得淋漓尽致，尽管好运是一种不可或缺的辅助手段，但是，这与其说是一种意外，不如说是正义之神对他的一种奖赏。这一点并非不言而喻，但却完全可以称得上是理所当然。直到 20 世纪初，这一伦理依然不容置疑。

英雄们公开夸耀物质至上，如果他们娶了老板的女儿或者在晋升之路上把其他人推到一边，那么这都是应该的。

为了告别这位英雄，我们可以来看一下1898年3月约翰·哈林顿（John Harrington）在《麦克卢尔》杂志上发表的小说“奥特豪森的政变”。年轻的奥特豪森所在的公司派他去管理一座炼铁厂，当他赶到工厂，工厂老板的女儿（她有一双蓝眼睛）正在附近的“鹰巢”（这是老板的避暑山庄，里面装修得富丽堂皇）举行一场家庭聚会。在与老板的女儿进行过一番短暂的接触之后，奥特豪森得知山下的炼铁厂正在面临一场危机。一个无政府主义者把工人们组织起来，反抗工厂老板。奥特豪森二话不说，径直冲入炼铁厂；他拔出身上携带的两支手枪，一步一步地向工人们逼近。那些粗暴的恶魔在他面前畏缩了。“莱尔德工人遇到了对手。”

当奥特豪森得意扬扬地站在工人们面前时，参加聚会的人们穿着晚礼服也赶了下来查看发生了什么事情。老板也站在这群人中。故事的最后一段是：

> 在哥伦布市一幢高楼的顶层，有一扇门上贴着“总经理”的瓷质标签，门后坐着奥特豪森，他现在负责管理明戈煤铁公司的运作。他在西区有一座漂亮的房子，这座房子使得“鹰巢”都相形见绌。那户人家的主人是一个蓝眼睛的女人，她看上去每天都显得很开心。

随着时间的推移，此前占据主导地位的物质主义的声音开始日渐沉默。在“奥特豪森的政变”这篇小说发表仅仅几年后，《麦克卢尔》杂志上的文章就开始严厉地谴责像奥特豪森这样的人的贪婪。虽然小说中对这种不断变化的情绪的反应要慢得多，但是，小说中的英雄们已经无法再用旧时的那种纯真之情来享受财富了。到了20世纪20年代，可能还是出于金钱意识，故事里的那些英雄们都会娶一个女孩，而这个女孩后来则被证明原来是老板的女儿。没过多久，就连这一点也变得不再重要；现如今，随着过去 20 年的社会变化，故事里的主人公往往会娶一个原来不是老板女儿的人。例如，在最近《周六晚邮报》上刊发的一个故事中，一位英雄爱上了一位有钱的女继承人，她拥有一艘轮船。实际上，她只是一个秘书，负责照顾她老板的轮船。当我们这位英雄发现这一点时，一个幸福的大结局也就到来了。

然而，这并不意味着，我们的小说已经从根本上变得不那么看重物质化。事情远未发展到那一步，事实上，只不过是主人公变得更加虚伪而已。今天的英雄们并不贪图巨额财富，但是，他们的确贪念美好生活。而且，这种对美好生活的贪念，经常被解释为是一种对物质化的放弃，而不是一种对物质化的支持。例如，二战后大量"纽约"小说中那些常见的英雄人物，在这一点上都是那种非常自负的精神领袖。在善与恶之间做出一种虚伪的选择之后，主人公会前往一个国家，在那里他会找到生命的真谛。然而，读者却是很难看出这意味着什么；在新的市场平等主义中，他快速地摆脱了"婊子成功女神"的形象，使他比那些被他抛在后面的同事们生活得更为舒服，而在更多的意义上，后者身上才没有那么多的物质化。我们的英雄已经离开了他必须真正战斗的战场；通过看一份乡村报纸，摆出一副本地人的派头，他避开了所有的冲突，并在这个过程中过着一种相当奢侈的生活。这里没有凯迪拉克，但能有希尔曼汽车公司出产的敏克斯系列的老爷车也很好，冰箱里堆满了冻鸡，卧室里则安着一台高保真音响。所有这些配套措施可能都是明智之选，但对一个苦行僧来说，这种生活未免显得有些过于舒适。

最近，英雄们那种披着伪装的物质化态度，有了一种稍微不同的表现方式。作家们也受到了那种美好情感时代的影响，英雄们现在开始倾向于在市场里徘徊。但是，他们仍然可以做到两全其美。仔细想想电影《一袭灰衣万缕情》里传递的信息。在这个男人"英勇地重新皈依"平民生活的故事中，老板给了主人公汤姆·拉思一份可以赚大钱的工作，但却被汤姆拒绝了；事实上，正如我们早些时候看到的，他责备老板提出给他这么多钱。他是必须努力工作，但是，他又想有更多的时间可以和家人在一起。这是否算得上是一种牺牲呢？吃亏是福。最后，老板说会给汤姆一份对他要求不多的好工作。与此同时，汤姆继承自己外婆的那份地产也将变成一个可以赚大钱的开发项目，这让汤姆和他的另一半贝琪喜不自胜。

在另一个商业故事“模式”中，虽然主人公并不介意工作辛苦，但是，他却同样显得很是虚伪。他被一个工业“海盗”（老板）的残忍手段吓坏了。当那个“海盗”提出给他一个高位时，英雄说他完全不想参与其中。他是一个有道德的人，所以他把老板狠狠地骂了一顿。因为他通过责骂老板已经拯救了自己的灵魂，所以他又接受了那份工作（薪水是他原来的两倍）。在那种鱼与熊掌两者可以兼得的经典结尾里，他告诉老板：“如果你行为不端，我会狠揍你的脸。”

* * *

事实上，发生变化的并不是英雄对待物质化的态度，而是他们对待社会的态度。在那些旧小说中，个人与环境之间存在着某种冲突因素；不管有多少巧合情节的协助，英雄在得到他的奖励之前都必须有所作为，或者至少也要显得像是要有所作为。现在，这种情况已经很少有了。社会对待众生是如此的仁慈，以至于对任何一个人来说，这里都没有任何一种冲突需要他去反抗。只有英雄认为还有冲突需要他去反抗。

故事就是故事，再怎么着也要制造出一种将会有冲突发生的表象，然而，当代作家往往会利用一大堆不同的环境，然后通过掩饰主人公身上真正的善良本性来营造一种冲突。由于这意味着英雄遇到的麻烦源于他所持有的一种错误的生活理念，所以故事的高潮部分也就很好处理。作者轻巧地揭开蒙在冲突之上的面纱。万事皆好，只有英雄一个人还蒙在鼓里。不过，足以让人感到欣慰的是，英雄已经学会了明智地去接受可能会发生的任何事情。

我们有一个小镇姑娘，她计划嫁给心地善良、性情安稳的老乔，或者她已经嫁给他了。就在她对老乔和小镇上的生活感到厌倦之际，一个演员或一位名人从城里来小镇上暂住一段时间。这个新来者使她心有所动，她梦想着自己能够和他一起过上一种迷人的生活。然后，出现了一些小危机。在这一关键时刻，谁会挺身而出？令人惊讶的是，竟然是平日里不显山不露水的老乔。我们离开她的时候，她正满含深情地凝视着老乔，而老乔则叼着烟斗，露出一副可爱的憨样，带着一种沉静的力量。不管怎样，她都会和他一直在一起，只不过现在她的内心深处充满了宁静。

只有那种无礼的评论家才会否认人们会从童话中得到安慰。但是，那些好的童话故事都会坦率地告诉读者，他即将进入一个虚构的世界，他可以在这个世界里尽情地放松，尽情地幻想。然而，现在那些通俗小说里的故事却并没有这样去做；这些故事不再以虚构的形式呈现给读者；通过使用各种生动的细节，通过角色人物赤裸裸的直白，它们宣称自己是现实生活的一部分。它们很像《情境》杂志的封面，很像“啤酒一族，乐在享受”系列广告中展示的美国家庭生活的图片。从桥灯上磨损的绳子到年轻母亲凌乱的头发，其细致逼真程度几乎与中产阶级生活的现实情景一模一样。但是，所有这一切都带有一种无比浪漫的情调；无论是小宝宝在拍第一张照片时的哭闹，还是邻居们因为铲雪而发生的一些小小的争吵，抑或是各种各样家庭团聚上出现的小小的不和，这些带有幽默意味的小吵小闹都充分说明，现实世界是多么可爱，一点都没有冲突。

***

下面我们暂时转到那些非小说类书籍上去看一看，因为它们显示出了同样的重点变化。就拿美国的主流书籍励志书为例。在20世纪初，励志书大都是以个人努力克服障碍为主题。这是一种普通人的新教伦理；书中传递的信息是，你也可以变得像书中人物一样富有和强大。这种轻松愉快的教义，在“新思想运动”中达到了顶峰；通过把个人的思想想象成是上帝的神旨，“新思想运动”自信地宣称：“只要你足够努力，你就可以得到你想要的任何东西。”那些典型的励志书的书名也都在讲述着各种故事：《征服贫穷》《你的力量以及如何使用它们》《掌握命运》《奋力向前：在困难中取得成功》《胜利的态度》。[1]

这一主题绝对没有消失。近年来市场销售方面的畅销书也在传递着同样的信息，而且还带着一种完全不合时宜的热情。例如，弗兰克·贝特格（Frank Bettger）的畅销书《我是如何在销售中从失败走向成功的》，除了一些主题参考文献，在1910年就能写出来了。书中讲述的那些销售技巧，我们的老朋友亨利·克卢斯全都会接受——就像克卢斯一样，贝特格也是以富兰克林的格言来结束全书。（这里我要补充一下：没有与时俱进这一点有助于解释，为什么销售会沦落到一种如此不受人们尊重的地步。在这个一切都已发生改变的世界里，唯有那些推销理念依然一成不变。）

但是，目前励志类书籍的总体情况表明，它们与旧传统之间存在一种相当大的分歧。表面上看，好像并没有什么分歧，而且书名也都预示着旧时代的内容。然而，从本质上来说，它们告诉你的是：你要做的是去适应形势，而不是改变它。可以肯定的是，这类书籍中有许多模棱两可之处；而且，其中许多书籍仍在大量借用“新思想运动”中出现的“精神力量”概念。但是，即便如此，它们展示出的这幅画面却是一个本质上仁慈的社会，它们所颂扬的那种内心平静或积极向上的思想则是对社会的一种妥协。

---

[1] 我要感谢莱因哈德·本迪克斯对“新思想运动”的分析。本迪克斯在《行业里的工作和权威》（1956）一书中，指出了新教伦理强加给中产阶级的两难处境。富人和穷人之间存在尖锐分歧，其中几乎没有令人舒服的中间地带。只有少数人能够取得成功；其他人不得不接受他们现有的地位，这表明他们缺乏必需的个人素质。福勒（N. C. Fuller）在《如何帮助那个男孩成功》（1902）一书中写道：“许多人都没有能力承担责任……他缺乏承担责任的勇气和处事能力。他生来就是一个挣工资的人，他最好还是继续当一个挣工资的人。”正如本迪克斯所指出的那样，这是一种过于苛刻的信条，而“新思想运动”则通过否认这种排他性成功，提供了一种亟需的修正。

“这个人该怎么办呢？”一个人困惑地问诺曼·皮尔（Norman Peale），“他在工作了 20 年后，既不开心，又觉得无聊，但他有着很高的薪水，所以他没有勇气选择离开。要是他继续在这里干下去，他永远都不会在薪水和职位上再进一步，但他会一直都有工作。”皮尔是少数能够同时宣扬社会伦理和新教伦理的人之一，他回答说：“这里的问题似乎是那种单调思维的悲剧。这个人的思想已经变得陈腐、迟钝、死气沉沉。他需要获得一种精神重生。事实上，他的那份工作充满了他从未看见过的可能性，充满了他从未意识到的机会。应该告诉他要振作精神，努力去了解他在现有职位上还能做些什么。”

生活本身是如此美好，人们可以很容易地从那些当代读物中了解到，上帝与社会彼此相融，以至于这两者几乎无法区分。在电影《一个叫彼得的男人》的宣传广告中，在一张图片上，一个男人正在穿过薄雾，爬上一座小山。他穿着一件白衬衫，打着一个活结领带；他看上去很像是一位深思熟虑的年轻高层管理者，但是，我们发现他是一个部长：“他是一个尽人皆知的人……他是一个人见人爱的人……他从不装腔作势，他会和孩子们一起去打棒球，他能把两个小时的假期变成一个水手和他恋人的蜜月，他表达了一个人灵魂中所有的渴望……他是一个会让人爱上的人……每个女人都在偷偷地盯着他看，而他则只盯着一个女人：凯瑟琳；凯瑟琳从他身上学到了做女人是一件无比美妙的事情，就写下了这个故事，这本书连续 128 周荣登全国畅销书排行榜榜首……他是上帝的同类。”

虽然这种对上帝的亵渎就是对大众媒体来说也显得有些过于大胆，但是，它却是一种极为典型的存在。上帝喜欢普通人——那些打棒球的人，那些喜欢看电影的修女。他微笑着面对社会，他传递的信息让人感到轻松愉悦。他不会责骂你，他也不会有求于你。他是一个无处不在的神，你可以在你周围那些微笑而快乐的人身上找到他。正如广告所说，宗教也可以是有趣的。

奇怪的是，流行文化中能够让我们瞥见丛林间野兽的唯一时刻，就是它反转过来把现实伪装成童话之时。通过动物的思维方式，动画片展现了人类与那些公然的虐待行为之间的冲突；看着人类扮成猫和猪相互折磨和杀戮，人们一样会感同身受地出离愤怒。在一些电视节目中，双重喜剧的传统得到了延续；这里的环境反复无常并充满讽刺意味；主人公被日常生活中嗜血的朋友、复杂的姻亲关系、结冰的街道、愚蠢的服务员、卑鄙的上级所困扰并被击败。也许是出于同样的原因，人们仍在寻找关于喜剧演员菲尔兹（W. C. Fields）的那些老照片；透过观众的笑声，他们可以偷偷地享受他对幼儿、母亲和人类的那种厌恶。

* * *

这里我们可以做一简要概括：自 1900 年以来流行作品中呈现的那种人生观，最初一直都是主人公与冲突作斗争，后来逐渐让位于主人公调整自身避免发生冲突。但是，这种变化并不仅仅是程度上的变化，下面我将进一步推而论之。

多年来，大多数流行小说作家对社会的描绘都是温和有加，可是，一旦他们在这方面做得毫无瑕疵，就会起到一种反作用，让人怀疑社会是否果真如此。正如我们所看到的，一段时间以来，小说中的男女主人公都显得非常被动。现在的流行作品不只是向人们展示他们不是命运的主宰（这在道德上留下了一个隐患），而且还有一种倾向认为，人们根本就是无力对抗社会。社会不再仅仅是人们可以任意把弄的一种舒适环境，社会本身正在成为一个中心主题。

一个人能在与社会的对抗中走到什么样的地步，当然是一个需要深入讨论的问题。过去十年来许多最好的小说都在关注人们在社会面前的那种无能为力。但是，这些书里所痛惜的那些事物，在那些通俗小说里却似乎显得非常受用。后者通常都会振振有词："新社会就是这样的，英雄没有必要去与外部力量进行搏斗。虽然他可能会一时糊涂坚守自身信念，但是，最终他会明白自己这样做其实毫无必要。”

社会本身成为一种扭转乾坤的力量。在这种情况下，小说中就会有一个角色成为主角所操控体制的代言人。在代言人的帮助下，这一体制让英雄走出了他所陷入的困境；而且，为了不让英雄忘记这一点，那位代言人通常都会在故事结尾说上几句名言警句。

在《周六晚邮报》上刊登的一篇故事中，我们看到了这一体制如何解决一个让一对夫妻感到无比困惑的难题。一位陆军上尉和他的妻子在驻日某团服役时收养了一个日本小女孩，从而惹上了麻烦。一位少校和他的妻子（他们是两个卑鄙小人），把他们的大部分时间都花在了为这对夫妇及其收养的孩子制造痛苦上。上尉觉得他不能通过与少校直接进行争斗来对抗这个体制；他所能看到的唯一解决办法就是彻底放弃争斗，他辞去公职，带着妻子和孩子回到了美国。

然后，有一天，那位少校的妻子前来喝茶。她对那个日本小女孩表现得特别亲切，从而心照不宣地向所有人宣布，这个小女孩现在已经是这个体制的一部分。那位少校并没有受到惩罚。虽然他和他的妻子在骨子里仍然是那种卑鄙小人，但是，因为他们也是体制内的成员，所以他们现在会对这个小女孩很好。故事以那对陆军上尉夫妇高高兴兴地回到他们楼上的卧室而告终。

《周六晚邮报》上刊载的一篇涉及总统本人的故事［1955 年 3 月 26 日，保罗·霍根（Paul Horgan）所写的“意想不到的英雄”］，是一个关于体制代言人的好例子。一位律师试图说服一位寡妇嫁给他，但是，她的小儿子挡在了他俩中间；这个小男孩过于崇拜他那在战争中牺牲的英雄父亲，说什么都不接受那位律师。有一天，那位律师带着这个小男孩去看华盛顿的风景。但是，这个小男孩却是丝毫不为所动。最后，他们两个人来到了白宫，那位律师在那里遇到了他的一个旧相识：现在的总统。经过一段长时间的对话，总统终于认出了这位律师原来就是他当年欧战时期的战友。1945 年 3 月，他们不是在威塞尔附近的莱茵河十字路口一起并肩作战吗？总统回忆起当年这位少校出色的表现，以及他是如何进入荣誉军团的。小男孩现在对律师充满了崇拜之情，两个人欢天喜地往家走去。

有时候，作者也会将社会用一些动物形象或者是无生命的物体加以拟人化。罗伯特·布鲁斯坦（Robert Brustein）在研究《周六晚邮报》上刊载的小说时，被作家们所引用的宗教的弦外之音所震撼。那些小说的主题都是接纳。一位有权势的强者遇到了一个困难，这一困难通过一位弱者的慷慨之举而得到解决；随后，那位强者凭借自身拥有的强大权力，或者是通过与“上级”之间的神秘关系，对那位弱者做出了回报，而那位弱者也就顺理成章地被接纳。那位弱者所扮演的角色就是那个被接纳者，是读者想要认同的英雄，而他的脸庞则没有一点特征，所以读者也就可以把自己的脸代入其中，假想自己就是那个被接纳的英雄。（“《周六晚邮报》的新信仰”，罗伯特·布鲁斯坦，《评论杂志》1953 年 10 月）

当然，流行文化中关于这种顺从的说教并非铁板一块，观众对它的接受也并非一成不变。事实上，它也充满了一种模棱两可的色彩；就像行政人员对那些相互矛盾的戒律既充满敬仰又感到困惑一样，观众对“接纳”这一主题的反应也是如此。《正午》是近年来最成功的电影之一，它显然是对新教伦理的一种回归。在这部道德剧中，警长是一个英雄，他在一开始时信奉团队精神；面对那些邪恶的杀手，他努力寻求与镇民联手，想要借助群体力量去打败冲进镇上的杀手。但是，这群人的表现太让他失望了，他们中没有一个人肯站出来与他联手御敌，英雄陷入一种孤立无援的境地，内心充满了恐惧。然而，经过一番思想斗争，他战胜了恐惧，最后则彻底征服了那些杀手。当镇子里的人们纷纷从藏身之地跑出来向他祝贺时，他则轻蔑地甩开他们，骑着马带着他的妻子走了，然而，他的心里却是对这一切久久无法释怀。当我在电影院观看这部电影时，当英雄严厉斥责镇民时，观众席上响起了一阵异常热烈的掌声。可以想象，当马立克的辩护律师严厉斥责基弗对体制的质疑时，同样是这些人会为之欢呼雀跃，然而，关键是，他们仍然可以同时做到这两点。

* * *

在对待人类的孤独感和归属感这个问题上，诊断结果并非一定就要成为戒律。在《从这里到永恒》一书中，主人公普雷维特始终无法摆脱正规军对他的束缚，但是，作者却是把这一点描述为生活中的一个事实，当然，这是一个相当残酷的事实。然而，在最近出版的许多书籍中，作者们都明确地赞同这一点；比如，小说家马昆德笔下的那些主人公们，他们被刻画得极为超然，但却仍然通过接受一种归属感而走向和平，尽管他们的默许并没有什么可喜之处，但却也算不上是一个悲剧。西德·斯凯尔顿是一位著名评论员，当他去参加陆军铜管乐队举办的一场鸡尾酒会时，他做好了听到人们对军队生活发表一些尖锐抨击的准备。但是，结果他却是一无所获；斯凯尔顿是康涅狄格州郊区居民的原型，他因为自身的成功而陷入一种痛苦之中，他十分羡慕军人们身上那种强烈的归属感，以及他们有一个坚实的体制可以依赖。事实上，他就是那个从外面往里面看事物的人。

* * *

尽管有各种各样的逆流，但是，流行文化中那种占据主导地位的压力，却是对体制的调整适应。当然，这在多大程度上是一种作者有意而为的方向，是无法确定的。对任何一个故事，评论家们都有可能长篇大论地分析作者对这个体制到底是赞成还是反对，有时就连作者本人可能也会对此有些怀疑。尽管如此，但又似乎确实有一种方向感；而且，无论是否有意而为，那些热门作家对此都表现得越来越感兴趣。

有一种绘制方向的方法是，为通俗小说作家们提供一个新的情境，让他们每个人都按照自己的意愿去进行创作，然后对结果进行后续研究，看看他们都是如何使用那些素材的。一个偶然的机会，我发现自己参与了一个几乎可以称得上是受控的实验，我想把这一实验结果用作证明我的论点的证据。

这一实验来自我和同事做的一项研究，一项关于大公司职员与其妻子之间及其家庭生活中紧张关系的研究。其中有一篇文章详细地描述了公司对家庭日益增强的控制，以及一些大公司为了对员工进行更好的控制而制定的“妻子计划”。另一篇文章则深入地探讨了员工的妻子们对这一切的态度。我认为这一点要更加重要，因为采访结果显示，大多数员工的妻子都同意公司的意见；而且，她们也认为，好妻子就是那种能够优雅地适应体制且能抑制唯智论或渴望独处这种想法的妻子。当然，在这方面也有例外，而且是一些很重要的例外；但是，大多数人的观点都是如此强烈，以至于不能不让人感到沮丧，特别是在那些年轻妻子们中，所以我们觉得有必要刊发一篇社论：“赞扬那些坏妻子”。我们希望这篇社论能够在某种程度上起到一定的反作用。

这篇社论刊发后不久，我们就被读者的来信给淹没了。许多读者对我们文中描述的那种循规蹈矩感到如此愤怒，以至于他们指责我们不应该那样。出现这一情况还不算太坏，因为这都在我们的意料之中；但是，赞美我们文中所描述的那种情况就是另一回事了。很快，商业期刊和报纸上的妇女版上也开始刊登出一些关于“妻子问题”的文章。他们说，恭喜《财富》杂志，是它率先打破了僵局，证明了过去的那种放任政策错得有多么离谱。我们半开玩笑地转述的那些游戏规则被他人逐字逐句地转载，作为在公司生活中做到心态平和的一种心理指南；更糟的是，我们描述的公司推行“妻子计划”这一例子，正在激励一些公司设计出一些更加严格的控制员工程序。[2]

---

[2] 1952 年 1 月 15 日的《销售管理》上刊发的一篇文章，描述了美国机器公司是如何看待这个问题的：“在销售人员的生活中经常会出现一种‘三角恋’，这种三角恋几乎成了一种常见现象。三角恋的三方是销售人员、妻子、公司。妻子看到公司抢走她丈夫的时间和友谊，成为她的情敌。起初，她有一点怨恨。假以时日，她可能会变得充满嫉妒。除非能对这一点加以控制，否则它终会对推销人员对于雇主的价值造成极大的损害。”

最后，相关的小说也开始出现了；到了那年年底，几乎所有的女性杂志都在用“我是公司妻子”“管理新娘”的字眼刊发故事。乍一看，这些故事似乎是一种令人振奋的抗议征兆。在开篇的画面中，一位女性深受困扰，显然，她正处于某种束缚之中。正如其中一个故事所问，当一种无形的力量出现在妻子和丈夫之间时，妻子应该如何进行抗争？然而，这只是一种招徕的噱头。并没有人去赞美那些“坏妻子”；在故事的结尾，正如公司一直以来所说的，女主人公和读者明白了，那些好妻子应该非常合群，而且具有一种超强的适应力。

在一个故事中，举一个比较典型的情节，一个没有经验的“公司妻子”想要弄清楚，怎样做才能让这次升职的机会属于她的丈夫，而不是同街上她那位年长朋友的丈夫。由于老板和他的妻子会来他们镇上待上一周再做出决定，故事里的女主人公决定用鱼子酱和所有的配菜来做一顿丰盛的晚餐。她准确地猜到，她那位朋友会用一顿简单的晚餐去招待老板夫妇。

这一天终于到来了。老板和他那位和蔼可亲的太太准时来赴晚宴。等到我们的女主人公意识到自己的举动有些做作时为时已晚，果然，她那位年长朋友的丈夫得到了升职。然而，就像对待上校的妻子一样，老板太太所代表的体制是一种充满热情的体制，因此，她会顺道过来与我们的女主人公聊聊天。老板太太委婉地告诉我们的女主人公，如果她能用一顿便饭招待他们就更好了，不过，她也不用太过担心，她丈夫以后还是会有升职机会的。

在这方面，我发现了一个明显的例外。1953 年 5 月，《妇女家庭杂志》在一期上完整地刊发了一篇名为“米歇尔的烟花”的小说。米歇尔和她的丈夫被一家臭名昭著的公司所奴役。公司人事部对公司职员使用了我们研究中提到的所有不同方式，其中有些方式我们连听都没听说过。老板告诉米歇尔的丈夫加里：米歇尔应该如何穿衣，她应该结交什么样的朋友，她应该采取什么样的家庭装饰方案。加里并不喜欢这样去做，但是，因为他是一个很好的公司人，所以他就把老板的这些话传给了米歇尔。米歇尔（显然她比她的丈夫要更坚强）觉得自己已经受够了这些。经过商议，她和加里决定邀请公司里的那些高层管理者夫妇共进晚餐。等到大家开始吃甜点时，他们转过身，开始侮辱那些来客。

> “好了，女士们，先生们，”加里说，“我不想再追你们的机械兔子了，我也不会再爬你们那该死的梯子了。现在就是我下车的时候了。”
>
> 她双膝摇晃着站了起来，隔着桌子走过去迎接他。他用他那双有力的手臂把她紧紧地搂在胸前。
>
> “去爱，去珍惜，”他温柔地说道。
>
> “去爱，去珍惜，”她重复道。

这是否是一个令人痛心的决定呢？事实上，它一点也不是；刚好就在他们做出这一勇气之举时，费奇老爷爷去世了，他给他们留下了一座生机勃勃的农场。

然而，这种反抗明显有些虚伪做作，作者们大都不会允许他们的主人公如此行事；如果说这些故事里的丈夫们有一个共同点，那就是接受。电影《女人的世界》就是这方面一个特别好的例子。故事的要点是，公司总裁会根据员工妻子的情况来聘用员工。故事没有任何道德意图——编剧们没有使用杂志原版故事的结尾，而这则显然是因为很难确定最终谁是赢家。然而，就整个行业的道德规范而言，他们令人钦佩地反映出了当前的那种环境；他们对老板那些骇人听闻的策略不屑一顾；他们开玩笑地指责他是一个爱折磨人的人，但是，他们也让他的策略显得足够合理。他需要一个总经理，因此他必须带着四个男人和他们的妻子去纽约待上几天，以便可以对他们近距离仔细观察，看看最终哪对夫妇可以得到这份工作。

读者很难理解，为什么要考虑这群可怜人中的任何一个。其中参与竞争的三对夫妇，一对是凯蒂和比尔，另一对是一个年少的丈夫和同样年少、整天宅在家里的妻子；第三对是希德夫妇，希德是一个有野心的傻瓜，他已经忘记了应该如何去做一个好丈夫；他和他的妻子及一位漫画家重新拜访了一家古色古香的意大利餐馆，这段经历的情感余波有助于他的妻子改变他的野心。

这样一来，也就只剩下一个人能够胜任这份工作，那就是杰里。杰里是一个勤于工作的丈夫，他有一个性感的和有抱负的妻子。就电影中描绘的那种世界观而言，她是这群人中唯一有可能上位的人。她不像其他人那样忙于贬损自己的丈夫，虽然她看上去显得有点过于咄咄逼人，但她实际上总是在想为丈夫做点什么。她和公司老板一样热衷于操纵他人，她的雄心同样会为她的丈夫提供那种公司如此渴求的经济动力。然而，从通俗小说奇特的道德观来看，她显得太物质化了。她公然宣称自己喜欢纽约那种上流生活。电影也是如此——这就是它的“制作价值”所在——但是，就像那些圣经电影一样，它最终也是必须打击它所利用的东西。她得离场了。就在晚餐开始前十分钟（老板答应在晚餐上揭晓谜底），她的丈夫杰里恶狠狠地叫她收拾行装赶快走人。他甚至不让她和其他人一起吃晚饭。然而，最后还是他得到了这份工作。老板解释说，通过抛弃一个对团队不利的人，这个人展示出了他身上真正的勇气。下面我们来引用一下剧本内容：

> 吉福德：杰里，我认为你有……让一个大人物变得伟大的能力。（停顿）但是，有件事情让我怀疑你是否能干好总经理一职——这是一个障碍——坦白说，这使我曾决定反对你。
>
> 我确信你没有意识到这一障碍，我只是想提请你注意。我找到了这样做的一个机会。我只能猜测个中细节，但我知道的是：你突然意识到这一点并有勇气摆脱掉——就像我突然找到了我的新总经理一样！祝贺你！

杰里抬起头，茫然地看着吉福德，过了一会儿，他才握住吉福德伸过来的手。莉兹迅速靠近希德，当她看到他眼中那种难以言表的宽慰时，她自己也突然热泪盈眶。希德伸手去拉她的手。

现在，他的双臂环抱着莉兹，莉兹用一种他多年来都没有感受到的温暖紧紧地搂着他。在他们一旁，凯蒂和比尔也拥抱到了一起。

这几乎算不上是一个道德故事。事实上，大多数此类故事也都不是什么道德故事。然而，把它们合到一起，它们也就构成了一个持续不断的系列；尽管分开来看任何一个故事可能都没有多少思想可言，但是，将它们放到一起来看，它们却传递出了一个信息：接受吧。

我们若是把这一主题与奥威尔在小说《1984》中讨论的主题相比较，将会对我们有更大的启发；奥威尔所写的是极权主义；由于他使社会领袖变得如此邪恶，他描绘的那个可怕世界，相对于我们的天堂来说，就像是一座遥远的地狱。然而，小说最后一段中有一个场景，与我们当前那些小说的结尾非常相似。昔日的反叛者温斯顿悠闲地坐在一家咖啡馆，他抬起头，看着一张老大哥的照片。他开始变得语无伦次。感激的泪水涌出了他的眼睛。最后，就像凯恩号上的军官们学会了去爱奎格，他也战胜了自己。他学会了去爱老大哥。

第七部分

新郊区：家中的组织人

21

来去匆匆的过渡人

在这一部分，我将转向讨论家里的组织人，希望能够从中找到一些关于他将会去向何方的线索。在接下来的章节中，我将会在他居住的新郊区对他进行研究，这些大片出现的郊区是二战后在我们的城市之外涌现出来的。它们本身就是一种非常吸引人的机构，虽然有时我也会涉及它们中与我的主题相关的方面，但是，我主要想讨论的是，它们如何反映出组织人（及其下一代人）的价值观。

可以说，新郊区是一种按照他（组织人）的形象建造而成的社区。当然，那里也生活着一些其他类型的人，而且，对其中许多人来说，郊区蜿蜒曲折的超级街区，是他们摆脱城市的下层阶级走向郊区的中产阶级这一漫长道路的终点。然而，在这里占据主导地位的却是那些年轻的组织人。不是别人，正是这些年轻的组织人在组织各种委员会，管理学校，选拔负责人，与开发商斗智斗勇，发表演讲，并设定社区的风格。

当然，组织人也会零零散散地生活在许多其他地方，其中一些人从事的工作根本就不需要他们四处搬家。但是，在新郊区，这些组织人则是聚集成群，在这种状况下，他们可以提供一种关于未来组织生活的最佳指示。在新郊区，他们可以比在其所在组织中更加清楚地表达自己。他们并不是什么下属或下级；他们是新郊区的老居民，在这里，他们摆脱了那些在别处会影响他们的旧传统和前辈们带给他们的压力。在这种近距离的密切接触中，他们相互揭示出组织生活中潜存的倾向，其中有些倾向甚至带有某种讽刺意味。在这里，人们可以观察到在那些更为传统的环境下几乎看不见的东西。对那些抱着老眼光的人来说，他们透过落地窗看到的情况可能是不正常的，可是，我们不要忘了，今天可能被视为不正常的事物，到了明天很可能就会被视为是正常的。

我相信，郊区里发生的事情最能说明组织人“无根性”的本质，以及需要修改那些关于“无根性”的习惯假设。说到我们社会中的那些“过渡人”，有趣的是，我们会本能地用一些不适合他们的东西去描述他们——他们再也回不去的家园，他们从未创造出来的世界。相对于通常的那种社会小环境而言，他们异于常态；他们不断地四处流动，阻断了那些控制我们思想的既定抽象概念对他们思想的控制。所以我们发现，我们很容易将他们从未创造出来的那个世界给他们造成的精神创伤，视为一种不适的症状。

因而，在研究这些过渡人生活其中的郊区之前，我们必须先看看把他们带到那里的流动性和社会阶层结构上发生的变化。在郊区，正如我们将会在下一章中看到的那样，组织人正在非常自觉地尝试发展一种新的根来取代被他抛开的东西；而且，为了了解他的这一追求的本质，我们需要知道他到底抛开了什么，为什么将其抛开，以及他又是如何看待这件事情的。

* * *

在美国社会中的流动性到底如何这一问题上，人们的看法发生了很大的变化。在 20 世纪最初 15 年间，认为美国社会中的流动性相当大的观点不会引起太多争议；观察家们指出，虽然阿尔杰的故事与其说是一种现实，不如说是一种信仰，但是，在很大程度上，他们觉得我们的社会结构是流动的——其流动程度之大几乎让人感到恐惧。然而，在 20 世纪 30 年代和 40 年代，一系列极具影响力的社区研究开始让人们相信，这一点已经不再是一种事实。恰恰相反，现在看来，美国的体系终于转变成为一种稳定的秩序，在这种秩序下，成功越来越向下层阶级关上了大门。

人类学家劳埃德·华纳（Lloyd Warner）等人认为，传统社区（一座绿树成荫的古老城镇）的僵化，揭示出了流动性减少的基本模式：当地的商业关系和相互交织的家庭关系，把一个人牢牢地锁定在他所处的位置上；只有在上层组织的批准下，他才可以从那里向上移动（比如说，从兄弟会到扶轮社）。想要迂回绕过这条路径，变得比以往任何时候都要困难。通过开店向上流动的旧路径正在关闭；工人们加入了工会，经理人也职业化了。随着这些路径变得日益稳固，那些来自贫民区的男孩子想要跨越阶层的机会，变得比以往任何时候都少。正如我在关于归属感的那一章中指出的那样，这样一种判断也并非没有一点宣传的意味；人们认为应该有一些流动性，但是，他们又认为，在大多数情况下，个人都不应该抱有那种自己会上升的幻想，而是要尽力去适应当下的静态环境这一现实。

这些研究有助于引起人们对阶级和地位因素（美国人喜欢假装它们不存在）的关注。然而，在聚焦那些静止不动的事物时，这些研究却忽略了那些非静止事物的重要性；而且，在几乎所有的研究中都有一个相当重要的疏漏。那个因为不适应而没去适应的人呢？那个离开家园的人呢？

* * *

在美国社会中，背井离乡并不是一种少有的情况，而是一个极为关键的因素。从定义上来说，组织人就是一个离家出走的人；正如人们常说的那样，从中西部地区去往哈佛的人一直都不曾中断过。一直以来都有人离开家乡，他们的人数非但没有减少，反而是在不断增加，以至于那些留在家乡的人，经常会和那些离开家乡的人一样受到迁移者的影响。

当一个人从一个地方搬到另一个地方时，他的社交并不一定就会随之迁移。然而，如果我们同时观察地域性流动方面的数据，我们就会发现，在这两种流动之间存在一种粗略的联系。这里我们可以考虑一下迁移与年龄、教育和收入之间的关系。第一个因素是年龄：虽然 25 ～ 34 岁年龄段的男性仅占美国总人口的 7.5%，但是，他们却占到迁移者总数的 12.4%。第二个因素是教育：一个人的受教育程度越高，其流动性就会越大。如果一个人现在正在上大学，那么他最终很可能不会回到家乡。最近一次人口普查数据和《时代》杂志上“他们上了大学”的研究表明，迁移者的教育水平要高于那些非迁移者；而且，一个人的受教育程度越高，迁移的可能性也就越高。例如，在 25 ～ 34 岁的高中毕业生中，只有 27.3% 的人是跨州迁移，而在那些至少上过一年大学的人中，这一比例为 45.5%。在那些在自己州外的大学里求过学的人中，有 69% 的人都不会回到他们的家乡。顺便说一句，对所有大学生来说，他们的成绩越高，他们就越有可能迁移。第三个因素是收入。正如与教育的相关性所表明的那样，一个人的流动性越大，他就越有可能处于收入较高的阶层。虽然人口普查数据中并没有按照收入细分那些迁移群体，但是，关于直邮用户的相关情况表明，地址变更最为频繁的用户就是那些收入超过 5 000 美元（包括 5000 美元在内）的人群。也有迹象表明，在这个群体中，地址变更正在变得越来越频繁。1953 年，在《财富》杂志所有的订户中，有 14.8% 的人在这一年内更换了他们的家庭地址；1954 年，这一比例为 16.6%；1955 年，这一比例为 17.4%。

长途搬家公司保存的相关信息记录也表明，组织人有着相同的集中程度。它们最大的客户群就是从一个岗位调到另一个岗位（搬家费用由公司买单）的公司员工，这些客户占其客户总数的 40% ～ 50%。如果再加上政府部门、陆军部门和海军部门人员，以及从一家公司跳槽到另一家公司的公司职员，75% 的搬迁者都是这些大型组织的成员。

***

这些人的存在，使得我们通常意义上所说的“阶级”概念变得有些界限模糊。虽然在这些人中有些人可以称得上是上层阶级，有些人则属于中产阶级，但是，他们聚集在一起的“水平分组”才是更重要的。这一“水平分组”并不会让他们消除其原有的社会地位；不管想来会有多么让人郁闷，组织人彼此之间的家庭背景差异却是永远都无法被消除，但是，它们将会被取代。当组织人谈到他们同在一条船上时，他们描述的就是“水平分组”。他们会互相同化；在将他们联系在一起的纽带上，他们都离开了他们的家乡这一事实，要比将他们分隔开的他们离开的家庭类型更为重要。

把他们聚到一起的那种输出运动，早已成为我们社会的基础。这已经不再只是某一个特别的男孩子的情况：他必须想法走出乡镇，穿过铁轨，找到一个挥洒精力的出口；现在，多达 75% 的乡镇年轻大学生可能都会有彼此相同的处境。他们大学毕业后会去往哪里？是否要回到家乡？律师和医生可以回去，他们在家乡一样可以发挥专长，同时赚大钱。然而，对其他人来说，机会却似乎是在别处——这一点不仅对成了空军中尉的快递员来说是这样，而且对进入杜邦公司的山村小伙来说也是如此。

美国文学一直钟爱那种故地重游或失落小镇的故事（如《不归路》《情断奈何天》《你无家可归》《迷失的女人》），这是可以理解的。那些已经离开家乡的人经常回想起他们留在那里的东西，奇怪的是，他们并没有产生一种明显的疏离感。就组织中的过渡人而言，他们觉得自己牺牲了很多，他们经常在想，那些收获与自己的付出相比是否值得。他们中的大多数人都是来自那种相当富裕的家庭，回首往昔，他们会想起他们的亲友对他们的支持，想起他们祖父家豪宅上面那让人望之安心的人字形屋顶，想起他们是一个重要群体中一员的感觉。他们经常在回忆过往时说他们的家族姓氏别有一番意义。现在，这一切都已不复存在；他们很清楚，他们在当地的声望是带不走的，在这个城镇属于上层阶级，到了另一个城镇则只能属于中产阶级。

然而，在抛开这一切时，这些过渡人也得到了一些安慰。他们已经加入了一场重量级比赛，如果他们不是完全赤手空拳地走进竞技场，他们就会深深地感到，他们已经证明了自己要比那些没有进入竞技场的人更胜一筹。过渡人所共有的一种巨大的默契纽带是一种感觉（不管这种感觉是否合理）：通过迁移，他们增长了见识，开阔了眼界，这种广度将会永远拉大他们与家乡之间的差距。

一位事业有成的年轻高层管理者的妻子解释道："戴夫和我经常想回到东井。那是一个美丽的新英格兰小镇，我们在那里度过了许多快乐的时光。但是，那里所有有点本事的人都走了。有几个人继承了他们父亲的生意，至于剩下的人嘛，我讨厌让自己听起来显得有些势利，但我确实觉得自己要比他们优秀。"他们永远也回不去了。一旦纽带断了，返回也就意味着失败。"我受够了纽约，"一家公司的一位高层管理者表示，"但我非常清楚，如果我选择回到我的家乡泰勒斯顿，他们准会认为我是在外面混不下去了，才夹着尾巴灰溜溜地跑回来的。"

即使机缘巧合公司把他们调回他们的家乡，他们也会是自己家乡的陌生人。或许他们能够重新获得他们原本可以顺利继承的当地威望，但是，如果他们这样去做，就有可能削弱他们与组织之间那种新的、现在更为重要的关系。一位初级主管这样向我解释："公司上次进行人员调动时，我几乎是非常偶然地又回到了我出生的地方。这肯定是公司有意进行的一种安排，因为我的家人一直都守在这里。不过，我必须承认，当我知道我能加入城市俱乐部而我的老板不能时，我相当开心，当然，这只是我私心所想。如果我想在这家公司继续向上发展，我应该与之打交道的人就是公司办公室里那帮人。"另一个人说："太奇怪了。在这里，我得到了一种很多人都愿意出大价钱才能得到的社会地位，可是，我一进入这家公司，也就不得不放弃那些地位。我们显得有点落魄，在我和我的妻子看来，就好像我们根本不是在这里出生的一样。"

* * *

但是，也许过渡人不能回家的最重要原因是，即使他们想回家，他们也找不到他们心目中的那个它了。这不仅仅是指地貌上发生的变化，比如，过去的高尔夫球场上新建的项目，城外出现的新购物中心，新建造的一些工厂。在这些年轻的过渡人离开小镇后，又有同样数量的人从其他小镇搬到这里。在许多美国社区，那些曾经“有意义”的名字所享有的权利地位大都已经被取代。即使在那些相对未受城市化影响的城镇，年轻人的离去也给社区留下了一个其自身无法弥补的真空。享有“扬基城”美誉的纽伯里波特就是这方面的一个例子。纽伯里波特现有 1.5 万人口；虽然美国在二战后的人口增长几乎影响到每一个“正常”社区，但是，纽伯里波特的人口却是并未增长多少；单从地貌上来讲，它还是 19 世纪初的那个纽伯里波特，这里新增加的现代建筑相对来说非常少。

然而，这里却有一种相当大的流动性。高中学校记录显示，25% 的高中毕业生没有返回这里，而是进入了组织世界；在很多情况下，这种地理位置上的移动也代表着一种社会性的移动。与此同时，居住在高街上那些漂亮房子里的上流社会的老旧家族则是节节败退；随着那些住宅里的老妇人一一过世，这些旧房子也被一一卖掉。（其中有几幢房子被当地公司聘请来的一些高层管理者买下。）虽然纽伯里波特人对当地 18 世纪田园风格中的某些方面出现解体感到难过，但是，他们并不完全敌视 20 世纪。纽伯里波特的地方报纸上连篇累牍地报道了当地居民为引进新工业所做出的努力：经过许多次激烈的辩论，他们得到了足够的土地，可以建造一个工业园区。尽管郊区的大趋势尚未波及这里，但是，从波士顿延伸过来的新修的高速公路，却是既宽阔又平坦。

* * *

对许多城镇来说，这种新出现的紧张局面都是不容小视。虽然新居民的涌入可能象征着经济增长和繁荣，但是，就像度假胜地的当地人把“避暑族”视为一种威胁一样，老居民也把新居民视为一种威胁。这些人，以及将他们派到小镇上来的公司，不仅破坏了小镇历史上那种低工资水平，还扰乱了当地秩序。不管其出身是否高贵，公司分厂的总经理都掌握着一种非常重要的权力，镇上人都知道这一点。这也就难怪各大公司都会对其派往全国各地的执政官及其家眷进行一番精挑细选。

因此，对那些已然没落的绅士来说，看到一对开心的小夫妻缓缓地开着他们的皮卡车查看那些老房子，这是一种会让他们感到害怕的预兆。一个古老城镇中一个显赫家族的成员向我询问，她家农场对面山上的新房子里都住着一些什么样的人。“我丈夫和我都对此感到厌烦。我们卖掉了那里的120亩地，因为我们需要钱，可是，现在你看看那里都变成什么样了。你看看他们盖的那些难看的小盒子！价格贵得离谱不说，还没有一点品位。这些人根本就没有风格可言。我不知道汤姆（附近一家钢铁公司的总裁）都是从哪儿找到他们的。我想他们这些人都很聪明。那些人的老婆满口胡言乱语，操着中西部口音！他们刚刚接管了高尔夫俱乐部，现在查理想让我招待他们中的一些人，我才不会呐。我当然会以礼待人，但是，他们有他们的方式，我有我的方式。”

新来者经常都能感觉到那些老居民对他们的这种厌恶。这些过渡人可能会和你谈起他们去过的那些对待他们非常好的小镇，但他们更可能会对你提起那些他们在那里受到冷遇的小镇。有时候，他们还会说起当地人对新来者带着一种明显的敌意。如果社区一直在不停地迅速扩张，那么对新来者的担忧很快就会转化为诸如划分区域和俱乐部入会限制条件等实际问题，而环绕着一些城镇的小住宅区，实际上则形成了一个敌意圈。[1]

在大都市中心，同样的更替过程也在展开，只不过在这里这一过程进行得更为轻松。由于大城市可以为人们提供更多的机会，所以人们可能会认为，它们将会更容易为其机构雇用本地人才。然而，即使在这里，新

---

[1] 纽约大学玛丽·贾霍达（Marie Jahoda）博士开展的一项研究表明，在发展的最初阶段，宾州费尔里斯山区的人们认为，下巴克斯县的大多数人都不喜欢他们。他们的看法一点没错。

来者的数量也超过了当地人。例如，费城一直被认为是一座近亲繁殖的城市，然而，社会学家迪格比·巴尔策尔（Digby Baltzell）开展的一项研究显示，早在1940年，在《谁是谁》这一名人录中列出的费城商界和职业领袖中，有64%的人都是在费城以外出生的；他写道，随着时间的推移，权力职位上新生力量的涌入，在社会名人录中得到了一种清晰的反映。

同样的过程正在全国各地进行。随着经济权力从地方机构手中转移到那些全国性组织手中，许多城市或城镇精英的成员身份已经很少由过去的那种世袭关系决定，而更多是由其当前的职位级别决定。不仅那些全国性机构外派出了更多的人，那些地方机构本身也比过去更多地对那些外来者敞开了它们的怀抱。简言之，城市精英已经成为职业精英。

***

我记录当前社会的流动性这一事实，并不是为了证明它将会一直持续下去；我遇见过许多人，他们认为，就现有规模来看，这种流动性只是一种暂时现象。在我看来，他们低估了这种势头所具有的那种潜在力量。诚然，二战后工业企业的扩张是促成这种流动性一个很重要的因素，但是，我们不能指望它就会是一个恒定的因素。事实上，流动性中那些更无形的方面可能同样重要。流动自有其形成的方式，因为随着人们逐步适应当前的需求，这一需求就会很自然地被人们所接纳。

这里请让我花点时间来谈谈公司的调动政策，因为这一政策有助于阐明这种流动性所具有的那种自我延续性。当新员工加入公司时，他可不是想要在日后频繁搬动，那通常都是一种无奈之举。但是，他知道，调动已经成为他与公司进行讨价还价的条件之一；尽管被公司调动会让人不安，然而，更让人不安的则是没有被公司调动。一家公司的总裁有点冷淡地解释说："我们从未有过调动员工的计划，我们也从未强迫他们调动过。当然，如果他不主动要求调动，他就会毁掉自己的事业。反正我们从未强迫他去进行调动。"事实可谓众所周知：调动的员工都是面带微笑地搬家，再搬家，一直搬家，一年又一年地搬家——直到他被公司召回的那一天。

事情并不仅仅是每个人都会有更多的调动。在公司的报告中，虽然每个人调动的次数没有增加，但却有更多的人被调动了。例如，通用电气公司在其 45 岁的高层管理者和 35 岁的高层管理者之间做了一个对比。在 25 岁之后的 10 年里，在那些 45 岁的高层管理者中，有 42% 的人至少被调动过一次；而在同一年龄段，在那些 35 岁的高层管理者中，则有 58% 的人至少被调动过一次。

当然，公司说了，它从来没有这样计划过。并不是某项人为的人事政策，而是权力下放和扩大，决定了这种模式的出现。当然，公司已经让调动变得系统化。搬家变得越来越有节奏，而且几乎无一例外，总是会有专门的部门来处理搬家过程中所有的琐事，好让被调动员工的搬家事宜变得让其无比舒心。然而，总的来说，这个人的个人发展问题（不管老板在向他宣布调动这一消息时如何强调这一点），比起填补公司在全国各地职位空缺的日常必要性，已是处于次要地位。[2]

这也就是说，到目前为止，事情一直都是这样。但是，一些公司正

---

[2] 应该指出的是，仍有许多环境是高层管理者们所不能适应的，而在有些环境中他们则是如鱼得水。许多公司后来才意识到，自己将一些优秀员工调到旧金山或洛杉矶工作了一段时间，结果却失去了这些人。即使给他们加薪也无法挽回他们，因为一旦感受过加州的那种生活方式，加薪这一诱惑也就变得索然无味，这一点有时也反映在西海岸和东海岸的工资差异上。当壳牌化学公司将其总部从旧金山迁至纽约时，公司中的一些管理团队选择了辞职，而不是跟随，而一些跟随过去的人最终还是决定回去。另一家公司最近在西海岸设立了一个实验室，该公司承认，这样做主要是为了留住可能会流失的人才。

另一方面，有一些环境则是许多人都不愿去尝试的。让小城镇成为一个人仕途中的一个中转站是一回事，让它成为一个人的麦加圣城则是另一回事。一个组织里那些有创造力的专业人才通常也会永久地搬到小城镇，但这样做有一个前提，那就是，它离大城市很近并能给他们提供很方便的专业上的联系。同样，如果这个小镇太小，以至于公司的涌人威胁到了小镇的复兴，那么几乎所有高层管理者都会对是否要搬到那里犹豫不决，至少在一段时间内会是这样。

在逐渐相信，定期（对其员工进行）调动也是一件好事；而且，即使没有那种直接的功能性原因，调动可能也很重要。他们反问道：除此之外，还有什么更好的方法来培养一位“多面手”高层管理者呢？有些公司，比如通用电气公司，不是让调动由公司内部的不同部门自行决定，而是将这样的决策作为整个公司系统管理计划的一部分。因此，通过将一个人“长久性”（至少三年以上）的调离作为一项深思熟虑的轮岗政策的一部分，员工得到了“更多的人生选择”，公司也由此储备了一个经验丰富的人才库。其他公司也认同这种做法。通过有意安排让一个人处于一系列不同的环境中，到头来他也就能够最好地适应大型组织的环境，因为他已经成为一个在任何地方都能融入其中的人。“这种培训，”正如IBM公司一位高层管理者简明地指出的，“可以使我们的员工进行互换。”

这难道不是我们社会中未来将会变得日益常见的一种趋势吗？在“人人不同”的意义上，我们是不可互换的。然而，从自我存在的表面上来看，我们正在被一种日益民族化的文化团结在一起。而这也是流动性势头的一部分。人们迁移得越多，社会环境就会变得越相似。社会环境变得越相似，人们的迁移也就会变得越容易。

越来越多的年轻夫妇搬来搬去，只是他们的身体在移动。随着每一次调动，室内装饰、建筑风格、看到的人可能会发生变化，但是，他们经常接触的人群、沟通的内容和自身的价值观却没有改变，有时就连室内装饰和建筑风格也都没变。如果没有公司里的人来帮助新来者打破沉默，那么肯定会有一些过渡人出面，其中很可能就有新来者在这一过渡人共济会中已在其他地方遇见的那些夫妻。他们喜欢观察周围的小世界。一位典型的过渡人说：“我会随意翻看当地报纸上刊登的新来者名单，我们已经遇到了几个在剑桥大学商学院时代就见过的人。我们相信帕克费尔法克斯的同学很快也会加入进来。”但是，即使他们不认识任何人，事情也不会有太大不同。无论他们各自处于什么样的组织中，他们都会有同样的问题，有同样的记忆，有同样的抱负。用他们最喜欢的短语来说，那就是，他们说着同一种语言。

* * *

组织人之间的这种共性，似乎支持了正在美国出现的一个更加让人不快的预言。这种人才共济会是否会凝固成为一个对外界越来越封闭的精英阶层？从社会学家凡伯伦提出的“工程师苏维埃”到管理学家伯纳姆提出的“管理革命”，一个专业统治阶级正在凝聚（或者应该凝聚）的想法，一直是美国思想中一股强大的暗流。如今，从表面上来看，似乎比以往任何时候都更有理由让这样的精英联合起来。

我并不认为这是我们将会面临的主要问题。随着新一代管理人员日渐成熟，整个群体（而不仅仅是个人）都步入了中产阶级。例如，在商人中，来自农村人数的下降，与其说是由于寡头政治使然，不如说是由于农民在美国总人口中所占的比例下降使然。在商人中，来自劳工阶层人数的下降，情况也是如此。虽然确实很少有高层管理者出身于工薪阶层，但是，我们往往夸大了曾经的这一数字。如果回到 1870 年，我们将会发现，当时的商业领袖很少是劳工出身。1952 年进行的一项研究表明，在当时的商业领袖中，绝大多数都有中产阶级或上层阶级背景，他们当中是企业领导者之子的人数要比今天更多，而不是更少。

随着中产阶级的人数不断扩大，上层阶级的世袭优势也开始急剧下降。美国的教育普及运动消除了地区和社会差异，使更多的美国人都能以平等条件进行竞争。高声望职业的扩张速度说明了这方面的部分情况。正如纳尔逊·富特（Nelson Foote）在《美国经济评论》（1953 年 5 月）杂志上发表的文章中所指出的，与 1910 年相比，相对收益最大的职业是教学和工程等行业，在这些行业中，教育所起的作用远比家庭和社区纽带重要。同样，在商界，那些更依赖家庭关系的人（如企业主）减少了，而白领人数则增加了。

为了进一步证明这种阶层上升趋势，我们必须感谢劳埃德·华纳和他的合作者阿贝格伦。他们进行了一项关于大企业领袖的研究，他们得出的结论是，搬迁的那些人才是关键。他们指出，世袭优势可能很重要，但对那些高层管理者而言，一个更重要的因素则是“到达和离开”这一反复循环：离开一组朋友和环境，与另一组人建立联系，并在必要时重复这一过程，然后再重复。他们写道：“所有证据都表明，在美国社会中，人们可以实现各种各样的机会。我们的社会制度并没有把那些出身低微的人禁锢在原地，而是继续使各个阶层的人们都有可能获取商业和工业中的那些精英职位。”[3]

* * *

除了管理集团对所有人都开放这一事实，还有一个事实也剥夺了管理阶层成员作为统治阶级的资格。他们没有一种集体的方向感。他们之所以没有这种方向感，是因为他们所在的组织没有这种方向感。由于功能和目标上存在的基本差异，我们社会中许多不同的等级制度也就不像看起来那样具有可比性。就像工会成员成为产业关系主管、前政府律师成为公司法律顾问、昔日的贵族之后成为销售培训生一样，许多组织人都必须解决他们在忠诚度上所存在的冲突。那些迁移的人并不保证就会拥有一种共同的、万能的宗教。

他们对组织本身的忠诚超过了对任何一个特定组织的忠诚，因为正是在发展他们的专业技术，而不是意识形态方面，他们找到了一种连续性，

---

[3] 这项研究以 8 562 名商界人士为研究对象，比赫瑞蒙·毛瑞尔（Herrymon Maurer）针对 900 名高管所做的研究（《财富》，1952 年 11 月）更能说明社会的流动性。华纳和阿贝格伦发现，在高层管理者中，自 1900 年以来，父亲是劳工的高层管理者所占的比例增加了 8%，父亲是企业主的高层管理者所占的比例减少了 10%。梅布尔·纽科姆（Mabel Newcomer）在 1955 年开展的一项研究，也证明存在这种趋势；在她的样本中，在 1950 年的高层管理者中，属于工人之子的高层管理者所占的比例是 7.5%，而在 1900 年时这一比例只有 4.2%。

而这则可能是管理人员没有联合成为统治阶级的又一个原因。“他们还没有接管管理职能，”马克斯·勒纳（Max Lerner）指出，“也没有任何迹象表明他们想要接管或能够接管这一职能。”他们关注的是自己掌握的技能，而不是那些技能的用途。技术人员认为，何人得益的问题超出了他的技术能力考虑的范围。

* * *

简言之，有证据表明，无论美国社会此时此刻有什么样的缺点，缺乏活力都不在其中。上行之路并未关闭，社会阶层也未冻结；恰恰相反，从来都没有这么多人会以这么多不同的方式在前进。这种变化到底是好是坏，我们应该稍后再做定论。变化本身并没有什么美德可言；而变化是否有益则取决于变化的目的，正如那些年轻郊区居民的生活方式所表明的那样，这既令人不安，又令人鼓舞。

只关注充满活力这一点会让人滋生出一种肤浅的乐观情绪：人们陶醉于美国生活的多样性，以至于相信，不管某种趋势有多么糟糕，总是会有一种反趋势来抵消它，既然这样，那么我们为什么还要担心它呢？但是，我确实认为，强调变化是一种最有效的观点；而且，这表明人们对个人能力抱有一种很大的信心。那些不希望看到有更多变化的观察人士认为，变化会在人们心中引发焦虑、紧张和沮丧。这是一个不争的事实；而且，郊区的过渡人确实也为背井离乡付出了巨大的代价。可是，对他们来说，其他选择又能算得上有几分理想呢？在我们去探究他们的烦恼之前，请让我们记住下面这一点：只有固定的事物秩序，或者是完全忠诚于一个无所不包的仁慈的组织，才能让他们摆脱这种忧虑。

22

扎下新根

想要发现组织生活中的流动性正在走向何方，新出现的众多郊区可能是我们找寻的最佳去处。因为它们并不仅仅是一个大规模住宅区的聚集地，事实上，它们还是一种新的社会机构；尽管它们彼此之间看似有千差万别，但是，无论你走到哪里——帕克福里斯特的庭院，旧金山帕克默塞德的天井，费城的德雷克斯勒布鲁克镇，宾夕法尼亚的莱维敦镇——你都会发现，在生活方式上，它们有着一种明显的相似之处。

这是一种公共生活方式，那些郊区居民深谙其意，但却不知道应该如何去准确地描述它。有时候，他们会把它比喻成是边疆或早期殖民地定居点。而在其他时候，他们则调侃说它是一个“儿童联谊之家”，这是一种对集体宿舍生活的映射，或者换种更好的说法，这是一种军中服役生活的世俗版本。然而，不管像“一个视野开阔的子宫”这样的生造词显得有多么刺耳，这都是一种他们觉得适合他们的愿望、需求和时间的生活方式。他们可不是可以任意由人操弄的棋子；他们受过良好的教育，他们比他们的先辈更了解社会趋势，他们谈起其自身境遇可谓老成练达。有时候，他们还会装作漫不经心地说出像“社会宽容”和“以孩子为中心”这样的词汇，从而给人一种感觉，好像他们每个人都是自己的特聘社会学家。

在一定程度上，这些社区是中产阶级大扩张的产物，因为新郊区已经成为成千上万的年轻人从城市里外迁的麦加圣城。然而，这些人却并未在新郊区占据主导地位。在漫长的寻觅过程中，组织人在新郊区找到了一个理想的驿站。不过，他也是最快从这里搬出的人。不过，只要他搬出，就会有人取而代之，然后又会有人搬出，跟着又会有人取而代之，如此循环往复。正是他为其他人定下了一种基调；如果他和其他人一样不确定自己是否在与人攀比，那是因为他**就是**在与人攀比。

帕克福里斯特镇独具特色，我对它进行了最深入的研究；它有一个最突出的特点是，它实际上是一个受控的组织人样本。与其他地方一样，这里的人也是形形色色。对许多从城市里搬到这里来的新人来说，这样一个社区是中产阶级价值观的受教之地。这里我们可以勾勒出一个郊区组织人的典型形象：他是一位白领男士，年龄在 25 ～ 35 岁之间，薪资在 6 000 ～ 7 000 美元之间，他已经成家并已经有了一个孩子，而且他还会再要一个孩子。

如果有人想要研究下一代的组织人，有一种不错的做法就是，用表格图记录年轻一代在远离长辈时都是如何处理问题的。因为他们在新郊区彼此比肩接踵，所以他们凡事都略带夸张：这里的学校比其他地方的学校显得更加现代一些，他们的政治态度显得更加激进一些，当然，他们的社交生活也显得更加社会化一些。这些现象究竟是一种反常之举，还是一种新常态的先兆呢？看到这里发生的一切，人们不禁会生出这样一种感觉：帕克福里斯特镇居民的价值观，预示着未来社会价值观的一种最新发展。[1]

---

[1] 这些章节基于我在 1953 年为《财富》杂志做的一项研究，以及我在 1955 年和 1956 年后续又进行的两次研究。我原本打算去德雷克斯勒布鲁克进行调研，但在 1952 年年底，在参观了其他几个郊区后，我决定把自己的主要精力集中在帕克福里斯特镇，因为它是这些郊区中最大的政治和社会聚合体。这项研究工作始于 1952 年 12 月，止于 1953 年 6 月。1955 年，我重又回到帕克福里斯特镇，调查自 1953 年 7 月以来这里发生的事情。

＊＊＊

新郊区的出现可以说是一种自然现象。它们与奥奈达社区或傅立叶定居点那种乌托邦式冒险颇有几分相似之处，只不过，早期那种带有乌托邦色彩的社区是一种叛逆精神和理想主义的表达，而新郊区则是对社会和经济现实的一种回应。例如，人们建立帕克福里斯特镇的原因非常简单，就是为了赚钱，赚很多很多的钱。一群芝加哥商人对二战后的房地产市场进行了一番调研，他们看到，当时的社会上出现了大量的年轻退伍军人，但却极少有合适的住房能够满足有着以下条件的年轻人：（1）有孩子，（2）期望进行工作调动，（3）渴望过上一种有品位的美好生活，（4）生活花销不太高。这群人就想：为什么不能为这些人从零开始建造一个全新的社区呢？经过一番商讨，这群人组建了一个公司（美国社区建筑公司），在芝加哥市以南 48 公里的一个地方买下了 1.5 万亩玉米地，并请来一位大人物，即联邦公共住房管理局前任局长菲利普·克鲁兹尼克（Philip Klutznick），出任公司总裁。

开发商的计划是，先在中央购物中心周围建造一批出租花园公寓（两居室复式公寓的租金为每个月 92 美元），然后，随着时间的推移，再在周边地区建造一批牧场式房屋予以出售。这些房子将会以低价出售（11995 美元）。公司真正的收入主要来自水厂。实际上，开发商是在建造一座城市，进而形成一个垄断市场——一个无论如何填充都装不满的 3 万人的大水库，其中许多人正好都处于家庭刚刚开始进行财富积累阶段。

1948 年，当这里的大门打开时，那些庭院式出租房立马就成为泥海中的一座岛屿。那些年轻人从芝加哥城里蜂拥而至。第一波入住者里挤满了学界人士和专业人士——这个地方似乎对工科博士有一种非凡的亲和力。然而，由于芝加哥是美国最大的商业竞技场之一，事实证明，这里对组织人则有一种更为强大的亲和力：在美国初级管理人员大调动的背景下，帕克福里斯特镇迅速成为组织人的避风港。大公司的培训生，AEC 公司的研究化学家，陆军第五军的上尉和少校，航空公司飞行员，联邦调查局特工——总之，这里几乎囊括了美国各个阶层的组织人。[2]

这里为什么会变得如此吸引人呢？因为我主要是想强调一些非物质因素，所以这里我要先把物质因素放在第一位。人们之所以选择搬入帕克福里斯特镇，主要是觉得这里的住房物超所值。一些了解精神分析学说的观察家认为，人们搬到这里主要是为了寻找像"父亲形象"之类的东西，由于它倾向于选择这样的人，所以帕克福里斯特镇并不是一个可以代表正常情况的抽样。对他们的这一看法，我不敢苟同。毫无疑问，它确实带有一些选择性，但应指出的是，依照帕克福里斯特镇居民的收入和年龄，人们在住房方面几乎没有选择的余地。他们可能并不喜欢那种密集扎堆的感觉（确实有许多人因为考虑到这一点而决定不搬过来），但是，关于其他方面的均衡考虑则更为重要。物超所值的房子，独有的生活便利设施，最重要的是这里还有为孩子们精心设计的环境，这三点一直都是大多数人选择这里的绝对主导因素。

简言之，人们搬入帕克福里斯特镇有着非常合理和明智的理由。然而，一到这里，他们就创造出了一种新的东西。他们共同营造出了一种充满活力的社会氛围。从物质方面考虑，帕克福里斯特镇确实有一些非常具

[2] 各个阶层仍然保持不变。帕克福里斯特镇的老居民会告诉你，他们正在被一个不太有价值的"元素"所取代，不过，尽管这里的人口每年都在增加（1956 年年中这里有 2.5 万人），其基本特征却是没有发生变化。所有成年人的平均教育水平仍然保持在大专院校 2 年半左右，是伊利诺伊州所有社区中最高的。就职业而言，1955 年入住租赁区的居民情况没有变化，除了少了几个大学生。以下是对 1955 年新来者的随机抽样：辛克莱石油公司化学研究员，斯威夫特公司销售员，陆军第五军少校，FBI 调查员，福特汽车公司采购代理，斯威夫特公司工业心理学家，《商业周刊》杂志页面销售员，保诚人寿保险商，杜邦公司销售员，斯科特百货商店实习生，巴勒斯加工业公司培训生，陆军第五军中校，大陆铝罐公司研究工程师，西方电气公司工程师，阿特拉斯盒子公司销售培训生，通用电气公司工程师，美国航空公司飞行员，阿克米钢铁公司公共关系助理，瑞奇高中教师，福特汽车公司劳动关系助理，《时代》杂志专栏作家，海湾石油公司会计，芝加哥广告公司撰稿人。

有吸引力的地方，然而，这里的那种社会氛围却是一种意义非凡的额外利好。开发商很快就认识到了这一点。起初对帕克福里斯特镇上新房子的宣传定位就是居家住房，现在他们则开始宣传这里是幸福快乐的源泉。他们请来一家广告公司（韦斯和盖勒公司），这是一家业内公认最具有激励意识的广告公司。经过一番深度访谈和精神分析小组讨论，广告开始大肆渲染帕克福里斯特镇的色彩，而非那些住宅本身。

其中有一则广告是这样的：

你属于
帕克福里斯特！
从踏进我们小镇的那一刻起，
你就会知道 我们等的就是你
你是大家庭的一分子
可以住在有爱的小镇里
而不是孤独的大城市。
可以在这里觅得知己
和他们一起谈天说地
快来吧，
来看看帕克福里斯特镇的精神气。

（1952 年 11 月 8 日）

下面这则广告则更厉害：

一杯咖啡——
帕克福里斯特的符号
咖啡壶整天冒着泡泡

友谊之象征

邻里乐相融

有乐共享

有难同担

快来吧，来看看帕克福里斯特镇

紧近大都市　小城友情就是真

（1952 年 11 月 19 日）[3]

广告上的内容说得很对。试以一对夫妇为例，我们姑且就叫他们亚当斯夫妇，女的叫多特，男的叫查理。查理是一家大公司的实习生，他从公司在纽瓦克的办公室被外调，来到 M－12 号庭院的 8 号公寓。真是糟糕的一天：孩子们在一旁哇哇直哭，多特一直都在忙着收拾东西累得半死，搬

[3] 人们只能对这些广告及其卖力的营销表示钦佩。但我一直想知道，为什么开发商和广告公司忽略了另一个非常重要的吸引力。他们借助现代生活中的孤独感触碰到人们敏感的神经，但却未提到帕克福里斯特镇是可以给那些知道自己还会调动的人们提供更多物质服务的临时家园。许多过渡人要是能在这里买下房子将会过得更好，有些人是在这里住了一年左右时间才发现了这一点。但是，到了此时通常为时已晚，因为从来没有广告宣传买房是一项既无风险又经济的提议。所以芝加哥地区的许多过渡人也就从未考虑过这种可能性。随着时间的推移，这种购房观念有可能成为一种公认的做法，但它仍是一种会冒犯众人情感的呼吁。那些想留下的人对此不屑一顾。甚至开发商自己也不愿大声说出这一点。他们早已成为帕克福里斯特镇居民，虽然他们在镇上的大多数事情上都不会感情用事，但对这里的流动率却是颇有几分敏感。其实，那是一种很正常的现象，但他们有时却会花钱打广告，暗示没有人离开这里。当然，开发商有理由担心，需要向大多数不是为了过渡的购房者做些解释才能使他们认识到，这种流动性是正常的，而非对社区的一种排斥。然而，我仍然认为机会被忽视了，不过我非常尊重开发商的智谋，所以我毫不怀疑，随着时间的推移，他们会公开宣传他们拥有一个多么好的过渡中转站。事实上，未来十年左右，他们可能会担心人们对人员流动率没有足够的认识。他们可能会觉得有必要去争辩：帕克福里斯特镇既不是老年人的家，也不是那些过时的人的家，住在这里的初级管理人员得到晋升和调动的速度，与其他任何地方的人都一样快。

家工人要到很晚才能搬完所有东西。

但是，因为 M－12 公寓是一个“快乐”的地方，所以邻居们很快就都跑来帮忙。一些人显得有点过于热情，主动帮助多特收拾行李和整理床铺。到了吃晚饭的时候，又过来两个女孩子，一个女孩子手里端着一锅热菜，另一个女孩子手里则捧着一壶热咖啡。没过两天，孩子们就找到了他们的玩伴，多特则和女孩子们一起聊天、嬉戏、晒日光浴，就像大家都是老熟人一样。与此同时，查理也发现，住在 5 号公寓的罗比是他在军官训练学校时的同学，他将会和罗比一起加入小区的扑克俱乐部。一言以蔽之，在不久的将来，当另一对晕头转向、饥肠辘辘的新人搬进来时，亚当斯夫妇同样会伸出援手，以示回报。

在庭院小区里，他们发现自己与他人之间的关系超越了那种单纯的邻里关系。除了寺院和家庭，在美国可能没有其他社会机构会如此共享财产。除了为要下一个孩子存下的 200 或 300 美元，他们很少能在过渡期积累多少资金或财物，因此，他们共享财产以便其使用价值可以得到充分利用。一台割草机（男人们共享，各自做各自分配到的部分）足以为整个庭院小区剪草。对妻子们来说，可能会有一个临时保姆“银行”。当一家主妇替另一家主妇照看孩子时，她花的时间就会被存在账上，当她想要从中提取时，一个有欠账要还的主妇就会为她代劳。私囤财物为人们所不齿，所以他们的书籍、银器和茶具经常相互交换，孩子们则是不经请求就可以自由地使用彼此的自行车和玩具。

小区的社交生活重在帮助过渡者在这里扎下根，而这则只是适应的一部分。不久之后，查理·亚当斯就会感觉到有一种四处扎根的冲动；并且出于那种正常的加入本能，他可能会认为，只要稍微参与一下这些社区活动就行了。因而，当一项活动的组织者邀请他加入其中时，他一开始只是试探性地参与一下——毕竟又不会费太大事，只是去帮点小忙而已。可是，转眼之间，或者就是彼此间打个电话，消息就传了出去。其他活动的组织者也都纷纷邀请他加入其中，查理再也不是从前的那个他了。

他已经掉进了参与的漩涡之中。社区有 66 个成人活动组织，再加上这里的人员流动，每个小组都是如饥似渴地想要发展更多的新成员，帕克福里斯特镇平均每百人参与活动的比例比美国其他任何社区都高。对一个全身心投入各种活动的妻子来说，家里少不了会有一个小黑板，因为要让自己错开时间参加两场不同的会议并不总是那么容易做到。从早上 7 点到晚上 10 点，每个小时都会有某个组织在某个地方召开会议。在一个典型的夜晚，我透过一座社区大楼的玻璃窗看到一些组织正在举行活动：在顶层，教堂唱诗班正在进行彩排；探险家童子军正在计划下周的远足；世界政治讨论小组正在讨论战争的起因，并计划在第二天晚上讨论美国的外交政策。在底层：学校董事会正在召开会议，讨论新学校的内部装修问题；一个筹建委员会想要成立一个新的组织：新教男子俱乐部；夫妻俱乐部的成员则正在观看一部关于儿童安全规则的幻灯片。

当然，与在其他地方一样，这里也是冷漠的人要多于积极的人（只是相比之下没有其他地方那么多）。那些活动积极分子表现得太过积极，以至于他们自己也常会觉得自己有时的举动蠢得可笑。一位妻子解释说：“虽然我和我的丈夫弗雷德都算不上是真正的参与者，事实上，我们就像这里一些傻乎乎的人一样，但是，现在的情况已经变得如此糟糕，我几乎不得不和他预约每周六相见。每周我们两个人都要轮换：我开会时，由他负责照看孩子，他开会时，由我负责照看孩子。”另一位主妇说：“这就像是在参加一场无比激烈的比赛！即使待在家里，我做的事情也要比你们能够想象的多。我在给我的丈夫迪克当秘书，他不在家时我会帮他处理所有来电；然后，我还有自己的小组（女性选民联盟）工作，还有体育协会的工作，还有读好书协会的讨论课。我的一些朋友认为我准是疯了。他们问我：你这么做是为了什么？其实，有时候，我也很想知道自己这么做是为了什么。”

他们对参加各种活动的态度可谓是爱恨交加。有时候，他们似乎只是在为参与而参与，比如，他们会在任何请愿书上签上他们的大名。各个组织都会定期将其成员聚到一起开会，其实也不是每次会上都会涉及一些具有针对性的实质性内容。有时候，这样做似乎主要是提供一个出气的场合，那些焦虑不安的人可以在会上发泄他们在别处必须压抑的攻击性。没有年长群体和公序良俗的约束作用，他们被迫进入一种早熟状态；不幸的是，这也使得许多人养成了一种自由表达的方式，在这种方式中，辱骂和怨恨本身似乎就是目的。

* * *

然而，事实上，这一切都有一个真正的目的。如果说他们有时表现得有些少年老成，那么他们终会大有作为；而且，社区居民已经解决了这么多问题，他们取得的这一成就，远远超出了他们一路走来发生的种种不快。然而，最重要的补偿则是属于另一种性质。居民参加各种活动绝对不是为了创造就业机会，如果这些活动超出了社区的实际需求，那么它们也就超出了个人需求。

前面我曾谈到"无根性"问题。这是一个需要我们重新对其加以审视的术语。过渡人是否就是无根的人呢？如果我们所说的"根"指的是历史上将美国人与当地社会紧密联系在一起的地理联系和家庭联系，那么这些过渡的年轻人几乎都是无根的。他们非常清楚这一事实，而让人惊讶的是，他们经常会提起自己的家乡。虽然他们根本不想回到家乡，但是，他们却总是对家乡留存心底的记忆念念不忘。有趣的是，他们最常提及的事物是树木。一个过渡人伸手指着窗外那些小树苗，一脸厌恶地向我解释说："你是知道的，这里的鸟儿不会唱歌，这些树木太小了。我清楚地记得，小时候我住在杰斐逊维尔，房子外面到处都是参天大树。我在那里一年四季都能看见松鼠和小鸟。我觉得，说到家乡，这是我最怀念的事物。"

他们总是会继续迁移。对大多数租客来说，帕克福里斯特镇只是他们职业生涯中的一个驿站，是他们人生旅程中的一个阶段。一个人若是过了某个时间点仍然住在这里，可能就会意味着他在事业上发展不顺。很少有人会因为他们没有完成“学业”而被帕克福里斯特镇“清退”，更确切地说，他们大都是因为已经完成了他们的“学业”才离开这里的。不管他们多么自豪地说着这里没有攀比，以及这里种种吸引人的地方，过渡者们也会坦承，他们希望自己最终能够搬到伊利诺伊州温尼特卡、宾夕法尼亚州费城主干线或纽约州威彻斯特镇这样的地方。不过，他们解释说，决定权并不在他们手中；不定哪一天，老板一个电话把他们叫进办公室，然后他们就会继续迁移。

更多的时候，他们都会从孩子的角度，而不是他们自身的角度，去谈论他们的这种暂时性，但其弦外之音却可以说是不言自明。“孩子们既盼着搬家，又害怕搬家，”一位年轻家长这样说，“他们听大人说，如果他们搬到一个独幢房子，他们就可以养一只小狗或小猫。他们喜欢那样。但是，一说到要离开他们的朋友，他们就不干了，他们舍不得离开他们的朋友。我的小女儿对此非常担忧，我不得不向她保证，我们会在这里再住上一段时间……这是像我们这样的人都会有的一种暂时性态度。”

尽管这种流动性一直有些让人不安，但是，它也激发了其自身的补偿功能。用旧术语来说，过渡人是无根的，然而，旧术语描述的那种情况是否就是唯一的可能呢？我们通常想到的类比是一棵古老的大树。然而，另一个比喻可能同样恰当。下面请让我引用一本林场苗圃目录中的一段说明：

> 苗木在我们的苗圃中会被移栽 1 ～ 4 次。每一次，较长的、更容易受损的根都会被除掉，以便在主干茎附近生出更多小的给养根。苗木的给养根越多，它们在你的土地上生长的速度就会越快。而且，由此生出的大量小给养根会让苗木更容易成活。每年春夏两季，我们都会移栽成千上万株苗木，以便它们可以长出更多的给养根。结果表

明，移栽的额外成本都会成倍悉数奉还。

总之，苗木越小，也就越容易移植。这些过渡人确实渴望自己能够拥有一种更深的根基，而且，经过不懈的寻找，他们已经找到了一些他们一直在寻找的东西。他们开始在彼此身上找到了它。通过一种全国性合力的流动，他们正在生成一种新根。确切地说，这一新根尚且较浅；然而，就像红杉一样，根虽浅，只要数量足够多，一样能够撑起一片天。

* * *

在当前那些关于归属感需求的文章中，大部分文章都在暗示：参与是一种整体行为，人们在参与事物上的差异只是程度不同而已。不过，帕克福里斯特镇的情况表明，事情并不像那些学者所说的那么简单；事实上，不同类型的参与之间存在着一种很深的对立。但是，帕克福里斯特镇的情况表明了这一点，并不表明它在这方面就走向了失败，恰恰相反，而是表明它在这方面取得了成功。正是因为与其他社区相比它给居民提供了如此全面的参与，所以参与的那种两难处境在这里也就表现得更加明显。

在那些大型住房开发项目中，人们经常会举办很多社交活动，例如，帕克默塞德的天井社区在这方面的情况就与帕克福里斯特镇的庭院社区非常相似，但是，这里却极少会出现那种真正的公民或政治活动。这是因为这些住宅区并不是什么政治实体，而是早已建立的社区的一部分，老居民不会向新来者寻求帮助，新来者也没有兴趣给予老居民帮助。而且，在社区自身的发展中也存在一些潜在的问题。开发商在社区管理上采取了一种半友善的家长式作风，几乎解决了社区内所有的事务性问题，甚至包括剪草坪这件事（在帕克默塞德，这件事是由一群穿制服的服务人员来做的）。虽然开发商也会为那些业余爱好者群体提供其所需要的场地，但是，他们却并不急于在居民身上激发出一种活跃的社区意识。正如一位房东向我透露的那样，如果居民表现过于活跃，一些原本不会对任何人造成伤害的群体很容易成为租户组织的核心，真要到了那个时候，谁也不知道将会有什么事情发生。

随着（居民）参与的规模不断扩大，在很多新社区，开发商确实都会鼓励人们举行社会活动。德雷克斯勒布鲁克是这方面一个很好的原型。这里的家长制作风充满了仁慈之情；建筑商丹·凯利（Dan Kelly）是一个和蔼可亲的推动者，他自己很喜欢参加派对，并且善于通过给予社区居民一些小恩小惠来管理他所开发的住宅区。把 1 223 个花园公寓单元联合到一起的是一个俱乐部：德雷克斯勒布鲁克游泳和网球俱乐部，那里有游廊露台、游泳池、网球场和会所，而且价格很是亲民。此外，这里还配有一个全职的娱乐指导；夏天的时候，会有一群年轻女孩子来照看孩子们，这样妈妈们就可以出去放松购物或看戏。这里的派对名目繁多，遇上节假日还会举行一些比较盛大的活动，比如在华盛顿诞辰纪念日那天会举办一场“猎球”活动，平日里则经常会举行名人派对和“泼水”派对（参加者只需要交一美元就可以管饱）。

当居民想要自行开展一些社交活动时，凯利通常也很乐于伸出援手。例如，几年前，一群妻子围坐在一起，想着能干点什么。有人提议创立一个花园俱乐部。于是，她们就给凯利打电话说起这事，凯利则让她们相信他会全力支持她们。当这些女士们把所有的事情都准备好之后，他就为花园俱乐部的首次费城花展之旅提供了几辆免费巴士，并尽其所能地激励她们。比起参与其他任何活动，现在这些女士们会把她们的精力更多地花费在参与花园俱乐部的活动上。凯利资助的另一项社区传统活动是一年一度的圣诞装饰大赛。每年 12 月，个个庭院小区都会各展身手，争夺“最佳圣诞展示奖”；她们在这方面做得如此出色，以至于每年一到这个时候，就会有 10 万人特地开车前来看热闹。

然而，说到底，它终归只是一个住宅区，而不是一个社区。所以我们也就可以理解，这里没有一个团体组织变成反对开发商的抗议团体；虽然人们对这里的一些家长制做法也有一些抱怨，但是，他们却从未联合起来采取任何积极行动。在德雷克斯勒布鲁克，偶尔也会因为那些涉及居民切身利益的事情，像校车安排，而引起些许骚动，但是，除此之外，这里的居民对参与群体活动可以说是了无兴趣。此外，他们也没有时间去参与。

* * *

单从统计学上来看，帕克福里斯特镇人与帕克默塞德镇人或德雷克斯勒布鲁克镇人差不多。他们的社区之所以会比那种虚幻的乌托邦社区更具有表现力，主要有以下两个原因：（1）它本身就是一个小镇，一个有着各种真实问题的城镇；[4]（2）它有一个具有社会意识的开发商。

从一开始起，克鲁兹尼克就决定把镇上的事务交由居民打理。虽然这样一来将会使得租客处于一种可以向房东征税的奇怪境地，但是，克鲁兹尼克这位务实的远见之士认为，无论是从商业角度还是从理想主义角度来说，这对所有人而言都是一种最好的选择。他认为，参与管理这个地方的人越多，他们就会在此扎根越深，由此社区也就会变得越稳定——而在这里进行投资获利也会随之变得愈发稳定。

然而，实际发生的事情对克鲁兹尼克来说却是一个不小的打击。和许多精力充沛的人一样，他对那些他认为是受人误导的反对意见毫无耐心，所以很快他就遭到人们强烈的反对。帕克福里斯特镇人开始把他们的社区组织起来，而使他们团结在一起的却是这位开发商。他们本能地反对他的主张；虽然他们私底下谈论他们与开发商之间的关系就像是农奴与封建贵族之间的关系，但是，他们的举动可是一点也不像农奴。不管是什么样的问题（例如，开发商颁布的养狗条例，校方拨款数额），他们都会做出那

[4] 莱维敦镇的情况表明了政治统一的重要性。它横跨四个小城镇。它在很早以前曾有机会合并成为一个有自主权的城市，然而，由于镇领导软弱无能，这件事也就没能成功。从那以后，居民的社区精神大减，许多原本积极参与社区活动的人也都选择了退出。虽然部分社区仍在举办许多小型活动，但是，它们并未激发出人们积压在心底的那股热情。

种必须与暴政作斗争的强硬姿态。当克鲁兹尼克出于一时愤怒赶走了一位有激进行为的租户时，他们带上大喇叭和标语牌，在克鲁兹尼克的办公室外组织了一场大规模的群众游行。即使克鲁兹尼克很快就带着礼物前来，想要缓和彼此之间的那种紧张关系，也还是在人们中间引起了很大的争议。“克鲁兹尼克神父，小镇之父，哼！”一位租户在听说克鲁兹尼克捐给社区一大片土地之后大声喊道，“他逃不掉的！”

但是，这种自主权确实对所有相关方都有益。对租客来说，他们可以自行解决许多问题；对开发商来说，这也是一种约束力，可以帮助他们抵制那种想要减少外来者的诱惑。当美国人爱上房东之时就将是地狱之日降临之时，克鲁兹尼克对这一点的反思变得更有哲理了。尽管他肩上抗的十字架很沉重，但是，他是一位令人生畏的辩论家，很少能有什么事情会像与同样精力充沛的年轻律师（小镇镇长）进行公开辩论而让他感到兴奋刺激的。

不过，好菜还需慢炖。克鲁兹尼克自己曾经说过，民主的到来意味着，有一天他可以开着他的凯迪拉克在帕克福里斯特镇兜风，而没有一个人会说“看那个混球克鲁兹尼克开着一辆凯迪拉克”。其实那一天早已经来过了。很显然，帕克福里斯特镇的各项事务运行得非常出色，即使那些对房东抱有偏见的人也认为，克鲁兹尼克在投资上有一种极为敏锐的眼光；而克鲁兹尼克自己也已经证明了，他是一个明智的、从根本上来说算得上是比较理想的合作伙伴。不过，新时代的那种美好感觉并没有让居民变得反应迟钝，最近一些人承认，他们真的希望这里能有一些不公平现象好让他们可以变得兴奋起来。当地专栏作家艾尔·恩格尔哈德（Al Engelhard）在文章中写道：“就其本身而言，租户与房东和谐相处是一件有益的事情，它证明了租户的智慧和房东的善意。但是，人们为此付出的代价一直都很高。冷漠是和平之子，淡漠是和谐的摇篮……因为他是一个多面人，所以我一直希望克鲁兹尼克可以思考一些能让我们重整旗鼓的问题。我们需要一个共同的敌人，所以我们可以把他放大成一个大怪物，在背后议论他，然后串通一气，把他的模拟像高高挂起。”

* * *

查尔斯·希恩（Charles Shinn）在报道1848—1853年间加州的采矿营地时写道，一股巨大的集体分享和民主参与浪潮激发了人们的梦想，“卢梭提出的那种‘社会契约’思想，似乎在突然之间找到了一种实用的表达方式”。希恩还讲述了，随着营地变得更加有组织性，再加上律师的介入，这个梦想又是如何在很短的时间内破灭的。老人们抱怨说，现在营地与其他地方已经没有什么两样。与这一情况有些相似的是以色列基布兹集体农场，随着农场规模不断扩大，此前这里盛行的社群主义也受到了不小的影响。在《生活在基布兹》（1955）一书中，穆雷·温加滕（Murray Weingarten）讲述了雇佣劳工对基布兹集体农场产生的影响。“在一个贫困社区维持社区环境，要比在这个社区（的居民）开始扩大其财富和活动时容易得多；在前一种情况下，人与人之间没有区隔，也没有人会有机会成为‘高层管理者’。”

帕克福里斯特镇的情况也是如此。由于那些外在紧迫的压力消失了，人们紧绷的精神也随之消失，许多先驱都认为这是一种对美德的背弃。事实上，确实有几个人由于对这一点大失所望而搬走了。而许多留下的人则同样失望地发现，如果没有必要的刺激，大多数人都会接受现状，不去理会那些存在的问题；他们确信，很少有人参加会议是一种可耻的现象。

那里萌生的理想主义的指数颇高，这一点还是非常有价值的；没有这种理想主义，也就没有那种精神，更不会去激励整个社区充满生机。然而，所有的理想主义都会使一些居民对“福利社区”产生不满。因此，他们用“完美”来衡量他们取得的成就，结果却发现他们得到的是一座失乐园，这种感觉困扰着他们中间的许多人。“我们之所以搬到这里来，是因为我们认定这里将会是一个美丽新世界，”一位居民带着一种讽刺意味说道，

“但是，我们需要为此做出这么多的妥协，我们对这一点很是反感。”他们说，现在这里跟其他地方已是别无二致。

这里跟其他地方相比当然不会毫无区别。冷漠是一种相对而言的问题，而且，对那些外来的新人来说，参与的数量仍然是一种很能说明问题的现象。既然现在遇到的问题是一个“趋于成熟”社区的问题，而非一个新生社区的问题，那么解决这些问题的方式必然也会有所改变（具有代表性的一点是，新任镇长是一位能干的年轻化学家，他被认为是一个好好先生）。但是，那种激情犹在，即使帕克福里斯特人对自己的愤怒表现得较为幽默，他们仍旧会怒火冲天。为了帮助大家了解他们的这种感受，我在这里附上帕克福里斯特镇《记者报》上近来刊登的一些头条新闻标题：

关于临时学校的争论仍在继续

开发商反对新规

第二次听证会上关于酒类执照的争论仍在继续

受托人探讨行政协调局有关公园及下水道的提议

11 区以村为界的短期和平会议

我并不认为参与这些活动就可以完全弥补那些旧根之失。正如我前面所说，那些参与通常都是为参与而参与。有时候，人们很想引用英国小说家 H. G. 威尔斯对布罗姆斯蒂德镇的描述：“一种枯燥、无用的人类活动的自嗨，呜泱一堆无用的东西。”但是，这将会忽略一个重要的问题。在一个有着各种实际问题的社区里（比如，要建的学校、种族隔离问题等），居民都是置身于生活的洪流之中，而非与之隔绝。如果他们表现过激而超出了社区需要，那么这本身就是一种证据，表明他们想要寻求一种比桥牌、纸牌和保龄球协会更有意义的关系。

这种寻求对组织人来说要比对其他任何人都更重要。过渡阶段生活中存在的危险之一就是，这些年轻人（因为必须如此频繁地搬家）会越来越多地把他们的命运与一个特定的组织联系在一起。这些处于过渡阶段中的组织人，需要增加他们对教会和社区等组织的忠诚度。当然，这些额外的忠诚度并不会在组织人的工作中引起重大的思想观念冲突，然而，它们确实会使组织人不再完全专注于一个包罗万象的组织。像帕克福里斯特镇这样的地方并不能解决这个问题，因为组织依然会占据第一位的位置，但是，它们确实在改善这个问题。

当你在与那些身处更传统环境中的过渡阶段的组织人进行交谈时，你可以非常明显地感受到这一点。不出所料，那些住在城市里的组织人拥有的参与机会最少；但是，即使在那些传统上的小城镇，情况也没有好到哪儿去，过渡人在那里转了一圈，谈起他们受到的冷遇。一位居住在一座榆树荫荫的小镇上的居民说道："我们平日里都是只和公司里的人一起玩。我们感觉这里的人一般都还挺和气的，但是，除了为医院搞募捐，真正有事时他们并不想要我们帮忙。"这样一来，这样的过渡人就可能会同心携手。在旧城新郊区的许多牧场式房屋街区里，杜邦公司的工程师会和通用电气公司的员工，以及其他过渡人彼此交流互动，其他的过渡人则在德雷克斯勒布鲁克或帕克默塞德创造出一种充满温情的生活。但是，这一切并不意味着什么。这种活动往往止于浅表，居民对此也是心知肚明。人们有可能会质疑帕克福里斯特镇上的各种活动是否更有深义，但事实仍然是，那里的居民确实能够感受到，他们在这里有一种在别处感觉不到的重要性。

着手解决实际问题的能力在另一个方面也起了作用。在纯粹的功利主义层面上，它既为那些年轻的过渡者提供了一种需要数年时间才能获得的领导力训练，也为他们提供了一种为数不多的获得资本的机会。"我们是一个没有成熟领导力的年轻群体，"一位正在青云直上的年轻银行家解释道，"所以我们被迫承担了那些通常是我们的前辈们承担的责任。在过去的两年里，我一直都是一家教会的董事会主席，这个职位在大多数社区都会由 55 岁或 60 岁的人担任。这给了我一种在商业上很有价值的培训。这家教会是一个仅有 5 万美元年度预算的组织，所以我们不得不考虑 10 万美元的资本贷款。我们这个年龄的人怎么可能会有机会去管理这么多的资金呢？我们被迫超越时代。”

许多人都认为参加社区活动得到了其所在公司的高度认可，这一点是帕克福里斯特镇上的领导人在劝说那些落后者时不会忘记提及的。事实上，他们指出：在最近进行的一次选举中，两位镇长竞选者都在同一家石油公司的研究部门工作，因此，我们可以得出一个合理的结论，那就是，该公司喜欢这种活动。

与律师、学者和专业人士相比，这位年轻的组织人显然不是公民活动的积极参与者。然而，有证据表明，这些人更有可能成为“与会者”。一些积极参加社区活动的人可能会利用这些活动来弥补他们在事业上遭遇的那种挫败感，而总的来说，那些积极参加活动的人要比那些不积极参加活动的人更有可能在事业上获得成功。

* * *

不可否认，像帕克福里斯特镇这样的地方确实容易把人宠坏。虽然搬到这样社区的人们大都是出于经济需要而搬家，但是，由于一些人会在这样的环境中找到温暖和支持，所以这也使得他们一想到要搬去其他社区，就会觉得前景不妙（觉得新环境可能会让人感到有些“冰冷”）；事实上，我们若是能够听到一些新郊区居民对“外界”的看法，多少都会感到有些不安。住在这样社区的居民在下一次搬迁时，通常都会不遗余力地去寻找类似的社区，尽管他们挣到的钱足以让他们搬入一个更加时尚的地区。

然而，总的来说，居住在帕克福里斯特镇的经历更多还是刺激了他们。为了看清这一点，我们不妨听听在他们搬走后帕克福里斯特镇人都会说些什么。那些还没有离开的人喜欢讲一些关于这些先前居民在其他地方变得多么“孤独”的故事，人们强烈地指责他们的离开实在是罪有应得。但是，大多数过渡人并没有对这里有太多怀旧之情。多亏了从这里“走出去”，他们才更好地适应了日后的搬迁。如果说他们对在传统城镇中发现的那种冷淡和无趣感到愤愤不平，那是因为他们想要表现得积极主动并知道如何去做，因而，这种冷淡和无趣对他们来说往往是一种挑战，而不是一种抑制。我们调查了那些现在居住在其他社区的前帕克福里斯特镇人，结果发现，他们中的大多数人都比其同时代人有着更活跃的表现。关于这一点，一种比较典型的解释是，“我在帕克福里斯特镇学会了如何采取主动”。“这一点当然对我很有好处。当我来到这里时，我发现大多数人都是互不相识，我很自然地就开始把他们聚拢在一起。”大多数这里先前的居民都承认，他们不想再有此前在帕克福里斯特镇的那种经历，但在回首往事时，他们对帕克福里斯特镇却也可以说是情有独钟。“在帕克福里斯特镇，有时你会觉得所有的事情都显得非常忙乱，”有人回忆说，“但在这里有一件事情却是非常值得肯定的，那就是，我们的生命是鲜活的。”

* * *

我并不想说，像帕克福里斯特镇这样的地方将会是或者应该是未来社会发展的一种模式。但我确实相信，它所展示出的那种扎根精神，将会是未来社会发展的一种模式。与大多数社区相比，它更好地揭示了过渡人面对环境所需要具有的那种近乎专业的态度，而各地的过渡人也都切实地感受到了这种需要。他们在转变和流动的生活过程中需要它，如果我们的社会继续扩大，无论社区具有何种性质，这种日益专业化的人际关系处理方式都将会变得越来越明显。虽然批评者可能会扼腕叹息那个人们不必考虑根源的时代的逝去，但是，过渡人深知，怀旧是一种徒劳无益的举动。相信他们吧。由于对适应和参与变得如此自觉，他们正在树立一些摇摇欲坠的偶像，但在我们意识到他们面临的问题有多么艰难之前，我们不应该看到问题的这一面。

他们**必须**是专业的。一方面，他们不能扎根太深。因为他们总有一天会搬家，所以如果他们在情感上对过渡之地太过投入，他们就会有那种必须面对他们不想承受的情感冲击的风险。然而，另一方面，他们又不能永远等待会有一个最终的家，即使是有，他们也不知道何时才能找到它。简言之，他们必须为安身立命而远走他乡，而为了完成这一壮举，他们必须现在就采取行动。一位老兵说道："这方面的诀窍就是，假装你一直就在这里，并主动加入其中。"如果你不这么做，"你会年复一年地推迟去做任何事情，你只会觉得自己比实际上更加惶惶不知所终"。

总之，所有这些方面都非常重视"适应"。一位工程师的妻子表示："适应能力最好的人就是那些能够做到不断适应的人……我父亲说我们就是一群吉普赛人。也许事情就是这样吧，但是，我们总是会有所期待。那些已经买下房子（安定下来）的人，还能做些什么呢？而对像我们这样的人来说，接下来总是会有一些事情发生。即使我们无法准确地称它为一场冒险，我们也可以说它是一种挑战。"

那些过渡人说，一旦适应了这种流动的生活，他们就会发现，这种新根与旧的地域根源一样稳定。"如果你以前从未搬过家，像这样的住宅区很可能会让你感到有些动荡不安，"一位军人的妻子解释道，"这些地方并不适合那些想要一住永逸之人。但对那些像我们这样'不安定'的人来说，这里却会使你安定下来。"

如果因为搬家而失去了昔日的一些老朋友，那也不用担心，因为在新的地方总是会找到相似的朋友来取代他们。此外，由于老朋友们都处于同样的环境中，所以等到多年后再次聚首时，大家就可以热情地讲述起在那些分离后的日子里发生的事情。"即使他们被时间和空间分隔开，你也会知道他们的想法如出一辙，"一位过渡人说，"重要的是那些潜在的价值观，它们将会一直保持不变。"

23

没有阶级的郊区

就社会价值而言，郊区是组织苦苦寻求的那种“可互换性”的终极体现。郊区是无阶级的，或者至少生活在那里的居民希望事情会是这样。就像在组织中一样，人们没有办法将城郊住宅区里大幅增长的中产阶级按照过去的家庭背景标准进行分类。此外，还有一个相似之处。就像在组织中一样，差异细分越多，它们就会变得越发精细。生活在郊区的人们看重社会伦理这一点是可以理解的：想要在一种没有社会阶级的环境中融洽生活，你必须不断有意识地去掌握一定的社交技巧。

就像一眼就能看出用地毯和油毡加以区分的办公室一样，生活在郊区的人们同样需要具有很强的洞察力。面对帕克福里斯特镇，你不禁会感到惊讶：在这个世界上，怎么会有人能够看出它的阶级？或者是，怎么会有人因为这一点而被它所吸引？在一个陌生人看来，那些常见的地位标准，在这里几乎全不存在。不过，在这方面也有一个小小的例外；与普通联排的小街庭院住宅不同，租赁区沿路建造了一些豪华房屋。与那些租金在92～104美元的小街住宅相比，那些租金117美元的豪华房屋成为当地的一道风景线。这里大多数住宅的价格都在1.3万美元左右，不过，也有一些区域的住宅价格在1万美元左右，另有几个区域的住宅价格则在1.7

万～2万美元之间；此外，还有一片位于一个较小区域的“定制”住宅，其价格从1.7万美元到5万美元（这是克鲁兹尼克家住宅的价格）不等。稍后我将会谈到，这些差异并非毫无意义。然而，对大多数居民来说，这些房子在价格上显得足够统一，以至于它们作为一种声望因素相对而言显得并不重要；而且，这些房子在外观上是如此统一，如果不是它们有着不同的油漆和装饰，新来者将会很难在住宅区的迷阵中找到自己租住或买下的房子。

在这方面，汽车也是爱莫能助。这里的停车场上停着成百上千辆汽车，其中没有几辆汽车的价格能高过别克特级轿车，而且这些汽车上也极少会有那种华丽的装饰。只有在邻近的一些工业城镇，人们才会洋溢出对美国占据世界汽车领导地位的那种热情；狐狸尾巴和三角旌旗，就像西拉诺的羽毛一样，不无挑衅意味地飘扬在那里的汽车上；在有些汽车的贴画上，还会有“魔鬼”对着路人伸出大拇指。相比之下，这些东西在帕克福里斯特镇全都不存在；这里即使万般皆有，也是独缺华丽招摇。

郊区居民喜欢坚持认为，郊区不仅看起来没有阶级，而且就是没有阶级。他们倾向于抱有的第二个想法是，这里没有别处存在的那些极端情况，即使此地不能说完全没有阶级，至少也可以说是只有一个阶级，那就是民意认定的中层或中上阶层。他们喜欢说：“我们同在一条船上。”

然而，事实上，他们并不在同一条船上。他们中有些人可能属于新郊区的中产阶级；然而，许多搬来的人都不属于中产阶级。中产阶级，是那些受过大学教育的组织人给他们的社区定下的一种主导基调；但是，对其他居民而言，迁入帕克福里斯特镇和莱维敦镇至少在心理上是一种巨大的跨越。无论是在城镇还是都市，中产阶级的底端人群都在不断扩大，但是，它在新郊区的扩大是如此明显，以至于它会让人产生这样一种感觉，好像它是为了这一功能而量身定制的。

它们已经成为第二个“大熔炉”。在这方面，组织人做出了一个很好的榜样；虽然就人数而言他们在郊区并不占优，但是，他们产生的那种影响力却是分外强大。随着新晋的中产阶级迁入郊区，他们必须抛弃那些旧有的价值观；他们对组织人价值观的那种敏感度，从统计学上来说也都是有据可查的。数据资料清楚地表明，在这里，来自大城市的民主党人倾向于转变为共和党人；而且，如果说有什么区别的话，那就是，他们变得比那些潜移默化地影响了他们的人更加保守。在分析1952年帕克福里斯特镇上的投票情况时，《芝加哥论坛报》上刊发的一篇文章，带着一种复仇的喜悦感，将共和党赢得绝大多数席位这一情况，归因于乡村的新鲜空气对昔日民主党人产生的有利影响。不管确切原因到底是什么，生活在郊区的民主党人身上确实发生了一些变化。尽管民主党人不断地涌入一个又一个郊区，但是，共和党人的得票率却是一直都很稳定。（在1952年的总统大选中，艾森豪威尔在莱维敦镇的得票率为66%，在帕克福里斯特镇的得票率为69.4%。）

郊区居民为了保持独立做出了巨大的努力；他们坚持认为，在1952年大选中投票上出现的那种多元化现象，是他们身上十字军精神的显现。也许事情确实是这样，但是，即使没有这种外来刺激，他们也会去投共和党的票。在1950年的参议员选举中，共和党人埃弗雷特·迪克森（Everett Dirksen）在帕克福里斯特镇的得票率为68.5%，仅比艾森豪威尔1952年的得票率少了0.9%。在对所有不同的选举结果进行了研究之后，当地的民主党人得出结论，他们在当地能够期望的投票率最好分差范围是14%（在最差的情况下为30%，在最好的情况下为44%）。

社会因素虽然只是人们选择共和党的众多因素之一，但却也是一个非常强大的因素。一位民主党选区领导人告诉我："我会坦率地讨论拉票问题。我们必须把注意力集中在那些有外国名字和犹太名字的人身上。"他拿出一张选民名单，给我看他在上面打的勾。"我会主要关注我打勾的这些人。单从表面上来看，犹太人更可能是知识分子，那些有外国名字的人则更可能是坚定的民主党人。我们务必尽快找到他们。”

从支持民主党到支持共和党这一转换过程，可以在一段相当短的时间内发生。效忠民主党是新来者所想要摆脱的事物中的一部分；在迎合他们现在想要融入的团体的价值观时，他们很快就会发现，如果一个人一味坚持那些别人认为是下层阶级的习惯，他们就会很难被“接纳”（这是郊区居民最喜欢说的一个词语）。他们必须逐渐转变，而且，虽然那伙人可能会对这种特殊性大多采取一种“和平共处”的态度，但是，随着选举临近，道德问题变得复杂化，他们面临的压力就会变得很大。在绝望之中，当地的民主党组织已经开始转向以其人之道还治其人之身。他们为新来者举办了一系列聚会，在这些活动中，他们会找来那些最受人尊敬的民主党人，让那些人盛装站台，端茶送水，用尽一切办法去稳住那些潜在的动摇者，让后者知道他们也可以像其他有教养的人一样拥有与他们志趣相投的灵魂。

* * *

在那些新来者适应郊区生活的过程中，他们的宗教信仰往往也会发生转变；例如，一对来自奥扎克小镇的夫妇，可能会放弃他们先前信奉的原教旨主义，转而成为卫理公会派教徒或长老会教徒。在个人品位上，情况也是如此：妻子们很容易从满大街受过大学教育的姑娘们身上，从她们穿的衣服（宽松裤、羊毛衫）和戴的首饰（珍珠项链）上得到暗示，并开始像她们一样打扮自己。家居装饰风格上的变化是获得解放的另一种象征。商家经常会对下面这一点感到惊讶：那些先前住在城里的老顾客在搬到郊区后，很快就会抛弃他们原有的喜好。莱维敦镇一家家具连锁店的经理告诉我：“他们再也不会去碰那些‘波兰复古风格’的家具了。当我在特伦顿分店工作时，我不得不购进一些样式非常可怕的东西。我没法说服他们买下一个漂亮的劳森牌沙发，因为他们会选择硼砂白、最紫的紫色和最粉的粉色。但是，当他们搬到这里后，他们却想要一些简洁的东西。而就在一年前，正是这些人想要那种加厚的鼓鼓囊囊的东西。”

郊区居民完全了解这种再教育过程；他们主张人人平等，但在他们的下意识里，事情却并非如此。他们不会忽视那些因为一时口误或特殊品位而透露出的家庭背景线索，而且，几乎在每个街区都会有那种“缺乏特定人群所具备的全部优势”（这是他们偏爱的一种委婉说法）的人。而像这样的人在这里是绝对不会受到怠慢的；恰恰相反，其他人会想方设法让他感到宾至如归，并会潜移默化地向他灌输群体的价值观。当然，在这方面也有过一些失败的例子；有些新来者非常害羞，他们对自己的背景非常敏感，以至于他们会拒绝来自他人的热心帮助，有时他们还会觉得别人毫无理由强求自己去适应。[有一个庭院小区的居民被一位先前当过脱衣舞演员的主妇的到来彻底搞懵了，而更糟的是，这位主妇对自己当过脱衣舞演员这一点很是引以为傲。她从未意识到她那轻浮的言行举止给小区家庭道德观念带来的堪称灾难性的影响。“她们就是嫉妒我，就因为我当过脱衣舞演员，”她告诉一位观察者，边说边坐进汽车（她要和她的丈夫一起外出），车子后面窜出一股浓烟，“这里所有的主妇都觉得我想搞她们的丈夫。这真是太好笑了。她们也不想想，我连我自己的丈夫都不想要，还会稀罕她们的丈夫？真是一群不要脸的东西！”从那以后，这个小区居民之间昔日那种融洽的气氛便荡然无存。]

对那些新来者来说，他们的社交能力得到很大提高，可能是他们在接受郊区再教育过程中取得的最大成就。新来者需要提高他们的社交能力。他们比其他人要感到更加孤独，因为他们初来乍到一片陌生之地，又明显缺乏那些可以克服孤独的社交技巧。这一点在缺少一些组织人夫妻引导的新郊区表现得尤为明显。通常情况下，人们要过上几个月时间才会开始与他们的邻居进行攀谈。他们不知道自己应该怎么做；他们迫不及待地想要了解如何参加各种活动——无论这些活动表面上的目的是什么，它们都提供了一种很好的催化剂。这也是“家庭互益聚会”在这样的社区变得非常流行的原因之一。在康涅狄格州哈特福德市外的一个小郊区，人们在搬来十个月后才开始互相认识。斯坦利夫妇举行的家庭派对开了一个好头，这第一次聚会打破了僵局。大家满怀感激之情，各家主妇都请求轮流当女主人举办聚会。这是他们所知道的最佳交友方式。

* * *

想要了解郊区人如何填补这种空白，我们有必要先来了解一下他们内部流动人口的性质。这是一个郊区人并不喜欢谈论的话题。我在第一次去帕克福里斯特镇时就发现，那里的居民对每年租赁公寓约 35%、家庭住宅约 20% 的流动率相当敏感。许多人都向我保证，这只是一种暂时现象。有一个人甚至想出了一个巧妙的数学公式来证明当地的人员流动率行将下降。他认为，每迁入 100 个人，其中就会有一定数量的人选择在这里永久定居下来，因而，随着这样的人越来越多地搬进来，市场上可供临时过渡的公寓和住宅就会变得越来越少；由此进而论之，总有一天，这里的人员会停止流动。

事实上，与此同时，这里的人员流动仍在继续。在庭院式租赁区，每年仍有 33% 的租户迁出。1954 年，在总共 3 000 套出租公寓中，有 1 059 套公寓的租户迁出；1955 年，有 1 100 套公寓的租户迁出。不过，正如帕克福里斯特镇居民指出的那样，有些迁出的人并未离开当地社区而是搬进了当地的住宅区，这种迁移使得当地社区得以保持一定程度的稳定。尽管如此，这里的总体流动率仍然很高。我们只需要把 1954 年电话号码簿上的信息与 1955 年电话号码簿上的信息做一对比就可以看出，在一年之内，有 18% 的帕克福里斯特镇居民迁往其他社区（总计 5 363 户中有 948 户）。对一个庭院式住宅区进行的一项深入研究显示，自 1953 年以来，在 39 对夫妇中，除了 8 对，其余的 31 对都搬离了这里；在那些从这里搬离的 31 对夫妇中，有 11 对夫妇换到了帕克福里斯特镇上其他住宅区，而余下的 20 对夫妇则都搬走了。

可以说，这是一种非常正常的现象。有些人之所以选择离开帕克福里斯特镇，是因为他们想要谋取一种“更好”的发展，然而，大多数离开这里的人都是为形势所迫。1953年，在那些搬走的人中，因为公司调动而离开芝加哥地区的夫妇占44%；被派往新基地的陆军和海军夫妇占12.5%。从那以后，这一模式便少有变化；而那些搬进来补缺者的情况也少有变化。对定期租户所从事职业的分析研究显示，工程师所占的比例逐年上升，初级管理人员所占的比例则基本持平。[1]

* * *

随着社区一年一年地老化，这种持续不断的人员补充确保了总会有一群年轻的中产阶级组织成员在茁壮成长。留下来的人在其事业发展上也不见得就是那么不成功；帕克福里斯特镇对那些已经融入社区活动中的人来说颇有几分凝聚力，许多原本打算搬到北岸或其他类似地方的人都选择在这里留下来。但是，过渡人仍然是问题的关键所在。不管他们最终是否会从这里搬离，都是那些足够成功和有权做出选择的人设定了郊区的那种主导生活方式。

虽然不能称之为“阶级”划分，但是，这些过渡人与其他人在态度上存在一些重要差异，而我们若是想要探究这一点，也就是要认识到，后者中的许多人对他们的中产阶级地位抱有一种极大的不安全感。居民对社区所持的态度就是这方面的一个标示。组织人倾向于对社区抱着一种超然的态度：这里人杰地灵，充满刺激，但别忘了，这里只是你待过的众多地方之一。然而，对其他人来说，则不可能对社区抱持这种态度。对那些想要在组织世界中前行但却发现自己很难再进一步的人来说，更是不可能对社

[1] 托马斯·麦克达德（Thomas McDade）对这里的700户租房家庭进行了调查，到1954年4月为止，结果显示：企业管理者占28.2%，专业人士占25.2%，销售人员占22.1%。在剩下的24.5%中，车间主管、生产工人和独立工人占6.3%，公关人员占4.2%，零售业工人占5.7%，运输工人占6.1%，其他人占2.2%。

区抱持这种态度。他讨厌去思考社区的人员流动率，他觉得，与其说这是一种对社区的诋毁，不如说是一种对他自己的诋毁。搬家公司的货车在社区里来来去去，这对他来说就是一种无时不在的警告：他并不真正属于那个组织世界。

还有一些人则把成为郊区居民视为自己取得的一种社会成就。就像那些在事业上不太成功的组织人一样，他们并不会去羡慕那些已经离开的人。就像那些应征入伍的人对待一个赢得军官培训机会的同伴一样，他们可以心平气和乃至自豪地谈论起他们那些过得更好的旧邻居们。然而，他们更希望看到的是社区的持久性，而不是其无常性。对此，他们无法做到去超然地笑谈，而且，他们对他人在这一点上的那种不以为然也是极为敏感。当我第一次在这里开始进行采访时，一家女性杂志刚刚刊发了一篇关于住宅区家庭生活的图片故事。这是一个令人开心的故事，故事里充满了溢美之情，然而，这里的家庭主妇们在看到这篇报道时却是感到非常恼火。其中一位家庭主妇对我喊道："他们刊发的那些照片绝对是丢人现眼。他们为什么要拍那么多后院的图片？他们选拍的角度使它看起来就像是一个很破的地方！"

* * *

让我们暂时停下来回顾一下他们这一路走来的踪迹。切记，这一迁移并非突然从底层升入中产阶级，而是数次迁移中最重要的一次。在某种程度上，受到这一迁移影响的人一直在与其他人齐头并进——也就是说，这种迁移并不是一种他超越其童年小伙伴的个人行为，而是他们并驾齐驱。然而，这种迁移也并非完全步伐一致缺少超越，人与人之间那种潜在的竞争意识也会营造出某种强烈的紧张气氛。

当我对费城几个有着类似联排屋的新街区进行调查时，我明白了：这些街区正是通往郊区的一个跳板。生活在这里的人们与郊区人之间有许多相似之处，他们的平均收入仅略低于帕克福里斯特镇和莱维敦镇居民；这里的人口绝大部分都是年轻人，这里到处都呈现出一派欣欣向荣的景象：电视天线密密麻麻，硬顶的敞篷车随处可见，穿着蓝色牛仔服和格子裤的主妇们聚在草坪上八卦，丈夫们在下班途中顺便拐往大超市给家里捎点东西。

但是，在这两者之间也有一些不同之处；如果非要我从中挑出一个给我印象最深的，那就是那些明显的、司空见惯的不和谐。与郊区社区相比，这里的紧张气氛更是呼之欲出，人们的嫉妒之情更加浓烈。似乎没有人想要在安顿下来之后稍作喘息，“适者生存”观念无孔不入，没有几个街区具备郊区那种化解冲突的魅力和规矩。这些街区恰好位于费城，固有其自身特性。然而，那里的所见所闻则让我确信，那种貌似无形的氛围是一种人人都可以感知的现实，而究其根源则有着一种相当普遍的原因。

正如研究旧居住地址所示，这些人是内城外迁运动中的一员——这是一种在地理上向郊区的迁移，也是一种他们身上所具有的那种社会性的迁移。但是，这只不过是一种**过渡**，还需要花费一定时间去磨合，因为尽管他们已经搬离了一个世界，可是他们还没有完全融入另一个世界；而且，黑人涌进了他们在内城留下的旧居，这成了一种萦绕他们心头的恐惧。除了那些老年人觉得这样的街邻甚为理想，其他人都觉得郊区才是他们的梦想；而当他因为准备搬往郊区而竖起“此房待售”的牌子时，他俨然有一种他做到了的感觉。

我们这样说并不是在过分强调他还大功未成，而是说他依然在路上。从根本上来说，他仍然属于城市下层中产阶级，他将要面临一种持续不断的文化适应；如果连他自己都无法确定他将终归何处，我们也就更不可能确定了。虽然他所享有的那种社会选举权是对我们民主活力的一种高度赞扬，但是，我们也必须认识到这种活力自身存在的缺陷。

* * *

那些搬进郊区的新来者至少在心理上会有一种如临深渊的感觉。虽然与他们的父辈相比他们更能抵抗经济萧条，但是，他们对生活的期望值也提高了许多。尽管中产阶级所包括的范围很是宽泛，但却还是有一条界线，一条相对比较牢固的界线，处在这条界线之下的人们毫无过上中产阶级生活的可能。郊区居民认为这条界线在 4 800 ～ 5 200 美元之间。不过，这个数字也并非静止不变。随着夫妻年龄增长，这个数字也在不断上升。由于刚搬入郊区而一时手头有些拮据倒也无妨，但是，随着时间推移收入上没有出现增长就会显得有些不正常，特别是那些无法跟上同龄人的步伐扩充自身实力的家庭，更是会在生活中苦不堪言。

林德夫妇在研究大萧条时期的中镇时震惊地发现，阶级界限的模糊让人们感觉不到“庇护的到来”。他们写道：“私有资本主义下的民主铲掉了这些阶层的边界，所有人都在随着这股文化思潮而行动，他们气喘吁吁地爬上一段绵延的沙坡，只为获取更多物质上的东西……从绵延坡路的每一处向前看，都能看到有别的人比自己拥有的更多。”

但是，私有资本主义也让人无处安歇。向上的奋斗现在变得更加容易。虽然搬到郊区的夫妇会有一种“我们做到了”的感觉，但是，这种满足感却只是昙花一现。他们在郊区居留的时间越长，就越能察觉到那些起初不甚明显的细微差别。在他们面前，没有坦途可言，而只有一级又一级的进身之阶。

在这样的攀爬中，设定郊区风格的年轻管理人员可能是一个危险的带头人。在某一特定时期，他的收入可能与那些新来的白领男子相同。[2] 然而，他们收入上潜在的增长率却是大不相同。组织人有更大的增长空间，

[2]　如果你画出一条社区成员收入增长率曲线，就会看出这个社区的“平均”收入有多么虚幻。1953 年，我们得到了一份关于帕克福里斯特镇租房家庭（每十个一组）的财务数据，其中包括在这些家庭搬进社区时丈夫的工资和他在随后几年可能会获得的定期加薪。在第二年年末，大多数丈夫的收入都接近于 5 800 美元的中位数，但在具体的增长额上他们之间却有很大差别。例如，销售人员的收入仅增长 150 美元，化学家的收入则一跃增长 500 ～ 600 美元，律师的收入增长更是超过了其他所有人。

除非是在公司里干了蠢事，否则他的收入在未来三到四年里至少将会增长30%。他的白领邻居虽然有着与他相同的薪水，但却有着不同的职位。然而，这种差异都被那种表面上的相似性所掩盖，许多永远不会升入管理层的人也被激励去像他们那样生活。要想让妻子们厘清这一事实尤为困难，她们会持续不断地给她们那做着一份四平八稳工作的丈夫施压，要求他们跟上潮流。

在新郊区里那些住宅价格稍低于正常水平的地区，那里的人们最接近边缘化，社会重要性上的细微差异变得无可置疑。东门地区的情况就是这方面的一个例证。几年前，帕克福里斯特镇的开发商决定在这一区域增建一片10 000美元的房子。虽然无论是在价格上还是小区环境上，这些房子与12 000～13 500美元房子之间的差别都不大，但是，它们的出现却足以使得一直标榜无阶级的帕克福里斯特镇人不堪重负。（要求他们描述住在东门的那种人时，他们冥思苦想，却没人说得出口那里的人属于“劳动阶级”。）这些房子设计美观并得到精心维护，有些人甚至认为其设计比早先那些更贵的房子还要好。然而，无论是东门人，还是社区里的其他人都认为，东门并不是帕克福里斯特镇的一部分。许多东门人一有机会就会立马搬到镇上其他地方。在这个只有一个阶级（中产阶级）的社会里，它的存在可能永远都会是一个异类。[3]

* * *

[3] 细小差别就能引起隔离效应，这一点在英国的新城镇得到了充分的印证。奥斯本（F. J. Osborn）在《绿带城市》（1946）一书中讲述了，如何规划莱奇沃思和韦恩花园城这两个住宅区，以便有更多的阶级可以相互融合到一起。刚开始，城镇里的确没有阶级，居民也都沉浸在帕克福里斯特镇早期所特有的那种先锋精神浪潮中。然而，就像帕克福里斯特镇一样，随着步调一致的压力逐步减弱，潜在的差异开始显现。“这里的阶级分隔较之其他城镇要少。然而，人们发现，无论城市规划者有何初衷，人们都倾向于按照阶级或收入来划分自己……那些富裕租户（不管是文职人员还是薪水更高的工厂工人）总会不由自主地搬到其他街区，即使那里的房子不是更大，但是，那里的社会氛围却被公认为是最好的。”

尽管那些新来者的脆弱程度可能永远都不会受到那种大规模的考验，但是，几次局部地区经济衰退所带来的影响却是颇具启发性。这些衰退对家庭在经济上的影响并不严重，因为大多数工厂进行的裁员都是暂时性的。在随后经济普遍上升的情况下，受到影响的家庭可以通过重谈贷款来渡过难关。然而，它对人们在心理上造成的影响还是相当大的。降到远低于4 800美元以下这一可能性，不仅危及盗走一个家庭的小康生活，还会危及使他们远离中产阶级生活方式。郊区不会容忍那种穷酸样的温文尔雅。大幅削减消费开支所危及的生活便利和舒适不容小觑；对那些处于中产阶级边缘的家庭来说，那些东西都是社会必需品。

那些曾向身陷此种困境的人们提供过咨询的人们谈到，几乎在每种情况下，人们内心深处最大的恐惧都是"回到从前"。通常，这是一种有形的恐惧；虽然郊区的房子往往都是能找到的价格最便宜的，但对那些正在遭受痛苦的人来说，他们却非常担心自己是否还能租住得起。他们会感到自身孤立无援。回望大萧条时期，数以百万计的人们都陷入了一种不是他们自己造成的困境，而那时的社会工作者则告诉我们，尽管大萧条普遍存在，人们还是有一种强烈的个人负罪感。如今，人们的这种负罪感可能会变得更加强烈。从心理上来说，他们比我们社会上的其他任何群体都会损失更多，而这种萧条若是依照20年前的标准来看还算无伤大雅，但在今天却会使他们处于一种危险境地。他们不愿再回到从前，如果他们的恐惧被人加以利用，他们的不满也就很可能会诉诸那种野蛮的暴力。如果说我们的经济有一个致命的弱点，那可能就是它了。

* * *

但是，如果说"回到从前"就像是一个幽灵潜藏在人们心中，那么我们不要忘了，这是因为这里有进步发生；总的来说，正是这种前进运动的活力，而不是它所隐含的危险，让人印象最为深刻。在前行之路上我们肯定会如履薄冰，因为我们不可能期望生活标准不断提高而不付出一点代价。社会革命的果实总是比现实更值得期待。而橱窗里粉色的灯影，对那些梦想工人解放会带来更多精神蜕变的人来说，则可能是一种令人痛心的失望。[4] 然而，这是一种我们可以忍受的景象。人们在处于中产阶级边缘这一阶段时会感到很不舒服，但是，它只是一个阶段。在某种程度上，就像美国化影响了接踵而来的移民潮一样，适应中产阶级阶段也会减轻人们心中的那种社会弱势感，这种弱势感会使这些新移民变得横行无忌。

* * *

可以说，“熔炉”这一比喻依然恰如其分。尽管背景有所不同，但在像帕克福里斯特镇这样的地方，并不存在那种牢不可破的阶级结构。虽然职业和家庭背景可以构成某种身份地位，但对个人来说，他们却并未因此而集结成群。同样，尽管许多人由于共同兴趣而走到一起，比如对世界政治的兴趣，或者是对园艺的兴趣，但是，这些都只是一些业余社团（其成员有着很大的流动性），很少会带有社会地位色彩。宗教方面的情况也是如此：尽管教会举行的活动异常多，但是，宗教效忠对群族的影响在这里远不像在传统社区里那么大。并非一种偶然现象的是，许多异族通婚夫妇都搬到了帕克福里斯特镇，因为他们准确地感知到，这里是一个很好的避难所，可以让他们逃离在其他地方困扰他们的那些相互冲突的效忠。

最接近上层阶级的是那些一直居住于此并仍活跃在乡镇政府中的先驱。有趣的是，这个群体中有大量受过高等教育的民主党人；尽管民主党

---

[4] 这种失望情绪在英国一直表现得特别强烈。多年来，英国自由派知识分子一直都在致力于将中产阶级的安全保障延伸到工人身上。即使成功在望，他们却也不免感到有些沮丧。查尔斯·柯伦（Charles Curran）在《旁观者》（1956 年 1 月 20 日）上谈到了现在居住在大型市政住宅区内众多工人的生活。他们阅读街边小报，完全是因为小报“展示了一个简单可控的世界，展示了一个充满性爱、激情、浅薄和幻想的温柔乡……幻想有朝一日中得一张足球彩票，一张通往遍地财富、奢侈品和性吸引力之梦中天堂的入场券。这种规模的内部生活在英国是前所未有的。这与鼓舞社会改革家们的那种期望形成鲜明对比：‘一旦体力劳动者摆脱贫困和不安的束缚，他就会参与到我们的社会传承中。’然而，此类事情并未发生。”

领导人在全国选举中失道寡助，但是，作为普通公民和“独立人士”，他们却在实际上掌管着这个地方。对一些知识分子来说，这是一个沉重的打击；对那些喜欢感觉自己被市侩势力围困的人来说，那种大权旁落着实让人觉得有些难堪；那些觉得自己期望看到的一切终归无望的少数人已经主动离开，他们担心再在这里待下去将会损害他们心中的理想主义。然而，大多数人对此都很高兴，尽管他们也会严厉批评郊区里流行的那种反智主义。事实上，除了那些开发商，他们最有可能成为帕克福里斯特镇上的“肥猫”。由于他们在这里定居已久，他们中的大多数人现在都处于可以买得起一处更贵房子的收入范围（他们集中居住的街区被称为“政府区”）。

那些公民领袖尽管享有很高的声望，但却并不属于上层阶级。他们也许算得上是精英，但却肯定不是社会精英。他们的凝聚力具有一定的功能性；他们不是那种类似纽伯里波特上层阶级的群体成员，那种群体包含了一个人的大部分忠诚和亲属关系。没错，他们往往来自中产阶级家庭，但是，这是他们自身处境的必然结果，而不是原因。就像他们所属的国家精英一样，他们的名望是一种理所当然的威望，因其履行职能的具体表现而得奖，并因缺乏这种威望而可以被撤销。他们当然不希望人们急于撤销他们的威望。但是，出于条件反射，新来的郊区居民强烈反对“阴谋集团”；那些愤愤不平地给报社写信的人，会在信中习惯性地提到那些“自封的”领袖、“所谓的”救世主，以及他们对社区所产生的威胁。

现在的“水上中心”游泳馆曾是一座普通建筑，修建游泳馆这一想法曾遭到人们的抵制，值得注意的是，人们抵制它的根本原因是，他们担心这有可能是朝阶层化迈出的第一步。因为这座游泳馆并不是像许多人希望的那样是一座市政游泳馆，而是一座私人性质的游泳馆，由一个私人组织承包运营。一位居民说：“原先计划建造一座市政游泳馆的想法是正确的，可是，这样一来我们就得接待那些芝加哥高地人，而一些‘民主党’人士则很不喜欢那样。”尽管100美元入会费外加使用费对当地家庭来说并不是一笔多大的开销，但是，许多人都认为，这足以让帕克福里斯特镇上许多处于边缘收入范围的人远离游泳馆，其结果就是会形成一种“乡村俱乐部氛围”。

然而，这种无阶级性在肤色问题上却是荡然无存。几年前，关于这里是否可以接纳黑人这一问题，在居民之间引发了一场激烈的争论。它可能会在居民之间造成一种严重的分裂；对一小部分人来说，允许黑人进驻是一种个人社会理想的实现；而对另一部分人来说，他们中的许多人刚刚搬离“被黑人接管”的芝加哥内城，这简直就是噩梦重现。然而，对这件事最感到恼火的人却是那些温和派。他们中的大多数人也都反对接纳黑人；尽管最终并没有黑人真的搬进来，但是，这个问题已经给人们造成了伤害。这个问题被提出来，人们不得不谈论它，仅此一点就使得人们不可能继续保持他们所珍视的平等主义理想的那种纯洁无瑕。

但是，那种理想主义的力量并不应该被抛弃。这里我要反过来利用那些认为“我们的社会是一个高度分层的社会”的人所持有的观点：如果一个人认为阶级划分的存在是因为人们认为在现实生活中有阶级划分，那么为了保持一致，人们也就不得不承认，当人们认为它们不存在时，它们也就并不存在。新来的郊区居民在谈论他们的民主理想时确实掩盖了一些严酷的现实，但是，他们不愿承认阶级划分这本身就是防止阶级划分具体化的一个非常强大的因素。我并不是说，天堂就在我们眼前；事实上，旧阶层的分裂使得人们很容易受到其他种类网络的影响，而这些网络也有它们的暴政。然而，它们并不是像阶级一样强加给个人的暴政；事实上，它们是自我强加的，而也正因如此，个人至少还可以选择拒绝它们。

24

隐形消费

在定义什么是美好生活时，郊区居民就得面对诸多实质性的问题，此时他们身上流露出的那种社会压力感可以说是显而易见。他们既强烈地推崇平均主义，同时又强烈地认同他们应该百尺竿头更进一步。美好生活就在这两者之间的某个地方，但是，正如他们在组织中寻求的那一可望而不可即的“高位稳定”，当他们找到它时，它就会消失不见。

在这种看起来有着如此之高同质性的环境里，人们可能会认为这里并没有什么值得担心的区隔。然而，对那些有经验的人来说，生活场景中的那种多样性要比旁观者所能看透的多得多，这是因为，一个人越是被同质化，他对那些细微差异就会变得越敏感。在莱维敦镇，当地居民对谁把自家与其他人家一样的牧场结构房子做了何种改装都是了如指掌。一户人家因为在房屋装饰上加了一个石雕小怪兽而名声大噪，许多居民都特意开车带人前去参观。人们对室内设施有着同样敏锐的观察力，一台自动烘干机或一台多功能电视，或者其他任何异于标准的配置，总是立马就会引起人们的关注。反之，没有这些标准配置的人也同样会引来关注。这里我们可以举一个略显极端的例子。在一个郊区，一位主妇对自家客厅空空荡荡感到羞愧，就用宝纳米喷剂把客厅里巨大的落地窗涂花，一直等到一套新的桌椅家具送达，她才又将其清洗干净。

这一必要性得到了一种意识形态的支持，那就是隐形消费（也叫非炫耀性消费），郊区居民对此可谓是津津乐道。在这方面，最常见的一点就是，他们乐于反复重申“这里没有攀比”。这句六字箴言不仅宽恕了他们手里没有钱去做其他事情，还颂扬了这种行为最终是一种合乎道德的行为。事实上，他们表达的不过是一种世俗之情。我们毋庸讳言在这背后所隐含的那种观念：我们中的大多数人都正处于其职业生涯中的一个关键阶段，此时往往可以看出一些人会继续上升，而另一些人则会止步不前。如果你发现你在继续上升而有些人则在原地踏步，那么你让他们明白这一点，对他们来说就会有失公平，因为你打破了一种不言自明的协议。

因此，人们要做的事情不是与人相比，而是与人相处。[1] 即使那些足够老成之人也是深谙此道，在谈论他们的所谓“强迫性”消费时，他们也会略带一丝谨慎。当他们看到他们的一个邻居在炫耀财物时，他们会认为这是一种冒犯：不是对他们个人的一种冒犯，而是对社区的一种冒犯，所以必须加以关注。当人们鄙视那种炫耀行为时，他们通常都会强调指出，他们自己并不觉得这样做有何不妥，而是觉得**其他人可能会认为**这样做有些不妥，所以做出像这样的炫耀消费是一种非常不明智的举动。

这个群体一直都在影响我们社会中的消费行为；当然，30 年前那些喜欢聚在后院晾衣绳旁闲聊的妇女，也能像今天聚在咖啡沙龙里的人们一样，形成一个有影响力的团体。但是，在这两者之间有一个重要区别，那就是选择的问题。以前，人们没有那么多的选择，所以群体对个人的采购

---

[1] 1954 年 1 月 10 日的《纽约时报》上有一幅广告：“金贝尔斯百货注意到美国生活中的一个新趋势。‘不断壮大的中产阶级’风头正劲！——不再像上一代琼斯家那样生活，而是像下一代的新琼斯家一样生活。再见吧，楼上的女仆，穿制服的私家司机，长柄眼镜，豪车，纯金卫生间。新的美好生活是惬意的、不加修饰的、舒适的、有趣的，这难道不是很美妙吗？金贝尔斯百货专为阳光、青春、不轻信的新一代服务。”

行为只有很小的影响。现在，有钱的人更多了，人们买的东西也更多了，消费者不仅要面对一大堆令人眼花缭乱的选择，而且在进行挑选时他们所能参照的传统知识也是越来越少。

郊区表面上的相似性其实是一个陷阱。人们住在有着相同设计的房子里，房产最大的亮点被抹掉，所以边际购买也就成为关键因素所在。那么，在购买物品上应该如何做出选择呢？现阶段该不该买一台自动洗碗机？买了它会不会让人觉得自己像是在摆阔？关于一件物品到底是奢侈品还是必需品这一棘手问题，那些全国性统计数据也没有多少指导意义。有些物品，如汽车，可以被精准地描述为是一种必需品；其他一些物品，如游泳池，则明显是一种奢侈品。但是，在这两种类别之间存在很大一块灰色区域，其中全国平均水平数据毫无指导意义。因为即使在同一个社区，在这个街区属于完全可以接受的东西，换到另一个街区可能就会被视为是在公然炫富。

正是这个群体决定了奢侈品何时可以成为必需品。只要这个群体的人数达到一定数量，这一转变的到来也就会水到渠成。就拿全自动烘干机来说，早些年前，一个街区中只有少数几户人家才会购买它，所以它成为居家必备物品的口碑也就很难传开。但是，随着时间的推移，相邻的家庭主妇纷纷效仿，也就有更多的人越来越多地了解到它的好处。在这种情况下，要不了多久，不买一台全自动烘干机就会变成一种不合时宜的行为，一种对他人的评判或品位无声的反抗。就像群体会惩戒群体中那些早期买家一样，现在还不购买的人也会受到群体的抨击，面对此情此景，只有那些最坚定的个人主义者才能做到丝毫不为所动。

就这样，一样物品接着一样物品，这个过程不断重复，规范也就永远不会停滞不变。一旦一系列物品成为邻里群体内的标准配置，成员们就会对购买又一种新的必需品心生抵触。全国流行趋势只是人们在做出购买决定时考虑的一部分因素，但是，即使社区居民年龄相仿，收入相当，他们对生活奢侈品变成必需品的看法也会有很大不同。例如，与空调一样，家用冰箱的用户也是分布不均：在有些街区，会有近60%的用户；而在隔壁街区，也就有1%或2%的用户。同样，在某些街区，拥有一台高保真音响被认为是一种矫情的表现；而在一步之遥的邻街，它则几乎是家家必备的一样物品。

在这个过程中，商家显得相对较为被动。我在对费城空调用户的调研中发现，在绝大多数情况下，购买行为都是由消费者自行决定的，只有两户人家是在销售人员的推荐下购买的。但是，让人惊讶的是，零售商和大多数制造商竟然都没有认识到这种口碑网络所具有的那种强大力量。很少有商家会主动利用“外部”推销人员来加速自己产品的销售进程，它们大都是让自己的销售人员在大片区域挨家挨户打电话进行推销，而不是在邻里社区之间多下功夫。[2]

关于这一事实，我要赶紧补充一个真实的故事，它对那些容易受到他人影响的人会很有用。我怀着一种既感到钦佩又觉得恐惧的复杂心情，聆听一位挨家挨户进行推销的专家解释：聪明的商人会如何利用群体的影响力。他会先给出一个稍微亏点本的特价，将几台空调装在事先早就调查好

---

[2] 经销商陷入被动境地和群体网络影响力日增这两者交织在一起，与目前困扰制造商和零售商的定价问题有很大关系。许多制造商在谈论降价问题时都将其归咎于折扣店的幕后操作，并表示他们会通过“稳定”市场和“保护忠诚的零售商”来解决这个问题。然而，事情并没有这么简单。一直以来，消费者都分摊了一部分原本属于零售商的营销费用。由于消费者分摊了营销费用，所以他希望能得到折扣。因为是折扣店给了折扣，所以它们经常被视为是一个反面角色。但是，其实它们并非问题的主因。制造商仍会给予零售商足够大的利润空间，以扶持零售商去做其过去所做的推广宣传工作。然而，现在的零售商几乎不再负责这一任务。因此，现在推广新产品的重担也就落在了广告宣传和消费群体的口碑上。简言之，真正的销售工作在顾客进店前就已完成。排除价格和一些次要的选项，一个消费者根据消费群体的口碑早就已经决定了买什么和将要买什么。因此，无论制造商是否喜欢，消费者看价购物和希望多打折扣都是一种必然现象。多年来，商家都特别喜欢说消费者就像上帝，现在他们中的一些人想要收回这句话。事实上，消费者就是上帝。

的几位重点客户家里。在众人不停的夸赞中，在众人无比羡慕的眼神中，他则悄然离开，好让那些住户单独感受一段时间装了空调的好处。正当他们对没能给孩子们的房间也装上空调感到无比内疚时，他会再次登门回访，促成下一轮生意。他说："你现在要做的就是开始收网。我是这样做的。我去第一家客户那里检查空调，我会在检查中间向这对夫妇提起，为了孩子们，我自己和太太买了第二台空调。此时我会稍稍停顿一下，让刚才那句话在客厅中停留一会儿。然后，我会无比平静地说：'琼斯先生和夫人你们知道吗，现在我和我的妻子终于可以问心无愧地睡觉了。'"

* * *

人们眼中美好生活的标准不断向上提升，以至于郊区购物中心的规划者们很难做到与之同步。他们凭借自身经验领悟到，即使会犯错，高估这一标准也要比低估它更安全。他们的喜好反映出他们自身的品位水平，在他们眼中，郊区那些家庭主妇的品位微不足道。而也正因如此，当他们宣布在帕克福里斯特镇新开的百货商店将是一个大众百货商场的分店时，主妇们对此很是不满："他们把我们当成什么人了？"主妇们想要的商店是菲尔德百货。经过一段时间的协商，最终，菲尔德百货在这里开了一家分店。虽然一些购物者觉得菲尔德百货非常时尚，但是，大多数人对此都并不怎么在意；菲尔德百货这家分店的销售情况一直都很好，某些东西的销售情况远远超出人们的预期，比如价格较高的男士西装、昂贵的连衣裙和价格稍贵的家居装饰用品。（相比之下，袜类、女士内衣和化妆品的销售情况则是出奇地差。）

在莱维敦镇，那里有着一种与此相似的模式。几年来，当地的主要商场都是那些以经济型商品为特色的连锁店。那些新搬来的人对此很是满意，但是，那些久居此地度过了生活必需品阶段的人们对此却是不太满意。有些人说这里的商场显得非常亲民，然而，坦率地说，它们其实显得很是有些俗气。当联合百货公司计划在这里开一家分店时，它正确地认识到，商店的“性格”是一个非常重要的问题。公司在1954年年初进行的一项调查显示，当地居民对高档品牌和更好的“品位”有一种强烈的需求。例如，在家具方面，25%的莱维敦镇居民拥有那种混合风格（即那种难以形容的风格）的家具，在这些人中只有约2%的人说他们会再次购买这种家具。67%的人都希望能够拥有那种现代风格的家具。当联合百货公司最终在这里开了一家分店后，它发现，当地居民说到做到——他们直接选择了换新升级，也就是购买那些现代风格的家具。

* * *

“节奏”一词言之有理，因为这种换新升级趋势越来越遵循一种有规律的、周期循环的模式。1954年年初，莱维敦镇建成只有两年时间。尽管这一时间跨度很小，但是，人们还是发现，人们定居时间长短上的细微差别，使得人们在平均收入上存在相当大的差异。联合百货公司发现，在定居一年半到两年的地方，家庭收入超过7 000美元的比例是24%；在定居一年到一年半的地方，这一比例是19%；在定居半年到一年的地方，这一比例是13%；在定居半年的地方，这一比例只有7%。

尽管人们平均收入上的这些差异可能很小，但是，当它们体现在所谓的“生活方式”上时，这些差异却是变得非常显著。甚至妻子们的腰围都会随着其家庭收入的增加而减小。联合百货公司在莱维敦镇进行调查时发现，在该地定居时间够长且其收入上升到5 000～7 000美元之间的女性，有59%的人都会穿小号的“女生”服装；相比之下，之后迁居过来收入在3 000～4 000美元的女性，她们的体型则要更大，其中只有42%的人穿的是小号服装，57%的人穿的都是38～44码的大号服装（而在那些收入介于5 000～7 000美元之间的女性中，只有3%的人穿的是大号服装）。

在这个向上升级的过程中，也会出现举家迁移的情况。由于在郊区那些细小的差异经常会被放大，所以人们会在一个地方定居下来自我改善一段时间；等到他们的收入达到一定水平，他们就会迫切地感受到有一种搬迁的压力，而这一方面是为了与他们的收入相配，另一方面也是为了不用在日常行事时考虑是否会伤及邻居的面子。当然，这一点无论在哪里都会是这样，但在郊区，有如此多的人发觉自己也处于这种状态，以至于周期性的换房搬家正在成为一种越来越普遍的现象。人们不仅经常搬家，而且就像人们在玩抢椅子游戏时的转圈圈，社区内的流动也是越来越多。

房地产开发商原本并不是这样计划的。当初兴建帕克福里斯特镇时，开发商们很想把所有房价都控制在 13 000 美元左右。然而，由于他们是那种地地道道的实用主义者，所以作为一个实验，他们又按照 17 000 美元价格的标准建造了几个小区。由于这些房子刚一推出就被抢购一空，于是他们就开始建造更多的房子；结果，没过多久，他们就把房价提高到了 19 000 美元左右。

开发商们现在半真半假地在谈论的是那种“生命周期社区”的可能性。它的工作原理是这样的：一位 26 岁的职场新人带着他的妻子和孩子加入这个循环，搬进了一套有两间卧室的公寓房。虽然这在一段时间内是一种很理想的情况，但是，在三年后他的收入达到 6 800 美元时，他们有点看厌了周边环境；而且，他们的第三个孩子眼看也要出生了。恰好这时有一对职场新人夫妇愿意接手他们的公寓，于是他们就搬进了待售区一套 13 000 美元的三居室。

虽然他们一家在这个三居室房子住上五年也没有什么问题，但是，随着丈夫的收入上涨，他那些事业有成的朋友的收入也在上涨，而他那些朋友则一个接一个地搬进了 18 000 美元的小区。于是，等到 35 岁时，丈夫卖掉了他们居住的牧场式大平层，搬进了 19 000 美元的分层独幢洋房。15 年后，他们的孩子纷纷结婚搬走，于是他们就卖掉房子，又搬回原来那个小区的两居室公寓，把在小区空地上玩耍的孩子们当成他们不常见到的孙辈们。邻居们也很高兴有他们的存在，因为他们可以帮忙照看一下孩子。生命周期到此结束。

虽然有太多的人因为开始赚太多的钱而被转留在这个循环内，但是，这与最初的那种构想并不违和。现在很明显，以租房者身份搬进帕克福里斯特镇的人是 13 000 美元房子的最佳客户。19 000 美元房子的最佳客户则要么是先前的租房者，要么就是拥有 13 000 美元住房的人。与此同时，年轻夫妇对两居室住房的需求出现下降这一情况，已被以前忽略的一个潜在的市场需求所抵消。随着有一些成功的迹象出现，开发商们开始把这些两居室卖给那些身边没有孩子的上年纪者（广告上宣传：“这将是他们的第二次蜜月！”）。

同样的事情也在莱维敦镇上演。在总共 17 600 套住房中，每年约有 3 000 套易手，其中很大一部分流转交易都是出自那些因为收入增加而换房搬到社区里更贵房子的居民之手。大约 5 年后，一个住在一座 19 世纪老式尖顶阁楼房（原价 8 000 美元）的人，能够将其以 1 万美元的价格卖出，转而可以买下一个新一点的牧场式大平层房。根据地理位置和房主新装修的情况，他可能要花上 18 000 美元。

* * *

推动这一升级运动的是人们身上洋溢着的那种巨大的乐观情绪。当然，无论是在何时何地，夫妻都是在抚育子女和添置基本家庭用品时消费意识最强——也最乐观。随着年龄的增长，他们的消费意愿就会趋于平缓。但是，人们常说的那种代沟也是真实存在的。就连快要 40 岁的人都会觉得自己与年轻邻居在对事物的看法上有一种本质上的不同，后者那种大手大脚的消费习惯让他们惊讶不已：“在我们像他们这么大时，我们做梦也不会想到自己会背负这么多债务。即使现在我们比他们有钱，我们还是会暂缓购买洗碗机之类的东西。”他们那种观念的形成可谓由来久远，而那时还没有社保、医疗保险，以及其他类似的保障。

然而，对那些年轻夫妇来说，他们那种消费势头并没有减弱。他们在青春期时觉得希望越来越大，到了成年早期，他们只知道个人财富在不断增长和社会日益繁荣。郊区居民所抱有的那种乐观态度更是进一步证实了这一点。在这里，他们周围都是像他们一样的人：非常年轻，没有历练。理想幻灭和繁荣衰退的到来为时尚早，什么都无法磨灭他们的雄心大志。在新郊区，既没有那些失意疯颠的酒鬼，也没有那些幽怨哀叹的老姑娘，甚至连死亡的人都很少。也许在这中间也有一些人的希望已经破灭，但与其他地方相比，在这里，人们的结局还不算太惨。

难道他们就不担心自己会遇上经济大萧条？让人惊讶的是，他们竟然连想都没有想过这回事。如果接着追问他们为什么不去想它，他们给出的解释会让人有这样一种感觉，那就是，美国找到了类似永动机的秘密这样的东西，所以他们什么都不用去担心。他们相信，前进的车轮绝对不会倒转。同样常见的一种更为乐观的想法则是，政府不仅希望保持长久的经济繁荣不出现下滑，而且政府确切地知道如何能够做到这一点。一位 26 岁的职场新人解释道："真要出现大萧条，它将会变成一个政治问题，所以政府肯定会确保不会发生大萧条。"一些人还补充说，即使它万一真的发生了，也不会伤害到他们个人。不管他们从事的是什么职业，几乎所有的组织人都觉得他们的工作是不可或缺的。（"人们总是要用电""人们总是要吃东西，所以食品生意不可能下滑太多"等。）此外，人们还认为，这一切都是相对的。有人说："如果我的收入下降，那么物价也肯定会下降，所以最终我还是会和以前过得一样好。"

这些年轻人不仅对福利社会习以为常，他们还认为自己的生活将会得到持续改进是一种理所当然的事情。他们认为，在一种不断向前发展的经济中，未来的繁荣将会追溯到今天，因此，自我否定毫无意义。他们的话也有一定的道理。远大前程具有一种自我实现的性质，郊区居民本能地感觉到了这一点——有时候，当一次又一次听到别人提及他们在同一条船上后，人们就会感觉他们已经凝聚成为一个巨大的集体，并可以一起呼风唤雨。

郊区居民非常擅长诠释想要拥有更多的美好生活这一理想主义需求。

例如，早在 1953 年，帕克福里斯特镇居民就要求在一所新学校再加盖一间预计将会耗资 6 万美元的多功能厅。但是，克鲁兹尼克拒绝出资；最终，这笔开支不得不由小镇承担，而小镇是否有足够的纳税基数来支付普通教室的费用则很是值得怀疑，更不用说那些额外教学设施了。我问过学校董事会里的那位年轻负责人。他情绪激动地宣称，这是一个原则问题。他说："我们的孩子应该得到最好的教育，既然多功能厅是现代教育的一部分，那么我们这里就应该有。"我提到克鲁兹尼克的反对意见。他伤心地摇摇头，他也不知道从哪里可以弄来这笔钱。他只是一再重复道："我们的孩子应该得到最好的教育。"在这种情况下我要是再接着往下追问为什么，在郊区当然就会是一种不可原谅之举。

* * *

他们在银行里的存款极少。全国人均银行存款为 1 342 美元，这一数字听起来还是比较让人欣慰的，但是，我们不要忘了，平均数是虚幻的。我们只要详细分析一下构成人均水平的个人储蓄账户就会发现，老年人口在这方面做出的巨大贡献与他们的人数不成比例。而值得注意的是，在帕克福里斯特镇和莱维敦镇，几乎没有老年人口来增加贡献，以使这里居民的人均银行存款达到全国人均水平，这里镇上居民的人均存款只有 300 美元。

尽管大多数年轻夫妇都有人寿保险，但是，他们手中保单的实际现金价值却很低。有相当多的人都是通过储蓄计划购买了 E 级债券，偶尔也有少数比较大胆的人会去购买股票。针对收入 5 000 ～ 7 000 美元的年轻夫妻进行的财务调查显示，他们所有的存款、债券和股票加起来的中位数是 700 ～ 800 美元，而他们所欠贷款的中位数则是 1 000 美元。

当然，这一规则也有例外。据银行家们报告说，在那些年轻夫妇中，有一种类型在金钱问题上仍然忠实于 18 世纪美国的新教伦理，那就是外来移民的第一代子女。

然而，对大多数中产阶级来说，储蓄本身早已不再是一种美德。一般来说，年轻夫妇存钱也不再是为了以备将来之不测，而是有的放矢，比如再生个孩子、支付下次买房的首付款等。他们解释说，他们存的钱已经够多了。他们所说的可不是政府社会保障，他们并不愿意去多谈福利国家主义的好处，他们认为，无论如何，最后到手的退休金都不会有很多。他们意指的是被公司代扣的强制性储蓄，他们认为，年金计划、利润分成基金等已经为未来预付了一大笔钱，所以再过多地去进行储蓄实属多余。还有一种貌似合理的解释是，储蓄是一种糟糕的经济学。一位年轻丈夫问道："既然明天的钱没有今天值钱，那我为什么还要把今天的钱存到明天再花？"

对于那些在短期内出现的紧急情况，那些年轻的郊区居民希望可以用个人贷款来救急。他们也会用贷款去进行一些有计划的购物，但他们申请个人贷款的主要原因是，他们需要支付各项债务和紧急医疗支出。值得注意的是，很少有人选择用医疗贷款去支付生孩子的费用。关于这项开支，人们早有储备，一般都是用存款去支付。

即使郊区居民还没有申请过贷款，如今很容易申请到贷款这一情况也对他们的消费习惯产生了一种显著的影响。他们对自己能贷到多少钱往往估计过高。当那些年轻夫妇被问及在紧急情况下他们能贷到多少钱时，他们回答的中位数是 2 000 ～ 3 000 美元。而在我们与银行职员进行核对后的情况则表明，他们中的许多人能贷到 500 美元就算很幸运了。按照个人无抵押贷款的经验之谈，丈夫最多可以借到其年收入的 20% 左右。这也就意味着，在没有其他债务的条件下，收入 5 000 ～ 7 500 美元的夫妻最高能够贷到 1 500 美元。而这已经有些异乎寻常了。

* * *

这并不是说郊区居民就是那种不负责任的人。事实上，在那些年轻夫妇负重前行的路上，最引人注目的地方就是他们做事的认真和精确。他们非常注重预算，关于家中每个月的开支，他们都能脱口而出，而且几乎毫厘不差。有时候，就连他们的那些“冲动消费”，也在他们的精心计划之内。他们尽职尽责地履行义务，很少会拖欠账目。

在某种意义上，可以说，他们是“预算主义”的倡导者。当然，这并不意味着他们真有那种非常正式的预算。恰恰相反，预算主义的绝妙之处就在于，人们根本不需要去进行预算。这是因为，它是自动完成的。新一代中产阶级有着一种相同的生活节奏，他们最重要的目标就是确保自己可以按时兑付每个月的基本生活开支。月初即始，无需多虑。下个月是这样，下下月仍会是这样：一种流畅的、近乎催眠的节奏裹挟着郊区居民，竭力让他们的生活过得有条不紊。

20年前，人们可以把美国人分成三大群体：收入水平较低以周为单位计划开支的人、以月为单位计划开支的人和以年为单位计划开支的人。虽然处在前后两端的人数仍然很多，但是，随着中产阶级的人数不断扩大，以月为单位计划开支已经成为美国人计划预算的标准模式。工资、预提扣款、房贷，这些中产阶级个人财务中的主要项目，都严格按照30天的周期做计划。就像现在的年轻夫妇们把冬季的油费均摊到一年当中的每个月，他们也寻求分摊其他所有可以预见的季节性开支，如圣诞礼物、房产税、庆祝生日、春季大扫除、孩子们的校服等。如果商家不愿接受按月分期付款，买家就会通过浮动贷款来减轻自身负担。

郊区居民在这个问题上不信任自己，这是一个心理学问题。偶尔，银行家也会问起他们为什么不设立一个续存储蓄基金来支付消费，而偏要去依靠贷款。他们给出了一种非常标准的答案：“我们确信我们能还清银行贷款，”一对年轻夫妇解释说，“但是，我们无法确定只靠我们自己（就能做到这一点）。”一旦人们进行自我约束，他们就会产生一种安全感。由于他们知道自己会花得两手空空，所以他们把开支预算做得很紧，没有余留。他们这么做并不仅仅只是出于对商品的贪婪，而同时也是一种对自己的承诺。这也是一种他们想要的保护；虽说他们为了求得安全感而背负债务未免显得有些极端，但是，精心计划的负债确实会让他们感到内心安宁。在郊区，这一点要比得到奢侈品本身更加让人羡慕。

* * *

他们几乎没有资本意识。在一个以人为本的经济社会中，组织人不必操弄大笔个人开支，甚至都不用为其操心。代扣税作为社会革命的一个重要推动力，把他从个人财务中最大支出单项之一的思虑中解放出来。房地产税方面的一揽子抵押贷款也是如此。一些其他的主要开支项目同样也是如此。既然政府和公司已经代扣代缴了税款，他也就不需要再去惦记预留这笔钱了。一对年轻夫妇解释说，事情之所以如此，其实并不仅仅是因为你不必去担心那些大额开销，而是你在这方面根本就没有选择。

简言之，预算主义使人们变得比较被动。而这种被动性也有助于解释，为什么储蓄失去了其在道德上的必要性。在新教伦理中，储蓄与道德是一致的，因为人们认为最终决定自己命运的是人而不是社会。世间万物有序，人应谨慎处之。然而，随着我们的社会变得越来越以人为本，很多像公司人事部这样的外部力量承担了对人的大部分保护工作。因而，并不是道德意识松弛，而是这种防御性联盟，夺走了储蓄中隐含的那种道义性。

没错，他们是有些贪心，但就像通俗小说里的那些英雄一样，他们之所以贪心是为了追求美好生活。在美好生活中，稳定才是最重要的。金钱本身是次要的。这些头脑清醒的人们已经深深地陷入了下面这种观念之中：他们认为，支付的形式与金钱本身一样重要，或者就此而言，与支付的目的一样重要。在某种程度上，按期月付行之有效，然而，年轻一代郊区居民的行为已经远远地超出了这个范畴；就像巴甫洛夫实验中的那条狗一样，他们已经太习惯于那些外在形式，哪怕这些外在形式并不符合他们自身的实际需要，他们也照样会做出反应。在他们的预算逻辑中，他们根本就不在乎钱。他们追求物欲，但却漠视金钱本身。

他们并不在意自己花钱买的是什么。年轻郊区居民对待利率和利息的态度很不一样。他们了解存款利息，但却漠视贷款利率。更让人惊叹的是，他们贷的款比存的款要多得多，而贷款利率通常又比存款利息要高得多，相比之下，存款利息收益几乎不值一提，所以他们对它一点也不在乎。他们更喜欢去找银行，而不是去找信贷公司，因为一踏上信贷公司之路就等于偏离了中产阶级的体面之路。而且，他们大体上也了解银行的收费会比信贷公司少一些，不过，至于具体会少多少，他们并不清楚，甚至也无心去问。信贷员说，他们真正想知道的就是每月还款金额。

即使郊区居民以为他们了解贷款利率，他们也不过是在自欺欺人。大多数年轻人都会惊讶地发现，他们几乎总是在向银行支付最少 10% 或 12% 的利率。假如他们有自己的想法的话，他们则会相信自己一直付的利率是 6%。他们中很少有人会停下来去认真梳理一下，那个 6% 只是账面金额；他们一直在付钱，在还清本金，但他们却就是感觉自己付的是账面金额，而事实上，他们支付的利率是他们以为的两倍。

相对来说，他们对开支总额不感兴趣，在他们看来，月度账单上的数字才是唯一与他们直接相关的数字；除非是那些名牌电器，否则他们经常对其所买物品的实际价格也是糊里糊涂。偶尔也会有夫妇要求销售人员逐条梳理一下事情的来龙去脉。当销售人员回答说很开心他们提出这个要求但却还是继续讨论其他事情时，大多数夫妇都会大松一口气。事实的真相是，他们根本**不想**知道个中细节。

他们懒得去质疑。在这方面，有一种可悲的情形是，丈夫在阅读销售合同时表现出的那种热情；但是，不管那里面加进去了多少条荒谬的条款，他仍会继续读下去，却不知所云。在这些年轻人中间似乎有一种强烈的信念，那就是，过去 20 年里诸如小额贷款法案的保护性立法，已经以某种方式扭转了“买者自慎之”的戒律。还有人则认为，他们已经长大成熟，足以甄别任何经销商，然而，事实却并非如此。他们是如此自信，以至于他们几乎从不会去审视一下经销商到底要卖给他们多大的“一笔买卖”。当他们在其他地方筹集资金然后付现金给销售员时，他们又再失一城；他们误认为经销商更愿意进行现金交易，所以他们会提前告知对方他们愿意支付现金，而这样一来反而预先提醒了销售人员把价格提高以包含手续费在内，而实际上根本就没有手续费。

信誉的象征很容易打消他们的戒备之心。如果汽车经销商或家具商对他们说将会通过当地银行安排融资，他们就会完全放松警惕。就像经销商信口承诺的那样，郊区居民误认为优惠券上印的银行都是一些很有声誉的银行，他们将会支付的是“银行利率”。偶尔也会有消费者不厌其烦地把优惠券加算进去，然后带着满腔怒火冲进银行。他说，这一定是搞错了，光是利率就占了账面金额的12%。在这一刻，银行家一定会巧妙地解释说：一切都是按照固定程序进行的，只不过利率是由商家而不是银行决定的。如果他继续施压追问，银行家肯定会补充称，被商家多收的6%的差额将会退还给他，作为银行对他的一种回馈。

* * *

对一个未来的资本主义者来说，组织人在操弄资本方面的低能表现实在是让人吃惊。关于“债务整合”这种处理方法就是这方面一个很好的例子。此类贷款越来越受欢迎，不禁让人联想到：追悔莫及的人们勒紧了裤腰带，绞尽脑汁地想要把他们的总利率支出削减下来。然而，这种联想很容易让人产生误解。虽然人们从一家银行贷上一大笔钱确实可以降低其在各种购物上所支付的利率（可以从25%～30%降到12%或18%），但是，这却并不是大多数消费者决定进行贷款的原因。在实际操作中，选择这种整合的目的主要是为了便于他们行事。

他们贪图方便，但却为此付出了高昂的代价。为了探讨一种可行的替代方案，这里我们可以虚构一对夫妇，姑且称其为“节俭夫妇”。除了那些生活必需品，他们会把其他东西全部推后几个月再买，以便可以多攒500美元。这样一来，他们就有了自己的现金周转小金库，可以用现金去采买物品，而把原本每月需要分期付款的那些钱，用来循环补充那500美元的小金库。

下面我们再以一对正常夫妇为例，姑且称其为“琼斯夫妇”。他们与上面那对“节俭夫妇”收入完全相同，照常随意购物，只不过他们同时使用了分期付款和循环信贷计划。到了十年之末，琼斯夫妇将会支出约800美元的贷款利率，而相比之下，那对“节俭夫妇”则赚得约150美元的利息。不算他们可以通过现金购买而获得的额外好处，琼斯夫妇原本可以节省近1 000美元。

这里我要重述一下，那对“节俭夫妻”纯属虚构。但是，大多数郊区居民确实没能以钱生钱，对他们的资金加以充分利用。例如，他们很少会存款和贷款二者兼行。如果他们这样去做，他们实际上的贷款利率会低至4.25%～4.5%，而不是通常的10%～12%；另外，他们的存款则仍然可以使他们获得正常的利息。

* * *

预算主义最终得出的结论是这样一个计划：一家商店会给一对夫妇设定一个信用限额，比如说150美元。当到达设定的限额后，借款人每月按均摊账单还款，利率高低取决于商店的贪财程度，为1%～？%。而这样一来，也就总是会有待付余额。一旦一对夫妇开始使用循环信贷，他们就会永无休止地持续下去。因为如果他们继续一边花钱一边还款，他们就会享受这种绝对有规律的定期支付，月复一月。没错，他们每年都会支付12%～18%的待还部分的利率，但是，他们并不会想到这个问题。

那些年轻夫妇在百货商场里找到的循环信贷计划就是这样一种服务。他们对这一循环信贷计划抱有如此之高的兴趣，就连那些最老练的信贷人士也会对此大吃一惊；如此多的人一直在“买爆”限额，以至于在某些情况下，这些商场单是利率收入上的利润都要高于商品本身。百货商场的人对这一点很少会有愧疚之情。一位百货公司的高管在关上他的办公室的屋门后，兴奋地朝我喊道："太棒了，一年 18%！我们从未料到他们会一直买爆限额。如果你真想知道我们是否喜欢这个计划，直接问我们是否喜欢钱就行了。"

循环信贷的增长是"涓滴效应"一种有趣的反转。最初，这些计划是为了满足那些较低收入群体的需求而设计的，后来，因为它们高度迎合了当下盛行的预算心理学，以至于它们在中产阶级商店和中产阶级人群中也变得越来越受欢迎。让商家感到惊讶的是，就连那些评级为富裕的客户，现在也经常喜欢使用循环信贷。

这就是规律性的终极表现。一方面，循环信贷使得人们的购物行为趋于平稳，不会出现季节性购物高峰，比如开学时人们集中采购孩子们上学穿的衣服，或者是圣诞节前人们集中给孩子们采购圣诞礼物。另一方面，这对妻子们来说也是一种更好的约束因素。在循环信贷计划之前出现的老式优惠券计划，与循环信贷计划也有许多相似之处，但是，优惠券是"热钱"，妻子们把所有的钱都花在了信贷部门和商场之间。相比之下，循环信贷的每月定期限额则会在人们心中产生一种不同的心理效应；让丈夫们感到开心的是，他们的妻子能够自信地提前计划她们的"冲动消费"。

* * *

到目前为止，可以看出，预算主义在很大程度上会使人们更多地贷款负债；但是，在这整个流程中，并没有人强制人们这样去做，纯属人们自愿。就其本质而言，预算主义是一个人希望借助外力约束来管理自身资产，省得自己费心去打理。然而，这种助力既适用于人们进行储蓄，也适用于人们背负债务。在某种程度上，在预算主义这一行为中，节俭之处最明显地体现在工资总额扣除上；然而，总的来说，提供给消费者的大多数外部服务，都是为了让他们轻松消费，而不是为了让他们积累储蓄。

银行家们大都还没有认识到，人们对有组织的生活这一渴望具有多么大的包容性。他们在贷款业务中大量地利用了人们对定期按月还贷的那种痴迷，但是，他们在储蓄方面却并未这样去做。除了银行家们很不喜欢的“圣诞俱乐部”（一种储蓄计划），很少有银行会推出那种强制性的、固定的储蓄计划去吸引人们开始存钱。银行家们辩称，人们要么储蓄，要么不储蓄，推出那种特别计划只会收效甚微。

然而，如果事情真是这样，那么像“圣诞俱乐部”这种储蓄计划就会变得特别不得人心。正如许多银行家私下所说，“圣诞俱乐部”这一储蓄计划在某些方面设计得相当愚蠢；由于期限太短，银行无法从这笔资金中获得任何利润；而这位每周都要跑来一次的客户，也无法从跑来跑去的麻烦中得到任何额外利息。事实证明，圣诞节与这些计划之间并没有太大关系；储户在 12 月取出的存款，更常见的情况是用来付房产税和联邦税，而不是用来采购圣诞礼物，而且有三分之一的储户都会将钱转入普通储蓄账户，或者是转而去购买联邦债券。

这样做是否会让人觉得有些不合逻辑呢？事实上，人们在“圣诞俱乐部”这种储蓄计划里真正渴望得到的是一种外力约束；而在这一计划中，银行最不喜欢的一个特征，也是许多储户不喜欢的一个特征，就是它的存在期限过短。他们想要的是诱捕，持续不断的诱捕，而那些不理会道德观念的银行则认为，通过对人们的这种欲望加以利用，可以得到一种很好的回报。他们不会向人们推销储蓄的想法，而是将储蓄的想法商品化。据他们推断，外部刺激已经存在。由于年轻夫妇了解贷款，以及他们对优惠券会做出有条件的反应，为了利用这一点，银行干脆反向设计贷款方案（这种方案被称为“存个贷款”），推出指定还款方式和指定还款日的优惠券。虽然这样做只是在形式上发生了些许变化，但在推行这些计划的地区，它们却是取得了很大的成功。

无论怎么说，预算主义的节奏定律都将会变得让人们更加难以抗拒。

组织人所居住的郊区里发生的情况只是一个预兆。我们所有人都在朝着那种更加规范化的生活方向发展。随着有保障的年薪成为现实，中产阶级实行预算主义的条件将会变得更加宽泛。最终，对郊区的孩子们这一代组织人来说，大萧条已经不再是他们父辈的故事，而是他们祖父辈的故事。就像郊区居民有时候说的那样，没有人在走回头路。

25

友谊之网

在像预算主义这样的特征上，各个郊区的组织人表现得如此相似，以至于我们很容易掉入陷阱，以为在这里看到了一个“大众社会”。新郊区表面上看起来确实像是一个同质化的巨大海洋，但是，实际上，它却是无数个小型社区单元的集合——它们在构成一种全国性趋势的同时，也反映了这种全国性趋势。从某种意义上来说，这些群体是暂时性的，因为其中包含的人物总是在不断变化。然而，事实上，他们的行为模式却是具有一种非凡的永久性；在对个人产生的影响上，这些模式不仅与传统群体一样强大，而且在很多方面它们甚至比后者还要强大。

人与人之间的友情和爱憎，一直依存于那种空间上的邻近性；而与大多数地方的人们相比，郊区居民之间则有更多的邻近性。然而，我们在看到郊区群体力量的同时，也可以看到这一群体在价值观上发生的转变。与空间距离这一因素同样重要的是，郊区群体成员对环境的反应。

在郊区，人与人之间的友谊几乎可以提前预测出来。尽管一个人可以从众多人中挑挑拣拣来交朋友，但是，像门廊位置或街道方向这样的事情，往往与决定谁是朋友有很大关系。当你观察群体行为的规律时，你很容易忽略那些个别特征的影响；而在郊区，尽管你想尽可能地记住这一点，但是，某些模式一再重复，使得群体行为产生的影响变得非常明显。告知你关于某个居民区的几条物理线索，你几乎可以直接确定其“社会交流网”为何种形态；而一旦确定了这一点，你就会得出一个准确到让人不安的诊断，判定谁在某一群体中，谁则不在其中。

这有可能是一种顺从（为了与群体保持一致性），但却并不是一种**无意识的**顺从。人们对此可谓是心知肚明。当我就这一特定方面首次开始采访郊区时，起初我有些犹豫不决，因为向人暗示他们的行事方式受到外在环境影响而非他们的自由意志使然并不讨人喜欢。然而，我很快就发现，他们不仅非常清楚我对什么感兴趣，而且已经做好了谈论它的准备。给郊区家庭主妇看一张关于该地区的地图，她就会展示出自己是一位非常精明的社会分析家。在说过几句“我们都很傻”之类的评论后，她会带着一脸愉快的表情说道，她不再和克拉克一家在一起是多么有意思，因为她现在会去新超市购物，不再像以前那样去克拉克家喝咖啡。

我相信，这一意识是一种重要的现象。在本章中，我将会描绘这一群体社会生活的基本机制，以及决定它的那些物理因素，但是，我想着重强调的是郊区居民自己对这一点的认识。他们非常清楚他们为什么会这样去做，并会经常思考这个问题。在这种邻里关系的背后，他们感受到自己有一种道义上的责任（去维护这种关系），然而，他们也在这其中看到了冲突。虽然这些冲突在其他人看来可能会觉得微不足道，但是，它们的存在却是非常接近组织人遇到的那种核心困境。

* * *

为了便于理解这些冲突，我们可以把帕克福里斯特镇当成一面很好的镜子。其中就包括在其他郊区也可以找到的那些主要设计特征：在私有住宅区域，18 米 ×38 米的地块沿着大多数新开发项目中典型的弯曲超级街区分布，用于租赁的花园双层建筑区域是所有地方中最密集的庭院式建筑区。简言之，帕克福里斯特镇就像其他郊区一样，只是这些特征在这里体现得更为明显。

有些人可能会认为这是一种人为营造的氛围，事实上，就连帕克福里斯特镇的居民，有时也会在那种典型的现代公民自豪感的爆发中，称他们的社区为一个“社会实验室”。但是，我认为，我们有理由将其称为一种自然环境。虽然建筑师选取的设计恰巧具有一种很强的社会效用，但是，他们却并不是想要成为社会工程师（他们只是想要有一个良好的基本设计，既能够取悦住户，又能够为开发商赚钱）；事实上，房屋某些设计特征的最终用途，与建筑师最初的构想可以说是迥然不同。

然而，这些设计的确非常实用。自从中世纪的那种小镇出现以来，可能还没有一个社区单位能够像庭院式建筑一样如此适应其居民的偏好和社会需求。实际上，在很多方面，那些庭院式建筑看上去与15世纪的工人住房非常相似。就像仍然矗立在奥格斯堡的富格尔住宅一样，这里的庭院式建筑基本上都是两个房间深的房屋组合，由内部通信线路连在一起；这里的停车场则像富格尔住宅的喷泉一样，把每组房屋联成一体。

帕克福里斯特镇上的情况还揭示了事物的另外一个方面。在它内部有足够多的物理差异来显示出何为其恒定不变之物。当建筑师们设计那105个庭院住宅区和私有住宅区时，他们有意引入了一些变化，再加上公寓数量、街道长度，以及建筑物在停车场四周交错方式上的差异，没有哪两个庭院或超级街区是相同的。在人与人之间的社交上，这些住宅区的情况也不相同；在一些庭院，人们从一开始住到一起，他们的社交活动就非常成功；而在另一些庭院，人们的社交活动则很不成功，人与人之间的关系比较淡薄。当然，这并不仅仅是物理布局方面的原因所致；然而，当你将庭院设计方面的差异，与人们在其中一段时间内行为方式上的差异联系起来时，你就会非常明显地看出这里面存在的某些因果关系。

* * *

这里我们先来看一下不同庭院或街区之间的差异。在“精神”上，不同的庭院或街区之间有着一种相当大的差异；在租房办公室把一对夫妇分配到庭院 B14 或 K3 时进行的随机选择是一个重要的转折点，这一随机选择的后果，很可能会在他们离开帕克福里斯特镇之后很久还在影响着他们。每个庭院都会有一些不同的行为模式，那些新来者是会成为公民领袖、桥牌迷还是常做礼拜者，很大程度上将由现在把他们分入哪一群体的机缘决定。

庭院居民时常会谈起这些差异。在某些庭院，他们会告诉你，居民之间吵吵闹闹和一些居民顽固不化这两种情况长期存在。“过去的事我说不准，”一位居民说，“但是，自从我来到这里后，我就觉得住在这所院子让人有一种自卑感。我们似乎永远都无法做到彼此和睦相处，也无法做到像路对面 B18 庭院那样大家聚到一起举行烤肉和周年纪念派对。”在其他庭院，人们则会谈论他们的团队精神。“对我们来说，能被分配到这里真的是一件很幸运的事情，”一位家庭主妇说，“刚开始的时候，我们也许显得太过睦邻友好了——想想看，你的朋友比你自己还了解你的私生活！虽然现在我们不再像过去那样太过活跃，但是，我们彼此之间仍然非常友好——不怕你见笑，就连我们养的狗和猫都能友好相处！相比之下，我们后面那条街道上的居民相互之间就没有那么友好。他们彼此之间都不太熟悉。”社区领导人解释说，他们必须成为能够诊断不同居民区脾气的专家。在筹款活动中，他们事先就能知道，在花费同等时间和精力的情况下，在哪些居民区可以筹到最多的捐款，在哪些居民区筹到的捐款则最少。

当我最初听到居民解释他们的庭院或街区如何具有特殊精神时，我总是半信半疑。但是，很快我就发现，确实有客观证据可以证明他们的说法是正确的。我开始例行绘制每个庭院或街区的人员流动率、人们举行派对的地点等，并在这样做的过程中发现，地图显示出某些地理集中趋势，而这些趋势的产生并不能归因于偶然性，例如，公民领袖的所在地。在最先有人入住的核心庭院区，人们会期望这里出现领导者的比例要高于其他地方；但是，除此之外，我认为领导者的分布区域将会是相当随机的。毕竟，潜在的公民领袖会住在何处，或多或少都由机缘决定，而且三年时间内的流动，已经使得每个庭院的人员都发生了更换。

不过，在绘制教会组织领导人的居住点时，我却发现，他们高度集中在某些庭院，其他庭院则根本就没有。而且，这种模式还具有一定的持久性。我在拿到两年前这些组织的领导人名单后，在地图上标出了他们的住处，结果发现存在同样的基本模式。有些相似之处是由于几位领导人仍然居住在这里，但是，这里已经发生了足够的人员流动这一情况表明，（这些领导人在居住区域上的高度）集中与庭院的影响密切相关。[1]

在其他指标上也显示出同样的结果。关于联合新教教会活跃成员所在位置的地图表明，一些居民区的人们经常去教堂，而其他居民区的人们则很少去教堂。关于人们在投票上的相关记录显示，在某些居民区，选民的投票率很高，而在其他居民区，选民则对投票不感兴趣，而且这种模式往往是不变的——在那个早期参加投票人数最少的居民区，现在参加投票的人数仍然最少（38 个符合条件的投票人中仅有 6 个人参加了投票）。有时候，向警方投诉停车位被人侵占和草坪上有人乱丢垃圾的数量，也与那些类似不良感觉的证据之间存在关联。就像某个大学的一间宿舍一直作为“地狱入口”而臭名昭著一样，一些庭院不断提出高于平均数的投诉，而事后研究则发现，这些庭院参加教堂礼拜和投票的记录也相对较差。另一个关键指标是派对及儿童公共游戏区等社区活动的数量。有些庭院会举行很多派对，虽然搬家公司不断引入新人，但是，这些庭院举行的派对和集体活动却并未减少。一些更加深入的调查显示，那些举行派对次数较多的

[1] 我们在其他郊区也可以看到相同类型的模式，只是程度较小。作为一种对比，我在地图上绘制了德雷克斯勒布鲁克花园俱乐部成员所处的位置，结果同样显示出了群聚的力量。120 位成员不是分散在这里的 84 栋建筑中，而是倾向于群聚在一起——在 84 栋建筑中，33 栋完全没有成员，20 栋各有一位成员，31 栋各有两位、三位或四位成员。

居民区，其布局通常最适合组成那种关系紧密的邻里团体，所以现在有许多规划者和观察者都认为，应该将类似布局进行大规模的推广。

这里我要提醒各位的一点是，我所说的这些指标并不一定能够衡量同一特性的不同方面。我在一开始曾误认为，如果将所有这些指标放在一起，我就会对群体凝聚力有一个粗略的总体衡量。后来我才发现，在参与某项活动上得分很高的区域，在参与另一项活动上却经常表现得非常差。而且，这种模式极为常见；这足以表明，必定还有一些基本原因可以来解释，为什么这些群体无法在两种情况下都做到积极参与。

我相信，我们可以从这些差异中得出一些经验教训。大多数谈论人类需要归属感的人都倾向于将归属感视为一种统一：一个令人满意的整体，在这个整体中，一个人与其他人共同参加的各种活动相互补充。然而，这些活动真的能够相互补充吗？在这一点上，郊区的经验对我们很有启发性。虽然物理布局和邻舍关系的对照表明，我们可以规划出一个能够产生紧密社会群体的布局，但是，它也表明，我们为这种邻舍关系付出的代价，要比我们通常能够想象到的高得多。

* * *

在讨论不同类型邻里关系之间的冲突之前，我们先来看看这些传统是如何产生的。这与为什么一个城市有“灵魂”而另一个具有同样多经济优势的城市却没有，其实是一个相同的问题。对大多数社区来说，起因都在于遥远的过去；然而，在新郊区，这里较高的人员流动性已经把以往需要几代人的时间压缩为数年。我们几乎就像是在看定格摄影一样，可以看到传统是如何形成和成熟的，以及为什么它们会在一个地方“发生”而在另一个地方则没有。

在所有的因素中，最重要的因素无疑是最初定居者的性格。在早期阶段，一个人拥有较强的性格，无论结果是好是坏，都会放大其影响。在小范围内，人们的关系必然相当密切；将庭院与庭院隔开的道路日后会变成一条大道，但在这个阶段它们更像是一条护城河；同一庭院内的居民必须作为一个整体来克服那些现在看来已是带有某种传奇色彩的问题，如帕克福里斯特镇上的泥浆，或者是德雷克斯勒布鲁克镇上的“岩石和老鼠”。

在这一时期，所有庭院的公共分享程度和兄弟情谊程度都很高；然而，即使这样，庭院与庭院之间也会发展出一些重要的差异。如果一个庭院里集中了两三位天生的领导者，那么这很可能会激励其他人也行动起来，以至于积极参与社会服务工作在这个庭院里就会成为某种传统；或者，如果占主导地位的人很喜欢与人交际，那么庭院内部很可能就会朝着那种大家庭的方向发展。相反，若是一个庭院里有一两个捣乱分子，那么他们很可能会使得庭院里的人们分裂成许多不同的派系；而且，就是在他们离开庭院后很久，这些分歧的界线经常还会存在。

随着时间的推移，群体活动的强度开始减弱。随着志愿警察被正规警察取代，随着泥泞地变成草地，昔日那种充满激情的团队精神逐渐变得平淡下来。第一批定居者会告诉你，这个地方已是死水微澜。“过去，我们曾是那样的**群情激奋**，”一个人怀念道，“而现在，这里就像其他任何地方一样。”

事实上，这里并非完全与其他任何地方都一样。对那些开拓者来说，他们也许会觉得这里是死水微澜，而对那些来自外部世界的人来说，事情则并非如此；尽管庭院已经变得安定下来，但是，它却依然是参与群体事务的温床。偶尔，一直延续的传统也会急剧中断；例如，在一个庭院中，有几位强势的女士同时竞选某个社区组织的同一职位，她们之间的竞争给庭院精神带来了一种灾难性的影响。然而，大多数庭院的基本特征都得到了很好的延续。新来者一个接一个地被同化，当先前的领导人准备离开时，他们通常都已经培养出了自己的接班人。

虽然传承下来的游戏规则谈不上公开透明（称其为心照不宣要更为合适），但是，在每个庭院都有足够的规则来构成一套几乎是正式的仪式。

那些老居民会告诉那些新来者说“我们在这里过着一种随心所欲的生活”，然后，那些新来者就会去了解幼儿游乐区、婴儿看护服务、庭院历史和重大事件、循环桥牌小组如何交替，以及坦率地说他们没有被分配到另一个庭院是一件多么幸运的事情！

各个庭院的性格中还有许多微妙的方面，通过日常生活中潜移默化的同化，那些新来者也将学会这些方面。就拿语言为例。某个庭院的居民会以一种惊人的频率使用某些时髦的单词和短语，而那些新来者所用的词汇很快就会反映出这一点。（在德雷克斯勒布鲁克镇的一组双层公寓里，女孩子们不停地使用“绝妙的”这个词；在曾由一位心理学讲师和他的妻子主导的帕克福里斯特镇上的一个庭院中，“互动”和“放任”这两个词经常出现在庭院居民的日常对话中。）人们在休闲时间的爱好同样具有感染力。“查理过去经常取笑我们花这么多时间去种草、割草和除草，”一位超级街区的居民在谈到他的邻居时说，“而就在前几天他却跑来问我——他装作很随意地问我：什么样的草种最适合这里的土壤？你应该去看看现在的他，他家里与维护草坪有关系的那些东西可以说是一应俱全。”

* * *

到目前为止，我们一直在讲述庭院或街区之间的差异对人们行为的影响；下面我们将会走近一点，看看居民区内部的差异。在这一点上，物理设计方面的重要性变得显而易见。社交模式清楚地表明，一对夫妇的行为不仅受到他们被分入哪个庭院的影响，还受到他们身处庭院中具体哪个部分的影响。

我是在与一位住在大型庭院的家庭主妇交谈时才首次意识到这一点的。她向我解释了不同的人们之间都是如何相处的，以及他们在举行派对时如何决定邀请谁和不邀请谁。当我对这些分组的对称性感到有些惊讶时，她问我是否听说过分界线。我摇摇头，她则笑道：如果没有这一分界线，他们就不知道该如何是好了。她接着说道，庭院太大了，又必须把活动组织起来，于是他们就找到了一条穿越庭院轴心的虚拟线。有了这条线后，产生了一个更大的分界；某些次要物理特征，例如，侧翼的位置，也被人们用来划分次级群体。

庭院的具体布局真有那么重要吗？我和同事对这一点感到好奇，遂决定把这个庭院作为详细研究的一个对象。在一个月内，我们调查了能够解释友谊模式的所有其他因素。我们调查了这个庭院里 44 对夫妇中每一对夫妇的宗教信仰、家庭背景、出生地、教育背景、读书和看电视的品位、是否喝酒、喜欢玩什么游戏、丈夫的薪水等。在掌握了所有这些资料后，我们采用多种方式对其进行相关研究，结果发现我们又回到了一开始的地方。正如那位家庭主妇所说，庭院的具体布局是主要因素。

帕克福里斯特镇地方报纸《记者报》上那些关于社交活动的报道，对此提供了进一步的佐证。我翻阅了这份报纸上三年半来刊登的每一则社交报道（这期间的社交报道数量极其繁多）。这是一份优秀的报纸，凡是与社交活动有关的事情全都报道得清清楚楚。如果标出那些参加每次报道的聚会成员所居住的位置，你就会看到某些模式反复出现。凡是在那些具有共同设计特征的地方（例如，死胡同），交友的分组往往也非常相似。

图 1是对 1952 年 12 月至 1953 年 7 月在帕克福里斯特镇上私有住宅区举行的派对的一个抽样。如果你仔细观察，你就会看出，这里面存在某些模式（如果能够把所有派对都在图上标注出来，这些模式就会变得更加清晰）。一方面，你会注意到，每一次派对的客人都来自地理范围相对有限的一个区域。不过，像美食家协会活动这样从大范围区域吸引成员的聚会则是一个例外。另一方面，我们也要注意，派对群体通常都是沿着街道或穿过街道组成，很少会包括后院另一边的人。这些模式普遍存在。图 2是三年后（1956 年 1 月至 6 月）对同一地区举行的派对进行的抽样。此时，既有新来者搬入，也有一些老居民已经搬出，但是，我们从图中可以看出，基本模式并未发生改变。

图 1　抽样：1953 年的社交群体

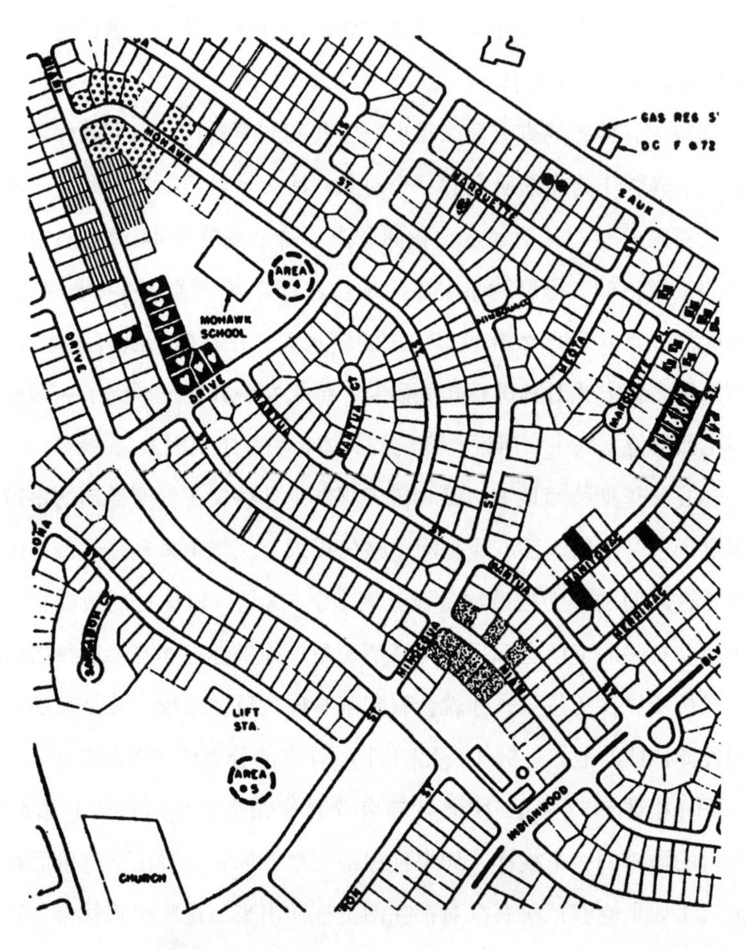

左：情人节化装舞会
惊喜迎婴聚会
学生家长和教师联谊会
主持进步党晚宴
索克步道森林保护区野餐

中：神诞节礼物交换派对
新每月一次桥牌俱乐部
除夕晚会
鱼屋派对
“家庭主妇”派对
舞前鸡尾酒
农场主跳舞后的早餐

上述期间为1953年1月至7月

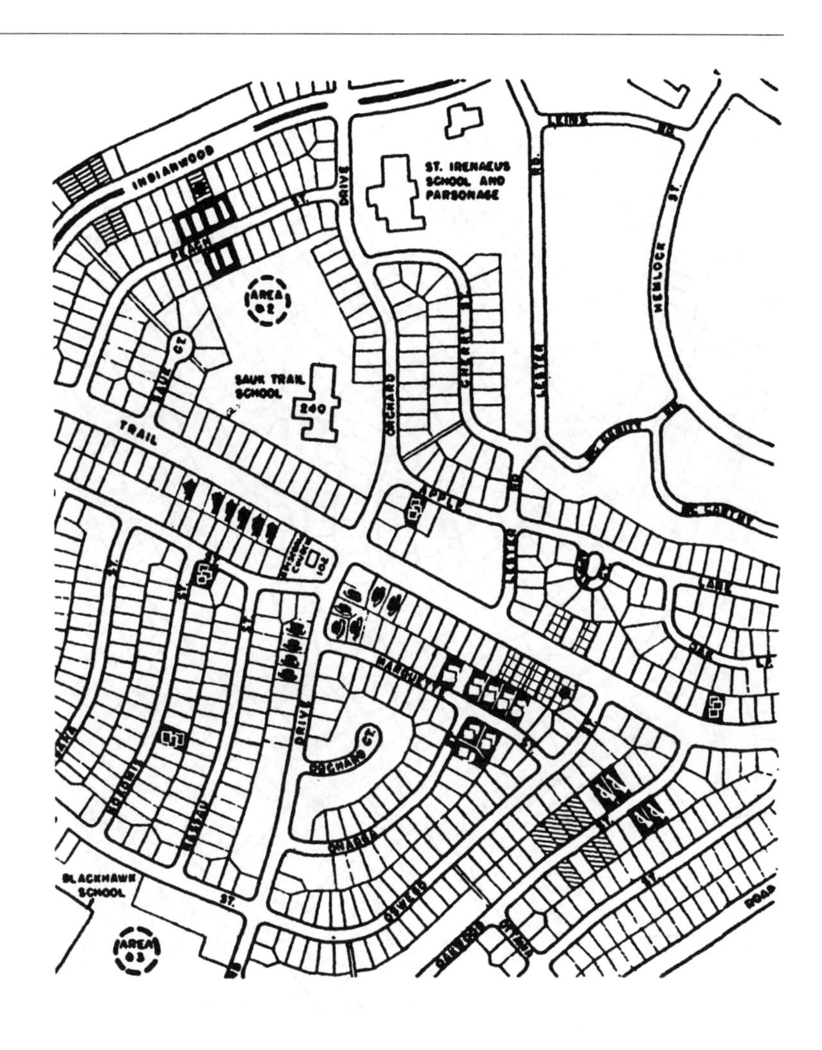

右：周六晚间派对

除夕派对

新桥牌小组首次聚会

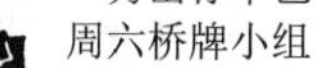

舞会前的蛋奶酒

“秀出你本色”派对

周六桥牌小组

美食协会

图 2 同一地区三年后

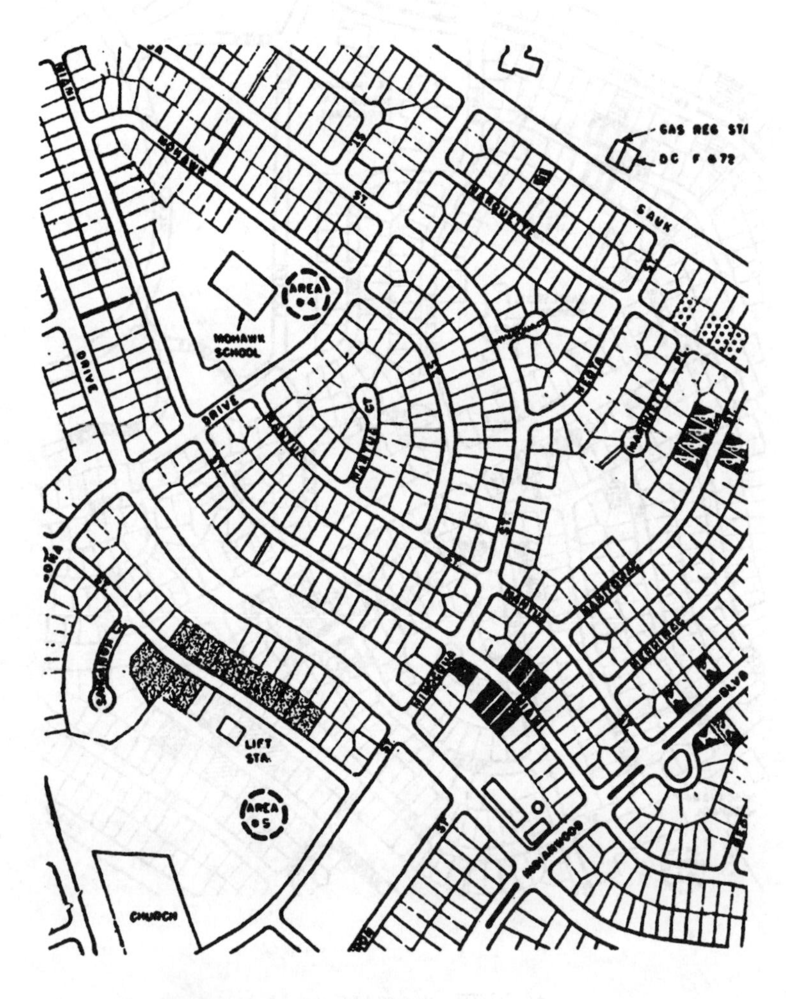

圣伊兰纳斯宴会前聚会
除夕晚会
鸡尾酒会
咖啡聚会
百乐餐——丈夫和妻子的桥牌俱乐部
星期二下午桥牌俱乐部

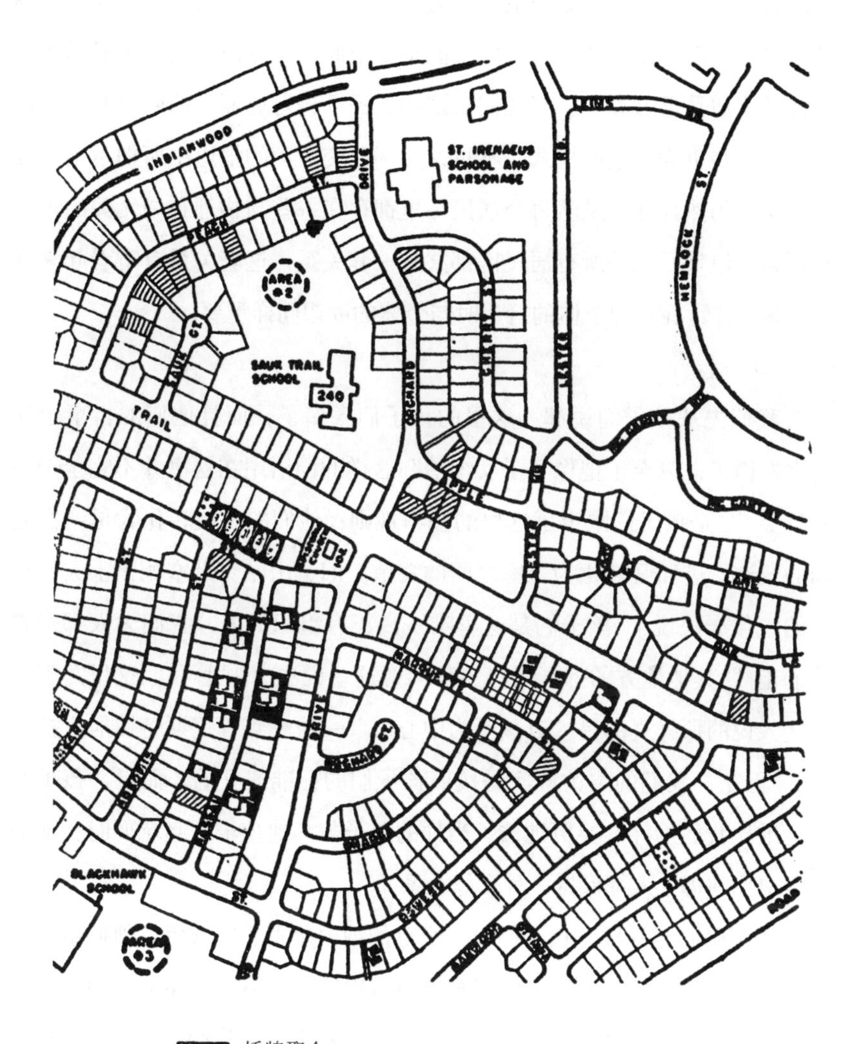

桥牌聚会
告别晚会
卡纳斯塔纸牌戏聚会
拿骚桥牌俱乐部
四岁生日宴会
桥牌俱乐部

当然，关于社交活动的报道只是一个非常不完整的指南，因为有些居民区的社交活动会被过度报道，而另一些居民区的社交活动则会较少被提及，在这方面，记者的个人倾向可能是一个原因。然而，这其中显示出的那种模式却是足够真实。当我们对这些居民区进行更深入的研究时，我们发现了一些更为复杂的模式，不过，关于社交活动的报道中所揭示出的那种规律性仍然存在。虽然每个居民区里都存在一些与物理布局无关的争斗和压力，但是，几乎所有居民区都共有一套关系，这套关系有时看起来就像法律一样，在管理个体的行为时与个体的欲望同样重要。

* * *

我们先从孩子们说起。这里的孩子们太多了，而且他们的行事也显得太专横了，以至于把像“子女统治”这样的词语用在这里并不完全是在开玩笑。[2] 是孩子们限定了这里的基本规则；他们的友谊转化为母亲们之间的友谊，进而又转化为家庭之间的友谊。旧金山帕克默塞德镇上天井社区的一位居民说：“孩子们是这里唯一真正有组织的人，我们大人都跟着他们走。”其他地方的郊区居民也都同意这一说法。“尽管我们这里并不像有些人说的那样真的是‘以孩子为中心’，”一位帕克福里斯特镇居民抗议道，“但是，我们的友谊确实是按照孩子们的标准建立的，而且，孩子们的标准比我们的标准要更纯洁。当你的孩子与其他孩子一起玩耍时，他们会强迫你和每个人都保持一种良好关系。”

事情确实是这样。孩子们对社交上的细微差别非常敏感，他们组成了一个高效的沟通网络，父母们有时也会借用这一网络来传递那些为习俗所限成年人无法当面说出的话。“庭院里的一个新来者给我们带来了一个相当

[2] 所有新郊区的特征都是年龄分布高度倾斜，其中绝大部分人口都是 0 ～ 10 岁的儿童和 25 ～ 35 岁的父母。例如，莱维敦镇 1953 年人口普查显示，40%的人口在 0 ～ 10 岁之间，33%的人口在 25 ～ 35 岁之间。只有 1.4%的人口是 15 ～ 20 岁之间的青少年，只有 3.7%的人口是 45 岁或以上。

大的问题,”东面住宅区里的一位居民说道,“他是一位博士,一开始他对其他人摆出一副高高在上的样子。我告诉我的孩子,他可以告诉那个人的孩子,这里其他人的父亲都很出色。我猜所有孩子的父亲都这么做了,因为很快消息就传到了那个家伙那里。他并不是一个坏人,他完全明白传到他那里的那句话的意思,在那之后,他对待他人也不再像过去那样趾高气昂——而在解决这一问题的过程中,没有引起任何公开的冲突。”

游玩区:孩子们在他们喜欢玩的地方总是可以找到玩的方法,所以他们的聚会区并不完全符合长辈们的计划。在那些私有住宅区,后院是一个很理想的地方,其中一些地方建起了公共游玩区。但是,孩子们并不理会这些;由于无法在那里使用玩具车,所以他们就在前面的草坪和人行道上玩耍。在那些庭院式居民区,孩子们会轻松自如地避开车流,在庭院停车场内外玩耍。然而,事实证明,庭院里围起来的“儿童游乐区”,并没有像事先预期的那样发挥作用;在一些院子里,年龄较大的孩子们将其作为一道屏障,把年幼的孩子们阻挡在游乐区外面。

找到孩子们轮滑路线的走向,你就会发现妻子们进行咖啡聚会的路线。视野和声音很重要;当妻子们互相串门时,她们会被吸引到能看到自家孩子和听到自家电话铃声的房子里,于是这些视野线路也就构成了庭院的一种“棋盘运动”。

因而,在庭院中,后门是一道具有功能性的大门,前门就是砌墙堵上也于事无妨。事实上,在一些住宅区里,已经有人这样做了;当建筑师了解到居民平日喜欢围绕内部停车场进行活动时,他们决定修改一栋新建居民楼的原有设计,以便于居民平日进行活动。这栋居民楼完全没有前门,前门区被设计成了一道画面墙,所有的交通都必须通过后面的区域。大家都说这个设计非常成功。

车道和弯道的位置:在经过一排间距相等的房屋时,如果你想知道相邻两家谁和谁走得近,你可以留意观察一下车道。每隔一处房子通常都会有两条相邻的车道，车道合在一起的地方是一个很自然的休息、看孩子和聊天中心，友谊更容易在那里开花，而不是在房子另一边相连的草坪。出于同样的基本原因，那些后弯道毗邻的夫妇们会被拉到一起，尽管他们与另一边等距离的邻居之间可能会有更多的共同点。

草坪：前院草坪是房主花费时间最多的地方，打理草坪所涉及的工具、精力和建议分享，经常会使家庭友谊沿着街道和跨越街道发展，而不是跨越后院发展。这种模式的持续存在，又一次证明了社交模式的长久不

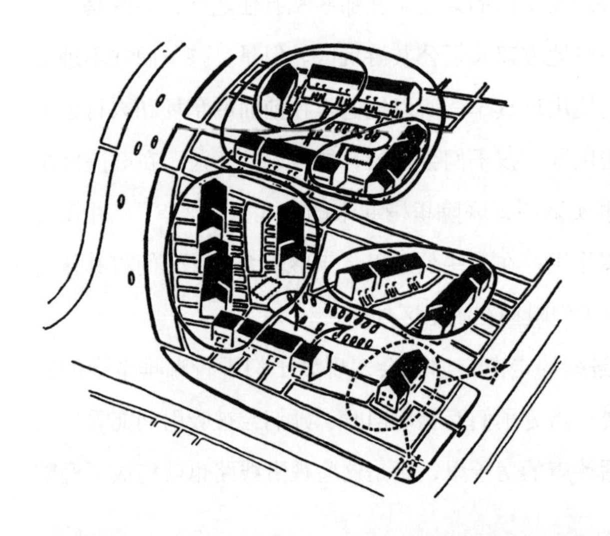

庭院小圈子的构成：在环绕停车场的租赁庭院区，社交生活会向内发展。例如，在底部的大型庭院，后门彼此相对的侧翼非常自然地形成一个社交单元。位置有点模糊的房屋，其居民往往也会有一种离群的倾向，或者是会像右下方孤独的公寓里的居民一样陷于孤立。居住在上方那样较小庭院里的居民彼此之间通常更有凝聚力，虽然在他们之间可能也会有子组，但是，他们经常会作为一个整体聚在一起。

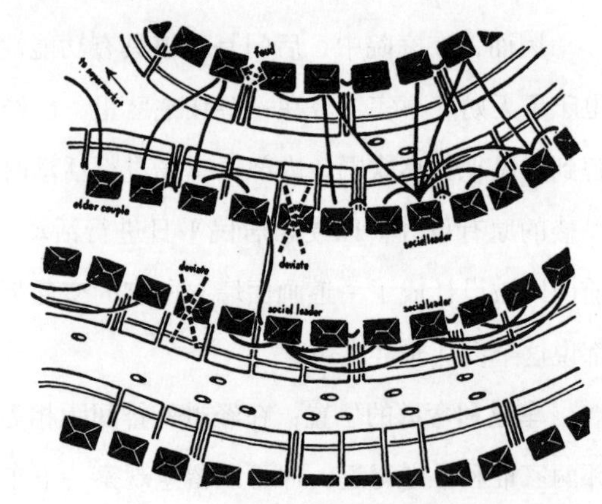

房主如何聚在一起：(1) 人们倾向于与车道相邻的邻居关系最友好。(2) 离群或不和的邻居往往成为团体的边界。(3) 处于中心位置的人的社交联系最多。(4) 街道宽度和车流量决定了人们是否会与街对面的邻居交朋友。(5) 只有在一些物理特征创造出交通流量时，人们才会与住在他们后面的人交朋友——比如，住在道路南头的一个女人抄近路走人行道去超市。

衰。两年前，许多人都向我保证，这里缺少那种跨越后院篱笆式的友谊只是一种暂时现象。然而，事实证明，事情并非如此。随着居民区变得日渐成熟，活动集中在前院的一些原因已经消失，但即便如此，跨越后院篱笆的社交活动仍然是一个例外。许多居民都开玩笑说他们根本不知道谁住在他们后面，而那些认识一两个住在他们后面邻居的人，基本上都是通过社区活动认识的，比如说政治活动或教会活动。

中心性：你家相对于其他人家所处的位置，不仅决定了谁会是你最亲密的朋友，也决定了你的受欢迎程度。谁家的位置越靠近中心，谁家的社交联系就会越多。在包含出租公寓在内的街区，人员不断流动，然而，无论谁进谁出，活动中心仍然处于中间区域，两头的人家通常只会参与一些比较大型的聚会。

帕克福里斯特镇上一些老居民喜欢开玩笑说，应该给那些新来者提供一份指南，这样如果他们可以自己选择的话，就能提前知道哪个庭院或街区最适合他们的个性。内向的人如果想走出个人的小世界，就可以在街区中间挑选一所房子；如果他们希望保持原样，那么他们最好还是选择一所位置比较孤立的房子。[3]

建筑时间：由于社交模式一旦确立下来就会持久存在，所以一个地区建设的顺序和方向也会成为一个持久存在的因素。如果一条街的一边先建成，而不是两边同时建成，那么社交群体就会倾向于沿着这条街而不是穿过这条街组成。建筑顺序也有助于解释，为什么后院的社交活动会如此之少。后院对面的房子通常都不会是同时建造而成，而新房客与邻居遇到的

[3] 这可不是一种什么稀奇古怪的想法。基于其学生对五个社区的研究结果，宾夕法尼亚大学规划学教授威廉·惠顿（William Wheaton）得出了一个几乎与此相同的观点。他发现的社交模式与帕克福里斯特镇上的社交模式大体相同，他注意到了紧密相连的单元会产生一种“温室效应”。他建议规划人员应该把街道或庭院布置得“允许任何一个家庭从两个群体或两种仁慈的专制统治中选择生活”。

共同问题则是前院草坪。通常在定居下来一段时间后，他就会开始着手修理后院，但到那个时候，前院草坪友邻的模式已经定型。

时间顺序也与群体大小有很大关系。如果一个人搬进一个新街区，他往往会有一个很大的社交群体。原因可以说是显而易见：泥巴、铺路、种树、互借工具，这是所有人都会面对的共同问题，所以在每个新街区你都会看到开拓者阶段再次上演。沿着街道走到草坪已是绿色、玻璃雨棚早已搭起的地方，那里的社交群体可能会小一些。一旦开拓者共同面临的问题得到了解决，居民之间出现的第一波友好关系的浪潮就会平息下来，而从一开始就存在的那些潜在的裂缝则会开始逐渐加深。

这一过程几乎也是可视的。为了找到一个街区的成熟历程，我们把在一年多时间内举行的每次聚会都放到一系列相同的地图上；快速浏览这些地图，几秒钟内，你就会在这些原始动画中看到裂缝开始扩大，因为原始群组分裂成为一些更好管理的部分。

大小限制：居中聚集很重要的原因之一是，一个活跃的群体只能容纳这么多成员。通常都会有一个 4 ～ 6 人的核心群体。部分原因是起居室的大小（约 18 平米），整个群体很少会超过 12 对夫妇，只有在大型聚会（如街区野餐）时，才能把居住在边缘区域的人们也都包括进来。

障碍：不过，关于聚会邀请谁的规则并没有人们想象中的那么简单。假设你想举办一场派对。你会既邀请你住在别处的朋友，也同时邀请你的邻居吗？如果你决定邀请邻居，你应该邀请多少位？就像那些社交活动的领袖长期以来所抱怨的那样，你如何去划出一条分界线？有形的障碍物可以提供一个界限。例如，街道的功能并不仅仅是供大家出行；如果是一条交通非常繁忙的街道，母亲们就会禁止她们的孩子穿过街道，并且大家都会认为，可以把这条街道作为区隔成年人群体的一道边界。

由于需要在社交活动上划出一道分界线，所以就连那些最小障碍物的影响也会成倍增加。在那些停车场有两个出口的庭院，中间放置了一道围栏以阻挡交通，虽然这道围栏只有几十厘米高，但是，它对社交活动的影响就像一道巨大的砖墙一样难以穿透。同样，将公寓建筑分配到庭院的两翼也就提供了一个自然的单元，每个人心里都很清楚单元的边界所在。总之，关系最紧密的群体是那些家庭与家庭之间没有隔离的群体，或者是那些不参与其中就会引发居民社交忠诚度冲突的群体。

不明确性（模糊性）是群体所无法忍受的一件事情。如果没有一条明确的分界线，他们就会发明出一条来。他们可能会把庭院的中轴线作为一条分界线，或者是在私有住宅区将一所房子作为一道分水岭。在这一举动背后有一种常识作为支撑。如果该你为邻居举办派对，这条线就可以帮助你解决许多问题。你那些住在另一边的朋友自然就会明白为什么派对没有邀请他们，而且他们心里也不会对此感到难受。

顺便说一句，在这种需要中，偏常者往往会让他人受益匪浅。不与他人交往或被他人讨厌的家庭，往往会充当建筑布局所无法提供的一条社交分界线。充当分界线的家庭在这方面的功能是如此强大，即使在他们搬走后，那些新来者很可能也会继续扮演这一角色。那些新来者本身可能相当正常，但是，除非他们是那种非常外向的人，否则这条线很容易保持不变。

* * *

我们可以从这些关系中得出哪些经验教训呢？在所有其他事情都相同的情况下（郊区共有的事情之多令人惊讶），似乎某些物理布局确实可以产生那些“快乐”的群体。对某些人来说，这一寓意看起来很简单。一些规划人员争辩说，既然我们已经找到了那些可以创造出凝聚力的特征，那么通过有意将这些特征融合到新建的住宅中，我们就可以消除现代生活中人们常有的那种孤独感。[4]

---

[4] 英国人在这方面的经历具有一定指导意义。在对开发斯蒂夫尼奇新城［《乌托邦有限公司》（1953）］那种尖酸刻薄的描述中，哈罗德·奥兰斯（Harold Orlans）发现，规划（转下页）

虽然并非所有规划人员都赞同这一思路，但是，有一些人对此却是充满热情。在几次规划人员会议上，当我谈到郊区时，我都注意到，与会者讨论最多的话题就集中在这一点上。参与城市重建的规划人员对这一点尤为感兴趣。由于他们对住房项目打破旧家庭和亲密邻里关系的方式感到担忧，所以他们在紧密结合的郊区群体中看到了一种很有希望的发展前景。

我希望他们能够就此打住。我并无意去诋毁那些规划人员对社会学的兴趣（事实上，大多数规划人员对社会学都没有多少兴趣）。但是，那种一星半点的社会学知识可能是一个危险的武器，因为它看起来太客观了，以至于人们很容易忘记其中所涉及的那些价值观问题。当然，我们对规划的社会效果了解越多，也就越能做出有效的规划。然而，在将群体一体化这样的开发项目上，我们不仅需要询问如何去进行规划，更需要询问是否可以去进行规划。

“幸福”有多好？庭院或街区社交的凝聚力自有其优势，然而，人们也要为此付出一些沉重的代价。在下一章中，我将会描述这种凝聚力对郊区居民产生的影响。关于这种凝聚力是否利多弊少，大家各持己见，完全取决于其个人看法。但有一点却是很明显，那就是，这种凝聚力使郊区居民面临一种严重的价值观冲突。这一点不仅其本身很重要，而且它作为遍及整个组织生活中的冲突的一种象征也很重要。

（接上页）人员被幸福的困境所烦扰。尽管分属不同学派，但是，一些规划人员却是坚信某些几何图形结构会给居民带来更多的幸福。虽然规划者对理想社区的规模抱有不同的看法，但是，他们却都赞成将更大的社区单元拆分为一系列规模较小的单元，希望这样做能够立即产生睦邻关系，同时激发出一些全社区居民都会参与的活动。奥兰斯则对此持怀疑态度。“在一些规划人员持有相反意见（支持建造不同类型的单元）的情况下，‘邻里单元’会增加人类的幸福感或睦邻关系这一点是否已经得到科学的确证呢？”奥兰斯指出，虽然大多数规划者都认为“邻里单元”可以使社区变得一体化，但也有人认为它们会让城镇走向分裂而不是团结。“幸运的是，不管怎样，许多规划决策都不会影响到新城镇居民的幸福；居民并不会像规划者那样去关注这些方面，而且作为一个普通人而不是一个抽象的人，他们能够满意地适应各种物理和社会环境。”

26
外向生活

友谊之网对个人所产生的影响，是郊区居民经常会思考的一个问题。像他们一样，我也将先讨论其好的一面，再讨论其不好的一面。不过，我们应该注意的是，这两者密不可分，事实上，我想强调的就是这种二重性。而社会伦理则否认这种二重性，这就是问题所在。想要在群体利益与个人利益的冲突中找到一条中间道路一向都很难，然而，随着人们开始相信在理想情况下应该没有冲突发生，想要找到一条中间道路也就变得更加困难了——而且，这个群体的成员越是在群体中感到快乐，这一问题就会变得越发尖锐。在前面关于组织的章节中我曾讲到，正是因为环境对它有利，才使得人们很难去对它进行抵制。在郊区，情况也是如此。正如很多人感觉到的那样，说一个人应该有所归属非常对；但是，一个人应该归属到什么程度才算适宜？合作与投降之间的界限又在哪里？

从好的方面来说，郊区居民对这个群体有很多话要说。他们首先想要说的一点是，群体如何改变了他们的性格，或者是，他们和其他人如何改变了某些人的性格。当然，这种改变是在往好的方面改变。“我发觉自己已经改变了很多，”一位典型的过渡人说，“以前家里的与人交友者总是我丈夫——人人都爱他，因为他说话和做事都很讨人喜欢。如今在这里我也开始自己交了一些朋友，当我意识到这一点时，我真的为自己能够迈出这一步感到高兴。”

这种累积效应可以用一个词来概括，那就是，一个人开始变得“外向”。如果一个人因为太害羞而不敢主动去接触他人，那么其他人就会主动去接触他。在每个庭院、天井或超级街区，通常都会有人喜欢做这项工作；而且，他们在这方面面临的挑战越大，他们得到的享受就会越多。“贝瑞夫妇刚搬来时，他们连和人打招呼都不会，”一位群体领头人回忆道，“但我知道这只是一种表象，在这一表象之下，他们真的很害羞和不快乐。我对自己说：‘我一定要征服他们。’因为以前我也曾有过像他们这样的经历，所以我很想帮助他们走出困境。功夫不负有心人，我成功地做到了。后来贝瑞夫人成为‘母亲游行活动’的组织者之一，贝瑞先生则对学校活动非常感兴趣。他们现在已经是我们这个大家庭的一分子——他们与其刚来时相比可以说是截然不同，你都认不出他们是同一个人。”

那些被“带出来”的人亲身见证了这种转变。如果让他们用一句话来概括他们的经历，他们会将其归结为一种衷心的喜悦：**他们毕竟不是那种内向的人**。“我在大学里接受技术培训的原因之一是，”一位过去非常内向的过渡人解释说，“我以为自己不适合与人打交道，和人在一起做不好事情。现在，我在这里都能主持会议了，而且毫不谦虚地说，我在这方面做得一点也不差。这改变了我对自己的很多想法。”

从理论上来讲，人们完全可以独来独往；而且，在这里也有一些人试图这样去做。然而，这并不是一个容易做出的选择。庭院，就像双人床一样，使得人与人之间的那种亲密感得到了加强，所以那种自我强加的疏离感，往往会让人在心理上承受不了。那些内心极其封闭、最终抵制住被“带出来”的人，通常都是一些受到心理问题困扰的人，虽然他们不快乐的原因可能产生于搬来庭院之前，但是，他们中的一些人一有机会就离开了这里。不过，庭院居民及时地阻止了另一次失败的发生。“最后，史密斯夫妇确实走出了保护他们的外壳，”一位即将搬走的居民回忆道，“只可惜为时已晚，因为他们不再在这里租房了。在他们搬走的那天晚上，你从他们的脸上，从他们试图与人友好相处的方式上都可以看出，他们其实并不想离开这里。这真是太可悲了。”

* * *

在隐私问题上，郊区居民有一种极为复杂的情感。当然，这方面的一个事实就是，大家都没有太多隐私可言。在大多数小城镇，一个人至少还有足够的起居空间来缓和人与人之间的那种亲密接触给其带来的冲击；此外，通常还会有一个人可以退回的藏身之处。然而，在帕克福里斯特镇，就连一个人自己的家都不再是其藏身之处，因为人们互相串门时都不敲门。此外，人们缺乏隐私也与他人不断地追问其过去发生的事情有关系。“他们会问到关于你之前在做什么的各种问题，”一位居民说，“昨晚谁来了？上周那些芝加哥来的人是谁？他们来干什么？在这里你永远都不会感到孤单，即使你会认为你很孤独。”

在这里，那些带有神圣色彩的事情大大减少。“这真是太棒了，”一位年轻妻子说，“你发现自己正在和邻居讨论你所有的个人问题——而在我们老家，关于这些问题我们都会对人保密。”随着时间的推移，这种自我表露能力不断增强；在家庭生活中那些最隐私事情的细节上，庭院居民都能做到彼此坦诚以待。他们指出，没有人需要单独去面对问题。

在反对孤独的斗争中，就连建筑也开始发挥作用。正如房屋内部的门（据说这标志着中产阶级的诞生）正在消失一样，邻里之间的障碍也在消失。例如，隔着一户人家落地窗所看到的画面，就是里面正在发生的一切。

这些新公寓的墙壁也有双重用途。它们很薄，这有时会是一个缺点；事实上，庭院内有一桩丑闻就是由一个女人挑起的，她长期贴墙偷听邻居家里的动静。然而，有许多在这里短时居住的过渡人都说，墙壁薄利多弊少。“即使丈夫不在家，我也从来不会感到寂寞，”这是一种非常典型的评论，“因为你心里很清楚，朋友就在附近，尤其是一到晚上，隔着墙壁，邻居家里说的话，你可以听得一清二楚。”

当然，就连那些最外向的人也承认，庭院生活中人与人之间的那种亲密度，偶尔也会使他们觉得疲惫不堪，有时他们还会因为心生抵触而不去接电话。然而，单纯做出这种消极回应是不够的。想要不被他人打扰，人们必须做点什么。例如，一位庭院居民将他的椅子移到公寓的前面，而不是院子的一侧，以表明他不想被打扰。通常，整个院子或院子的一翼都会形成一种类似的信号；德雷克斯勒布鲁克镇庭院的一个小组决定，每当他们中有人感觉终于受够了时，她就可以将自家的百叶窗一直拉到落地窗的底部。一个人把百叶窗拉到这么低的位置是一种很不寻常的信号，其他人看到后就会明白，这个人想要独自待着——至少也是想要独自待上一会儿。

但是，像这种想要保护个人隐私的行为，有一个重要的必然结果——人们会对这样做感到内疚。极其偶然的情况除外，像这样把自己与他人隔绝，会被他人认为是一种幼稚的恶作剧，或者更可能是一种一个人有神经官能症的迹象。不管怎样，犯错的都是个人，而不是群体。因此，无论如何，至少许多犯错的人都会有这种感觉，而且他们经常会后悔自己这样去做；而事实上，在别的地方，这种做法则会被看成完全是自己的事，并且是一种很正常的事。“我已经答应自己会补偿他们，”一位庭院居民最近告诉他的一位知己，“那天我感觉不好，就没请他们进来喝咖啡。真的，他们会有那种反应我不怪他们，我会以某种方式弥补他们的。”

一个人想要保护自己的隐私，需要在暗中进行。不是在那种孤独的沉思中，而是在与他人一起做事时，一个人才能实现自我。一个人与他人在一起时具体做些什么并不重要；哪怕只是一起坐着看电视（顺便说一句，有几个群体就是为了这一目的而组织起来的），也有助于让一个人成为一个真正的人。

* * *

不管人们如何看待个人对群体的这种反应，他们都承认，个人做出这一反应的那种道德基础是很重要的。新郊区居民之间的友谊程度超越了个人之间的友谊程度，这在一定意义上是由于美国中产阶级价值观日益趋同所致。但是，这也是由于郊区居民抱有一种非常积极的宽容态度使然，除非我们承认这一点，否则我们也就无法理解郊区居民面临的困境里的真正困难所在。

他们经常会有意识地试着去了解彼此的背景和偏见。正如尚未解决的种族隔离问题所表明的那样，现在距离2000年的到来还有一段时间，然而，事实仍然是，他们会尽最大努力去互相做出让步。如果一个家庭遭遇不幸，邻居们不仅会表现得非常慷慨，还会表现得非常机智。例如，一对陷入困境的夫妇的孩子不小心打破了某个人车上的挡风玻璃，这个群体不仅会凑钱赔偿损失，还会尽可能不让那对夫妇知道是他们做的这件事。虽然那些陷于困境中的人往往是一些非理性的对抗者，但是，这个群体对此却是完全可以做到淡然处之。那些人可能有“人格问题”——对其他人来说，没有什么能比群体做出的这一诊断更具有挑战性。

在日常生活中那些较为单调乏味的方面，那些在很多时候被人们认为是懒惰而顺从的做法，实际上是一种无私地寻求共识的做法。就像Bunco玩家会把心思放在打桥牌的技巧上一样，害羞的家庭主妇则会让自己在咖啡聚会上玩得开心；正如原教旨主义者时不时地会用一些黄段子和啤酒来放松自己一样，他的邻居们则会用讲故事来放松自己。

对知识分子而言，帕克福里斯特镇也是一个大熔炉。“刚来这里时我还是挺清高的，”一个自称是书呆子的人向我解释说，“现在我还清楚地记得，有一天下午，我在告诉庭院里的那些女孩子们我有多么喜欢听前一天晚上的《魔笛》时，我被她们的反应给惊呆了。她们竟然不知道我在说什么。后来我才逐渐意识到，谈论家长里短这些事对她们来说很重要。现在我也不再像初来乍到时显得那么傲慢了，虽然我仍然喜欢听《魔笛》，但我知道，大多数人关心其他事情也并没有错。”

依照类似的方式，那些在农场长大的共和党人开始明白，并非城市里的所有民主党人都是共产党人。“住在我们复式公寓另一半的那些人跟我们完全不同，”一位共和党人回忆道，“他们是那种崇拜带有罗斯福名字的人。但我们还是喜欢上了他们，只是我们聚到一起时从来不谈政治。我们经常一起去打保龄球或干别的。我并没有让他们成为共和党人，但我认为，他们比以前更了解我的观点，而我也更能理解他们的观点。”

这种对共同价值观的追求显然也适用于宗教。除非宗教信仰已经失去了其大部分隔离效应，否则邻里之间的友谊模式是不可能出现的。这并非只是一种被动的、和平共存的态度。例如，几位信仰其他宗教的人员也加入了美国犹太妇女委员会；她们喜欢委员会讨论项目中那些带有知识性的内容，并且认为那些内容与她们自身的信仰没有冲突。

即使在那些发生冲突的地方，郊区居民也会尽最大努力去对另一种观点做到宽容以待。“当威尔夫妇上个月因为老家有急事不得不火速赶回去时（他们是虔诚的天主教徒），由我来替他们照看他们家的小约翰，”一位非天主教人士回忆道，“这件事对我来说真的很有趣。每天下午我都会在学校放学时间去接小约翰，并确保他每天晚上睡觉前念一遍《玫瑰经》。”在帕克福里斯特镇上，类似这样的故事随处都可听到，而且在这一行为中隐含着一种无比真实的善意。

* * *

郊区的群体对夫妻关系也有很大影响，而且这一影响在很多方面都是有益的。这个群体就像是一个寄养家庭。在组织生活中，年轻夫妇必须很好地适应环境；由于不再有包括阿姨、叔叔和祖父母在内的那种亲密大家庭来支持他们，所以当他们遇到第一次危机时，这种缺席会对他们产生一种毁灭性的影响。而每逢这个时候，郊区的群体就能发挥出自己的功能。所有的年轻夫妇同舟共济，他们默默地互相帮助，代替了过去的那种大家庭。

最能将他们团结在一起的一点就是对父母身份的担忧，而对孩子们的这种关注则是维持年轻夫妇婚姻稳定的一个重要因素。“你在这里看到的那种社会状况阻止了人们去选择离婚，”联合新教教会牧师格尔森·恩格尔曼（Gerson Engelmann）说，“通常，在与他们的群体分开之前，极少会有人选择离婚。在我看来，这是因为在这里年轻夫妇很难做到与群体分开，而这则与阻止一些婚姻关系破裂有很大关系。”

对父母身份的担忧是如此普遍，以至于对那些没有孩子的夫妇来说，想要适应庭院生活几乎是不可能的。除非妻子非常喜欢孩子（例如，她在家里随时都为孩子们备着饼干罐），否则她每天的日常生活就会与其他家庭显得很不协调。在这种情况下，经常会有一些家庭选择收养孩子，也就是一种很好理解的做法。与群体施加给那些没有孩子夫妇的社会压力相对应，在领养孩子这件事上，社会机构非常愿意给予帕克福里斯特镇上的夫妇以优先权，因为他们认为这里是一个让问题儿童经过调整变成正常儿童的理想环境。（社会工作者对帕克福里斯特镇的喜爱程度是如此强烈，最后迫使地方当局提出强烈抗议；由于有太多的问题儿童都被送到这里，结果在几个庭院中，问题儿童对正常儿童的影响，比正常儿童对问题儿童的影响还要大。）

* * *

郊区的群体对个人道德方面的影响又是什么样的呢？庭院是自从贞操带问世以来最伟大的发明。当人们聚在一起时，年轻的郊区居民常会谈论很多与性有关的话题，不过，他们多是从医学角度去谈论；在日常生活中，似乎并没有人会在婚姻之外去做些什么。当然，偶尔也会有一些不愉快的事情发生；例如，在一个庭院里，几年前有一些人谈论起换妻之事，并且在那之后出现了几桩风流韵事。然而，有确凿证据表明，与那些传统社区相比，在我们所讨论的新郊区里，人们出现婚外情的概率更小。

这是因为，一方面，婚外情到头来总是会弄得尽人皆知，当事人很难体面地收场。人们会密切关注那些访客，如果邻居们觉得来访者有什么不对劲的地方，庭院里四下蔓延的葡萄藤就会加速那些小道消息的传播。[1]婚外情并不仅仅是一种毒液；事实上，在一个像庭院那样微妙的关系网中，婚外情不仅会伤害两桩婚姻，还会破坏整个庭院的秩序。换言之，不忠既是一个伦理问题，也是一个道德问题。

另一方面，更重要的是，庭院生活中的睦邻关系填补了那些年轻妻子生活中的空白，这一点对那些丈夫出差在外的妻子来说尤为重要。“在我们这里，你找不到那么多沮丧的女人，”一位年轻妻子说，“因为我们随时都有女伴作陪。如果是一个年轻女孩子独自住在外面的公寓里，她就会陷入沉思，而在我们这里，她则可以跟我们一起聊天做事。她会忙得团团转，根本没有时间去得神经官能症。就拿卡蒂来说，她嫁的老公真是一个讨厌鬼（请原谅我这么说，可她老公就是那样一个人），当她感到心烦意乱时，她就会过来跟我们一起喝杯咖啡，我们在絮絮叨叨中就会度过一段美好的时光。这样做对那些像她这样的人是有帮助的。”

这种参与也缓解了影响许多丈夫在公司工作的“倒退妻子”问题。如果丈夫在单位迅速升迁，他和他的妻子之间就会产生一种隔阂，因为他通过旅行和接触那些成功的年长男性很快就达到了一个更高的水平，而她由于除了养育孩子没有参加任何活动，所以她的品位往往停滞在原有水平。不过，在新郊区，这种情况不太可能发生。“在我们搬到这里之前，”一位其经历比较具有代表性的妻子说，“我是一个多么愚蠢的人啊！除了购物、

[1] 访谈造成的影响之一就是会引起闲话，我担心我的出现使几个郊区的一些家庭主妇陷入了一种尴尬的境地。在我后来了解到的一个例子中，一位丈夫在到家时接到一个电话：“你不知道我是谁，”一个女人的声音说道，“但你应该知道一件事情。一个男人今天下午去了你家，和你妻子在一起待了三个小时。”这是一种带有恶意的做法，当然，并非所有这样的八卦都有恶意。除非他是送货员或医生，否则白天进入郊区的男性就会让女性团体感到麻烦来了，她们的保护本能会油然而生。当你走过一群正在草坪上闲聊的主妇时，你会强烈地感受到她们那充满质疑的目光。

照顾孩子和丈夫这些事，我从未想过自己这辈子还会去做任何别的事情。现在我加入了女性选民联盟和学校董事会，我感觉自身更有价值了。当我丈夫晚上下班回到家中，我有很多有趣的事情和他进行交流。”

概括来说，在这种相互寻求共识的过程中，那些年轻的郊区居民重新创造了一种组织，这一组织有些类似于以往那种紧密联系的群体。这是一项不容忽视的成就。因为当他们聚在一起时，与那些陷入困境的旧社区中的人们相比，他们在宗教、背景和期望方面存在更多的分歧。他们为了压制分歧而承受着一定的压力，但是，最终达成的共识则表明，他们有着很高程度的善良本性和基本礼仪。

* * *

然而，事物都有它的另一面。当代那些关于归属感的预言家指出了紧密结合的群体给个人带来的那种温暖和安全感，但是，他们通常并不会去关注它所产生的其他东西。事实上，郊区居民有一个更大的困扰，因为他们受到了归属感的双重影响，并且是以一种非常实际而直接的方式感受到这一双重影响。这并不是一个是否要顺从群体的问题，尽管许多人都这样认为。这是一个决定一个人何时顺从群体是一种无私之举或投降之举的问题。这是一种道德困境，我相信这对组织人来说是一个核心问题（郊区群体提供了这方面的一个最佳例证），而且，当他继续前行时，这一根本问题并不会轻易消失。

让我们再来看一下这种容忍。它有一个问题。在一个快乐的群体中，人们会对那些不宽容的人非常不宽容。我承认，这是在两种意义上使用同一个词语，但是，郊区居民在这上面的态度也是模棱两可。事实上，他们此前引以为傲的容忍度下降了。不过，它并不会下降太多。找平过程就是找平——那些在收入上超出正常水平的人让这一事实变得非常明显。尽管邻居们在说某个人“没有所有的优势”时话语里充满了和蔼之情，但在说出“他们比我们其他人更幸运”这句话时，他们心里很可能充满了嫉妒之情。

现在请让我做出一个重要的限定。嫉妒程度取决于群体的幸福感有多大。在那些从未完全凝聚在一起的街区中，几乎看不到其他地方那种归属感和互相支持的特征；不过，出于同样的原因，个人既没有太大的压力去做出调整，也没有必要的群体要去适应。相反，在那些紧密结合的群体中，每个成员都会感觉到他人的行为与自己息息相关。由于沟通如此密切，以至于一个很小的误会都会产生一系列后果。如果查理开着割草机转弯时不跟人打招呼，如果小约翰再次对埃德利克太太出言不逊，如果格莱迪斯忘记归还她借的那磅咖啡，那么这些看似微不足道的摩擦，就会成为这个群体关心的问题，而不仅仅是当事人之间的问题。

人们越是积极地寻找共识，他们可以感受到的那种趋同感的压力就会变得越大。有时候，这一点甚至会延伸到房屋设计上。人们可能会认为，在加装铝制遮阳篷、房屋改建、重新粉刷及做类似事情时，居民们会努力扩大差别，然而，实际情况却并非总是如此。在一些地区，居民们显然已经商定，同意将街区与车库的通用设计和配色方案统一起来。

在这些街区，一个很小的不同就会变成一种明显的偏差；如果一个人把车库漆成大红色，而街区里其他人的车库都是白色，那他就从实际上和心理上让自己变成一个有标记的人。修建篱笆方面的情况也是如此；如果修建篱笆显然是为了确保孩子们的安全而做，这并不会让周围的邻居们扬起眉毛。但是，如果篱笆的高度或精细程度表明这里面含有其他动机，周围的邻居们就会对此有所察觉。

不整洁的草坪是另一种会让人觉得不舒服的标记。草坪的状况既是原因也是结果，在和那些忽视打理自家草坪的主人进行谈话时，人们会怀疑他们下意识地把不整洁当成一种武器，告诉其他人他们应该去哪里。“我是应该把它收拾齐整，”一位居民指着自家门外杂草丛生的草坪说道，“但是，我和我的妻子认为，生活中还有许多比这更重要的事情。”

面对这种一意孤行的行为，来自群体的报复是不可避免的。群体对如此行事之人的制裁并非一眼就能看出（事实上，人们经常都不会意识到自己在这样做），但是，那种轻蔑的眼神、那些没有微笑的脸，以及打招呼时的那些音调变化，都能成为一种非常细腻的惩罚方式；而且，它们已经让不止一个人神经崩溃。庭院或街区群体的社交性越强，群体中的人对待那些不顺从群体行为的人就越是粗暴。

看到一个无比正派的团体残酷地惩罚一个偏常者，尤其是当这个偏常者也处于团体中，而不是被隔离在善意无法到达之处时，不免会让人感到恐惧。"埃斯特尔就是这方面的一个例子，"一位居民（她住在一个人们社交活动非常活跃的街区）说，"她刚搬来时很想和这帮人打成一片。她是一个非常热心的女人，总是想要尽力去帮助别人，但她把事情弄得过于复杂了。有一天，她决定给街区的女孩子们举办一次午后聚会，以博取大家的欢心。可惜，她做错了。女孩子们像往常一样穿着泳衣和休闲裤就去了她家，而她则在家里的桌子上摆上了杯垫和银器等物品。从那天下午起，就像是一场事先谋划好的行动，大家都不让她参加街区的活动。甚至连她两岁的女儿也被禁止参加孩子们的聚会。她真的很可怜。她坐在自家屋前的沙滩椅上，渴望有人能过来和她一起喝杯咖啡，而就在街对面，四五个年轻女孩子和一些孩子们正在一起玩耍。每当她们因为某个笑话而突然间大笑起来，她都以为那是在嘲笑她。她昨天跑到我这里哭了一下午。她告诉我她和她的丈夫正在考虑搬到别的地方去，这样他们就可以重新开始。"（这位居民提到的这位女人已经搬家了。）

* * *

然而，施加在偏常者身上的暴政还不是最大的，施加在那些被接纳者身上的暴政才是最大的。群体是一个充满嫉妒的主人。它看似是在鼓励其成员参与，实则是在要求其成员参与，但是，它只要求一种参与（也就是它自己的那种参与）：一个成员越是能够更好地融入其中，他就越是没有以其他方式表达自己的自由。

在我之前谈到的规划人员会议上，那些想要设计出“有更多居民参与”这一规划的人，大都认为参与应该是统一的，也就是说，一个能够激发邻里社交参与的布局，同时也是一个能够激发公民及文化参与的布局。他们没有看到这两者之间存在的任何对立面；事实上，他们的主要目标是培养“公民”，而不是开展社交活动，然而，他们却把这两种参与视为一个让人满意的整体中不可分割的部分。

当我第一次来到帕克福里斯特镇上时，我也曾是这么认为的。我猜想，那些因其友好度和社交活跃度而最引人注意的庭院和街区，应该是那些贡献了最多的公民领袖的庭院和街区；为了验证这一点，我绘制了那些主要社区组织中所有领导者住处的位置。让我感到意外的是，这两者之间并没有关系，如果非要说它们之间有什么关系的话，那就是一种相反的关系。总的来说，在全体社区中有着非常活跃表现的人，往往并不是来自那些特别“快乐”的庭院。

这里面的因果关系不难确定。当然，对某些领导者来说，邻舍群体是否幸福并没有多大区别；无论如何，他们都会成为领袖。但是，这些人只占少数。大多数人都会更多地受到群体意见的影响，群体的凝聚力对他们是否会积极参与社区活动有很大影响。当这个群体从未将其成员凝聚到足以激发出他们的义务感的程度时，那些喜欢参加公民活动的人并不会觉得自己受到了限制。如果他去参加群体之外的活动，群体中的其他成员也不会感到生气；事实上，他们对此毫不在乎。然而，如果这个群体有着很强的凝聚力，那么同样是这个人就不太可能表达出他的这种渴望，因为这样做会造成分裂。一个人只能维持这么多的热情，一天中也只有那么多的时间，一个人在群体之外的活动上花费的时间，必须从他在群体内的活动上花费的时间里扣除。

这并不仅仅是因为这一群体会对其成员缺席感到不满。同样，就个人自身而言，也有一种道德义务感，或者至少是应该有这种道德义务感。我想起一位年轻家庭主妇对我说的话。她一直在考虑是否要去参加小剧场活动，因为她觉得她和她的丈夫非常缺少文化生活。但是，她最终还是决定不这样去做。“如果我们那样去做，也就意味着我们将会有很多个晚上不得不离开我们所在的群体。我可不想成为第一个打乱局面的人。我们在这里相处得很好。孩子们的两个游戏区——你可知道，我们大家在那上面投入了多少时间和精力！我知道我们在聊天和玩桥牌上花费的时间实在是太多了。坦白说，在读书方面，我丈夫和我是我们所在群体中唯一不止看《读者文摘》的人。可是，在这一点上，我们是否有权感到自己处于优越地位呢？我的意思是说，我们是否应该因为我们在这方面与众不同，就打乱群体内部那种和谐的局面呢？”

这是否是一种简单的顺从呢？我并不想争辩说，顺从于群体是一种值得赞赏的做法，但我确实认为，这里面隐含的道德问题要比大多数关于顺从性的讨论所承认的更多。让我回到前面提到的那位男子的例子上，他正在考虑一件他明知会让其所在群体感到不安的事情——他没有像其他人一样把他的车库粉刷成白色。他有可能是街区的第一批定居者之一，他们早先一起成功地解决了他们共同面对的问题，并在这一过程中抑制住了自身潜在的憎恶。而且，很有可能，群体中某个人悲惨的遭遇还会进一步把他们团结起来。如果其中一位成员的妻子患上脊髓灰质炎，其他人可能不仅会用他们的金钱，还会用他们的时间，来帮助这个家庭度过危机。换句话说，这里面有很多真正的兄弟情谊，而现在正在琢磨粉刷车库事宜的人则面临着一个并非完全荒谬的决定。他本能地知道，他的选择将会被他人理解为他尊重他们看法的一种外在表达，他确实感到自己有义务来帮助维持这种美好的感觉。

没错，如果他选择接受大家的做法，他就是在顺从；但是，他这样做并不仅仅是出于怯懦，而也是出于一种兄弟情谊。你也许会认为他这样做是一种错误的选择，但你至少应该承认他所面临的问题。群体既是一位暴君，也是一位朋友；而且，这两者往往还会同时存在。这两种品质无法轻易分开，因为赋予群体权力的是凝聚力，赋予它温暖的同样是这一凝聚力。正是这种二元性，使得群体成员在做出选择时容易陷入困境。

* * *

这种二元性是一个让人感觉非常不快的事实。一旦你承认顺从与归属感之间的关系有多么密切，你就永远都不会去相信乌托邦。然而，忽视这种二元性并无益于我们在这方面取得进步。目前许多为建立一个更美好社会开出的处方都忽视了它，因而，它们也就不过是在自欺欺人。不管它们对社会病状做出的诊断有多么精明，它们设计的规则都可能会加剧它们想要解决的问题。

就连一向目光敏锐的哲学家艾瑞克·弗洛姆也掉进了这个陷阱。在《健全社会》这本书中，他透彻地分析了人类在顺从群体时为了逃避自由这一负担而做出的诸多努力。在其中一则参考文献中，弗洛姆引用了郊区居民的顺从性（一致性）。他恰如其分地挑选了帕克福里斯特镇作为例子，详细地阐述了在那里发现的群体压力的有害方面。但是，他开出的解药又是什么呢？在书中最后，他倡导一种“民主社群”——这是一个人们通过许多小型地方群体学会更积极地与他人一起参与的社会。

事情真是这样吗？弗洛姆不妨再次引用帕克福里斯特镇的情况为例。人们必须保持一致。事实上，帕克福里斯特镇居民的情况既说明了顺从性，也说明了一种与弗洛姆所倡导的小型群体活动非常相似的活动。而弗洛姆则谴责了结果，却赞扬了原因。让人们有更多的参与也许是一种合乎情理的做法，但却并非顺从的解药；这两者密不可分，虽然利可能远大于弊，但是，我们却不能期望通过强化前者来消除后者。这里有一个真正的两难困境。帕克福里斯特镇居民之所以会陷入困境，并不是因为他们的集体生活取得了成功（虽然这也是其中部分原因），更重要的原因是，他们觉得有义务向群体屈服。这个问题不可能有真正的解决办法。

* * *

那么，我们是否可以找到一条中间路线呢？承认存在这种两难处境，是解决它的前提条件。除非个人明白这种效忠冲突是不可避免的，否则他在智力上也就没有多少防御能力。而且，群体对待其成员越是仁慈，他需要具备的这些防御能力就会越多而非越少。

这是因为最终他所遭受的暴政是自我强加的。在前面关于组织内部生活的章节中我们看到，日益仁慈的人际关系、更加民主的氛围，在某种程度上使得个人走自己的路变得更加艰难。他被"正常"吓倒了。他也变得更加善于掩饰自己身上的"敌对"和"野心"，变得像其他人一样"正常"，但是，他心里则知道**他**与众不同，他只是不确定他人对此会有何反应。因为感觉到自身的特别之处，所以他会觉得自己被孤立了，感到自己是一个与表面看上去的样子不同的骗子。

妻子们的情况也是如此。就像她们坐办公室的丈夫一样，她们很容易被郊区居民的表象所误导，而这方面一个常见的后果就是那种"女超人"情结。只有少数妻子在处理社会或公民义务和家庭义务方面可以同时做得很成功，然而，由于表面上看起来每个人都显得很好，以至于许多妻子都开始觉得自己有某种缺陷。她们决心变得像其他人一样正常或者说更正常一点，为此她们背上了一种沉重的责任，并有一种内疚感，觉得自己无法胜任。"我已经见过很多次了，"帕克福里斯特镇居民的家庭顾问阿诺德·莱文（Arnold Levin）说，"她们总是觉得自己不够格，可能是因为她们没有大学文凭，或者是因为她们没有进入女性选民联盟，或者是因为她们无法像庭院里的另一位妈妈那样成为'模范'母亲。'我不是**足够**好'，她们经常会这样告诉我。"[2]

---

[2] 自我惩罚的冲动有时会采取一种更加病态的形式。与全国统计数字相比，帕克福里斯特镇的巴比妥成瘾和自杀未遂率并未高过平均水平，但是，我们却有足够的证据来嘲 （转下页）

为了让问题得到圆满解决，你会发现妻子们陷入了一种情感困境，因为她们遇到的社交问题无法从她们的丈夫那里得到理解或帮助。当一位妻子对她的丈夫谈论庭院或街区里发生的事情时，这并不仅仅是一种没有意思的闲聊；因为这是她和孩子们生活其中的世界，这里面的人际关系其实非常类似于那种在单位里会让丈夫烦恼的人际关系。但是，丈夫对此却有一种双重标准：在他们看来，办公室政治是一个至关重要的过程的一部分，而社区中的这同一种关系则被他们视为琐事，是那些无所事事的女性爱嚼舌根的一种表现。"我经常在想，"莱文说，"丈夫是不是因为对他的妻子缺少兴趣，为了进行自卫才去找了一份工作？或者妻子之所以会去从事公民活动，是因为她的丈夫一门心思钻进了工作里？我不知道这两个原因哪个出现在先，但可悲的是，很多夫妇都已经失去了满足他们另一半身上所欠缺部分的能力。"

* * *

那些看起来最能掌控自己方向的人也希望群体能对自己有一个好印象，但是，在他们身上有一点不同，那就是，他们是专业人士。他们知道自己与他人之间的利益存在冲突是一件很自然的事情；他们经历过许多不同的环境，他们有足够的智慧去掌握群体生活中这种反复出现的特征，用埃弗

（接上页）弄那种所谓调整良好的正常状态。1955 年春天，媒体上报道发现有大量妇女偷窃超市里的日用品。事实上，偷窃人数并不多；媒体大肆渲染此事的主要原因是，商家相信宣传能对这一行为起到威慑作用。然而，关于这些妇女身份的情况有些让人震惊。警察局长告诉记者，商店扒手一般都不是低收入家庭的妻子；她是一名年薪 8000 美元的初级管理人员的妻子，她加入了一个桥牌俱乐部，她会积极参加家庭教师协会并会定期去教堂。通常她每周有 50 美元可以去买食物和杂货。警察局长和村镇牧师对此困惑不解，不得不把它解释为"中产阶级神经官能症"的一部分。很少有什么明显的动机，就连那些忏悔的妻子也说不清自己为什么会那样去做。也许，正如一些精神分析师假设的那样，她们偷窃东西是为了让自己被人抓住——就好像她们要求人们因为她们在生活中戴着一副假面具而受到惩罚。

雷特·休斯（Everett Hughes）的话来说就是，他们知道如何消除危机。

与偏常者不同的是，他们会向群体表示小小的敬意。这也是他们保护自己的一种方式。他们必须这样去做。通常，那些通过公民活动或文化兴趣寻求友谊的人，其品位与那些因为地缘亲近而结成友谊的人相比，有着明显的不同。例如，女性选民联盟的成员往往对自己的衣着和家务有点心不在焉。（“我们联盟里的大多数女孩都很瘦，”一个女人说道，“我们很忙，没时间去喝咖啡和吃甜甜圈。”）然而，这些人与邻居之间的摩擦却要比想象中少得多。他们没有给这个群体足够的熟悉度来滋生出对他们的蔑视；虽然他们可能会在亲密关系中划出一道明确的界线，但是，他们在照看孩子、归还借来的割草机和其他邻里互助方面却是表现得很好。

最重要的是，他们并不会与人走得太近。正如我们已经指出的，过渡人对付无根性的防御办法就是参与一些有意义的活动；然而，与此同时，与那些经验丰富的船上旅行者一样，最明智的过渡人也不会显得过于投入。一个人想要保持这种微妙的平衡，需要拥有极其高明的社交技巧，以及良好的经验。“这需要时间，”一位过渡人解释说，“我只有在经历过兄弟会生活、服过兵役、在帕克米尔生活过很长一段时间后才意识到，如果你与邻居私交过多，你只会惹上麻烦。”

更为根本的一点是，他们拥有一种相当敏锐的自我意识和洞察力；他们清醒地认识到，尽管那些带有个人主义色彩的品位可能会让人感到惊讶，但是，享受这样的品位并不会让整个世界都崩溃。“有一天，其中一个女孩子闯进来，”一位中上阶层女士愉快地回忆道，“她看到我正在读书。‘你在看什么呢，亲？’她问我。你也许已经猜到那天我读的是柏拉图。她惊讶得差点跌倒在地。现在，她们所有人都认定我是一个怪人。”实际上，她们并不认为她显得过于奇怪，因为她的偏常伴随着她自身足够的机智，以及严格遵守那些起着润滑庭院居民生活作用的小习俗，从而保持了平衡。

然而，幸福的平均值究竟会出现在哪里，很大程度上仍然取决于群体凝聚力的大小。相对而言，那些经验丰富的过渡人会比其他人更加明智地驾驭自己的进程。不过，即使这样，他也难免会受到邻里之间那种善意的影响。“每隔一段时间我就会问自己，”一位过渡人在沉思过片刻后讲道，“我不想去做任何会冒犯我们街区人的事情，他们和蔼可亲，正派得体；大家彼此之间各有不同，而我们则能相处得这么好，对此我很是自豪。不过，偶尔想到我自己、我丈夫和我们没有做的事情，我也会感到有几分沮丧。难道一个人不做坏事就足够了吗？”其他许多人也有一种类似的烦恼。他们发觉，过多地参与到群体中会挫败自己内心里的其他冲动，然而，他们又觉得对群体做出回应是自己应尽的一种道德义务，于是他们也就继续——在一种犹豫和不确定的心态中——囿于那种兄弟情谊。

27

郊区教会

这就给我们带来了一个问题：过渡人对社交活动的重视，是否是他们生活中的一个过渡阶段，或者说是否是他们做出的一种适应当下现实的便利之举？显然，在他们搬入郊区后的早期阶段，人们如此紧密地生活在一起这一事实，必然使得他们高度重视团体；而且，在一定程度上，他们之所以会一心想着其他人，也是因为他们必须这样去做。然而，事实上，这种冲动并非只是一种权宜之计。这里面也包含一种内在的信念，下面我将会以教会方面的相关情况作为这一论断的证据。我将主要关注一个教会，那就是联合新教教会，因为它是同类教会中表现最优秀的一个。然而，它之所以能够表现得如此优秀，恰恰是因为它很好地解决了组织人面临的问题，而我们所说的这位组织人，无论其身在何处，都能深刻地感受到，自己的需求在教会活动中得到了满足。

故事始于 1946 年。为了便于社区居民去教堂做礼拜，克鲁兹尼克决定给教会免费提供一些土地，但有个问题是：给多少家教会？显然会有一座天主教堂和一座犹太教会堂，然而，众多的新教教派则是一个问题。为了帮助他做出决定，主要派别估计了它们各自可能服务的人数。不出所料，每个派别在其可能服务的人数上都高估不少，当克鲁兹尼克汇总各个派别的预测后，新教徒的人数比镇上所有居民的人数还要多。

克鲁兹尼克采取了另外一种方法。他将土地交给镇上居民而不是教会。他告诉各个教派，只有当它们一起通过公正的调查确定年轻人想要什么后，他才会提供建造教堂的土地。每个教派的实际成员人数是多少？随着时间的推移，有多少人会从一个教派转到另一个教派？或者，他们是否会对所有教派都感到厌倦？如果教会能够派出一个人去做这项研究，这个人最好是一位退伍军人，克鲁兹尼克说他会以这项研究的结果为准。

因此，在 1948 年的一天，牧师雨果·莱因伯格（Hugo Leinberger）来到了帕克福里斯特镇。这是天时地利人和的最佳催化时刻之一。莱因伯格对任何教派都没有偏见，而且他还是一位退伍军人。二战期间，他曾做过海军牧师，后来他经常把这段经历比作他成为村镇牧师的一次提前演习。

简言之，莱因伯格的理念是，人们无需担心任何特定的理念。"这种宗派神学的事情应该在以后才会涉及，"他解释说，"以学校为例，当你进入一个像这样的成长型社区时，你没有必要先去担心学校的教育理念是什么。你想知道的是，这里是否有一栋好的教学楼、这里的教员是否有学位表明他们具备应有的资质、这里是否有多功能教室等。你只是在稍后才会担心那些具体的教学理念。由于在神学含义的细节上存在分歧，新教教会'来得最晚、装备最少'，最终对这些新社区产生的影响也是非常小。"

莱因伯格想要的是一个**有用的**教会，所以他觉得强调神学观点就是在强调那些非首要的东西，并会付出在人们之间引发争端的代价。"我们尽可能不去冒犯任何人，"他解释说，"我在海军部队中学到的重要一点是，在提供服务时，重要的是强调那些在神学上达成一致的内容，而不是提出那些任何人都可以例外的神学观点。"

在他看来，人际关系至关重要。"我认为，这是人们的一种基本需要——他们需要属于一个群体。你会发现，教会中的这种团契比其他任何地方都要好。而且，它有一种很强的感染性。在像帕克福里斯特镇这样的社区，当年轻人看到周围有许多人经常去教堂时，他们就会觉得自己也应该这样去做。我们还能满足年轻人的另一个需求就是可以给他们提供咨询。年轻人想要找个地方诉说他们遇到的问题，找个人好好谈谈这些问题。把所有这些东西放在一起，你就会得出我们所追求的东西——一种社区感。为此，我们找出了教义中那些更为有用的部分。”

当莱因伯格开始四处走动进行调研时，他发现帕克福里斯特镇居民非常赞同他的观点。他们的流动性使他们无法依附于一个单一的教会作为生活中的一个恒定物，这反而削弱了不同教派之间的壁垒。在从一个社区搬到另一个社区的过程中，对许多过渡人而言，要么有的社区没有他们教派信仰的教堂，要么他们觉得教堂的活动对他们没有吸引力，结果他们便养成了一种像“购物”一样挑选教堂的习惯。

在影响他们所做选择的所有因素中，属于哪个教派已经变得不再重要。在一次挨家挨户进行的宗教偏好调查中，帕克福里斯特镇居民被问及在选择教堂时最看重的因素是什么。他们依次列出的因素是：（1）牧师，（2）主日学校，（3）地点。分列第四位和第五位的是教派和音乐。

这里按百分比列出的是莱维敦镇和帕克福里斯特镇郊区居民的教派背景：

教派	帕克福里斯特镇			莱维敦镇	美国
	1950 年 5 月	1955 年 12 月			
	租客（当时没有业主）	租客	业主	1953 年	1955 年
卫理公会	17.4	13.6	9.1	9.7	12.1
长老会	12.1	11.7	7.3	8.5	3.9
路德派	8.5	9.3	11.4	7.6	7.1
圣公会	7.7	5.0	5.4	7.2	2.7
浸信会	5.9	4.5	3.4	3.6	19.0
公理会	4.1	3.0	2.4	0.4	1.3
其他新教	8.7	12.3	10.6	3.7	15.7

（续表）

教派	帕克福里斯特镇			莱维敦镇	美国
	1950 年 5 月	1955 年 12 月			
	租客（当时没有业主）	租客	业主	1953 年	1955 年
总新教	64.4	59.4	49.2	41.2	
罗马天主教	25.0	23.5	30.7	38.9	33.0
犹太教	8.7	9.4	11.0	14.7	5.2
其他任何教派	1.5	7.7	8.7	5.7	未报道

资料来源：帕克福里斯特镇的数字是牧师在拜访入住家庭时收集的。莱维敦镇的数字由当地教堂与费城教会理事会合作采集。全美的数字来自美国宗教机构普查，基于《美国教会年鉴》和《世界年鉴》问卷。

1950 年帕克福里斯特镇调查中的一个问题提供了一个线索，表明人们抱有一种想要提升教派之间关系的潜在愿望。在 3 919 名接受采访者中，有 593 人显示出有改变教派的倾向。通过对比那些希望加入与希望离开某一特定信仰的人数，我们发现，按顺序，公理会、圣公会和长老会表现得最好。卫理公会的情况不好不坏，处于中间；最大的潜在离教人群来自浸信会和路德教会。天主教和犹太教这两种信仰有一个相似之处就是，虽然它们中有更多的人都表现出倾向于离开而不是加入其所在的教派，但是，因为其潜在的改教者占总教徒人数的比例非常小，以至于它们看起来反而却是表现最稳定的两种信仰。

* * *

既然这样，那么为什么不成立一个联合新教教会呢？年轻人并不想要人们通常所说的那种“社区教会”。他们听说有一些社区尝试过成立社区教会，但是效果不佳，因为它往往只是一个教派为了吸引会众要的一种手段，之后过不上多久它就会露出其真正的宗派色彩。年轻人想要的是一个各个主要新教教派的真正联盟。这是出于对现实原因和理想原因的双重考虑。“当一个教会就能把事情做得更好而且现在就能做到，为什么还要花很多钱去建造许多小教堂呢？”一位平信徒争辩说，“为什么要给五位水平一般的牧师每人一份低工资，而不是给一位好牧师一份体面的工资呢？”

莱因伯格同意这种说法，在他看来，“精神”和“实践”是一对同义词，而这也与当地居民的看法相一致。“这其实只不过是一种常识：人们在对事物进行集中式管理时，总是效率更高，成本更低。而且，我开始意识到，这对教会本身来说也是一件好事。当然，这样一来，新教未免会损失惨重，因为人们有太多的教堂可以自由选择。新教徒花费很多时间到处挑选教会，天主教徒则立即成为社区宗教生活的一部分。如果面临的选择太多，人们最终就会不做选择。”

虽然各个教派并不太赞同这个想法，但是，它们的反对只会激励帕克福里斯特镇居民做出新的努力。“孩子们说，如果事情是这样的话，他们就会自己去做，”莱因伯格回忆道，“这是一件真正由草根发起的事情。当孩子们说他们想要它时，我便和他们一起去奋力争取。”有一拼是必需的，没过多久，在群众大会施加的压力下，再加上各种请愿，各个教派同意进行妥协。路德教会和圣公会由于在礼拜仪式上的差异太大，无法被纳入联合新教教会中，就建立了它们自己的教会。除了它们，在 5 个教派（卫理公会、长老会、浸信会、福音派和改革宗）的领导下，22 个教派同意合作建立教会。联合新教教会将会提供一种基本的宗教仪式，但与社区教会不同的是，它鼓励其成员保留其原有隶属关系。教义上的差异并没有被消除，例如，在洗礼仪式上，牧师既会用浸水洗，也会用点水洗；在领圣餐时，人们既可以在座位上领，也可以在圣坛上领。

为了资助教会，帕克福里斯特镇居民不得不打破一些先例。由于教派提供的资金不足，他们不得不用抵押来取得银行贷款，这一做法引起了人们对教会在其他地方进行融资的很多反思。在发行债券时，教区居民动用了自身积蓄以使发行能够成功；他们牺牲了更多的时间，而且在建造教堂的过程中，还要感谢许多年轻管理人员放弃了晚上和周末的时间。在做所有这一切事情时，他们并没有感受到来自帕克福里斯特镇以外教士们太多的同情。他们抱怨说，很少有神职人员能够理解或满足帕克福里斯特镇居民的需求。“我发现，他们（那些神职人员）对我们面临的这种问题非常缺乏洞察力，”一位负责寻找新牧师的平信徒说道，“我记得在跟我们考虑的一个人选进行对话时，他一直在跟我说要等待上帝的召唤。我可以肯定地说，很难让大多数牧师理解我们这里提供的那种前沿机会。”

* * *

教会成功地保持了它最初的愿景。在选择第一位牧师恩格尔曼时，帕克福里斯特镇居民起初还曾因为他年龄大（当时 45 岁）而有些犹豫不决，而他则很快就以自己的方式证明了他非常适合这个社区。恩格尔曼以前是一位社会学家，他对困扰过渡人的那些压力有深刻的理解；在与镇上居民谈论他们的问题时，他证明了自己是一位明智而友善的咨询师。他特别有效地让人们通过社区工作在这里扎下根，而且在指出教会在这方面所具有的优势时他并没有假装自己很圣洁，这让人耳目一新。“恩格尔曼明白教会工作对于像我们这样的年轻夫妇来说有多么重要，”一位过渡人说，“如果你想要在我们这种生活中获得一些稳定感，你就必须与其他人一起参与一些真正重要的事情。我想不出还有什么能比参与我们在联合新教教会中的活动更好的方式。”

与此同时，第二家联合新教教会也宣告成立，以分担第一家联合新教教会身上不断加重的负荷。看起来，它与第一家联合新教教会秉持相同的精神。罗伯特·克罗克（Robert Crocker）出任第二家联合新教教会的牧师，他像恩格尔曼一样重视基督徒团契，并也大量起用年轻的商业人才担任领导（教会中的董事会主席是斯威夫特公司的实验室技术员，财务委员会主席是广告代理人，受托人主席是城市服务公司的销售人员，入教处主席是斯威夫特公司的销售人员，年轻的咨询师则是一位教授）。虽然教堂尚未建成，但是，所有迹象都表明，第二个教堂的信徒们在处理这项工作上表现出了同样的实干精神。与此同时，在社区的最新分区中，第三家联合新教教会也已经成立，由牧师弗农·弗林（Vernon Flynn）牧会。

显然，联合新教教会代表了帕克福里斯特镇居民的基本性情。与这里的人口增长速度相比，两家联合新教教会和犹太教会的人数增加最多。除了天主教会，其余各个宗派团体的人数增加最少，有些宗派团体甚至都没能保持其原有水平。

社区选择的居民牧师约瑟夫·休斯（Joseph Hughes）与莱因伯格（他已离开这里，他应附近一个郊区之请去改造一家更为传统的教会）一样务实。他扩展了牧师提供的服务——除了其他事项，他还会跟着每辆警车随访，并且就像医生会将病人转诊给专科医生一样，他也会将发现的问题转介给相应的牧师。当镇上临时发生了一波商店行窃浪潮时，他亲自过问每一起案件，并和警察局长一起有效地处理案件，以至于没有一个被逮捕的家庭主妇再犯。他也强烈呼吁人们打破各个教派之间的隔阂。在呼吁那些新来者找到他们的宗教喜好时，他不会明确支持任何一个教会，而让他感到满意的是，他们对联合新教教会的想法非常感兴趣。

肯定也会有人对此抱有一些疑虑。有人就问了：这到底是教会还是社交中心？一位妻子向我解释为什么她根本不去教堂，她在解释她的感受时提到了她的孩子。“我的小女儿有句评论说得非常到位，”她说，“有一天，她告诉我，她不想再去联合新教教会主日学校了。我问她，那是为什么。她告诉我：‘我不想了解基督徒的生活方式，我想了解上帝。’”虽然这句话听起来有点像是父母训导孩子的话，但它却是简洁地表达了帕克福里斯特镇上一些居民的反对意见。在两极之间，一方面是信仰和权威，另一方面是社会和务实，他们觉得联合新教教会过于倾向于后者。“我曾告诉过恩格尔曼，如果天主教会能够变得更加明智的话，”一位居民说，“他们就会派出一位年轻聪明、像希恩牧师那种类型的耶稣会士。如果他们真的这样做了，我告诉恩格尔曼，他最好就要小心一点，因为他的一半信徒都会跑到天主教会那边。”

* * *

当然，信徒跑到其他教会的可能性很小。正如神体一位论派已经发现的那样，剩下的空间并不大。许多人起初都认为，帕克福里斯特镇是神体一位论派一个理想的传教场所。就一群对神学漠不关心的人来说，与任何其他宗教派别相比，神体一位论派在教义方面给他们提供了更多的自由。与联合新教教会一样，它也强调参与，并且尤为强调理智主义。从一开始起，它的会众就积极参与社区里那些更加严肃的文化和公民活动，并且它自己组织的活动项目也具有一种强大的世俗吸引力。(1955 年它举办得最成功的活动项目是一场现代爵士音乐会和一场民间歌曲演唱会。) 然而，神体一位论派的会众规模仍然很小，只有 120 人。最近接管该教派的牧师是一个很有思想的人，他有可能会大幅扩大会众的规模。然而，就现有情况而言，神体一位论派对民众的吸引力还不够强。

神体一位论派坚持认为，基督教传讲的福音信息会束缚人们进行思考，而在联合新教教会这边，他们则只说福音信息是“隐藏”在那里。同样，虽然神体一位论派信徒宣传他们的教会适合那些爱思考的人，但是，就连他们自己也无法忍受过分强调这种区别。而且，即使他们这样做了，也不会伤害到联合新教教会的利益；在某种意义上，神体一位论派越是强调自身的立场，联合新教教会就越是显得靠近中间道路。“我对神体一位论派的那些宣传广告感到恼火，”一位联合新教教会的成员说，“但我要告诉你一件关于他们的好事，他们中有人暗示说我们的做法显得**太**教条，这是一种很好的改变。”

* * *

位于天平另一端的是天主教会。把它视为联合新教教会的直接对立面是一种很方便的做法，事实上，帕克福里斯特镇居民就经常把这两者直接进行对比。然而，传统与社会效用之间的博弈并非只存在于新教之中。在那些年轻的天主教徒中，也有不少人在呼吁教会要对社会更有用，而郊区化更是极大地强化了这一点。在帕克福里斯特镇，与在其他地方一样，许多教区居民都认为，教会中的一些传统习俗是对旧时代的社会需要做出的回应，在没有神学冲突的情况下，完全可以对其做出调整，使其更好地适应当今时代的社会需要。对一些人来说，这个问题在他们的库根神父身上得到了一种非常明显的体现。他们喜欢他这个人，但又觉得他身上所体现出的那些权威做法，要更适合城市教区而非中产阶级郊区。

这方面有一个有趣的发展，就是天主教会在镇上推行的“天主教行动”运动。这一运动采取了“基督教家庭运动”的形式，它努力用宗教信仰去解决社会问题和个人问题；事实证明，它对许多参与社区活动不太积极的天主教徒具有一种强大的吸引力。现在有100对夫妇会定期聚会（相对当地人口来说这是一个非常大的数字），这一运动的领导者认为，这个数字还能再增加一些。助理牧师迪迪埃神父对这场运动出力颇多。现阶段他们需要由库根神父再分配一位人员来帮助他们，但是，他们觉得库根神父对此事并不是特别热心。

一些天主教平信徒对这一运动很不热心。他们不安地注意到与“天主教行动”有关的文献中提到了“群体动态”，他们觉得“一个更加务实的教会”这一说法有些自相矛盾；他们辩解说，如果联合新教教会教徒愿意，那就让他们去进行尝试，但是，天主教徒不能同时仰望上帝和约翰·杜威。关于这一点，下面我附上教区先前一位成员写下的一些观察：

> 从社会的角度来看，事实上，罗马天主教会在这方面比联合新教教会提供了一种更好的服务。从务实的角度来看，你拥有社会动力学家想要的一切：在一个套餐中，你有“明确阐明的共识”（教义）、方向感（理由或原因）、健康的人际关系（参与基督奥体）、心理治疗（忏悔），以及一种可以确保你做到不断适应的教育体系。从这些务实的观点来看，教会多年来一直都在为过渡人服务，不管他们生活或落

脚在何处。在我看来，这就是联合新教教徒所期待的。但是，在这两者之间有一个很大的区别：他们没有像天主教会那样提出诸多道德和理智上的要求。

教会必须对社会有用，而且我承认，它并没有像它该有的那样去适应新的问题。但是，因被误导去尝试满足“现代人的需要”而卷入社会动力学中，就会把教会存在的古老目的抛到一边。这会对“人类的兽性胜于理性”这一观点做出重大让步，并否认他的社会发展能力。事实上，这会否认人类的自由意志，而保守地说，这一问题则是基督教教义的根基所在。

教会曾经失败过一次，结果促生了宗教改革；教会后来又失败过一次，结果马克思主义得到了成长和繁荣。如果这次教会再失败一次（因为它不适应社会或者适应社会过多），那将无异于是一场自杀。

* * *

在犹太人所居住的社区中，宗教事宜与社会事宜之间也存在着一场拉锯战；而且，其具体情况比影响新教徒和天主教徒的情况更为复杂。在涉及世俗事宜时，犹太人一直采用的是中产阶级里大多数人的价值观和习俗；郊区不仅会吸引那些显得不那么“不同”的犹太人，它还加速了任何人（犹太人和非犹太人）变得有更少“不同”的进程。然而，与此同时，犹太人中也出现了宗教和文化习俗的复兴，而这则会强化一个人身上的那种犹太感。

然而，在某些方面，这种对复兴的强调，有着与激发郊区新教徒居民活力相同的动机。在从前那种更为稳定的社区中，人们不用想太多就会意识到使他们团结在一起的纽带；但是，在郊区，他们就必须对其加以考虑使其变得更为引人注目，而这也正是为什么他们对团契的重视，对那些来自更有凝聚力的成熟社区的人来说会变得如此显眼。犹太人的情况也是如此；对饮食戒律这样传统习俗兴趣的复兴，看似与新教徒对团契的重视相差甚远，但是，它也代表了一种明确表达某种归属感的冲动，这种归属感曾经是生活中再自然再正常不过的一部分。郊区新成立的犹太机构特别强调对儿童的教育，而社会学家赫伯特·甘斯（Herbert Gans）则认为，通过满足社会需要，这些机构自身也在成长。对那些居住在以犹太人为主的城市居住区的犹太人来说，即使没有来自那些正式组织的帮助，这些需要也能得到满足。正如威尔·赫尔伯格（Will Herberg）所观察到的那样，他们越来越不觉得有必要拒绝移民一代身上显露出的那些犹太人特征。

在教义上，犹太人也试图寻找一条中间道路。帕克福里斯特镇的犹太教圣殿并不像联合新教教会的教堂那样具有跨宗派性；它属于改革派（用拉比的话说就是“热情、自由的改革派”），并且无法做到很好地容纳那些比较正统的犹太人。然而，在它提供的服务中，却是包括了许多通常与保守派犹太教堂相关的仪式和仪式元素。

和其他新郊区一样，帕克福里斯特镇上的犹太居民也建立了属于自己的子社区，因为除了犹太教堂和主日学校，还有男士及女士的社交组织和筹款组织，这些组织与占人口大多数的新教徒的组织并行不悖。此外，对镇上的大多数犹太人而言，他们与其他犹太人之间有着最亲密的友谊。然而，我们若是将这一点归因于他们有一种“分裂主义”的动机，那就大错特错了。尽管他们大量参与的都是那些只有犹太人才会参加的活动，但是，镇上的犹太人在社区事务中表现得也特别活跃。那些跨越种族界限的活动，对那些来自中产阶级背景和想要跻身中上阶层的犹太人有着强烈的吸引力；而且，镇上许多犹太居民的教育和收入水平，都要远远高于社区平均水平。

如果他们想要在北海岸郊区竞争领导职位，他们很可能会因为他们的犹太人身份而失去竞选资质，而在帕克福里斯特镇，这一阻碍的影响则是被最小化了。虽然犹太人占镇上总人口的比例不到10%，但是，在社区的公民和文化组织中担任职务的犹太人（现任镇长及其前任都是犹太人）所占的比例却是远远超出 10%。在这一点上，一些非犹太人有一些潜在的敌对情绪，但值得注意的是，极少会有人公开流露出这种敌对情绪。甘斯在 1949 年对这里的犹太人社区进行了一次出色的研究，当时他感觉这里并没有出现任何明显的反犹太主义，而在时隔数年之后，我在这里进行研究时也没有发现这里有任何反犹太主义。

就连那些受过良好教育的犹太人也倾向于在亲密的友谊中能有更多的相互联系，但也正如甘斯指出的，这与其说是出于对种族因素的考虑，不如说是因为这些犹太人比他们的大多数邻居在文化上更有品位。"想要与他人分享这些态度和兴趣的犹太人，往往会找到其他犹太人，"甘斯说，"因为这种文化（帕克福里斯特镇上的非犹太人占比很高）本身基本上缺乏犹太内容，犹太人之所以会聚集到一起，主要不是因为他们都是犹太人，而是因为他们共享一种文化。"事实上，一些有着高雅趣味的非犹太人，往往更容易与犹太人（而不是其他人）打成一片。

和新教社区一样，犹太人也对郊区的新犹太教堂和社区中心进行了一番反省，他们被问到的问题与联合新教教会大致相同。它到底是一个宗教机构还是社交机构？也许，正如内森·格雷泽（Nathan Glazer）所说："人们完全有理由相信，犹太宗教机构最近赢得了如此广泛的支持，正是因为它能够以教派的名义使犹太人在美国作为一个独立群体生存下去。"

* * *

到目前为止，我主要谈论的都是帕克福里斯特镇上发生的情况，而事实上，无论在哪里，那些年轻的组织人都有一种同样的渴望，希望建立一种对社会更有用的教会。当然，人们已经注意到目前的"宗教复兴"具有强大的社交基础这一事实，而更重要的一点则是，当你把注意力从普通人缩小到那些年轻的组织人所在的阶层时，这种对社交的强调就会变得愈发明显。他们需要突出强调那些别人认为理所当然的事情。对那些长久生活在一个地方的人来说，教会一直都是对社会有用的，他们把教会隶属关系的副产品视为一种理所当然的事情。但是，过渡人则无法这样去做；稳定性，以及与他人之间的那种亲近关系，这些才是他们想在此时此地展示的东西。

在莱维敦镇的一座新教教堂里，年轻的牧师惊讶地发现，他的会众不停地抱怨教堂里摆放的那些大教堂椅子。这些椅子的质量非常好，对一个正在逐渐成长的教堂来说，它们要比传统上那种固定长凳更实用。他们认可所有这一切，但却仍在抱怨不已。“最后我总算弄明白了，”他说，“他们之所以抱怨不断，是因为椅子会动。这里所有的年轻人都是来自其他地方，即使这里离他们的老家并不是很远，他们也不得不切断与老家之间的关系纽带。他们极其渴望稳定，以及任何稳定的象征。于是我就想出了一个折中的办法。我们把跪凳固定下来，这样就能把椅子牢牢地固定住。从那以后，我再也没有听到他们有任何抱怨。”

他们四处寻求友谊，这种渴望现在变得如此明显，以至于无论哪里有过渡人，教会都难以抗拒对他们大打友谊牌这一诱惑。一种具有代表性的做法是，就连那些更保守的教派也很好地利用了如何赢得朋友的主题，并做了许多与这方面内容相关的广告。例如，纽约《先驱论坛报》（1955 年 5 月 20 日）上的一则广告，就把“精神力量”宣传为交友的一种手段。

> 熟人很多，真友却少，这是否说的就是你的情况？看看你的生活，你可能会发现它缺少那些能够让人们在理解和友谊中聚到一起的精神体验。
>
> 参加社区教会活动可以为与他人结下长久的友谊提供一种精神力量。欢迎你下周日来教堂，结识你未来的朋友。
>
> 恭请光临
>
> 您的社区圣公会。

这是一个相当特殊的广告，但它所展示出的那种对实用性的敏感情况却是越来越普遍。虽然教会人员依然觉得精神方面的考虑是最根本的，但是，却有相当多的教会成员已经被说服：面对那些在教会门口徘徊的人们，只需向他们提及在门内能够找到的社交和实际利益即可。下面我们再来举一个不同寻常的例子：纽约市新教委员会发出一份公告，对在他们的广播和电视节目上发言的人士提出了以下建议：

> 讲话题材要表现爱、喜乐、勇气、希望、信心、信上帝、善意。一般要避免谴责、批评和争议。从一种真实的意义上来讲，我们是在"推销"宗教、福音的好消息。因此，对基督徒的告诫和训练他们背十字架、抛弃其余一切、牺牲和服侍，通常只会使得一般听众快速调台……作为使徒，我们是否可以发出这样一种邀请："快来享受我们的特权、结识好朋友、看看上帝能为你做些什么！"

许多教徒可能会问了，既然过渡人对神学和教义如此漠不关心，那么为什么没有像在帕克福里斯特镇一样涌现出更多的联合教会？在帕克福里斯特镇之外确实很少有联合教会，但这却并不是因为那些年轻人有一种强烈的教派意识，而是因为教会高层有一种强烈的教派意识。例如，在莱维敦镇，有一段时间，有很大的机会可以使那里的第一座教会（荷兰改革宗教会）仿效帕克福里斯特镇模式成为联合教会。就像帕克福里斯特镇上的莱因伯格牧师一样，伯特·邦特（Bert Bonte）牧师也渴望把教会变成一种媒介，可以开展一些有意义的公民、文化和宗教活动，把有着不同信仰的人们聚集到一起。后来由于种种原因，这项努力以失败告终，不过，这家教会虽然名义上不是但实际上却是一个联合教会。它有 325 位成员，其中只有少数人是在荷兰改革宗教会长大，其余的人都是卫理公会教徒、长老会教徒、路德会教徒、浸信会教徒、教友会教徒，另有 12 个人以前是天主教徒。它和帕克福里斯特镇的联合新教教会一样，已经成为社区活动的中心。“今天能够激发年轻人的是一种与人合作的愿望，”邦特牧师说，“教派主义的旧火已经消失。年轻人现在准备联合起来，但是，既得利益集团（教会中的那些官僚们）却反对这一联合。哪怕是失去自己的工作，那些既得利益者也要坚持他们的反对立场。不过，年轻人已经做好了充分的准备，那些最渴望教会合一的人都是受过最好教育的人，我认为这一点很重要。（邦特牧师的会众有一半都受过大学教育。）”

在附近的费尔利斯希尔斯，另一个联合教会应运而生。费城教会理事会派出一位牧师，当他发现居民为建立联合教会而进行民众运动时，他就说服各个教派的领导成立了这样一家教会。教会由卫理公会管理，但大家都知道，它将服务于所有新教教派。这一教会就这样运行了几年，只是随着时间的推移，它变得更像是一个卫理公会教会。虽然它的成员来自许多教派，但却不能认为它是一个真正的联合教会——这是附近地方其他牧师极力强调的一点。

* * *

无论最终是否会采取联合教会这种形式，产生帕克福里斯特镇联合新教教会实验的那种愿望，在其他任何地方也都得到了一种很好的说明。让我回顾一下帕克福里斯特镇居民在 1950 年所列出的优先事项，按照重要性先后排序，依次是：牧师、主日学校、地点、教派、音乐。虽然有些教徒对此感到震惊，但是，后来的事实证明，无论人们如何看待这一排序，它都是相当准确的。

郊区居民在个人咨询方面的需求异常旺盛，这充分证明了牧师存在的重要性。“周围有这么多年轻人，我最担心的就是他们提出的各种咨询，”一位在郊区社区服务的 42 岁的牧师说，“我已经没有时间了，我需要找一个助手来帮忙。关键是，在这样的地方，你会觉得自己可以做很多事情。我工作的上一个教区是在一个破落的城市社区。我在那里做了很多咨询工作，但大部分时间都是在辅导那些没有希望的人——你知道自己为他们做不了多少事情。这里的情况就大不相同。这些年轻人需要同时适应许多事情，你能感觉到你可以为他们做很多事情。没有一个具体案例看起来是没有希望的；你会被下面这样的想法所折磨：你如何帮助他们，会对他们未来几年的发展产生非常重要的影响。”

由于这种需求，牧师的年龄已经变得比事先预期的还要重要。乍一看，理想的郊区牧师应该和那些年轻的过渡人同龄；而且，许多教会都依据这一假设派出了一些年轻牧师。然而，年龄相仿的效果却并不总是太好。在一个大多数人都有着相仿年龄的社区，并且在这个年纪他们遇到第一次婚姻冲突时，年轻夫妇往往会被那些有着父亲形象而非兄弟形象的男子所吸引。一些年轻牧师在这方面做得也很好，但是，更多的年轻牧师却是在这方面做得很糟。年长的牧师也有他们的问题，其中之一就是，他们作为顾问太受欢迎，从而给他们带来了沉重的负担。一位年长的牧师都快要崩溃了：由于他那个年龄段的牧师太少，他不得不承受多得不合理的工作量；最后，他选择了离开，因为他肩上的担子实在是太重了。

第二个因素（主日学校）有时甚至比牧师还要重要。通常，新郊区居民都是通过他们的孩子来接近教会，而一个活跃的青年教育计划往往可以抵消影响教会受欢迎程度的许多其他因素。随着时间的推移，父母们也可能会加入其中，但在他们定期参加教会活动之前，平均会有一年的等待时间。

地点与上教堂之间的关系同样得到了证明。例如，在帕克福里斯特镇，人们发现，在影响上教堂的因素中，交通流量要比宗派关系重要得多；人们倾向于去位于家和社区中心之间的教堂；主干道的位置极其重要，教堂建在离主干道只隔一两个街区的地方，就会大大减少做礼拜的会众人数。这一点在其他地方似乎也是如此：如果你绘制出某一特定会众的成员所处的位置，你就会发现，离教堂近这个因素比某些牧师愿意相信的要重要得多。这里我们可以再举一个例子，因为路德教会的两个分支之间存在一些分裂因素，帕克福里斯特镇有两个路德教会，每个分支一个。尽管信奉的教义有所不同，但是，人们分成两个教会更多还是地理原因而非神学原因所致；而且，无论出于何种意图和目的，它们都变成了地区性教会。

＊＊＊

简言之，过渡人最迫切需要的是一种社区意识（与他们的长辈相比，他们更不关心那些教义问题）。对有些人来说，可能会觉得结果显得有些过于世俗化，但在向联合新教教会发起攻击之前，他必须首先正视那些会众可能提出的问题：除此之外，他们是否还有别的选择？他们认为，联合新教教会至少正在主动满足过渡人的需要。

其他教派是否也这样做了呢？由于居民的流动性不断增加，各个教派拥有有史以来使会众改宗的最佳良机。"但是，它们却没有抓住这个机会"，一位新教徒过渡人这样讲道。他们越是带有宗教倾向，他们的评判就越是严苛。他们抱怨说，无论是奥秘教义还是团契，无论是神圣事务还是世俗事务，它们在向前推进时都没有显示出那种真正的活力。一个公寓开发项目的一位高层管理者说："在这样的社区里，由于没有那些由富有的年长者组成的团体去推动教会成立，于是就由教会领导介入其中并主动采取行动。可是，你看看这里发生了什么？教会坐失良机。我们为三大信仰留出空间来成立中心，它们却没有表现出对这件事有多大的兴趣；圣公会确实建起了一个圆拱屋，犹太人则竖起了一座圣殿，但到目前为止，也就只有这些了。"

我觉得自己没有能力对由这些问题引发的信仰问题做出任何判断。但我确实认为，无论从什么角度来看，这种会众情绪的发酵都清楚地表明，过渡人寻求一个对社会有用的教会，是一种他们发自内心的深切感受。他们并不是简单地因为无法避免这种需要而去寻求团契。他们是在积极主动地寻求团契，而且，他们觉得这最终可以说是一种道德追求。

28

组织儿童

我一向认为，组织人对群体的重视，并不是一种由外部需要决定的临时现象，而是一种对他所认为的道德责任的回应；而且，他对这一点的表达也是变得越来越公开。我在上一章中曾从这一角度讨论过教会，在这一章中我想讨论一下学校。就像建造教堂一样，新郊区也必须从头开始建造学校；而且，在建造学校的过程中，那些年轻父母必须表明他们自己的立场。他们的孩子也是过渡人，未来也要面对组织生活的压力，这种压力要是说有任何不同的话，那就是，它将会变得更大。那么，在建造学校方面，我们应该强调一些什么呢？事实上，在协助学校设定一些课程时，家长们在给予指导的同时，也在展示自我。

帕克福里斯特镇居民全身心地投入到创建学校体系的工作中，展现出了他们身上无限的能量。在既无先例可循又无工业税收基础的情况下，他们开发出一套教育体系，其中包括一所极具吸引力的高中，六所快乐的小学，以及一些相关的教育配套设施。美国各地的教育工作者都对这里的高中赞不绝口。1954 年，这里的高中被选为美国城市联盟“全美学校”比赛的五所获奖学校之一，它获得的其他奖项更是不胜枚举。

这里不同寻常的人员流动问题既让他们受益，又让他们受罪。例如，学校董事会的领导层不断更换。首任小学校长罗伯特·安德森（Robert Anderson）和领导学校董事会的那位年轻化学家，这个月从来都不能确定下个月谁会和他们一起工作。不过，在真正开展工作时，董事会成员也会做到尽职尽责。然而，就在校长为了学校里的各种问题满负荷工作之际，他的上层组织却又把他调走了；而且，这种工作连续性上的中断情况一直持续到今天。

教师们的状况也让人担忧。尽管年轻教师的流动率无论在哪个社区都很高，但是，帕克福里斯特镇在这方面却是处于一种尤为不利的局面，因为这里没有单身汉。（1954 年这里有 5 000 名男性，其中只有一名未婚，后来这位单身汉也离开了这里。）虽然镇上事先已为那些未婚女教师留出了几所庭院住宅，但是，由于这种女生联谊会的生活与当地社区及已婚女士的生活显得格格不入，所以她们有着很高的辞职率。

更重要的是，孩子们也会随着大人一起搬家。这一点所产生的影响对老师们和孩子们来说一样严重，因为老师们由此被剥夺了那种可以通过观察孩子成长而获得的成就感。正如安德森校长所说："在任何一所学校，你都必须先在孩子们身上进行为期六个月的投入，然后师生才能做到步调一致——你必须对孩子们进行试验，让他们的父母参与进来，让孩子们在群体中安顿下来。我们在这些方面做得都很好——可是，接下来发生了什么？他们搬走了，你又得一切从头再来。"

然而，事实证明，这些孩子有着很强的适应性；那些在传统社区工作过的教师们很快就会注意到，这些过渡人的孩子的社会适应能力要比其他孩子强很多。"这样的孩子在社交上成熟得更快，"一位老师解释说，"在适应群体这一点上，对他们来说，不会涉及那么多的问题。我注意到，他们似乎觉得这里没有人是老板——他们之间有一种完全合作的感觉。部分原因在于，他们很早就在庭院里与其他孩子和大人一起玩耍。"

简言之，就像他们的父母一样，这些孩子们已经具备了很高的社交技能；而且，他们所处的环境本身，也会进一步强化他们的这种能力。在这种情况下，可以说，学校没有必要在这方面进行重复教导，所以它也就可以更多地专注于在那些更为内在的方面对孩子们进行教导。但是，家长和学校却都不这么认为。从一开始起，学校的课程就非常注重实用性和社会性；“适应”这一观念一直在这里占据主导地位。

首任校长安德森经过一番辛劳，卸任时如释重负（他成为哈佛大学教育研究生院的教授）。在这之后，学校并没有进行大幅度的课程改革。安德森的继任者杰拉尔德·史密斯（Gerald Smith）谈及引入“第四个R——责任”，而这则在很大程度上就像是在以另一种方式描述现行政策。史密斯校长解释说，学校的管教手段就是群体。老师尽可能不去直接管教孩子，而是通过影响所有孩子的态度，让他们作为一个群体自己识别正确的行为。如果一个孩子在学校里不守规矩（他不一定会受到长辈的严厉约束），他自己就能感受到群体对他所持有的那种反对态度；学校相信，通过这种方式，他可以学会尽可能地约束自己。

学校特别关注那些比较内向的孩子。“约翰在学校的表现不是很好，”一位母亲告诉我，“老师向我解释说，他的功课很好，但他的社会适应能力并不尽如人意。他只跟一两个朋友玩，有时他则宁可自己一个人玩。”这样的例子有很多，除了少数几位其行为略显古怪的父母，大多数父母都很感激学校努力去减少自己孩子身上的内向程度，以及其他一些在郊区会显得有些异常的倾向。

帕克福里斯特镇上的学校在这方面的所作所为并没有什么极端之处；而且，大多数帕克福里斯特镇居民都担心，这里的课程会被外界视为是在奉行一种中间路线。但是，他们确实非常喜欢这里的那种宽松氛围。例如，他们指出，学校遵循的方法是鼓励学生群体大量参与规划教学内容。当然，这些事情并非全由孩子们来决定，但是，他们的老师会特别询问他们关于某一特定科目他们想要知道些什么，而不是单方面决定教给他们老师认为学生应该学的东西。就像史密斯校长解释的那样："如果课上讨论的话题是印度，那么老师就会询问孩子们关于印度他们都想要了解一些什么内容。内容范围可能包括从大象到带有几分神秘色彩的恒河浴。通过这样做，在学生们的好奇心得到满足的同时，他们已经对印度的地形、植被、动物、宗教、种姓制度和政治有了一定程度的了解。"

学校在给学生评分方面也颇具灵活性。学校当局认为，如果采用那种固定的分数标准，就会束缚孩子们的发展。因此，这里的小学与其他许多学校一样不给学生打分，而且对高年级学生也已放弃使用过去那种A-B-C-D-F或百分率类型的正式报告。课程顾问露西尔·廷布林（Lucille Thimblin）解释说："很明显，不可能让老师把学生发展的方方面面都概括到一个精确的数值中。"依照过去那种方法，她说，一个聪明的学生即使很少付出努力也可能会得到最高分，而一个不够聪明的孩子就是付出再多努力也无法得到一个能够让人尊重的分数。廷布林夫人指出，学校可以通过简单地使用"满意"和"不满意"这两个术语来避免出现这种情况，这样做将会对学生有很大帮助，因为"这种类型的报告可以减少学生们在学习成绩上进行竞争"。然而，不幸的是，虽然这样做有助于学生们更好地去适应学校，"但也很可能会减少一些学生努力学习的动力"。解决这个问题的一种办法就是：在家长教师会议上增加一份检查表。在这份检查表中，学生的学业进步是根据他的个人能力，而不是根据一种武断的规范来加以评定。另外，老师还会根据他所处的社会群体、他是否符合该群体中每个成员所能达到的标准去对他进行评定。

* * *

家长们对这里的小学管理学生的一些做法抱有疑虑。就纪律而言，家长们有时会怀疑学校对孩子们是不是太过放任。偶尔，家长们也会谈起应该把孩子们送去帕克福里斯特镇上的教区学校，这样他们就可以"得到一些管教"；当然，说归说，极少会有家长真的这样去做；不过，他们仍然为小学的管理松散而叹息。有时，就连那些对自己孩子的行为感到满意的父母也会对学校持批评意见，因为虽然并非有很多人认为自己的孩子缺乏纪律，但是，他们却坚信其他人的孩子都缺乏纪律。在这里经常可以听到的一种抱怨就是孩子们很“放肆”。（“这里的孩子们对所有人都是直呼其名。如果邻居的孩子见到我时叫我一声乔治太太，我想我会惊呆的。”）然而，正如一些帕克福里斯特镇人注意到的那样，父母们在这方面对学校的要求有失公正；不管父母们自身有什么缺点，对孩子进行严厉管教都不是其中之一，公平地讲，他们不能要求学校去做那些他们自己都不会去做的事情。

关于小学里的情况，总是难免会出现这样或那样的争议；然而，并不是在孩子们的学业上，而是在管理和税收上，人们有更多的争论。[1] 总的来说，家长们对学校开设的课程非常满意。家长教师协会中的一个委员会在报告中非常自豪地写道：在帕克福里斯特，孩子们的学习是一个“无痛苦的过程”。这份委员会报告中继续写道：“教师与学生共同计划，每个人作为个体和团体的参与者都能感觉到有一种归属感……他们所学的一切都与他们在日常生活中所经历的，或者是通过电视、广播、电影所看到的事情有关。”一些家长仍然没有完全适应这里的小学不给孩子们打分这一做法，不过这往往是因为他们的孩子之前在别处上的都是那种更为传统的学校，所以过上一段时间之后，这些家长的这种批评意见就会自动消失。与其相似，尽管有些人觉得学校忽视教授基本知识，但是，帕克福里斯特校

[1] 一场值得注意的争吵是关于学校通过考试方式来筛选那些申请入园儿童。那些孩子考试不及格的父母非常愤怒，当史密斯校长在 1956 年初要续签合同时，许多父母都准备提出抗议。最后，经过一场激烈的争辩，董事会投票决定留任史密斯校长。2 月 2 日的《记者报》上写道：“180 个不守规矩的人挤在一座多功能厅听取裁决……议事规则遭到左右两派的侵犯，因为与会者都在发表自己的意见……最终（董事会成员）格拉斯纳秉持一种中立立场，历数了史密斯的功与过，并给他算出了一个‘得分’。”正如我前面提到的那样，群众参与并没有在帕克福里斯特镇消失。

友的报告还是给所有人都留下了很深的印象：因为在帕克福里斯特所接受的教育，他们的孩子在新社区的学校里学业优异。而且，如果让他们不得不做出选择，大多数帕克福里斯特镇居民都不愿意看到学校放弃对当下现实问题的强调。“珍妮正在学习市场营销，”一位家长告诉我，“你要知道，她才上六年级。她正在学习广告和折扣之类的内容，这些内容我直到上大学才开始接触。这些孩子们在这里的学校中学习的东西确实很宽泛。”

* * *

然而，新郊区的理念却是在高中得到了其最重要的展现。不过，这套理念绝对不是帕克福里斯特镇所独有。高中校长埃里克·巴伯（Eric Baber）说话非常像其他地方的许多校长，他所发表的文章中也并未涉及那些非主流观点，而是显示出对当代教育著作有深刻的理解。帕克福里斯特高中的独特之处在于，“生活适应”课程是它的教学基础，而在那些传统的学校里，像这样的课程每次只会引入一点点。这里投资160万美元新建成的“学习实验室”，不仅是美国高中最现代化的实验室之一，而且在精神上和实质上也是郊区居民性情的体现。

五年前，当学校还处于规划阶段时，巴伯告诉这里的家长们，美国教育的问题在于，它过于关注教育的智力方面。他难过地说，就连师范学院也仍然需要学生掌握平面几何才能入学。他问道：除了对少数人有价值，那些传统学科对大多数人究竟有什么价值？“离开了课本和记忆的东西，那些所谓‘聪明的学生’往往是最愚蠢或最不合时宜的人之一，”巴伯在一次教师研讨会上说，“事实证明，在商业、销售、体育、广播等行业，大量年薪2万～10万美元的工作，都是由智商低于90分的人在从事。”

当然，巴伯并不是在反对注重学生的智力发展。他只是认为，学生的智力发展应该更多地被引导到现实生活和职业需求上，而非大学的学术要求上。与许多城镇不同，帕克福里斯特镇居民大都接受过大学教育，所以这里的大多数学生最后也都会上大学；因此，“两校”（职业学校或学术学校）问题与这里的学校并没有太大关系。尽管如此，“学习实验室”里的大部分设计都非常注重职业方面；而且，这里高中课程设计上的情况也是如此。

在最初开设的70门课程中，只有一半属于那些传统学术课程，而它们则绝对不是那种象牙塔式的课程。在高二和高三学生可以自选的七门英语课程中，专门教授语法、修辞和作文的课程是为期一学期的“进修课……专为那些觉得自己需要额外准备的学生而备”。对学生们更有吸引力的课程，是为期一年的新闻和演讲课（借助“传媒实验室”里为这些课程准备的设施，学生们可以进行像广播和电视辩论之类的实际操练）。

这70门正式课程绝对没有穷尽生活适应课程的全部。巴伯认为，学校必须为孩子们的全面成长承担更多的责任。可以想象，这一任务原本可以留给其他机构去做，例如，家庭、教会或社会本身。然而，通过诸如家庭集体生活课程（一门高三选修课）、现场动手做的讲习会之类的媒介，学校已经完成了这项重任。“我们处在一个集体行动的时代，”巴伯说。[2]

* * *

部分是因为有这么多家长接受过大学教育，帕克福里斯特镇似乎并不是一个全面开展生活适应课程的理想地方。几年前，学校在开始规划课程时曾向家长们发过一份问卷；问卷收回后，让巴伯感到有些吃惊的是，有超过一半的家长选择法语、西语和拉丁语作为想让孩子们上的选修课。而且，大多数家长都对工艺类职业课程不感兴趣。

---

[2] 为了避免我似乎不公平地使用了“职业”这个词，请允许我特别指出，巴伯对此持有一种非常温和的态度。巴伯在给我的信中写道：“总的来说，我认为你对高中的情况做了一种相当准确的描述。如果‘职业’被广泛地定义为有用的或实用的，那么在我们的教育课程中经常使用‘职业’这个词就是可以接受的……我们强调对学生们进行通识教育，强调培养他们与当前社会生活问题直接相关的理解能力、技能和批判性思维的发展。如果让我定义我们教育课程的基础，我认为它应该包括以下三者：（1）实验主义哲学，（2）格式塔心理学，（3）民主教育领导。”

当然，和在其他地方一样，对高中教育来说，考大学也是一块绊脚石。让巴伯感到遗憾的是，大多数高校仍然需要满足一定的学分才能入学，而这也就阻碍了对高中课程做进一步的扩充。在这一点上，“统一研究”等核心课程给学生们提供了一定的灵活性；例如，如果一个学生缺少英语课的学分，“统一研究”可以等同于英语；如果他需要历史学分，它则可以等同于历史。但是，这样做也只能起到部分缓解作用；而且，就像其他许多教育学家一样，巴伯也认为，大学教育在接受现代生活趋势方面仍然落后于中学教育。

另一片阴云也已经形成。虽然学校董事会和大多数家长都对学校的种种做法感到很满意，但是，一个所谓“敢于直言的少数派”已经成立了一个组织（1955 年，他们成立了一个“课程咨询委员会”）。每个外行都觉得自己可能是唯一的反对者，结果却惊讶地发现，别人怀有同样的疑虑。经过一番调查，他们起草了一份言辞相当苛刻的报告，其要点是：虽然巴伯所做的工作值得称赞，但是，学校不应该将其大部分精力都花在课外活动上。最初的报告草稿中尖刻地指出，教育的理想可能是马克·霍普金斯（Mark Hopkins）在木头一端，学生在另一端，但却不是马克·霍普金斯、行政助理、指导顾问、心理学家和课程顾问在中间。

在这一委员会最后出具的报告中，言辞稍有缓和，但其结论却是不可避免地具有挑衅性。“我们相信每个人都应该努力工作，因此，在教育者开发出一些更好的课程之前，我们相信拉丁语和代数等课程是一门‘学科’。我们并不认为所有的知识都必须有一个直接乃至最终的‘用途’……学校在设计学习课程时有一种趋势是确保学生不会失败。然而，就生活而言，这一点却是不现实的。现实生活中既包括成功，也包括失败；失败**可以**促使学生挑战自我，迫使他们为了取得成功而去付出更大的努力。”

由于批评者很是尽心尽责，所以他们的工作也取得了一定的成效。巴伯很有风度地接受了他们提出的这一批评；虽然他仍然觉得有些事情要比学科学习和背诵学习更重要，但是，学校最近出版的一本小册子却有可能误导旁观者，使他们认为学校已经倒退回那种中世纪的学校理念中。（这本小册子中宣称："学科信息是无可替代的。"）尽管教育的热情受到了一些抑制，但是，学校还是指出：选修学术课程的学生比选修职业课程的学生要多；学校也谈到了它对资优生的兴趣日益增加，并计划通过增加一些特殊课程来促进这些学生的发展。

理所当然地，巴伯也为学校能够拥有一支强大的学术教职员工队伍而感到自豪。在帕克福里斯特镇这样的新社区教书这一挑战，吸引了那些能力超强的教师群体；仅从统计数字上来看，该校拥有硕士和博士学位的教师数量远远超过全国平均水平。但就他们领取的薪水而言，他们的平均年薪是 4 500 美元，比社区里那些职位最低的年薪制初级管理人员的收入还要低，后者的工资预期在未来的 10 ～ 15 年内可以翻番，而老师们的薪水每年能增加 100 美元就算是福星高照了。因而，为了维持生计，大多数教师都会在外面兼职。[3]

* * *

然而，从本质上来讲，学校最初设定的那一愿景一直得到了很好的保持，重视实践这一点并未受到影响。例如，"家庭生活"已经成为学校开设的主要课程之一，学校为男生和女生都选择这一课程而感到自豪。（"学

[3]　虽然纳税人在这件事上表现得很吝啬，但是，部分原因还在于学校自身。一些事件表明，如果学校管理者对学校硬件设施不那么着迷，他们就可以付给教师们更好的薪水。耗资不菲的新学校建成后没多久，巴伯和他的董事会就向选民们要求再发行 125 万美元的债券，用于为期五年的学校附属建设。选民们对此犹豫不决。巴伯对高中学生需求的估计一直都很高，因为他在预估小学生的数量时没有充分考虑到当地人口流动的特殊性质。不幸的是，纳税人在对校方发行债券一事犹豫不决的同时，却是直接拒绝了增加教育税的伴随请求，而加税原本是为了提高教师工资。最后，经过两次不成功的尝试，学校得以发行债券，但其发行额则缩减为 45 万美元。与此同时，学校也不得不缩减原本用于涨薪的征税幅度，而这样一来，教师的工资也就继续低于帕克福里斯特镇居民的平均水平。

生们可以学习家庭生活中包含的方方面面。课程内容单元包括金钱管理、日常社会关系、照顾病人、营养搭配和食物管理、居家衣物和住房、婚姻准备，以及使用家庭和社区资源。这门课程强调‘共同责任’，旨在帮助学生们日后建立一个成功而幸福的家庭。”）学校对学生们进行的测试项目非常广泛。除了一系列的成就测试（如各种智力测试），学校还给学生们提供了库德职业兴趣测验（KVPR）、贝尔适应性调查表（BAI）和加利福尼亚州个人适应测验（CPAT）。

学生们在课程选择上之所以会偏重那些学术类课程，部分原因是选报“统一研究”的学生人数众多，因此，一些外行人觉得自己还有很多工作要做。他们对这些“统一研究”课堂的内容并不满足。以下是学校为当地报纸所写内容的一部分：

> 我怎样才能改善自己的学习习惯？现在就正式与对方确定恋爱关系是否是一个好主意？我应该如何选择自己日后从事的职业？为什么我的家人会对我抱有那么高的期望？
>
> 如果你走进里奇高中的统一研究课堂，你可能会听到学生们正在讨论个人、团体或社区性质的任何问题或者是其他问题。你可能会看到镇长或者是公共安全主任在跟学生们讨论帕克福里斯特镇的管理问题或青少年犯罪问题。

如果外行人对此吹毛求疵，学校还可以得到其他地方教育学家的道义支持。学校报告成绩的方式就是这方面的一个例子。一些家长对学校的这种做法感到有些不安，因为报告似乎给予了“团体合作”与学业成绩同等的分量。（考试成绩只是十六项子分数之一。）然而，正是由于这种权重，哥伦比亚师范学院的露丝·斯特朗（Ruth Strang）博士，将“帕克福里斯特报告系统”列为美国最先进的报告系统之一。

斯特朗博士很清楚，学校对全面成长的关注会招致一些家长的不满。“如果家长的理念是强调激烈的个人主义和竞争，”她几乎毫不掩饰自己对此的反对态度，“那么一份强调让学生作为合作型社会人去发展的报告，对这样的家长来说也就没有多大意义。”不过，换种角度考虑，这样的报告也有助于学校教育家长改变自己的理念。斯特朗博士认为：“尽管有批评认为，报告应该清楚地反映出学校的基本理念——但是，在这方面，毫无疑问，帕克福里斯特镇的父母没有理由抱怨。”[4]

* * *

有可能（如果不是很可能的话）将来事情会有所变化。重要的是，少数批评者来自帕克福里斯特镇居民所认为的革新派，他们与右翼反对派截然不同（后者在一些社区使得原有问题变得更加复杂化）。但是，那些批评者仍然只是一个少数群体；在写这本书时，我们可以得出的一个必然结论是，中小学校的教育理念是对社区居民理念一种公平的反映。如果说在这方面有争论发生，那是因为巴伯在表明自己的立场上做得非常公平。

大多数人都未能看出这里面有任何基本的理念差异。是有一些程度上的差异，他们并不希望学校在教育上变得太过创新、太过实用，但在学校注重教育的社会效用这一点上，他们却是没有任何争议。教育者也许走在了前列，但是，他们是在顺应社会期望而为，而不是在逆势而为。

在培养学生方面，家长们最希望学校重视的一点是什么呢？在帕克福里斯特高中，家长们就被问到了这个问题；当他们给出自己的答案后，结果发现，有一条意见比其他任何意见出现的次数都要多。他们写道：高中教育的主要工作应该是，教会学生如何成为公民，如何与他人相处。

[4] 本书即将出版之际，学校董事会满怀遗憾地宣布，巴伯将要接受伊利诺伊州沃克根市高中系统负责人这一职位，监管其雄心勃勃的“扩展教育计划”。董事会聘请到的继任者是罗伯特·安德烈（Robert Andree），他之前是马萨诸塞州布鲁克莱恩市高中的负责人。但是，很明显，这里的大多数居民都不希望学校的教育理念发生任何根本性的改变。

29 结　论

终于，我们在这里找到了社会伦理的典范。有些人可能会用“实用主义”或“功利主义”等不同的术语来概括郊区的性情，他们的语调将会依据他们持有的观点而发生变化。但是，有一个非常突出的主题却是变得明确无误。那就是，过渡人把社会有用性置于其信念的核心，这并非只是一种权宜之计，而是一件无比正确之事。“适应”已经不再仅仅是个体的一种需要；在变幻无常的现代生活中，它几乎已经变成一种恒定之物。

由于我把郊区作为一种展现诸多观点的工具，因而，我们可以合乎情理地追问：把从这样一个具体的地方得出的结论，推至一般的组织人身上是否公平。事实上，像帕克福里斯特镇这样的郊区并不是一个非常典型的地方（即使就它作为组织人的居住地而论也是如此）；而且，很显然，在某种程度上，这里居民所感受到的许多压力均为这里所特有。无论你是一个多么坚定的个人主义者，如果你必须和其他人一起生活在一个如此紧密的群体中，那么单纯是出于生存的本能考虑，更不用说从理智的角度去考虑，你也很可能会强调自身性格中外向的一面。可以说，郊区居民的群体意识仅仅是一个过渡阶段，一种由必要性而非任何内在的冲动所决定的权宜之计。

然而，我所谈论的并不是一种外显行为，而是一种价值观，而郊区居民自身提供的证据则表明，远非只有物理环境才会影响他们的价值观。事实上，他们会对那些人与人之间有着紧密联系的庭院或街区施加给自己的压力做出反应并不那么重要，因为他们必须这样去做。重要的是他们对这些压力会有何感受，以及在理想情况下，他们认为一个人应该如何去看待这些压力。

这里我们就以他们的孩子为例。在当地创建学校系统时，郊区居民必须面对上面提到的那个问题；而且，如果我们前面谈论的“在这里的停留对他们来说仅仅是一个过渡阶段”这一解释是正确的，那么我们就可以从他们要求的全面性中找到答案。在决定孩子们最需要学习或者最不需要学习什么内容时，父母们可能会认为，既然周围环境已经给孩子们的社交技能提供了一种很好的指导，学校也就不用再教导孩子们太多这方面的内容。为了确保孩子们的精神健康，学校应该着重去强调那些更容易被忽视的孩子们自身的内在方面，以使其人格发展真正达到平衡。从这个角度来看，那些不怎么涉及社交而更强调智力的学科，也就可以被用作一种高度务实的工具，更不必说它们的内容可能具有的任何效用。

但是，我们知道，这并非大多数父母的感受。他们并不希望自己所处的那种大循环发生逆转，而是希望它能得到进一步的强化。“这是一个集体行动的时代”，他们非常赞成巴伯校长的这一看法，并对这种集体生活方式非常适应；然而，在这方面，他们的孩子很可能会比他们表现更佳，而他们也对这一点更多感到的是骄傲，而不是担忧。正如一些家长指出的那样，他们在自己那个年代的学校没有提供相应指导的情况下艰难地学会了适应。如果他们自己都能做到成功适应，那么他们很想知道，在如今学校提供相应指导的情况下，等到他们的孩子长大后，又会达到何种程度的成功？

正如我们注意到的那样，那些潜在的领导者与他们的大多数邻居都有所不同。然而，这一不同到底有多大呢？虽然他们比其同辈人更注重个人主义，但是，这只是一种相对的比较，因为领导者的价值观也表明了，群体和个人之间的平衡已经发生了很大的变化。大多数潜在的领导者都持有一种相同的观点，即认为人是一种社会性动物。虽然他们是以一种更聪明的方式说出这话，而且也知道自己在这样说，但是，他们也倾向于将那些孤独者与精神障碍等同起来。“我们学会了不要显得那么内向，”一位初级管理人员、也是一位非常有思想的成功人士告诉我，“在我们来到这里之前，我们过着一种非常自我的生活。例如，一到星期天，我们就经常会在床上待到下午两点钟，看看报纸，听听收音机里播放的交响乐。现在我们则会走出家门，到处走动，拜访别人，或者是别人来拜访我们。我真的认为我们的社交生活扩大了。”

如果我们单凭他最后那句话去评价他，那么这对他并不公平，因为他并不是一个宁可喋喋不休也不愿意安静地坐在那里聆听音乐的傻瓜。事实上，他想表明的一点是，对他来说，相比之下，与他人在一起和为他人做事要更有成就感。不管一个人是否认同他的这一看法，这都是必须理解的一点。再说一遍，社会伦理的基础不是顺从，而是一种道德要求。

* * *

现在，让我们把关注的视线扩大到一般的组织人，并追问这种思想氛围预示了什么。如果我在本书中研究的组织人代表了组织生活中的主流，那么有一件事情也就变得很清楚。如果说存在一代技术人员的话，那就是他们这一代。以往，没有一代人在心理上和技术上装备得如此完美，来应对庞大组织里存在的种种复杂性；没有一代人具备过如此完美的能力，来过一种有意义的社区生活；而且，可能也没有一代人能够如此适应不断变化的环境，以至于组织生活对他们的要求也是越来越高。从一种更好的意义上来说，他们正在成为我们社会中的那种“可互换者”，而且，他们还是以一种非常理解的态度接受了这个角色。正如他们所说，他们都在同一条船上。

* * *

可是，这条船到底要开往哪里呢？在这一点上似乎没有人有丝毫头绪，而且，他们甚至都不觉得提出这个问题有多大意义。过去，至少人们还喜欢认为他们掌握着自己的命运；而现如今，在那些年轻的组织人中，已经极少还会有人抱有这种信念。大多数人都是更多地把自己看成是一个被行动者（即接受组织命令去行动者）而非行动者，因而，他们的未来既取决于他们自己，也取决于他们所处的体制。

总而言之，他们**接受**了；如果我们认为这一点并不让人欣慰，那么我们至少应该认识到，如果他们没有这种自信，那才反倒会让人觉得奇怪。对他们来说，他们所处的这个社会实际上一直都很好，因为它给他们提供了一系列相当有利的环境：美好的大学生活，家长式的且并不总是让人愉快的军事生活，然后是通过《退伍军人权利法案》去念研究生，再往后是工业不断扩张和经济高度繁荣时期在公司做学徒，对某些人来说还有在帕克福里斯特镇这样的社区发展出来的亲密友情。所以他们才会本能地得出一种结论：这一体制在本质上是仁慈的。

谁也不应该去嫉妒那些给他们带来这种感受的经济繁荣。毕竟，如果我们必须面对问题，那么美好时光中的那些逆境，就像其他任何时候的逆境一样值得我们担忧。我们也不应该把强调合作视为是我们的民族性格发生了逆转。当郊区居民谈到重建新开拓社区的精神时，他们所做的类比是有道理的。我们国家诞生于一系列高度团体化的事业；虽然是那些个人主义者开辟了边疆，但却是那些善于合作的人们在此殖民定居。在我国历史上，事情一贯都是如此。我们的民族精神始终都是体现在我们的适应能力上，体现在我们对教条和教义的不信任上，体现在我们对他人意见的关注上。在这些方面，组织人是美国过往历史的真实产物。“社会条件越平等，”不赞同人们做出顺从之举的托克维尔颇有先见之明地指出，“人们越是会表现出这种相互强迫彼此的倾向。”

* * *

这就是问题的症结所在。当托克维尔在一个世纪前写下那句话时，正是这种倾向的双刃性在困扰着他。他理解它的美德；他是一个贵族，他承认自己在看到群体的优点时错过了少数人身上那些优秀的一面；但是，他清楚地看到，我们的平等主义和容易进行社会合作是民主制度的伟大成果。我们若是无法忍受这些美德的缺陷，也就无法维持这些美德的存在。那么，我们能否在这两者之间维持一种平衡呢？托克维尔做出了一个预言。如果说美国毁掉了它的天才，那将会是因为它以牺牲个人为代价来强化社会美德，通过使个人把自己视为主流观点的人质，从而制造出了一种多数人的暴政。

事实上，这正是组织人在做的事情。他之所以会这样去做，是因为他觉得这样做有非常充分的理由，然而，这只会促使多数人的暴政变得更强大，而不是更弱小。在我们这一高度组织化社会的压力对个人提出如此苛刻的要求之时，他自己也正在加剧这种影响。借用社会学家大卫·里斯曼的说法，他不仅受人支配，他还阐明了一种哲理，这种哲理告诉他这样做是正确的。

因此，我对社会伦理的指控，正是基于它所崇拜的当代实用性。在我看来，它并不适合“现代人”的需要，相反，它恰恰是强化了那些最不需要强调的东西，而牺牲了那些需要强调的东西。下面是我列出的一个详细清单。

它是多余的。在一些社会中，个人主义已经走到了危及社会本身这一极端；而且，今天还出现了一些个人主义堕落为那种狭隘的、妨碍有效合作的利己主义的例子。毫无疑问，这是一种危险。然而，在今天，它是否会像其对立面那样构成一种紧迫的危险呢？它的对立面是一种抑制个体主动性及想象力的风气，这种风气会抑制个体做出反抗群体观点这一行动的勇气。我们的社会本身就在向人们进行一种外向价值观的教育，我认为，很少有哪个社会像我们这样如此努力地宣扬那些外向价值观。没有人能自成一个孤岛，但要是诗人约翰·多恩听到他的这一思想如此频繁而又无聊地被重复以及个中原因，想想看，他该会有多么苦恼。

它是不成熟的。重技巧而轻内容，把与人相处的技巧和相处的缘由及目的隔离开，并不会让人变得成熟。相反，它会产生一种永久性的早熟，这一点不仅对那些被教导进行生活适应的孩子们来说是这样，而且对那些被教导进行全面发展的组织人来说也是这样。“合作”是一个在无菌环境下产生的概念，那些相信自己已经掌握了人际关系技巧的人，可能会对合作的真正基础视而不见。事实上，人们并不是为了合作而合作，他们之所以会进行合作，是基于对一些实质性原因的考虑：为了实现某些目标；因而，除非人们明了这一点，否则他们对士气、团队精神等的操控，都是徒劳无益之举。

而且，实际情况还有可能比徒劳无益更糟。作为组织领导的终极目标，人际关系技巧很容易诱使新任管理者实施一种比他想要取代的专制更微妙和更普遍的暴政。没有人希望看到过去的专制主义者回归，但是，我们却至少可以说，他最想要的是你的汗水。相比之下，新来的人想要的则是你的灵魂。

它是虚幻的。让个人与暴政作斗争是容易的；让个人与仁慈作斗争则是不容易的，没有什么事情会比“个人利益和社会利益能够完全相容”这一观念更能把个人的防卫权夺走。一个良好的社会是个人利益和社会利益最兼容的社会，然而，这两者永远都不可能做到兼容，让组织成为评判者的人最终牺牲的只能是他自己。与好社会一样，好组织同样鼓励个人表达，而许多人也都是这样做的。然而，个人与组织之间总是会存在一些冲突。组织会是一位中立者吗？非也，组织总是会从其自身利益出发，所以它在解释个人利益时也只会从它自己理解它们的方式出发。

它是静态的。组织本身没有动态性。动态性体现在个人身上，所以他不仅必须质疑组织会如何理解他的利益，他还必须质疑组织会如何解释它自己的利益。例如，他觉得有必要制定一项大胆的计划。他不相信组织会认识到这一点。而且，很可能组织也不会有这一认识。一个新想法的本质就是让当前的共识变得界限模糊，哪怕是那种非常温和的新想法。虽然这个计划可能确实是一个好主意，但不幸的是，群体在自身的痛苦和乐趣上却是有着一定的既得利益；尽管这可能是一种不合理的情况，但是，许多组织中的成员都能回想起一些例子，在这些例子里，群体坚持已知的劣势而不愿冒着无政府状态的风险去进行变革。

它是自我毁灭性的。正如我们在郊区所看到的那种情况，对正常的追求是神经官能症的主要副产品之一，而社会伦理则只会加剧神经官能症的出现。什么是正常？我们在人际关系中互相欺骗。每个人都知道自己是不同的（在人多的场合会害羞，或者是不喜欢大多数人喜欢的许多东西），但是，他们并不确定其他人是否也是不同的。就像人格测试中的那些常模一样，他们在周围所看到的情况，是那些与他们自己相像的人为了表现得像其他人一样正常或更正常所付出努力的总和。学会忍受我们自身的不足已经够难的，所以我们也就没有必要再去因为“中产阶级可以完美地适应社会”这一虚假的理想而让自己变得更加痛苦。一个人应该适应到什么样的程度才算合适？关于这一点，其实没有人真正知道；而可悲的是，他们并没有意识到，那些看上去显得异常自信的人其实也不知道。

* * *

现在我们要问一个问题：这些缺陷是否就是不可避免的呢？组织是否一定**必须**要求顺从呢？许多批评美国文明的人（尤其是那些欧洲批评家）都认为，我们的精神顺从是工业社会带来的一种不可避免的后果，他们认为我们这种文明的进一步发展和繁荣将会导致最终的非人化。简言之，他们认为，美国生活的外在相似性与内在相似性之间有着千丝万缕的联系。

我们绝对不应该让自己对美国生活的外在相似性沾沾自喜，也不应该用经济繁荣来为我们的低级趣味进行辩解。但是，这是一种倒退的观点，它没有认识到，这些相似性在很大程度上是使更多人获得我们文明益处的结果。牧场式房屋那种单调乏味和整齐划一很容易让我们感到震惊，然而，这种千篇一律并不是人们内心渴求一致性的结果，而是因为模块化建筑是造价适中的房屋的一个条件。这种房屋与19世纪90年代一排排相同的褐砂石房屋，或者是18世纪相同的砖面前墙相同，都并非源自那种内在的一致性给人们造成的压力。

科学技术并非必然与个人主义相对立。像许多欧洲知识分子那样认为科学技术必然与个人主义相对立，是一种反乌托邦主义。一个世纪以来，欧洲人把他们的梦想投射到美国；现在，他们正在把他们的恐惧投射到我们这里，然而，在这样做的同时，他们也就掉入了他们指责我们的陷阱。他们赋予机器一种我们从未感受到的力量，他们几乎把它说成是有灵性的，有它自己的意志，凌驾于人类控制之上。因此，他们认为我们最终不可避免地会走向失败；而且，他们中有少数人更是暗示说，除了撤回过去，我们找不到任何希望。[1]

---

[1] 例如，在《明日已到》一书中，罗伯特·容克就谈到了我在本书中谈到的许多事情，但是，他有一个基本前提是：人类试图像美国人那样控制自然环境在道德上是错误的。不过，在他的这份控告中，他未能区分控制的种类；而且，他还不加限制地把像“灵魂工程”这样的异类，等同于试图寻找更好的空气、医学技术、科学农业等活动。他的这一思考有失草率，因为其中一种活动代表人类控制自然环境的尝试，而另一种活动则代表操纵社会的尝试，它与科学的关系只在于它的自命不凡。

人类利用科学技术来控制物理环境，结果就是扩大了他潜在自由的范围。这一点无须再详加分析，但是，我们国内的一些批评者同样没有区分控制自然环境和控制社会环境，结果他们将IBM机器、荧光灯等视为人类精神衰退的象征。在我看来，这种感情用事的观点并不利于我们去理解真正的问题所在。IBM机器本身并没有道德标准可言，它所做的就是只用一两个人就能完成以前需要更多人才能完成的计算工作。如果人类经常愚蠢地使用它，那是人类愚蠢，而不是机器愚蠢，在这种情况下，就是重新使用算盘也无法消除最终的失败。没有现代机器，人类也是一样可以被视为苦力。

这是一种不可救药的悲观论调。事实上，问题并不在于工业社会给人们带来的压力（农业社会带给人们的压力同样强大），而在于我们在这些压力面前会采取一种什么样的立场。如果我们扭转我们目前强调的重点，我们就不会让进步发生逆转，因为个人主义存在的必要性比以往任何时候都要更大而非更小。

* * *

当然，这也并不意味着我们就应该“回归”到一个世纪前所宣扬的新教伦理上。即使我们把个人主义说成是“不受限制的自我利益会以某种方式产生更大的好处”，也是徒劳无益。也许正是因为这个原因，右翼在美国思想中仍然是一支消极的力量。那些宣扬社会伦理的人鄙视“个人权利优先于社会权利”这一观点；而在更大的程度上，右派甚至鄙视“个人对社会负有义务”这一观点——中间派和左派都察觉到他们的立场缺乏对现实的关照。

钟摆这一类比非常形象，但它却具有一种很大的误导性，因为它意味着我们将会回到某种理想的平衡状态。事实上，我们需要的并不是回归，而是重新诠释，把个人主义的核心思想运用到我们的问题中。虽然 19 世纪的商人和我们的现代社会遵循的教义截然不同，但是，我们却没有理由认为，因为这两者是不同的，所以个人主义也必须如此。个人主义的核心理念（个人而非社会是最重要的目标），远在工业革命、加尔文主义或清教主义出现之前就曾赋予西方思想以生命和活力，它在今天就像在过去一样重要和适用。

那么，“**解决方案**”到底是什么呢？许多人都在问这个问题。而到目前为止，我们并没有找到解决方案。个人与社会之间的冲突总是会涉及一种进退两难的境地，所以认为有一个方案可以解决困境，实在是一种智力上的傲慢之举。当然，现有经验确实表明，我们可以在这方面采取一些有利的步骤。然而，它们有一个共同之处就是，重点必需发生一种根本性的转变；如果对这一点进行回避，那么任何变化都会主要只是体现在语言层面。组织人非常喜欢那些时髦的词语，因为使用这些词语可以把现状描述为一种动态的进步，而“个人主义”就是这样一个词语。那就让我们小心某些人强行推销的“十二点方案”吧。其中许多方案都以个人表达的名义被吹上了天，但是，正如那些被它们压抑的人会感觉到的，它们通常都是一种保持个人对组织忠诚度的手段，只会愚弄那些实施它们的人。

在提出这一警告之后，下面我就来推荐几个需要建设性提议的领域。首先是“人际关系”领域。我们需要尽一切努力继续去进行实验和研究。无论我们认为什么是人际关系，它们都是组织和个人问题的核心所在；而且，我们越是了解一方对另一方的影响，就越是能够为个人找到更多的生存空间。但是，如果许多宣扬教义的人都坚持那种自我证明的假设，即平衡、融合和适应的重要性高于一切，那么我们就不可能做到这一点。他们一心只顾盯着硬币那完美的一面，但却忘了硬币还有另一面，而我们不忘看一眼硬币的另一面也并不至于显得太过异端。成千上万的研究和案例详述的都是个人如何适应群体，那么，如何让群体适应个人呢？如何推动个体动力学的发展呢？如何应对快乐工作团队中的专制一面呢？如何抑制高昂的士气给个人带来的不利影响呢？

研究类似这样的假设并不意味着就要赞成那些让人不快乐的方面，现今鼓舞人心的一点是，一些满怀善意之人正在进行更多的研究。哈佛商学院几乎是随着人际关系这一话题而一起变老，它一直以来都很少使用“管理人员”这个词，而更多时候使用的都是“领导者”这个词，近来它所开展的一些最好的研究，开始更多地针对个人主动性而非群体幸福问题。“群体动力学”学派的领导人李克特（R. Likert）宣布，近来研究人员对组织的研究，促使他和同事开始质疑他们早先得出的结论，即良好的士气必然会产生高生产力。他们认为，人们应该把工作小组作为一个团体去进行监督，而不是去进行人盯人监督；他们还提出警告：主管专注于让团队保持一种快乐的氛围，可能有助于成员个体对团队产生归属感，但却不会产生很多其他方面的东西。

另一种卓有成效的方法则是，彻底重新审视当前那种正统的观点，即整项任务应该少给予个人而多给予团队。近一个世纪以来，我们一直将任务分解为部分和子部分，每个部分都由不同的团队成员去执行，这种装配线思维方式已经影响到了人类为谋生所做的一切，包括艺术在内。在某种程度上，我们可以承认分工作业的利大于弊。但是，我们是否必须承认，进步需要更多相同的东西呢？单调、牺牲个人成就是否就是不可避免的呢？虽然在流水线上专业化是最必要的，但是，一些公司已经发现，改变重点实际上可以带来更高的生产率。它们并未用开设保龄球馆和提高薪资等外部因素来抵消任务的单调性，而是把工人所做任务的范围扩大了。通过让工人完成整项作业中更多的部分，比如，要求他把整套电线连接起来，而不是像先前那样仅仅是让他去接一个继电器，工人得到了“挑战”这一美好的事物，而他的回应则是付出更多的努力、施展更多的技巧和得到更多的**自尊**。

对所有的组织生活来说，它们是否会从这里面悟出一些道德寓意呢？如果我们真的相信个人比团队更有创造力，那么单是在日常例行公事中我们就可以做一些非常实际的事情。比如，减少个人在会议和团体行动上必须花费的时间。如果组织人员仔细研究过组织中召开不同类型会议的那种惯性，他们可能就会发现，削减会议这一看似消极的行为，将会在节省时间之余带来一些非常积极的好处。因为被迫要更多地依靠他们自身拥有的资源，所以那些没有任何东西可以提供、只有本事连累他人的人可能会对此有些怅然若失；然而，对其他人来说，这一氛围则会让他们振奋不已。虽然工作条件上的这种表面变化本身并不会给予他们更多的自由，但却会阻止那些不好的势头发展，它会迫使组织去区分团体的合法职能是什么和不是什么，哪怕最终只是给个体多出几个小时的自由时间，这也是一种不小的成就。能有一个自由的空间得以一展身手是一件很幸福的事情，部分获得自由的人可能会因为受到这一诱惑而要求更多的东西。

在应对团队合作带来的负担时，我们需要更加宽容地去看待团队成员身上产生的那种挫败感。这里我们可以回顾一下在专业人士身上发生的情况。相关研究现在已经使得组织人员确信，工程师和科学家是对他们最不满的两个群体，并且应该采取一些办法来解决这个问题。这一诊断很有价值。但是，组织应该对它作何解释？组织人员已经得出结论，认为问题在于专业人士倾向于以职业为导向而不是以公司为导向。他们相信，组织必须做的事情就是努力把他纳入组织，通过给予他更高的公司地位，通过更有效地向他灌输“大局”思想，让他变成公司人。

这是一个多么徒劳无功而又具有破坏性的解决方案啊！为什么科学家就应该以公司为导向？他是否会因为不适合管理人员强求一致的政策而被称为适应不良？他融入公司对他自身有何好处？事实上，这既不符合他的自我利益，也不符合组织的利益。还是让他保留他对工作的那份忠诚吧。他的工作必须是至高无上的，努力使他变成公司人就是在扼杀他的好奇心，而正是这一好奇心可以让他完成那些富有成效的工作。

组织人员采用这种办法真的会收到成效吗？有一个绝妙的证据表明，事实绝非如此。在大多数企业研究都陷入了平庸的泥潭这一背景下，哪两家实验室在研发投入上占比最高？那就是通用电气公司的研发部门和贝尔实验室：正是这两个以鼓励个人主义而闻名的实验室，最能容忍个体差异，最能接受那些与众不同的想法，最少进行那些密切监督的团队项目。众所周知，实验室中的科学家们彼此之间相处得非常好，但是他们并不关注此事，实验室中的管理人员也不关注此事。如果科学家们在聆听对公司的赞歌时没能流下滚烫的热泪，那么他们也会毫不在乎；只要科学家们出色地做了他们想做的事情就足够了，因为尽管给组织带来的利润后果对科学家来说是次要的，但最终还是会产生这些后果；而且，只要在这个关键点上团体利益和个人利益相互联系，诸如归属感之类的问题也就变得无关紧要。这听起来是否会让人觉得有些冷酷无情？非也，不过是讲求实际而已——我们可以追问的一个问题是：对于那些一起工作的人，无论是科学家还是其他人，是否还需要具有更多的道德基础呢？

得出道德寓意并不仅仅是为了科学家，也不仅仅是为了那些才华横溢之人，这最终使我们想到了进行具有建设性的变革最伟大的工具，那就是教育。现在盛行的反对强调社会适应的许多观点正在大力发声，这样做是正确的，但在这样做的同时，也有一点需要得到更多的强调。加强基础教育的理由可以基于功利主义者自身的立场：社会有用性。我们确实有更好的理由来发展个人，但在这一点变得更加明确之前，我们似乎将辩论双方置于一种“民主教育”与“训练有素的精英”之间二选一的境地。事实上，这是一种错误的对立。绝大多数人将要面对的组织压力，对他们就像对少数人一样有约束作用，他们需要尽可能多的东西来尽早获得他们所需要的最好的东西。不必教导他们如何与人握手，社会自会关注这一课。必须教导他们去奋进。教导他们所有人。少数人会出类拔萃，然而，多数人都是平庸之才；而在那些多数人反对少数人的地方，少数人永远都无法尽情施展出其自身才能。

* * *

我一直在谈论组织可以采取的办法。然而，说到了，任何真正的改变都取决于个人自己，这就是为什么他所接受的教育对这个问题会显得如此重要。因为他必须用一种不同的眼光去看待他的不满。有人说，团体的主导地位是未来的一种潮流，一个人不管是否会对此悲叹不已，他都不防接受它。但是，这是一种最糟糕的当代主义，世间万物的存在并非都有一个很好的理由。反之亦然。正如一些先知所说，有朝一日事实可能会证明，我们是处在一种不可逆转的伟大而悲惨的历史潮流中；但是，如果我们接受这个观点，反而只会证明这个观点是正确的。

无论郊区（发生的一切）预示着一种什么样的未来，它都表明，至少我们还有选择的余地。组织人不会被那种巨大的、他无法控制的社会力量所束缚；选择始终都是存在的，而且凭借一定的智慧和远见，他还能让未来的人们远离现今如此困扰我们的这个非人性化的集体。虽然他可能并不会这样去做，但是，他其实完全可以做到这一点。

他必须同组织进行斗争。他既不要去做愚蠢之举，也不要去行自私之事，因为个人自尊的缺点并不比合作的缺点更能赢得他人的尊重。但是，他必须进行斗争，因为那些让他投降的要求是恒定而有力的，他越是喜欢组织的生活，他就越是难以抵抗那些要求，甚至越是难以认识到那些要求的存在。在他面前提出“在理想情况下，他与社会之间不会有冲突”这样一个梦想，是一个可悲的、让人沮丧的建议。冲突永远都在且一定会有，意识形态根本无法让它消失；组织给个人提供的那种心灵安宁，仍然是一种它想要让个人投降的手段，哪怕它在将其提供给个人时满怀仁慈。这就是问题的根源所在。

附录：如何玩转人格测试

你需要认识到的重要一点是：在进行人格测试时，你的目的并不是要去赢得一个好分数，而是要避免得到一个坏分数。什么是好分数和坏分数，要看公司想要测量你哪方面的情况，而这则会随着公司和工作类型的不同而有所不同。你的分数通常会用百分位数来表示，也就是说，公司会把你的得分与别人的得分进行对比。有时候，80 或 90 百分位的成绩对你来说完全可以接受；假设你正在接受一项测试，看看你是否会成为一位优秀化学家，结果得到的分数表明，你比 100 个人中的 90 个人都要更善于进行反思，那么这一分数不仅不会对你造成伤害，甚至还会对你有很大好处。

不过，总的来说，能够得到介于第 40 ～ 60 百分位之间的分数是最安全的，也就是说，你应该试着像其他人应该会的那样去答题。当然，这句话听起来并不太好理解，这也是我为什么会在下面的段落中详细讨论主要类型问题的原因之一。然而，在测试中遇到疑问时，你可以遵循以下两个规则：（1）当被问及关于世界的词语联想或评论时，你应该尽可能地给出那种最常见、最普通、最平淡无奇的回答；（2）当对任何问题的最佳答案拿不定主意时，请对自己重复以下内容：

a）我爱父亲和母亲，但爱父亲要更多一点。

b）我喜欢事物的本来面貌。

c）我从不担心任何事情。

d）我不喜欢书和音乐。

e）我爱妻子和孩子。

f）我从不会让他们妨碍公司工作。

下面我们就来详加阐释。复合测试中的前五个问题，是各种各样普通自我报告问题的例子。[1]一般来说，它们旨在揭示你的内向或外向程度、稳定性程度等。在这些“清单”类型的测试中，虽然任何一个问题都没有正确或错误的答案，但是，如果你不加小心的话，累积下来你可能会惹上很多麻烦。“你喜欢读书是否和喜欢有人做伴一样多？”“你是否有时会感到不自在？”你很容易看出这里面想要探寻的是什么。

保持个性。应对这类测试问题的诀窍就是，在不太偏离真实自我的前提下尽可能调整作答，好让自己的得分接近标准。例如，说自己同样喜欢读书和有人做伴并不一定会伤害你。然而，如果你真的是享受书籍和些许孤独的那种人，那么按照这种思路回答每一个问题就会伤害到你。你应该让自己努力达到快乐的平均值；一方面，你要认识到，应该避免让自己显得过于内向、渴望反思或敏感，但在另一方面，你也不要走到另一个极端。如果你过于否认自己身上的这些品质，那么你将会走到量表的另一端，被评为过于不敏感或外向。如果你确实有点内向，那么你最好不要让自己处于外向的第 70 或第 80 百分位，你应该试着让自己落在第 40 百分位的位置即可。

这是因为你参加的可能不只是一个测试，而是有一系列测试，所以你必须在这一系列测试中保持一致。测试人员会比较你在一项测试中的外向性分数，与比如说你在另一项测试中的社交性分数，如果这些分数的相关性与表格上表明的方式不一致，就会引起测试人员的怀疑。即使你只需要参加一项测试，保持一致性也很重要。很多测试中都会包含内置的测谎分数，如果你回答一些问题就像你是一个主动型的人，而回答另一些问题就像你是一个优秀的追随者，那你就倒霉了。另一个你要避开的陷阱是，在那些一个答案明显优于另一个答

[1] 此类领先测试包括：（1）《本罗特人格量表》。它有 125 道题，同时测量几个不同的维度：神经质倾向、独立性、内向－外向、支配－服从、自信心、社交性。（2）《瑟斯顿个性问卷》。它有 140 道题，同时测量个性的七个方面：活跃性、活力性、冲动性、支配性、稳定性、社交性、反思性。（3）《明尼苏达州 T-S-E 量表》。它有 150 道题，测量思维、社交和情感上的内向－外向维度。（4）《个性检查》。它有 450 道题，分为 9 个部分，每部分 50 道题。每部分衡量“一个相对独立的人格组成部分”。每个特征的两个极端如下：严肃－冲动，坚定－犹疑，安宁－易怒，坦率－回避，稳定－不稳定，宽容－不容忍，稳定－情绪化，持久－动摇，满足－担忧。

案的问题上还在怀疑该选哪个答案，例如，“你是否会经常做白日梦？”在一些测试中，研究人员已经提前制定好了方法来惩罚你。（同理，偶尔你也会因为过于坦率而得分，但你最好还是不要指望这一点。）

揣测测试者的价值观。问题 5 问：“你喜欢关于著名历史人物的严肃电影还是音乐喜剧？”如果你诚实地回答这个问题，你很可能会因为错误的原因而获得一个好分数。如果你选择音乐喜剧，你会在外向性上得分。当然，你也许是一个非常有思想的人，不喜欢好莱坞拍的那种自以为是的严肃电影，而喜欢拍得很好的音乐喜剧。这里我想说明的要点是，在回答这样的问题之前，你必须问自己：测试者（而不是你自己）会认为哪种选择更有价值。

谨慎选择你的神经官能症。当你遇到像 6 ～ 11 题的问题时——“我经常满身都是粉红色的斑点”——你要提高警惕。这些问题最初是那些筛选有精神障碍者的测试的副产品；它们测量的是一个人神经质倾向的程度，主要在精神病院和精神分析诊所使用。[2] 组织虽然完全没有权力向你提出这些问题，但是，它对自己的员工有着很强的好奇心，一些公司已经对其员工常规采用这些测试。如果你发现自己被问及蜘蛛、俄狄浦斯情结等，你务必要保持一致并尽可能保持个性。这是因为这些测试几乎总是会内置一些测谎题。在几道题目上承认自己有轻度的神经官能症并不会让你得到一个太坏的分数。不过，在承认自己有神经官能症时，你应该知道，如果你错误地站在“超亢”一边，也就是说显得过于精力充沛和活跃，最终结果往往就会对你有所不利。

不要显得太强势。问题 12 询问在商店里如果有人在你前面插队你会怎么做，这种问题旨在发现你被动或强势的程度。一如既往，中间路线是最好的选择。你要抵制诱惑，不要表现出自己试图控制每一种情况。你可能会认为公司更喜欢这种特质而不是被动特质，但你要是这样选择，他们经常会认为这表明你不会成为一个宽容的领导者。所以在这类问题上你宁可选择默许，这很少会让你得到一个糟糕的得分。

倾向于保守。问题 13 ～ 17，要求你对各种各样的命题进行评论，旨在衡

---

[2] 这种测试的一个例子是《明尼苏达多项人格测验》。它有 495 道题，可以给出疑病、抑郁、癔病、精神病态、男性化－女性化、妄想狂、精神衰弱、精神分裂、轻度躁狂量表分数。

量你的观点保守或激进的程度。[3] 走任何一个极端都会让你得到一个不好的分数；在大多数情况下，你都应该选择那些公认的观点，来打消对某个特定问题的任何疑问。

单词联想也是如此。在问题 18 ～ 23 中，大写的每个单词后面跟着四个单词，从常规到有点与众不同。这里的问题是，如果你不是一个很传统的人，你可能会拿不定传统的回答是什么。这里有一个提示：在仔细检查任何一个问题并从左到右阅读之前，先纵向阅读一遍整个问题列表，你可能会发现这里面有一种明确的模式。在编制测试题目时，测试人员有时会考虑到评分的便利性，所以在一些测试问卷中，最常规的回答会在一栏中找到，而在下一栏中则是次常规的回答，以此类推。在这种情况下，你要做的就是从列表中交替选择最常规和次常规的回答。如果你率性而选，你很容易在情绪化维度上得高分，而依照上面的提示，你则会在稳定性维度上获得一个表明你有"正常思维方式"的得分。

不要做无益的分析。当你遇到测试判断力的那些假设情境时，你就遇到了所有问题中最棘手的那一类问题。[4] 在这种情况下有正确答案，测试者对此直言不讳。尽管限定了选项，但是，想要判定哪个选项是正确的却是非常困难，你越是聪明，就越难选出正确答案。事实上，一位测试者指出，对实际判断力的测量是"独特的，在统计上独立于智力、学术和社会背景等因素"。他说得很对。想一想站在起火房子窗边的妇女和婴儿那道题。不可能判定四个方案中的哪一个是最佳行动方案，除非你知道火势大小、她在一楼还是二楼、你手边是否有梯子、消防车离这里有多远，以及其他许多因素。

关于这类问题，请允许我承认，我对读者可以提供的帮助很小。我对这些测试做了非常深入的研究，并对许多判断力毫无疑问的人士进行了测试，结果却总是让人困惑不已。不过，我倒是有一条建议：不要想太多。爱探索的思维受到这种强制选择的严重阻碍，可能很容易让人错过那些明显正确的答案。因

---

[3] 这种测试的一个例子是《保守－激进意见调查表》。表中给出了 60 条陈述，受试者指出他是倾向于同意还是不同意。通过检查他支持保守陈述和激进陈述的次数而给他打出一个分数。

[4] 这种类型的两个测试是：(1)《实用判断测试》。它有 48 道强制选择题，"用来测量在日常商业和社会情景中运用的实际判断这一要素"。(2)《实用社会判断》。它有 52 道关于假设情形的问题，被试者必须在给定的选项中选择"最好"和"最差"的回答。

而，你要抑制自己身上的这种特性，尽快回答这些问题，尽可能不要停下来去反思。

25 ～ 28 题的判断问题则要更好回答。[5] 这里正确的答案就是那些代表合理的人事政策的答案，这一点不难理解。再说一遍，不要狡辩。这是真的，几乎不可能告诉工人为什么他没有得到提升，除非你知道他是一个好工人还是表现不佳，或者琼斯的叔叔是否真的拥有工厂（在这种情况下，坦率可能是非常明智的）。事实上，含糊其辞的回答（d）“让我们看看你如何改进自身”是“正确的”答案。那道关于工人家庭生活的问题也是同样的情形，虽然它并不是公司关心的问题，但是，现代的人事教规则不这样认为，因此“同意”是正确答案。关于好上司是天生的还是后天培养的问题也是如此。说好上司是天生的，也就贬低了现代组织培训的整个机制，你若抱有这种态度，肯定不会在公司有任何好的发展。

了解你的公司。有的测试想要衡量你对某些价值观的相对重视程度，问题 29 和 30 就是这种测试的典型问题。[6] 公司会将你在这种测试上所产生的个人形象，与公司认为自己需要的形象进行对比。想要被视为是一位潜在的管理人员，当你最注重经济动机而最少关注审美和宗教动机时，你可能会得到最好的效果。因此，在问题 29 中，你应该说摩天大楼让你想到工业增长。关注理论动机也是一件好事；例如，如果你想进入研究部门，你应该选择牛顿爵士，从而提高你在理论知识上的得分。然而，如果你想找到一份公关工作，你则应该选莎士比亚，因为在这种情况下，稍高一点的审美分数不会让公司对你产生任何疑虑。

此外还有许多种类的测试，而且我们现在也无从知晓，测试人员将来在这方面还会有什么新点子。但是，测试的基本原则并不会发生太大改变；通过遵守一些简单的规则并让自己保持一种正确的心态，你足以应对任何新的测试情形。经过这番充分准备，我们的得分都会落在那种正常的数据范围之内。

---

[5] 这种测试的一个例子是《如何监督？》。它有 100 道关于管理政策和态度的问题。

[6] 《价值研究》修订版。它有 45 道强制选择题，用以衡量一个人六种动机的相对突出性：理论型、经济型、审美型、社会型、政治型和宗教型。测试人员会将每名被试者的情况绘成图表，比较他在每种动机上与常模之间的不同。